多元性の都市イスタンブル

近世オスマン帝都の都市空間と詩人、庶民、異邦人

宮下遼

大阪大学出版会

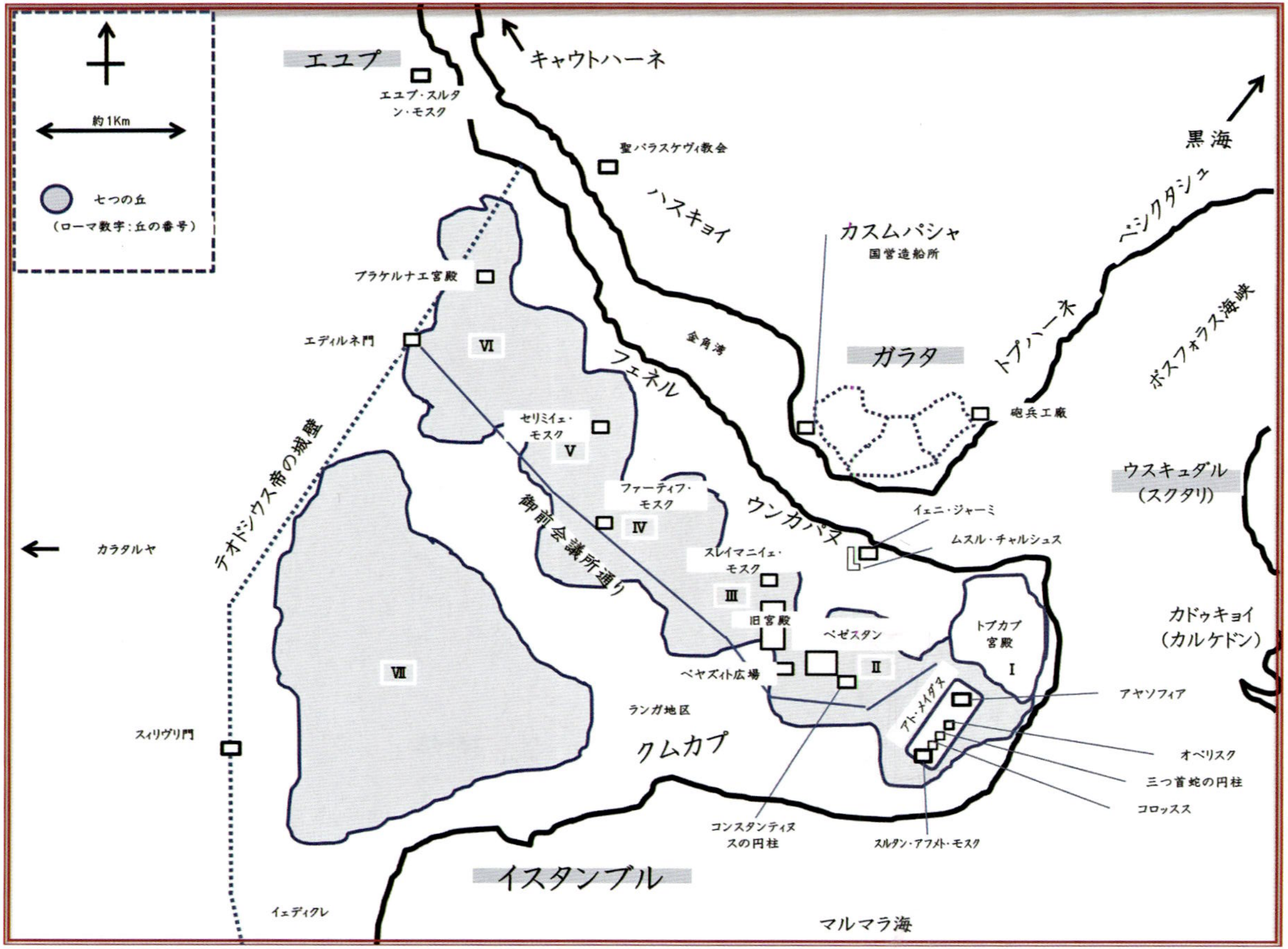

地図1：イスタンブルの概要

地図 2：ナスーフのイスタンブル都市図

1. トプカプ宮殿
2. 帝王の門
3. 聖イレネ教会
4. 第一庭園
5. 挨拶の門
6. 御前会議所と正義の塔
7. 第二庭園
8. 外廷
9. 幸福の門
10. 謁見の間
11. 内廷
12. ハレム
13. ハレム庭園
14. アヤソフィア・モスク
15. 聖ステファノ教会／獅子の家
16. アト・メイダヌ
17. イブラヒム・パシャ宮殿
18. アト・メイダヌの観客席の基部
19. コロッスス
20. 三つ首蛇の柱
21. オベリスク
22. コンスタンティヌスの円柱
23. ファルズ・アー・モスク
24. ベゼスタン
25. ベヤズィト・モスク
26. ベヤズィト・モスクの給食所とメドレセ
27. ウンカパヌ港
28. 旧宮殿
29. カドゥルガ港
30. ランガ庭園
31. クムカプ周辺の架空のベゼスタン
32. アルカディウス帝の円柱
33. ヴァレンス帝の水道橋
34. アクサライの商店街
35. ファーティフ・モスク
36. 八学院
37. 施療院
38. セリミイェ・モスク（セリム1世モスク）
39. マルキアヌス帝の円柱
40. イェディクレ
41. ブラケルナエ宮殿
42. エディルネ門
43. トプカプ門
44. スィリヴリ門（？）
45. テオドシウス帝の城壁
46. ガラタ塔
47. ガラタのベゼスタン
48. 聖ペテロ教会
49. 聖ゲオルギウス教会
50. カトリック教会
51. 国営造船所
52. 砲兵工廠
53. エユプ・スルタン・モスク
54. 鷹匠広場
55. クズ塔

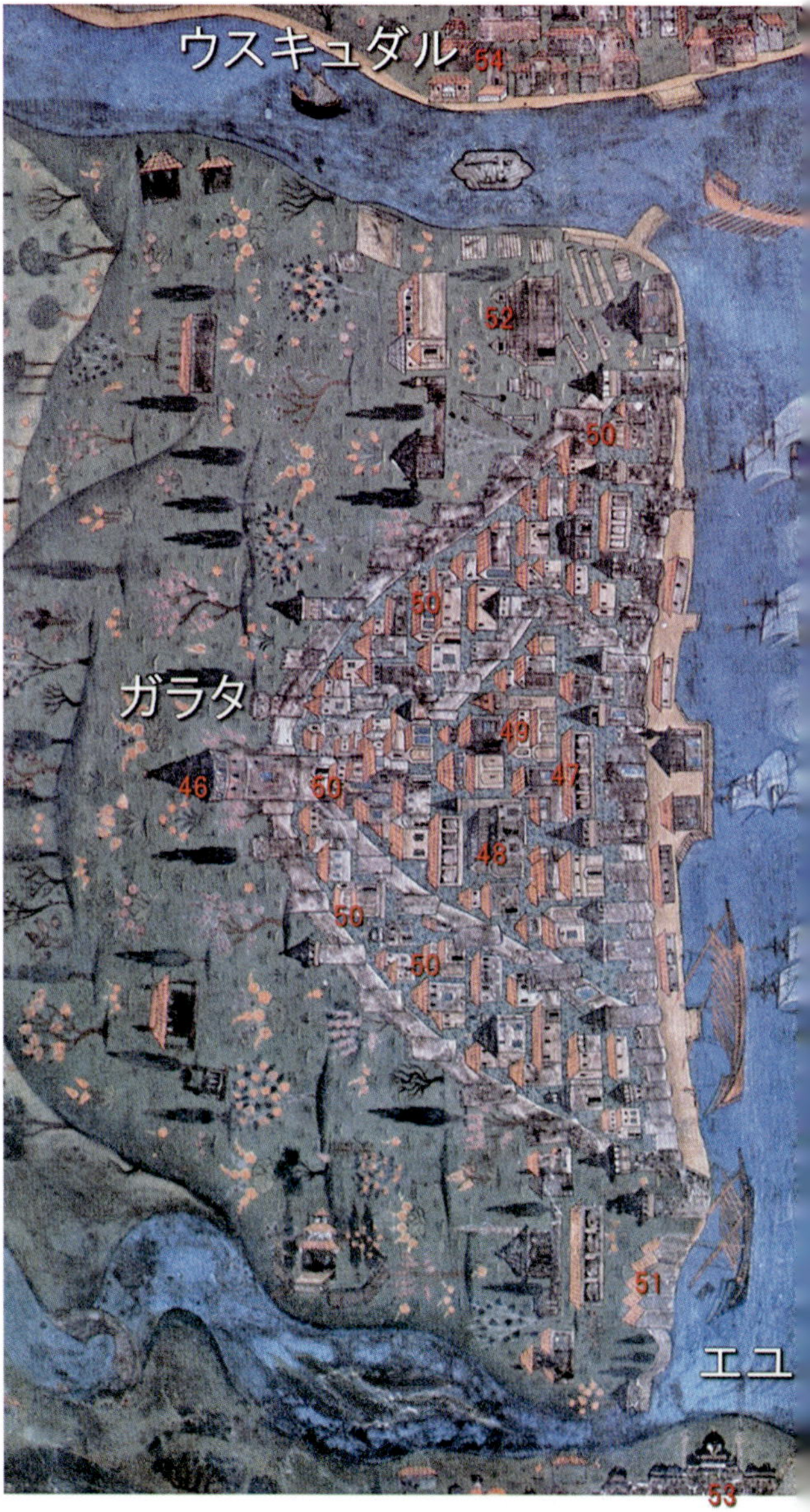

目次

【凡例】

〈固有名詞の転写〉

オスマン語、アラビア語、ペルシア語のアルファベット転写は、日本イスラム協会他（編）『新イスラム事典』平凡社、二〇〇二、vii–viii頁に拠った。また、カタカナ転写の際には、それぞれの原語の発音に近づけた。

〈引用〉

韻文：文頭を二字下げ、韻律を表示する際には Pala 2004, pp. 28-32 に従い韻律名は記載せず、（・―――／・―――／・―――／・――）のように、短音を（・）、長音を（―）で示した。

散文：文頭を三字下げ、折り返し二字下げ

いずれの場合も引用者による省略箇所は三点リーダで示し、語句を補う際には訳文中に括弧で括り挿入した。

序章　オルハン・パムクの憂愁の向こう

わたしは瞳を閉じて、イスタンブルに耳を傾けている
まずはじめに軽やかに風が吹いて
木々の枝葉が
ゆっくり、ゆっくりと揺れはじめる
遠く、ずっと遠くで
水売りたちが休みもせずに上げるがなり声が聞こえる
わたしは瞳を閉じて、イスタンブルに耳を傾けている

わたしは瞳を閉じて、イスタンブルに耳を傾けている
小鳥が飛びすぎたかと思えば
上空に群れをなして啼き声があふれ
簗《やな》から網が引きあげられ
女の足が水面に触れている
わたしは瞳を閉じて、イスタンブルに耳を傾けている

オルハン・ヴェリ・カヌク「わたしはイスタンブルに耳を傾ける」第一、二連

ここイスタンブルでは、崩壊した巨大な帝国の遺産というのは西欧の大都市の博物館のように歴史的遺構として保護されるべきものでもなければ、自慢されるべきものでもないし、まして展示されるべきものでさえない。それらの間でただ人々が暮らしているにすぎないからだ。旅行記を書いた西欧人とか、観光客とかが大喜びする代物ではあるものの、感じやすい繊細な住民たちはこの都市の景観に思い知らされてしまうのだ。過去の威勢《いせい》や豊かさがその文化もろとも失われ、現在が過去とは比べるべくもないほどに落ちぶれ、混乱してしまったのだと。汚れ、埃、泥――それらのなかに置き去りにされ、顧《かえり》みられることもないままに「周囲になじんでしまった」これらの遺構は、まるでわたしが幼いころに一つ、また一つと燃え落ちてしまったお屋敷のように、それを誇りに思うという愉悦《ゆえつ》さえ残してはくれなかったのである。

オルハン・パムク『イスタンブル：記憶と都市』(1)

自らの生まれ故郷を語るイスタンブルの作家オルハン・パムク（Ferit Orhan Pamuk, 一九五二―）の筆は、わたしたちにどこかペシミスティックな郷愁を呼び起こす。幸福とは何かと読者に問いかけながら、その千差万別の在り様を奇想に満ちつつも写実的な筆致で描き続けるこの作家の物語は、かつてあらゆる人と富が集って壮麗を極めながら、やがて東方趣味への供物として捧げられた末に、ついには文学テクスト上で陳腐化していったエキゾティックなオリエントの都市ではなく、むしろ煌《きら》びやかな大帝都の跡地に築かれたつぎはぎだらけの惨めたらしい、しかしそれでもなお人々が必死に生きようとする憂愁《ゆうしゅう》漂うポスト・モダンの都市においてこそ輝く。

実際にイスタンブルの街を歩けばパムクの憂愁の都市が想像上の産物ではない証拠がいくらも見つかるだろう。石炭ストーヴの排煙で汚れたビルの壁面、敷石の外れた街路、道をゆく男女はみなくたびれ、喫茶店の軒先にははしゃぎ合う若者の代わりに失業者たちが屯して、昼にはろくに洗車もしていない車がガタゴトとやかましく走る街路は、夜ともなれば野犬たちに明け渡される。視線を上げれば豪壮な宮殿やモスクがいくらでも目に入るけれど、モスクの丸屋根や尖塔のシルエットは夕日を鋭く切り取るかわりに鈍色《にびいろ》の曇り空のもとで侘《わび》しく佇《たたず》むのみ。ほんの一〇〇年前、ヨーロッパからの旅行者がその奥に神秘的な東洋の女たちの視線を期待した出窓《シャフニシン》が張り出す伝統的な木造の家々の窓枠は外れ、黒く変色した壁板は浮き、来るべき取り壊しを待つばかり。煌びやかな新市街の通りを一歩入れば、確かにイスタンブルの街は深い憂愁に包まれているかに見える。

しかし、その薄暗い通りの底からはるか北方を見透かせば、数多くの摩天楼がにょきにょきと生えているのが見えるし、名高いボスフォラス海峡に目を転ずれば、今日も船舶が数多く行きかっている。この都市はおよそ二〇〇〇年前から今日に至るまで東地中海圏随一の商都であり、周辺地域の流行を左右し、牽引する文化の発信地であり続けているのだ。となると、人口一四〇〇万を擁して一都市で隣国ギリシアの人口もGDPも凌ぐこのメガシティをして憂愁の都市などと評するのは壮語ではないかという疑問が兆す。これがパムク一人の都市観であれば彼の文学的トポスの特異性を論じれば済むが、実際にはイスタンブルという街の憂愁に取りつかれたのは彼一人ではない。ペヤミ・サファ、アフメト・ハムディ・タンプナル、詩人オルハン・ヴェリ――パムクに先んじてイスタンブルを描いた作家、詩人たちはみな、どういうわけかこの巨大都市を物悲しげな迷霧で包まずにはいられないようなのだ。

それは彼らが覚えているからではないだろうか。ほんの一〇〇年足らず前まで、自分たちの暮らす街が「発展途上国の大都市」とか「ヨーロッパ周縁の一都市」とかではなかったことを。自分たちの足元に横たわるのが、西のローマの正統な後継者である新ローマであり、あらゆる東方キリスト教徒たちが崇めたコンスタンティノポリスであったことを。ネルヴァルが遊歩したあらゆる民族が「それほど憎みあうこともなく」(2)暮らすコスモポリスであり、ロティが大げさに描いた「人が思うよりオリエントのまま」(3)の異都であったことを。そして、メッカ・メディナの守護者としてイスラーム文化圏の盟主たる帝国が五〇〇年にわたって都した大帝都であったことを。つまるところ、パムクをはじめ生粋のイスタンブル人たちは忘れられないでいるのだ。イスタンブルが「世界の中心」であったという記憶を。世界の中心に生きる――その輝かしい経験の前では今日の繁栄でさえ霞んでしまう。パムクの言説がわたしたちの胸に迫るのは、そこに栄枯必衰の定を看取するからではあるまいか。これから近世のイスタンブルを巡るわたしたちは、まずそこがアジアとヨーロッパの境や架け橋ではなくて、まさにこの場所を起点に東西南北に形成された世界の中心であった事実を思い出しておく必要がある。

では、帝都イスタンブルが人々の憧憬を恣《ほしいまま》にした世界の中心であった一六世紀へ時計の針を巻き戻してみよう。のちの世界に波及した文化的、経済的な影響を考えれば、この時代の地中海世界は世界史上でも一際《ひときわ》、意義深い空間に数えられる。なぜなら人文主義と宗教改革として知られる一連の思想的潮流と、大航海時代と大雑把にまとめられる対外的な積極性を軸とする経済活動が西ヨーロッパで勃興し、その思想と生活様式の地殻変動を経て合理主義や経験論的自然主義という思考様式が現れ、徐々に近代への下地を整えられていくからである。そして、東方に目を転ずれば西欧人から壮麗者と呼ばれたスレイマン一世の治世（在位一五二一―一五六六）を通じて軍事的、経済的、そしてなによりも文化的に躍進を遂げたオスマン帝国が盤石の支配を敷いている。公式には「オスマン家の崇高なる国家」（Devlet-i ʻAliyye-i ʻOsmaniyye）と称したこの帝国はイスラーム文化圏の中核地域――アラビア半島、シリア、メソポタミア、エジプト――に比して辺境と見做されてきたアナトリアとバルカン半島にまたがる地域に、今日のトルコ共和国を凌ぐ威容と影響力を持つ独自の文化圏を築くに至っていたのだ。オスマン帝国と西欧という相互に影響を与えあった二つの異文化圏の拮抗状態は、近世の地中海世界を特徴づける重要な要素だろう。そして、両者の交流の目となったのはパリやヴェネツィア、ナポリ、カイロなどを凌ぎ一五―一七世紀――すなわちトルコ史で言うところの「近世」――の地中海沿岸において最大の人口を擁した国際都市イスタンブルであった。

貴顕の恩顧を期待し、あるいは叱責や罷免に戦々恐々としながらバルカンやアナトリアの街道を上ってくる法官の群。俸給を賜《たまわ》ろうと都を目指したものの煌びやかな君府の威容に尻込みし、対岸のウスキュダルの街の隊商宿で二の足を踏む田舎の騎士たち。とにかく帝都に上ればなにか道が開けるだろうと気楽に構え、地元での学業もそこそこに都を目指す無数の詩人の卵。そんな彼らをときにせせら笑い、ときに同情の目で見送りながら、任期が明けたのに次の就職先も決まらない我が身を嘆いて暗鬱《あんうつ》とした面持ちのまま帝都から去るもと官人たち。のちのち自分が帝国の大宰相を拝命するなどとは夢にも思わぬまま故郷のコーカサスから連れてこられたアブハジア人やチェルケス人の少年。歩兵として小銃を担いで帝国の東西南北を駆け巡るようになるとはとても思えない、ほっそりした肩と脚をさらしながらアルバニアやブルガリアの田舎から黙々と歩いてきた徴発奴隷。スルタン陛下の恩寵を恣にして、やがて帝国の後宮を支配する母后となる運命を知らぬまま黒海を渡るウクライナの少女奴隷。

人の移動は帝国の領内や周辺地域に留まらない。噂に聞くイスタンブルの都で立身しようと、はるか中央アジアのオアシス都市から延々と隊商を乗り継いでやって来た学者や書家、職人、絵師。征服地から破格の待遇で、しかし強制的に家族ごと移住させられた非ムスリムの職工たち。宝石、香辛料、羊毛、革などの買い付けに余念のないフィレンツェやヴェネツィアの商人たち。イスタンブルの親戚を頼ってポーランドの片田舎から鼻歌交じりに帝都見物に訪れるアルメニア正教徒。バルカン半島や東地中海の洋上で虜となり狭苦しい船倉に押し込められて涙を呑むドイツやフランスの兵士、イタリア半島の船乗りたち。あるいは、異教徒の根城たるトルコ帝国の都を一目見ようとパトロンにせがみ、ようやく東方旅行を許されたフランスの人文主義者(5)。

ギリシア語ではコンスタンティノポリス、アルメニア語でスタンポル、イタリア語でコンスタンティノープル、アラビア語でクスタンティニーヤと、さまざまな文化的背景を持つ人々がその名を口の端にのぼらせ、オスマン帝国の人々が正式にはコスタンティニイェ(4)と呼んだこの都は、世界の四方《よも》と接続する人とものの一大集積地となっていた。

近世のイスタンブルは、まことにさまざまな国や地域から人々が集い、暮らした街である。それはつまり、この都市が多種多様な人々の視線に晒され、生きられ、体験され、記録されたことを意味する。イスタンブルは宗教、言語、文化という生活の基調を著しく異にする人々が書き残した多様なテクストの各所に痕跡を留める稀有な都市なのだ。

本書は、近世の大帝都イスタンブルに暮らしたオスマン帝国人や西欧人たちの残した文学作品、叙述史料をひもときながら、この偉大な都市がどのように描かれ、称えられ、あるいは貶されたのか、彼らにおいていかなる心象風景を形成したのかを考察することで、同時代人の言説空間におけるその姿を幾らかなりとも明らかにしようという試みである。

第一章　視線の交錯する都市

オスマン帝国のスルタンたち、とくに一六世紀の彼らこそが、コンスタンティヌス大帝やユスティニアヌス帝、ミカエル八世パレオロゴスにいたるまでのビザンツ帝国の皇帝たちの建造物を破壊せず、コンスタンティノープルが古代と現代がひとところに会する高度に歴史的な空間と化すのに寄与したのだと主張しても、あながち誤りではないだろう。

ロベール・マントラン『壮麗者スレイマンの時代のイスタンブル』

1　近世イスタンブルの成立

ビュザンティオン、新ローマ、そしてコンスタンティノポリス

むかし、ギリシアの国々の東には「牝牛の渡り」、つまりボスフォラスと呼ばれる海峡があった。嫉妬に駆られた女神ヘラから逃げおおせるようにと、主神ゼウスによって牝牛に姿を変えられたイオは、まさにこの地峡を泳いで渡ってアジアへ逃れたというのだから、潮の流れにさえ気をつければこの狭い水路を渡るのはそう難しいことではない。ボスフォラスの地峡は神話の時代から両岸の土地と、地中海と黒海を結ぶ陸上、海上双方の交通の要衝となっていたのだ。

狭いところでは幅八〇〇メートル足らずのこの海峡の南端、西の岸に三角形の岬が東に向かって突き出している。岬の付け根から先端まではおおよそ五キロメートル、イアソンのアルゴ号の行く手を遮った大岩を彷彿とさせる大きな岬だ。(1) 航海者にとっては難所でも、地理的に見ればこれほど防衛に適した土地はない。三方を海に囲まれた岬の西、陸側を堅固な城壁で覆えば難攻不落の要塞となるし、丘や坂の多い起伏に富んだ地形は交通には難渋する反面、水捌《は》け、日当たりともに良好で居住に適するのだ。

最初にこの岬の高台に居を定めたのは、ギリシアのアッティカ地方のポリス、メガラからやって来た人々であったらしい。紀元前七世紀ころのことと言われている。彼らは、オスマン帝国の遺風《いふう》を偲《しの》ばせるトプカプ宮殿がいまなおボスフォラス海峡を睥睨《へいげい》する岬の東端の丘の頂《いただき》に神殿を配し、それを取りまくようにして街を築いた。その街は入植者たちを率いた伝説上の指導者ビュザンタスの名を取って、ビュザンティオン（Byzantion）と呼ばれた。(2)

ビュザンティオンは数あるギリシア植民都市の一つ、それもトラキアの東端に位置する辺境の街として出発したのである。

時が経ちギリシアやペルシアの威勢が衰えたとき、新たにやって来たのがローマ人だ。二世紀、セプティミウス・セヴェルス帝（在位一九三－二一一）によって攻め滅ぼされたビュザンティオンはローマ都市として再生する。ただし、のちにイタリア半島のローマと比せられる巨大都市に成長するのはもう少し先の話である。四世紀、度重なる蛮族の侵攻や国家財政の逼迫に見舞われ、領土の維持に腐心していたローマ帝国は、広大な領土を分割統治することで難局を打破しようとしていた。かくして、名高いコンスタンティヌス大帝（一世、在位三〇六－三三七）がローマ帝国の東方領土の首都にふさわしい立地を持つ街を探し求めた結果、その竜眼に留まったのがこのビュザンティオンだったのである。(3) 遷都が行われた西暦三三〇年以降、大帝とその後継者たちはこの新しい都を中心にローマ帝国を再編していくことになるだろう。

やがてこのギリシアの地のローマ人たちはラテン語ではなくギリシア語を話すようになったが、変わらずローマ人とローマ帝国を自認し続けた。世界的には英語に由来するビザンティン帝国と呼ばれ、日本ではドイツ語に由来するビザンツ帝国の呼称で知られる国家である。(4)

コンスタンティヌス大帝の遷都以降、新ローマ（Nova Roma）、そして徐々にコンスタンティノポリスと呼ばれるようになったこの街は、地中海沿岸で随一の先進的都市文化を保持し、一五世紀に至るまで西ヨーロッパに多大な文化的影響を及ぼし続けることだろう。また、ギリシアやアナトリア、ロシアなどに暮らす東方正教徒や、同じくキリスト教徒の西欧の人々にとっては、総主教座を擁しイェルサレム巡礼への玄関口たる宗教都市としても認知されたのだから、遷都当初、ローマに並び立とうと築かれたコンスタンティノポリスは時の流れとともに古代ローマの威風を減じたかわりに、キリスト教的聖性を獲得したとも言える。

しかし、俗界のまつりごとの世界に目を向ければビザンツ帝国の盛衰は実に目まぐるしい。七世紀以降、ビザンツ帝国は東をイスラーム勢力に脅かされたものの、これを跳ね返して九－一〇世紀には繁栄を迎える。ところが一一世紀後半になると現代トルコ人の直接の祖先にあたるオグズ族に属するセルジューク朝勢力がアナトリアへ侵入してルーム・セルジューク朝を築き、彼らと合従連衡を繰り返す一〇〇年を経て一二世紀には西から無法な十字軍が押し寄せる。一三世紀にはモンゴル勢力とその後裔たちへの対応に追われながら軍事的後退を重ね、一五世紀に至ってビザンツ帝国はコンスタンティノポリスの周辺とペロポネソス半島の一部を残して、広大な領土の大半を失い、アナトリアやバルカンに群雄割拠するトルコ系君侯国に「上納金」を払ってその領土と文化を保つのが精いっぱいになっていた。

征服、復興、発展

西欧諸国が称賛を惜しまなかったオスマン帝国の中央集権体制が整うのはおおよそ一六世紀以降のことであるから、この時期の帝国はまだトルコ系有力貴族の高官たちが居並ぶ寄り合い所帯の様相を色濃く残していた。くわえて、新たに即位した年若いスルタンにはいまだこれといった功もなく、それどころか虎の子の常備歩兵軍団イェニ・チェリたちの反対に遭い一度は父親から譲られた帝位を返上させられた経歴さえある。若き君主は宰相や兵士たちの忠誠を獲得するためになによりもまず戦勝と、幕下の家臣たちへの戦利品の配布を行う必要に迫られていた。そうした中で彼が注目したのが、それまで帝国が六度、包囲戦を行いながらもついに征服の叶わなかったコンスタンティノポリスだった。


私の意図は神与の道に従って聖戦を行うこと、私の努力はイスラームの教えに叶うもの。

私の意図は神と諸預言者の加護を受けた軍勢をもって異教の者どもを端から端まで滅ぼしつくすこと。

私には諸預言者、諸聖人の守護がついている。私の征服への望みと力は、神のご厚意より生じたもの。

浮世において我が身と我が富を投げ打ったからとて何ほどのこともない。神よ、お慈悲を賜わせ、百も千も、
私は聖戦をこそ欲しているのだ。
ああ、預言者ムハンマドよ、願わくば私の国が誉れ高い導き手たるあなた様の奇跡によって信仰の敵に対する
勝者となりますように。

アヴニー『詩集』(5)

聖戦への情熱を高らかに宣言する「私」こと詩人アヴニーは、本名をムラトの息子メフメトという。オスマン帝国第七代スルタンであるメフメト二世(正式在位一四五一―一四八一)その人である。残念ながらこの詩が詠まれたのがイスタンブル征服戦の前か後かはわからないけれど、少なくとも若い君主の聖戦への情熱のほどをよく伝える。彼に率いられたオスマン軍がコンスタンティノポリスに進軍したのは四月一七日。(6)少数の援軍のみで孤立していたビザンツ帝国側は一ヶ月以上にわたって善戦したが、バルカン半島の最前線で長らく征服戦、攻城戦に従事してきたオスマン軍には抗し得ず、ついにコンスタンティノポリスは陥落する。一四五三年の五月二九日のことである。それ以来、イスタンブルはオスマン語で「帝都」、「人々が住み栄える都」、「イスラームに満ちた都」等々、数々の雅称によって称えられたが、その中でもとくに好まれた美称の一つに「喜ばしい城市」というのがある。これはその名称を綴るのに用いられているアラビア文字の数価を足すと八五七となることに由来する。ヒジュラ暦八五七年、すなわち西暦一四五三年の征服を、神が数秘学的に予想しておられたことの顕れと捉えられたのである。(7)

西欧キリスト教文化圏ではこのコンスタンティノポリスの陥落は世界史上の一大事として扱われるが、(8)この時期バルカン半島のキリスト教勢力と、カラマン君侯国などのアナトリアのトルコ系勢力に対して恒常的に二正面作戦を展開していたオスマン帝国にとっては、実のところ数ある攻城戦の一つに過ぎなかったという見方もある。確かに、征服は晴れがましいイスラームの勝利として祝われたものの、征服戦のさまざまな過程に数々の逸話、奇跡譚

	ムスリム	キリスト教徒	ユダヤ教徒	合計
イスタンブル	9517戸	5262戸	1647戸	16326戸
ブルサ	6165戸	69戸	117戸	6351戸
エディルネ	3338戸	522戸	201戸	4061戸

1520-1530年のイスタンブル、エディルネ、ブルサの宗教別戸数（Behar 1996, p.6を元に作成）

が付与され、帝国の一大勝利として伝説化していくのは一六世紀に入ってからのことである。

しかしいずれにせよ、一四五三年の春に成ったイスタンブルの征服とエディルネからの遷都こそが、今日のイスタンブルの都市景観を形作る最後の一大事件となった。三帝国の都と称され、世界的に類例の少ない分厚く濃密な歴史の積層をその都市空間に胚胎する「イスタンブル」は、まさにこの一四五三年五月二九日の正午ごろ、前日まではギリシア正教の総本山であったハギア・ソフィア総主教座聖堂へ征服王メフメト二世が入堂して礼拝を行った瞬間からはじまったと言えるだろう[9]。

アヤソフィアで感謝の祈りを捧げたメフメト二世は、すぐさま街の再建に着手した。モスクとそれに付随する慈善施設や宿泊施設、商業施設のような公共建築物を街区の核として付置し、水道などのインフラを修繕、拡張する一方、他方では人頭税の納入義務という制限付きながら、住民たちのイスラーム以外の宗教の信仰の自由や生命と財産を保障し、それと並行して強制移住政策（sürgün）を進めて人口を確保することで、帝国の首府たるに相応しい都の復興に乗り出したのである[10]。こうした人口獲得政策がセリム一世、スレイマン一世へ引き継がれていった結果、イスタンブルは他の帝国都市に比して、ムスリムのみならずギリシア正教徒やアルメニア正教徒、そしてユダヤ教徒が非常に多く暮らす多言語・多宗教都市となった。

ビザンツ帝国末期にはすでに疲弊しきっていたこの街の「復興」はおよそ半世紀にわたり、それが発展へと向かうのはおおむねスレイマン一世期（一五二〇－一五六六）に入ってからである。人口の面で見れば征服直後に五万人前後まで減少していた人口が、一説によれば四〇万程度まで増加したとも言われている。人口については今日なお議論が途切れず、最近では四〇万という数字は多すぎるという意見が大勢を占めるものの、少なくともスレイマン一世の時代である一六世紀半ば以降、イスタンブルが帝国の旧都ブルサやエディルネはおろか、同時代のパリやヴェネツィア、ナポリ、カイロなどに伍し、やがて凌ぐ大都市として復活したのは確かである。[11]

無論、これと並行してイスラーム国家の帝都としての景観改造も行われた。メフメト二世のファーティフ・モスク（一四七〇）、ベヤズィト二世（在位一四八一－一五一二）のベヤズィト・モスク（一五〇六）、セリム一世（在位一五一二－一五二〇）のセリミイェ・モスク（一五二二）、スレイマン一世のスレイマニイェ・モスク（一五五七）が順次落成し、世紀を跨いでスルタン・アフメト・モスク（一六一七、ブルー・モスクとも）、イェニ・ヴァーリデ・スルタン・モスク（一六六五、通称イェニ・ジャーミイ）が完成すれば、わたしたちが今日目にするイスタンブルの大モスクのあらかたが出揃うこととなるだろう。

国家制度の面に目を向けてみても一六世紀中の変化は顕著である。西欧では「壮麗者」と呼ばれたスレイマン一世が多数の法令を発布し――そのため帝国の人々は彼を立法者（Kânunî）と呼んだ――中央集権的、換言すればイスタンブル一極集中型の官僚制度を築きつつあった。立法者スレイマンの時代、帝国は軍事征服による領土拡大と戦利品の獲得に国家歳入の多くを依存していた征服型王朝の域を脱し、広大な領土の保持と税収の確保によって国家歳入を賄い得る官僚機構を備えた領土型国家への下地を整えていったのである。[12] この官僚機構は、一六世紀後半には東アナトリアでの在地騎兵（sipâhi）の反乱などを経て動揺するものの、一七世紀前半には徴税請負制への移行という一大税制改革を経て柔軟に形を変えながら、なお一〇〇年の安定を帝国にもたらしている。[13]

つまるところ、イスタンブルの復興はメフメト二世によって人口の確保と商工業の促進という指針が示され、スレイマン一世期に制度的、都市景観的原型が形作られることで、ひとまずオスマン的な都市空間としての威容を整えたと概括できるだろう。

近世イスタンブルの黄昏

しかし、繁栄を極める帝都イスタンブルの外に目を向けると、帝国の道行きは必ずしも順風満帆とは言い難いようだ。西の軍事的要衝ベオグラードから東の要衝アレッポの間に横たわる帝国中核地域の一歩外では、ハプスブルク家の神聖ローマ帝国、ヴェネツィア共和国、サファヴィー朝ペルシアといった隣国の存在が常に脅威となり、帝国領の西北部ではハンガリー、洋上ではクレタ島、東では現在のイラクの領有を巡る争いが恒常的に行われていた。

一六世紀前半に制度的基底が形成された近世オスマン帝国の終焉を明確に定義するのは困難だけれども、その転機はこうした一連の辺境での戦争によってもたらされたとするのが一般的である。すなわち、一六八三年の第二次ウィーン包囲である。なぜならこの大遠征で喫した未曽有の大敗北は、続く一六九九年のカルロヴィッツ条約、一七〇〇年のイスタンブル条約、一七一八年のパッサロヴィッツ条約において東欧からの後退を強い、以降の帝国では外政内政の両面において明らかな退潮が自他共に意識されるようになるからだ(14)。

パッサロヴィッツ条約締結後、一八世紀前半に束の間の平和が訪れると西欧の文物の移入がはじまる。とくにオランダから逆輸入されたチューリップ栽培の過熱を念頭にチューリップ時代と呼ばれるこの時期、イスタンブルの町並みには西欧のロココ趣味を模したサーダバード宮殿のような土洋折衷の建物が付け加えられていく。今度はオスマン側がヨーロッパから学ぼうとした点で、大きな姿勢の変化と言えるだろう。しかし、穏やかな世紀前半とは打って変わって世紀後半からは新たな脅威であるロシアとの対外戦争が本格化する。北からやって来たこの人々は帝国内で経済、手工業の重要な部分を担っていた東方キリスト教徒たちの庇護者を自認した。このころからイスタンブルのスルタンたちは国境の外からやって来る兵隊のみならず、長らく忠実であったはずの非ムスリム臣民たちの離反にも対処しなければならなくなるのである。そして字義通りの内憂外患を抱えたまま一九世紀を迎えると帝国はさらに決定的な領土喪失を経験する。メッカ、メディナの両聖地（Haremeyn）を有するアラビア半島西部沿岸のヒジャーズ州、帝国有数の大都市カイロを擁する一大穀倉地帯エジプト州、そして一五世紀以来数多くのムスリムが暮らし、優れた知識人を輩出したバルカン半島——そこはもはや一七世紀後半から一進一退の陣取り合戦を繰り返してきたバルカン北部や東のアゼルバイジャン、あるいは一八三〇年代にフランスに奪われたアルジェリアのような辺境の一属州ではなく、帝国にとって最重要とされた地域なのである。

国境線の内側でも状況は悪化し続けている。一八世紀以降の帝国諸州では、先述の徴税請負制を背景に富を蓄積し、ときに万を優に超える私兵を有する地方有力者層が擡頭《たいとう》する。[15] この時代のスルタンたちには、近代的軍備を整えた列強のみならず、国内の地方有力者層を抑え込むだけの武力さえなく、それどころか帝国辺境の防衛のためには彼らの兵力をあてにせざるを得ないほどだった。[16] かつての一六世紀のスルタンたちは、自らの奴隷によって編成された常備軍を手足のように操って、その武力を背景に平和裡に帝国を統治していた。しかし、大砲や銃火器といった最新装備で身を固めた勇猛な常備歩兵軍団イェニ・チェリ（Yeni Çeri）は、徐々に帝国中枢において既得権益に固執する世襲化した利権集団へと堕し、国内秩序の安定、軍事力の近代化双方に大きな影を落とすお荷物と化していたのである。[17]

もちろん一八世紀以降の内政、外交にわたるさまざまな問題の功罪を、一概に論じることはできない。帝国の退潮は西欧文化の受容を誘発し、一八世紀前半のチューリップ時代にはオスマン文化が爛熟《らんじゅく》を極める一因ともなるし、臣民すべてを言語・宗教を越えてスルタンと国家への忠誠を核とする「オスマン人」という名辞のもとに糾合しようとしたオスマン主義のような進歩的なコスモポリタニズムを生む契機ともなるからだ。しかし、それらの繁栄や努力も、一九世紀という民族主義の時代には対応し得ず、臣民たちがおのおのに「民族」という旗印を掲げて帝国の統制下を離れようとする「バベルの塔化」現象の前に潰えていく。[18] 一九世紀から二〇世紀初頭の西アジアに目を向けたとき、わたしたちは東地中海に覇を唱え、南イタリアやアラビア海、インド洋にまで軍勢を派遣した大帝国ではなくて、西欧列強の勢力伸長の場として翻弄される瀕死の病人の姿を見出すことになるだろう。

先述の通り、帝国崩壊の種がすべて第二次ウィーン包囲の直後に蒔かれたというわけではない。しかし、一六世紀前半から半ばにかけて成立した領土保全や中央集権体制という帝国の支配原理の綻びが徐々に露わになり[19]、明確な方向転換を余儀なくされていく契機となった点では、この戦争はやはり象徴的に捉えられうる歴史的事件であり続けているように思われる。だから本書では、イスタンブル征服（一四五三）から第二次ウィーン包囲（一六八三）までの時期、わけてもおよそ半世紀にわたる復興が終わり、帝都イスタンブルが人口、国家制度、都市景観というさまざまな面において復興から発展、そして安定へと向かうスレイマン一世の治世を中核とする、おおよそ二〇〇年余のこの都市について論じるつもりである。なんといっても、建築物や住民の多様性といった、ときに今日まで続くこの都市の特徴が獲得されたこの時代にこそ、イスタンブルは帝国の威勢と連動しながらオスマン帝国の帝都（Pây-ı Taht, Âsitâne）として、また西欧人にとっての「東地中海」（le Levant）、「東方」（l'Orient）の中心として、世界史上でも突出した存在感と求心力を誇っていたのだから。

2　近世イスタンブルへの眼差し

イスタンブル都市史研究の発展

近世のイスタンブルは人ともの、あるいは有形無形の文物が往還した東地中海の一大中心地である。当然、この都市についての言及は玉石混交の感が否めない旅行記、冒険記、あるいは随筆集にはじまり、専門家による論考、研究書に至るまで古今東西にあまたあるが、歴史学の領域に限定するのであれば、それらは建築・考古学史料や文書史料、そして叙述史料という大別して三種類の史料に拠りながら各々に、近世帝都の異なった側面に光を当ててきた。

まず、いまも観光客が押し寄せ膨大な観光収入を稼ぎ出す市内の宮殿や大モスク、メドレセ（イスラーム文化圏における高等教育機関）、隊商宿、公衆浴場といった「建築物」を用いた研究領域では、総合的な学術研究の開始は比較的、遅かったと言われる。それというのも各モスクの特徴や由来、寺格を整理したアイヴァンサライー（Hafız Hüseyin Ayvansarayî, ?－一七八七）のモスク総覧[20]やザーキル・エフェンディ（Zâkir Efendi, 一八世紀半ば。エフェンディは名士と見なされる人々に広く用いられる尊称）による神秘主義教団修道場総覧[21]など、一八世紀に上梓された建築物列伝を除けば、オスマン帝国人による体系的な研究は非常に限られたものだった。帝都の建造物、街区、戸数、人口といった総合的な都市研究を行ったアルセヴェンや[22]、メフメト二世期の建築物をまとめたアイヴェルディによって[23]、オスマン帝国期建築物総覧と呼ぶべき大部の業績が上梓されるようになるのは二〇世紀に入ってからのことである。しかし彼らの研究を礎として、我が国では早くから公共施設の建設過程を扱う都市形成史研究が行われた[24]。近年では社会学的、美術史的な新しい試みも行われるようになっているし、観光収入に重きを置くトルコ共和国が歴史的建造物の保全に心を砕いていることも相俟って、政府関係機関の援助を受けた研究も数を増しており、建築物へのアプローチは多様化している[25]。なお、イスタンブル内に残存するビザンツ帝国期の遺構については、ビザンツ帝国史研究の範疇で行われた業績が合わせて参照されている[26]。こうした一連の建築物を史料とする研究群の特徴は、建築物の保存と記録に重点が置かれた点である。従って分析の俎上に載せられたのは都市を形作る建築物や街区、交通路や水道施設のようなインフラ、換言すれば都市のハード面であったと言えるだろう。

一方、オスマン帝国は一億点とも言われる豊富な文書史料を残した国家である。この文書史料こそが都市の身体の動きを司る司法・行政制度の様態をいまに伝え、今日のトルコ史研究の主流である社会経済史を支える源泉となった。そもそもトルコ史研究はフランスやドイツの中世史における社会経済史の発展、とくに初期のアナール学派の影響を受けて形作られてきた[27]。そこでは前近代イスタンブルの人口統計学に代表されるさまざまな成果と共に、バルカンのような研究者によってワクフ文書を筆頭とするさまざまな文書史料の整理、刊行も行われたが、数ある同分野における業績の中でイスタンブルに関連して特筆すべき成果の一つが同業者団体（esnâf）についての研究である。とくにバエルによる一連の業績がよく知られており、そこでは徴税台帳に見られる各同業者団体の成員数や、法廷文書に見られる団体内、団体間の諸問題と、それに関連する規律などが考察され、同業他者に対する強い排他性、団体員同士の相互扶助、規律の重視といった、その後長らく典型として受容されることになる同業者団体像が提示された[28]。これらの研究は公文書史料に拠った点では国家制度史の範疇で行われるに留まり、そこに登場するのは納税者、あるいは法廷に出頭した原告、被告という公的な性格を帯びた人々の姿に限定されたものの、イスタンブルの民衆についてもっとも実証的な成果を挙げた研究群であることは論を待たない。同業者団体に関しては他に幾つも優れた研究が世に出ており[29]、一連の研究の中に職工たちの職業意識のような心性史とも関わる論題が含まれている点でも、都市の商人・職人の生活実態の解明に関してトルコ都市史、社会経済史における一つの到達点と見なしうるだろう。

他方で、王朝正史を筆頭とする歴史書や国家統治論などを説く論考や、西欧人の東方旅行記のような叙述史料群もまた、イスタンブル都市史研究の重要な糧である。いや、それどころかイスタンブルに暮らす人々の日常生活についてもっとも示唆に富む成果を上げたのはまさにこの「叙述史料」を使用した研究であるようにも思われる。ただし、日常生活の委細を逐一書き記す日記や覚書を書記する文学的・日常的伝統をほとんど有さなかった近世オスマン社会においては、本書の第五章の主要史料となるエヴリヤ・チェレビー『旅行記』、エレミヤ・チェレビー・キョミュルジュヤン『イスタンブル史』といった幾つかの例外を除けば、地勢、建造物、著名人、民衆などのさまざまな要素からなる都市社会全体を包摂し、都市史研究の礎となるべき地誌が圧倒的に少ない上に、民衆文学と呼びうるテクストや私文書が非常に限られているという史料的制約が厳として存在する[30]。こうした史料状況にあって、スルタンの勅令を主要史料として市民生活に関わる項目を数多く扱ったレフィクを皮切りに、文書史料と地誌、西欧人による東方旅行記を併用したマントランの都市研究などが、文書史料から漏れるイスタンブル民衆の実生活にある程度の光を当ててきた[31]。叙述史料に依拠する手法はもっとも古くから行われ、中には細密画（miniature）に代表される挿絵本や図像や地図、海図を含む地理書を併用して行われたユニークな研究も散見される[32]。

こうしたオスマン帝国側の叙述史料の不足を補ってきたのが、西欧からの異邦人たちによって書き残された東方旅行記である。フランス語、英語で書かれた旅行記の整理が、サン＝マルタン、イェラシモス、ボッロメオ、ベルシュなどの西欧の研究者によって行われたため、今日ではその概要を見渡すことが可能となっている[33]。東方旅行記を中心史料に据え、複数旅行記を比較考察する研究はいまだに限られているが[34]、オスマン帝国人がさしたる重要性を感じず、従ってその記録にも無頓着であった日常的な習俗、習慣についての記述を含む史料群としての重要性は十分に認識されており、とくに幾つかの定本的な地位を占める旅行記などは[35]、トルコ史の分野でもたびたび参照されている。

トルコ文学（史）からの眼差し

建築物、文書、叙述史料——それらを用いた歴史研究とは一線を画しつつ独自の発展を遂げてきたのがトルコ文学（史）研究である。とくにオスマン帝国期の文学においてその中核を担ったのはアラブ伝来の韻律に則りオスマン語で詠まれた定型韻律詩である。これらの定型韻律詩が西欧諸語で採用されているような「オスマン文学」という呼称で呼ばれることは非常に稀であり、イスラーム文化圏で往古の昔から用いられてきた定型韻律詩文学の呼称であるディーワーン文学（Divan Edebiyatı）という呼び名が用いられるのが普通であった。ディーワーンとは「詩集」を意味し[36]、「個人詩集（dîvân）か、さもなくばそれに規模の劣る詩集抄（dîvânçe）を編み得るほどの技術と学識を備えた詩人たちによって詠まれた韻律定型詩からなる文学」程度の意味合いである。しかし、この用語の適用範囲は宮廷文学と呼びうるような高踏的な定型韻律詩に対象を限定するきらいがあり、同じオスマン帝国期の詩歌でありながら民衆的な口語のトルコ語が用いられた作品が除外的に扱われる傾向がみられた。そのためトルコ共和国が成立すると、高踏的な詩集文学の後塵を拝していた観のある民衆的なトルコ語口語で営まれた韻律詩、音節詩、叙事詩や俗謡の類への関心の高まりに応じて勃興したトルコ民衆文学（Türk Halk Edebiyatı）という研究分野が生まれることになる。「ディーワーン文学作品」と「トルコ民衆文学作品」の分類は主にその言語表現に拠っていた。すなわち、オスマン語かトルコ語かの別である。

オスマン語は統語的観点から見れば完全にトルコ語に分類されるが、帝国において書記言語としてはじまり、アラビア語、ペルシア語の語彙、文法規則を取り入れながら文語として独自の発展を遂げ、一五世紀には芸術言語としても整備された、王朝支配階層の行政言語にして雅語である。この「従属節を何重にも含む複雑な入り組んで息が長い」難解な言語は[37]、オスマン帝国ではアラビア語、ペルシア語と並ぶ「三言語」（elsine-i selâse）と称されて、官人や詩人をはじめとする教養人に必須の言語となった[38]。対して口語の「トルコ語」はオスマン語に比して外来語の割合が少なく、トルコ系ムスリムが日常的に用いる民衆語として広く話される反面、その多くは書写されず、また術語に乏しいことから学術的、芸術的に見て低い地位にあると見なされていた。オスマン社会における文語オスマン語と口語トルコ語の著しい乖離が、選良的な文学と民衆的なそれをかなり明白に分けていたのである。

ただし、本書でも参照するファキーリー『描写の書』のように選良たちの駆使したアラブ韻律に則りながらも、口語トルコ語を多用するような作品は幾らでもあり、実際にはある定型韻律詩を捉えて、それが高踏的なディーワーン文学なのか、口語的な民衆文学なのかを分類するのは困難であるし、ときに実際のテクストの在り様を歪めかねない。こうした弊害を踏まえ、詩集文学と民衆文学を包括的に扱う枠組みとして用いられたのが「トルコ古典文学」（Türk Klâsik Edebiyatı）や「古トルコ文学」（Eski Türk Edebiyatı）という言葉である[39]。しかし、これらの用語にも問題がないわけではない。第一にこれらの用語が、トルコ語を母語とせず、しかしオスマン語を操るような選良層によっても担われたオスマン帝国の文学を、あたかも「トルコ民族」の文学へ書き換えようとするトルコ国文学の泰斗キョプリュリュ（一八九〇－一九六六）以来のやや自民族中心主義的なバイアスと無縁でなかった点[40]。そして第二に、トルコ共和国における自称Türkの語が、英語ではturkish、turkicと分けられている「トルコ人」と「テュルク系諸族」の両方を表す点。つまり、「トルコ古典文学」という用語は、オスマン帝国の人々が話したオグズ語（Oğuz Dil Gurbu）によって編まれた文学のみならず、突厥碑文のような古代トルコ語（Eski Türkçe）や、オスマン帝国の人々の話したトルコ語とは異なるテュルク諸語の別種であり、ティムール朝、ムガル帝国で用いられたチャガタイ語（Çağatay Türkçesi）で営まれた文学をも内包してしまうのである[41]。

やや不毛にも思える研究領域名の綱引きと線引きに一石が投じられたのは、近年のことである。そもそもオスマン帝国は帝都イスタンブルを中心にバルカン半島と西アナトリアを中核地域として築かれた帝国である。もともとこの地域はイスラーム文化圏では長らくローマ／ビザンツ帝国を意味する「ルーム」（Rûm）という言葉で呼びならわされ、オスマン帝国の人々も自らがルームの地に住まうことを自覚していた。文学（史）研究者クルが、かくのごときイスラーム文化圏の最前線にして辺境というルームの地の特殊性と、そこに五〇〇年にわたって安定した王権が築かれ、文学の保護者を演じたという稀有な権力の継続性の双方に拠りつつ、その文学をアラブ・ペルシア文学の大きな影響を受けつつも、オスマン帝国という王朝に独自の要素を多数備えたものとし、細心の注意を払いながら「ルームの地の文学」という研究枠組みを提唱したのである[42]。こうした地域的、歴史的特性を踏まえたうえで、近年ではようやくオスマン語かトルコ語か、高踏的か民衆的か、あるいはオグズ語か、そのほかのテュルク諸語かといった、錯雑な分類指標をすべて廃した「ルームの地の文学」の呼称として「オスマン文学」（Osmanlı Edebiyatı）という呼び名がトルコ人研究者たちによっても使われるようになりつつある。

以上のような研究史を踏まえて本書では、オスマン帝国期の文学をたんに「古典文学」、「オスマン文学」と呼びながら、その詩歌に関して「古典詩」の名称とともに「オスマン詩」の名称も併せて用いることとしたい。

オスマン詩は頭の中で思い描いた花なのか

さて、さきほどトルコ文学（史）は歴史学と比して「独自の発展を遂げてきた」と述べたが、それはとりもなおさず歴史学と文学（史）の間で史料・成果共有が限定されていたことをも意味する。とくに二〇〇四年に文学（史）家パラと、トルコ社会経済史の重鎮イナルジュクの間で交わされた議論は象徴的である(43)。西欧美術史におけるパトロネージ研究を念頭に置きつつ、社会経済史的な視座から「社会生活者としての詩人」を再検討するよう訴えたイナルジュクと、「金銭を得るための詩作」というイメージに反発し、オスマン詩の芸術性を擁護したパラ。二人の議論は、そのまま歴史学と文学（史）の乖離を浮き彫りにしたかのようである。しかし、いずれか一人を捕まえて評価を下すのは性急である。なぜなら、これまで歴史学者や文学者たちが互いの領域に踏み込むのをためらったのには相応の理由があるからだ。

そもそもオスマン文学は韻文を本流とし、なおかつアラブ・ペルシアの文学的伝統を踏襲しつつ形成された、美男美女と散房花序に彩られた華麗な言語世界を特徴とする。文学（史）家たちは、一時はトルコの発展を遅らせた諸悪の根源として敵視されたオスマン帝国の文学を失われた国文学として発掘し、その「芸術性」を再評価する仕事に忙殺されてきたし、「事実」を扱い実証性をなによりも重んじるべき歴史学者たちもまた、オスマン文学の美々しくも浮世離れした「芸術」が、はたしてリアリズムを経験したわたしたちに、同時代人の生活実態やその心情についてどれほどのことを伝えてくれるのかという不安をぬぐい切れなかったのだ。だが、トルコ文学（史）家レヴェンドは半世紀も前にいみじくもこう述べている。

ディーワーン文学は実生活にさほど依拠しないために、頭の中で思い描いた花のようにすぐに枯れてしまうと考えられている。しかしながら、それが生きた時代との関連性においてその誠実な鏡であることもまた、確かなのである。

レヴェンド『ディーワーン文学』(44)

トルコ文学（史）の泰斗はスタンダールの小説観を彷彿とさせる「誠実な鏡」という表現に託して、古典詩が当時の社会を窺いうる史料であると宣言しているのである。レヴェンドがここで念頭においたのは、今日のわたしたちから見れば十分に高踏的と呼びうる詩集（dîvân）作品であったのだけれど、帝国期の文学作品の中にはときに社会の声を反映し、あるいは日常の垢にまみれた心情を吐き出すような作品群が存在していることが明らかになりつつある。二一世紀になった今日では、歴史学と文学（史）の乖離的状況は双方の研究者によって認識されつつあり、文学史料を心性史などの社会史研究に活用するべきという主張が見られるようになっている(45)。

3　視線の交錯点

イスタンブルに関連する研究をごくかいつまんで眺めるなら、この都市へのアプローチには建築物、文書史料、叙述史料といった史料の性質に応じて細目化される傾向が見られたと概括できるだろう。また、そこで研究の俎上に載せられてきたのは、都市の建築学的構造、都市形成史、あるいは社会制度といった都市の「ハード」の側面が主であり、必然的に社会経済史的手法に則った業績がその大勢を占めている。

こうした実証的な社会経済史研究、制度史研究の発展が世界的に見ても高い実証性を備えた歴史学的成果を生む反面、テクストの実証性という点で疑問符を付されることもあった地誌や非政治的な論考作品、そしてなによりも文学史料の活用が限定的なものとしてしまったのも事実である。本書の目指すところは、このある種の矛盾の前でしばし足を止め、従来の研究ではカヴァーしきれなかった同時代人たちの心象風景や心情という心性史、あるいは表象文化史にかかわるイスタンブルの「ソフト」の面を解明することなのである。

われわれは材料に乏しいとは言えないのではないか――そう述べたのはアナール学派の祖たるリュシアン・フェーヴルだった。テクストを書き記すことに必ずしも積極的ではなかった中世ヨーロッパの人々が生活の中で見せたさまざまな行動や感情の機微を窺おうとしたとき、彼は司法文書を含む倫理的資料、造形美術の産物や音楽作品という芸術的資料、そして文学資料を、その扱いへの細心の注意を喚起しつつ、心性史に供されるべき史料として挙げてみせた。(46) 近世のオスマン帝国に残された史料群がフェーヴルの念頭に置かれていた中世フランスのそれとは著しく異なる点を除いても、彼の唱えた研究手法に倣うことは決して誤りではない。なぜなら同時代人たちの都市への眼差しを中軸に据えるとなれば、必然的に同時代の詩人たちが詠んだ詩歌を筆頭として、帝都に暮らした名士がその日常を書き綴った地誌、あるいは西欧人の旅行記など、歴史学で言うところの「叙述史料」の本流からは少しはみ出したところに伝存する「私的な叙述史料」も重要な材料となるはずだからだ。無論、オスマン詩にせよ、地誌にせよ、東方旅行記にせよ、いずれもこれまで参照されてきた史料である。本書では、そうした既知の史料群の読み直しを通して同時代人たちの声の中に残響として木霊する都市の表象、つまりは彼らの言説空間に映じた近世イスタンブルの姿に迫りたい。

同時代人の目に映じた都市の姿や文学テクストという言説空間の中に表象した都市の「イメージ」(47)を追う研究は、これまでもさまざまな国、地域、研究領域で行われてきた。日本を例に取れば、主に文学研究の領域で優れた成果が挙げられてきたと言えるだろう。都市空間の中に対置された日本文学作品を取り上げ、そこに映じる都市像の解明を行った前田愛や、(48) 文学者における近代パリの中心性、求心性という視座から都市・文人論を展開した今橋の研究などはその最たる例である。(49) しかし日本語という、史料の使用言語の共通性に拠った前田や、近代日本人という都市の観察者、パリという被観察対象双方における共通性に拠った今橋と同様の手法を、本書でそのまま用いることは難しい。なぜなら本書にはオスマン詩人という文学者たちを筆頭として、天下国家を論じる王朝の文化的選良層、宮廷付の宝石職人の息子やアルメニア人聖職者のような千差万別のイスタンブルの住民はもとより、おのおのに異なった出自と目的を持つフランス人旅行者たちの書き残した史料が用いられるので、観察者たちの宗教的、文化的背景、各々の史料に用いられる言語と叙法の差異が大きく、それらを同列に論じるのは困難だからである。そこでわたしたちは、次章においてまずは彼らとりどりの観察者たちの視線の交錯地としての近世イスタンブルを周遊しながら、その地勢や各地域の特徴を俯瞰しその都市空間を把握したのち、第三章以降においてまさにその都市空間へ向けられた観察者・記録者たちの「眼差し」を個別的に検討していこうと思う。

第二章　近世イスタンブルを歩く

イスタンブルの都には千もの美がある
種々の粧飾に飾られた果てなき美の、なんと多いことか
たとえば、鳥の乳でさえ望みたまえ
不運もまた、すでにして整えられている
天に昇るがごとき僥倖を望むなら
すでに整えられたる夥しきそれを見出すであろう

ラティーフィー『イスタンブル礼賛』

1　近世「帝都圏」

武芸家ナスーフのイスタンブル都市図

同時代の人々が語る都市像を検討する前に、まずは近世イスタンブルの観光客となり当時のこの街の様子をなぞっておきたい。しかし、一つの都市を巡るに際して地図が手許にないというのも心許ない。地図――それもわたしたちのような時間旅行者には縮尺の正確な地図のみならず、都市の名所を記した名所案内図のようなアイテムもあった方が都合がよい。オスマン帝国にあっては西欧のような都市鳥瞰図、都市景観図の類は多く製作されなかったが、幸運なことに誂えむきの都市図が一六世紀前半に描かれている。あるオスマン帝国人が一五三七年当時の帝都の様子を、目ぼしい建築物――宮殿、モスク、メドレセ、市場等々――をつまみながら一枚の都市図にまとめてくれているのである。本書劈頭に掲載した［地図２：ナスーフのイスタンブル都市図］がそれである。

都市図の製作者は一般にマトラークチュ・ナスーフ（Matrâkçı Nasûh / Nasûh Matrâkî / Nasûh Silâhî, ?.－一五六四）という通り名で知られる宮廷人。「宮廷人」という曖昧な言葉で彼を形容せざるを得ないのにはわけがある。ある研究者が「同時代の重要な史家であるのみならず、著名な数学者、書家、画家にして、究極的には高名な剣術家」[1]というポルグリットな評価を下しているように、ナスーフはにわかにその職能や生業を断じがたい人物なのである。まずは都市図製作者ナスーフの略歴を確認してみよう。

この時代の人間の常でナスーフの生年は定かではないけれど、その祖父――あるいは父――は奴隷としてイスタンブルに連れて来られたボスニア出身の人物であると言われている。ナスーフ自身はイスタンブルで生まれ育ち、帝都のいずれかの宮殿でスルタン直属の奴隷軍団の幹部候補生としての教育を受けたと思われる。[2] 彼はまず武芸者として非凡な才能を発揮する。その通り名である「マトラーク」というのは、軍人や宮廷の小姓などが行っていた軍事教練の一種なのである。トルコには、騎乗して二つの陣営に分かれ互いに長細い棒を投げ合う騎乗投げ棒競技ジリトや、全身にオリーヴ油を塗って対戦相手の両肩を地面につけて勝敗を決するヤール・ギュレシ、[3] あるいは弓術（okçuluk）など、いずれも軍事教練に類するところから発展した伝統競技が残っているが、残念ながらこのマトラークの伝統は一度、完全に途絶えてしまったようである。現在、スポーツ・チャンバラに似た競技として復活が試みられているもののその典拠ははなはだ心許なく、実際の競技の様子はよくわかっていない。ただ、マトラークというのはペルシア由来の練兵用具であり、先端を丸めたツゲの短い棍棒を指す。競技の際には剣に見立てたこの棒を右手に、盾に見立てたクッションを左手に持って対戦者と打ち合ったらしいから、[4] ある種の模擬剣試合ではあったのだろう。ナスーフは祝祭の際にスレイマン一世の御前でマトラーク競技の腕前を披露し、優れた技を認められ剣術家（silâhşör）の「匠」（Üstâd）という勅許状を賜っている。[5] 帝都に「何千人」もいたというマトラーク競技者の頂点に立ち、[6] ときのスルタンのお墨付きを貰っているのだから当代随一の武芸者といって差し支えなかろう。

しかしナスーフは武芸一辺倒の軍人ではなかった。絵画や文の道にも優れた才人で、その著作も武芸者の十八番というべき兵法指南書にはじまり、歴史書、はては数学書と実に多彩である。[7] スルタンの奴隷たちは軍事教練のみならずさまざまな文芸的修練も受けていたから、ナスーフもこうした養育過程を糧としたのだろう。さらに一五二九年には第一王子ムスタファ――のちに父親スレイマン一世によって処刑される――の割礼祝典で催された模擬戦の企画、演出を任されるなど、宮廷人としても如才のない活躍を見せ、晩年にはオスマン帝国の最高意思決定機関である御前会議の書記という要職を占めている。

本書におけるナスーフは、あくまで都市図製作者として扱われることになるけれど、彼が武芸者として名を為し、のちには官人としても栄達を遂げた才人である点は現代の研究者のみならず、同時代人も見解を同じくするところである。[8] つまるところナスーフは、たんなる軍人や画家ではなく、オスマン宮廷で成功した帝国エリートの一人だったわけである。

都市図の描き手の正体がわかったところで、さっそくその都市図を片手に近世イスタンブルの街に繰り出したいところだけれど、わたしたちのイスタンブル周遊はその地図をある書物から破り取るところからはじめなければならない。なぜならこの都市図、作者ナスーフがスレイマン一世の親征した第一次両イラク遠征（一五三三－一五三六）に従軍した際、オスマン軍が駐屯した都市や街を絵入りで解説し、遠征の翌年一五三七年にスルタンに献上した『スルタン・スレイマン・ハーンの両イラク遠征の諸駅屯の説明』という書物に収められた「挿絵」なのである。

この大判の『スルタン・スレイマン・ハーンの両イラク遠征の諸駅屯の説明』は、進軍した各地域をイスラーム地理学の伝統にならって七つの地域に大別し、[9] 各都市の概要を記す「駅屯の書」（Menzil-nâme）というジャンルに属する書物である。[10] 遠征の際に書かれただけあってテクストそのものはオスマン軍の行軍日数や各都市間の距離についての事務的な報告から成り、研究者の中には「そのテクストは情報に富むというよりは形式的な事柄で埋められている」と断言する者さえいる。[11] 軍制史や都市間交通の研究にとっては高い重要度を有する史料であることを考えれば言葉が過ぎる批判であるけれど、少なくともイスタンブルに関する限りこの書物の中でもっとも詳しいのが本文ではなく都市図の方であるのは事実だ。だからここでは、この書物に収められた全一〇七点の都市図のうち唯一、両面見開きで描かれたイスタンブル都市図に話を絞ることにしよう。

そもそも都市図と呼ばれる古今東西の図像史料は、景観図（パノラマ図）と鳥瞰図の二種に大別される。前者は街の景観を地上や高所から眺めた様子を、後者は鳥瞰視点から都市の全体像を、それぞれ写し取った都市図である。[12] ナスーフの都市図は一見、鳥瞰図として描かれているように見えるが、宮殿やモスクなどの大規模建築物はかなり正確な筆致で描かれているので、景観図としての要素も兼ね備えている。

ピリー・レイス（Pirî Reis, 一四六五？－一四七〇？－一五五四）の海図（一五一三）やヴェリー・ジャン（Velî Can, 一六

図1：ピリー・レイスのイスタンブル図とヴェリー・ジャンのイスタンブル図。それぞれ、*KB*, f. 206a; Tanny 1993, p. 93 所収。

世紀前半から後半）のイスタンブル図（一五二三）といった同時期のオスマン帝国製都市図と比較すると、本図の特徴はより明白になる。ちなみに前者は当時未発見であったはずの南極大陸が描かれているとされオカルト的な話題を呼ぶこともある『海洋の書』に収められた一葉、後者はオルハン・パムクの歴史小説『わたしの名は赤』[13]の名人絵師〝オリーヴ〟の作である。縮尺が正確な現在の地図と比べてみれば一目瞭然なのだけれど、ピリー・レイスとヴェリー・ジャンの都市図が相応の正確さを持つ鳥瞰図の様相を呈している点に留意しておこう。その上で、彼らの都市図とナスーフのイスタンブル都市図を見比べてみたい。一見してわかる大きな相違点は二つある。第一はイスタンブル旧市街の形状である。ピリー・レイスとヴェリー・ジャンが、実際の地形に倣ってイスタンブルを三角形の岬として描写しているのに対して、ナスーフは岬を頁一杯の四辺形として描いている。第二は建築物の描写方法である。他の二点の都市図では住宅地が細々と描かれ、モスクや宮殿などの大規模建築物は密集した市街に埋没しているのに対して、ナスーフの都市図では住宅地がほとんど排除され、宮殿やモスクといった大規模建築物のみが写し取られているのが見て取れるだろう。市街の形状と建築物の描写法における相違点が示唆するのは、ナスーフが同時代の都市図製作者と比較してもかなり大胆なデフォルメを行っている事実である(14)。

では、ナスーフはどうして誉れ高い帝都の景観を自分勝手に歪めてしまったのだろう。しかも、この都市図は好事家のための手すさびにあらず、スレイマン一世その人に献上する書物の挿絵なのだ。あるいはナスーフの技量の問題だろうか。いや、一五四四年に海軍提督ハイレッディン・パシャ（Hayreddin Paşa, 一四七五－一五四六。パシャは高官に付される尊称）率いる南仏遠征に帯同した際に船上から写生したと思われるジェノヴァの都市景観図などを見れば、彼が遠近法に則った写実的な描写力をも備えていたことがわかる。となれば、大地を捻じ曲げ他人の住処を勝手に省略するという大胆なデフォルメは完全に意図的なものなのだ。では、ナスーフの意図とは何か？　いま一度、本図に目を凝らしてみよう。そうすると、帝都の地理的特性や建築物の正確な縮尺を犠牲にしてまでナスーフが重視しているのが、個々の巨大建築物の外見的特徴とその配置であることに気が付かされる。城壁内を隙間なく埋め尽くす帝都のランドマーク群――それこそがこの四辺形に歪められたイスタンブルの主題であり、ナスーフが射の一番に君主の竜眼に入れたかったものなのだ。つまりナスーフのイスタンブル都市図は、当時の帝国のエリート層の目に映った――そして映るべき――輝かしい帝都の姿であり、結果として今日の私たちから見れば都市名所案内図の様相を呈しているのである。

四主要地域とボスフォラス海峡沿岸から成る帝都圏

都市図のおおまかな特徴を踏まえたところで、いよいよイスタンブル周遊に出かけよう。時間旅行者たるわたしたちはいま、近世イスタンブルの上空にふわふわと浮かんでいる。足元に広がるのはヨーロッパ岸から突き出た三角形の岬とアジア岸のウスキュダル、その間を割ってマルマラ海から黒海へ至るボスフォラス海峡、そしてそれぞれの後背に延々と広がる市街地だ。現在、トルコ共和国の文化と経済を牽引するこの都市は、いまわたしたちが眼下に収めるおおよそすべての地域を包摂する大都市（büyük şehir）――日本における政令指定都市に似る――という行政区分に属している。今日のトルコ人がただ「イスタンブル」と言われたのなら、この広大な市域が漠然とイメージされるはずである。しかし、眼下の景色すべてが「イスタンブル」と呼ばれるようになったのはごく最近のことだ。なぜなら、近世のオスマン帝国の人々はテオドシウス帝の城壁に囲まれた三角形の岬の中の街、つまりは現在の「旧市街」のみを「イスタンブル」と呼び、そのほかの地域を「イスタンブルの外」と呼んで区別していたからだ。[15] もちろん「イスタンブルの外」が無人の地であったということではない。それどころか、金角湾を挟んでイスタンブルと対峙する現在の「新市街」に当たるガラタ、イスタンブルの城壁外西方のエユプ、ボスフォラス海峡を挟んでアジア岸のウスキュダルにもたくさんの人々が暮らしていた。しかも、いま挙げたイスタンブル、エユプ、ガラタ、ウスキュダルという四つの街のおのおのには、帝国の司法制度の中でもとくに重要な格付けを持つイスラーム法廷が置かれていた。[16] ナスーフの都市図に描かれたイスタンブル、エユプ、ガラタ、ウスキュダルという四つの街を結んだ凸型の地域は、制度的な面から見ても近世帝都の中核地域となっていたのである。当時の行政用語に則ればこれを四大法官区（Dört Mevleviyet）とでも呼ぶべきかもしれないが、ややわかりにくいので本書では便宜上「四主要地域」と呼ぶこととしたい。

さらに、ナスーフの都市図では省略されているが、ボスフォラス海峡の両岸にも三〇余りの街々が連なっている。

今日では風光明媚な行楽地として知られ、ボスフォラス・クルーズと称して観光船が巡るあの一帯だ。これらの海峡両岸の街は、行政制度上は四主要地域の法廷から派遣される司直（hakim）や警邏長（subaşı）の手に委ねられ、いずれかの主要地域に従属し、交通上も各地の埠頭から頻々と出る渡し舟によって緊密に結ばれていた。一六世紀の公定価格表などに船賃がかなり詳細に記されていることを思い出せば（後述）、海上交通網の維持が帝都においていかに重要であったか窺えるというものだ。[17] 職住別居が一般的であった帝都では朝方に職場へ出勤していく官吏や商人、職人の姿も船上に見受けられたことだろう。いずれにせよ、近世の帝都の四主要地域、および郊外の街々の間には住民の生活動線が張り巡らされ、密に結びついた都市圏が形成されていたのである。本書では、さきの凸型の四主要地域を中核として、黒海に繋がるボスフォラス海峡口を北限、ウスキュダルの南隣のカドゥキョイの街を南限、東はやはりカドゥキョイ、西はエユプに及ぶこの都市圏を、とくに「帝都圏」と呼称することにしたい。

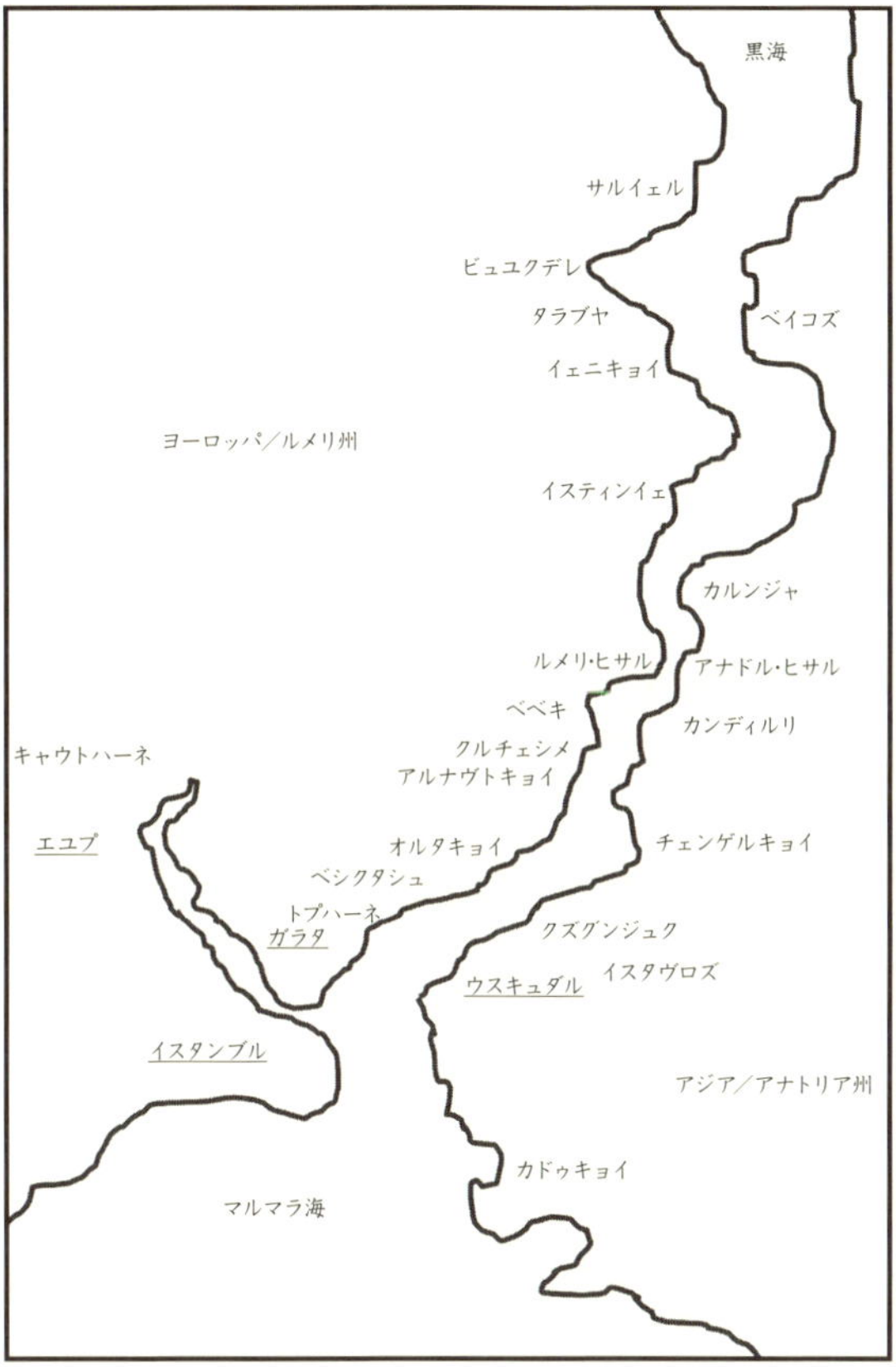

イスタンブルとボスフォラス海峡周辺

西欧人の思い描くイスタンブル

では徐々に高度を下げ、まずはアジア岸のウスキュダルの街の後背、帝都圏でもひときわ小

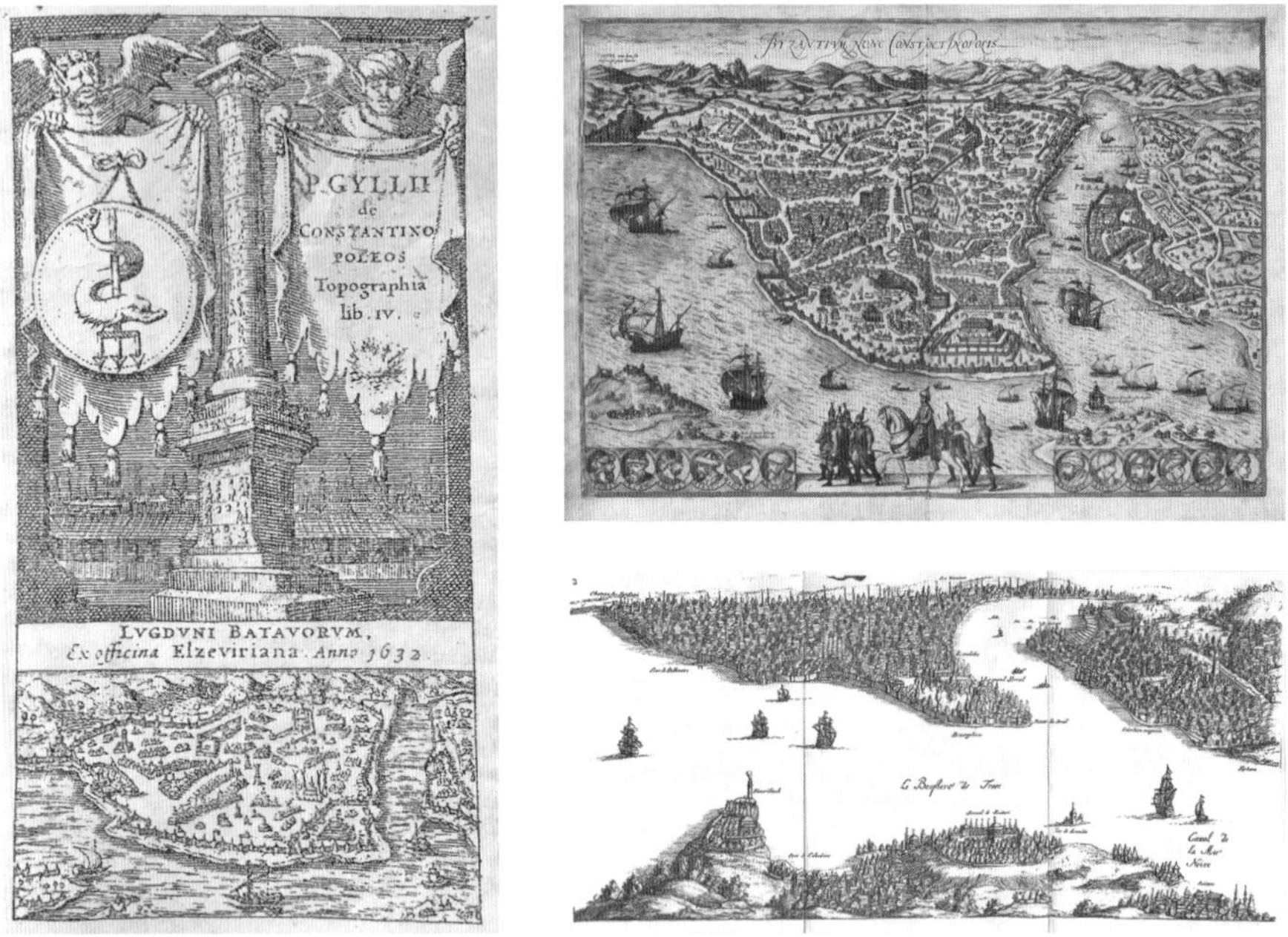

図2：右上 ブラウンとホーエンベルクのイスタンブル景観図。右下 グルロのイスタンブル景観図。
左 『コンスタンティノポリス地誌』ライデン版内表紙（*COT*; *İS*; *CT* 所収）

高いチャムルジャの丘の頂に着地しよう。つい最近まではもっぱらイスタンブル市民の憩いの場となっていて、わざわざここまで足を運ぶ観光客は少なかったが、現在はエルドアン大統領が鳴物入りで築いた巨大モスク、チャムルジャ・モスクが開堂したのでいずれは礼拝者と国内外の見物客でにぎわうことだろう。さて、往古の昔にもここまで急な坂を上り、イスタンブルの姿を写生した画家が一人ならずいたようだ。有名なミュンスターの景観図（一五五五）をはじめ、世紀末のブラウンとホーエンベルクの都市図（一五七二）、あるいはギリウス作『コンスタンティノポリス地誌』ライデン版の裏表紙（一六三二）、フランス人画家グルロの景観図（一六八一）など、いずれも画家たちの視点はこのチャムルジャの丘近辺——実際にはその上空——に置かれている。左の三角形の岬がイスタンブル（旧市街）、海を挟んで右側の街がガラタ（新市街）である。同様の景観図は幾人もの画家、版画家によって書き継がれていて、たとえば一七世紀にイスタンブルに滞在したグルロなどは、その構図を維持しつつも西欧人の関心の的であるセラーリオ（つまりハレム）を筆頭により写実的な描写に改変している。こうして少しずつヴァージョン・アップを重ねながらも世界地誌書に繰り返し記載しているところを見ると、(18) チャムルジャの丘に視点を置き西から見晴らした帝都の姿が、西欧人たちが思い描くイスタンブルの代表的な姿だったようである。『オリエント紀行』の中でラマルティーヌがこの丘で死を迎えたいと願ったのも、あるいは眼前の景観の歴史性を念頭に置いてのことだったのだろうか。

御前会議所通り、近世イスタンブルのメイン・ストリート

西欧人というおのぼりさんたちの思い描く帝都の姿を把握したところで、今度は地元のナスーフの都市図に目を戻そう。都市図の上でもひときわ大きく描かれたトプカプ宮殿（地図２：１）、その南部に隣接するイスタンブル最大の広場アト・メイダヌ（地図２：16）、アト・メイダヌに面するアヤソフィア・モスク（地図２：14）、そこから下方、すなわち西に置かれた二つのベゼスタン（グランド・バザール、地図２：24）、その隣のベヤズィト・モスク（地図２：25）、旧宮殿（地図２：28）、ファーティフ・モスク（地図２：35）などの巨大な建築物の描写は、細部までかなり正確に写し取られ、容易に判別が可能である。基本的にはこれらの宮殿と大モスクが一六世紀前半の主要なランドマークとなる。

まず注目したいのが、いま挙げた主要なランドマークがナスーフの都市図上でほぼ直線状に配置されている点である。これはランドマーク群がある大通りに面して立ち並んでいたことに由来する。都市図上で交通路を判別するのは難しいけれど、当時これらの大規模建造物を繋いでアクサライの商店街周辺（地図２：34）までの間には、御前会議所通り（Dîvân Yolu）と呼ばれる大通りが存在していた。(19) 現在ではイェニ・チェリ大通り、オルドゥ大通りと呼ばれ、路面電車が走る道の両脇に土産物屋やレストランが立ち並ぶイスタンブル歴史地区の目抜き通りである。

御前会議所通りは、おおむねトプカプ宮殿とアヤソフィア・モスク、アト・メイダヌから成る都の東側の政治的中心地から、グランド・バザールからイスタンブル北岸のウンカパヌ港（地図2：27）にかけての一帯に広がる商業地区までを繋ぐ大通りであるが、その終端にあたるシェフザーデバシュ、アクサライ界隈の商店街から西にも、城壁北部のエディルネ門（地図2：42）までを繋ぐ別の通り——現在のフェヴズィ・パシャ大通り付近——が続いていて、やはり周辺にはファーティフ・モスクやセリミイェ・モスク、サラチハーネ市場のような重要な施設が置かれている。

次に、この御前会議所通り、およびシェフザーデバシュ、アクサライからエディルネ門まで伸びる目抜き通りを立体的に捉え直してみよう。古来よりイスタンブルにはローマに倣って七つの丘があるとされてきたが、御前会議所通りはこのうち第一丘から第六丘の尾根を結ぶ（地図1：I－VI）。これはビザンツ帝国期のハギア・ソフィア総主教座聖堂（アヤソフィア・モスク）、その大伽藍が面する戦車競技場ヒッポドローム（アト・メイダヌ）から、都市図ではコンスタンティヌスの円柱（地図2：22）が建つコンスタンティヌス広場、テオドシウス広場（地図2：24と25の間）を経て、ブラケルナエ宮殿（地図2：41）、あるいは黄金門（トプカプ門）へと続くタウルス大通りという都大路とおおむね重なる経路である。つまり山の手——いや「丘の上」を貫く目抜き通り沿いに巨大ランドマークや商業施設が集中するという構造が、ビザンツ帝国期以来のイスタンブルの都市プランの基本なのである。近世のイスタンブルにおいても、この「丘の上」の御前会議所通り界隈こそが王朝の威光を知らしめるべく市街を睥睨する大モスク群が築かれ[20]、あるいは祝祭や遠征、各種儀式の際には君主率いるパレード行進のようなスペクタクルが度々演じられ、日常的には大市を目指して売り手、買い手、そして商品が行きかうという商業的な大動脈ともなっていた。わたしたちの帝都周遊も、基本的には御前会議所通りに沿って進むことになるだろう。

ついでに街並みの色合いについても想像してみたい。情報は非常に限られているが、一七世紀のイスタンブルで建物を作る際には、ガラタの西にあるカラ・ピリーという街の沖合の海底から引き揚げられた泥が建材に用いられていたという証言がある。

これによってイスタンブルのすべての建物が築かれるので、帝都は端から端まで真っ赤なのである。

エヴリヤ・チェレビー『旅行記』(21)

何かにつけて大袈裟なこの一七世紀のムスリム名士の言葉を鵜呑みにはできないけれど、近世の帝都を上空から見下ろせば、市街の大半を木造家屋の木肌の茶色と、その屋根に葺かれた瓦の赤が覆い、その間から宮殿やモスクなどの石材の白や灰色が顔を覗かせていたのではないだろうか。ほら、ナスーフの都市図でもあるいはミュンスターの景観図でも、多くの建物が赤い屋根で覆われているではないか。近世のイスタンブルは赤屋根が特徴的な、地中海沿岸の街らしい眺めを持っていたと考えてもよさそうだ。

帝都見物にはしかるべき順路あり

四主要地域の街をその規模の順に並べればイスタンブル、ガラタ、ウスキュダル、エユプとなる。しかし、当時のオスマン帝国の人は、これをイスタンブル、エユプ、ガラタ、ウスキュダルという順で史料に記している。スルタンのおわすイスタンブル（旧市街）を筆頭に置くのは当然として、ときにメッカ、メディナに続くイスラーム第三の聖地とも見做される聖地エユプが次席を襲い、街の規模の大きいガラタがそれに続き、末席をアジア――というよりアナトリア州――への玄関口であるウスキュダルが占めるという序列が、当時の人々にとって自然だったようである。そのため、一七世紀にイスタンブルについての地誌的旅行記を著したエヴリヤ・チェレビー、エレミヤ・チェレビーという二人のイスタンブル人も――チェレビーは識者や名家子弟に付される尊称なので、二人に血縁関係はない――まさにこの順番で各地域を巡っている。以下では、わたしたちも同時代の序列に従いつつ帝都圏を巡

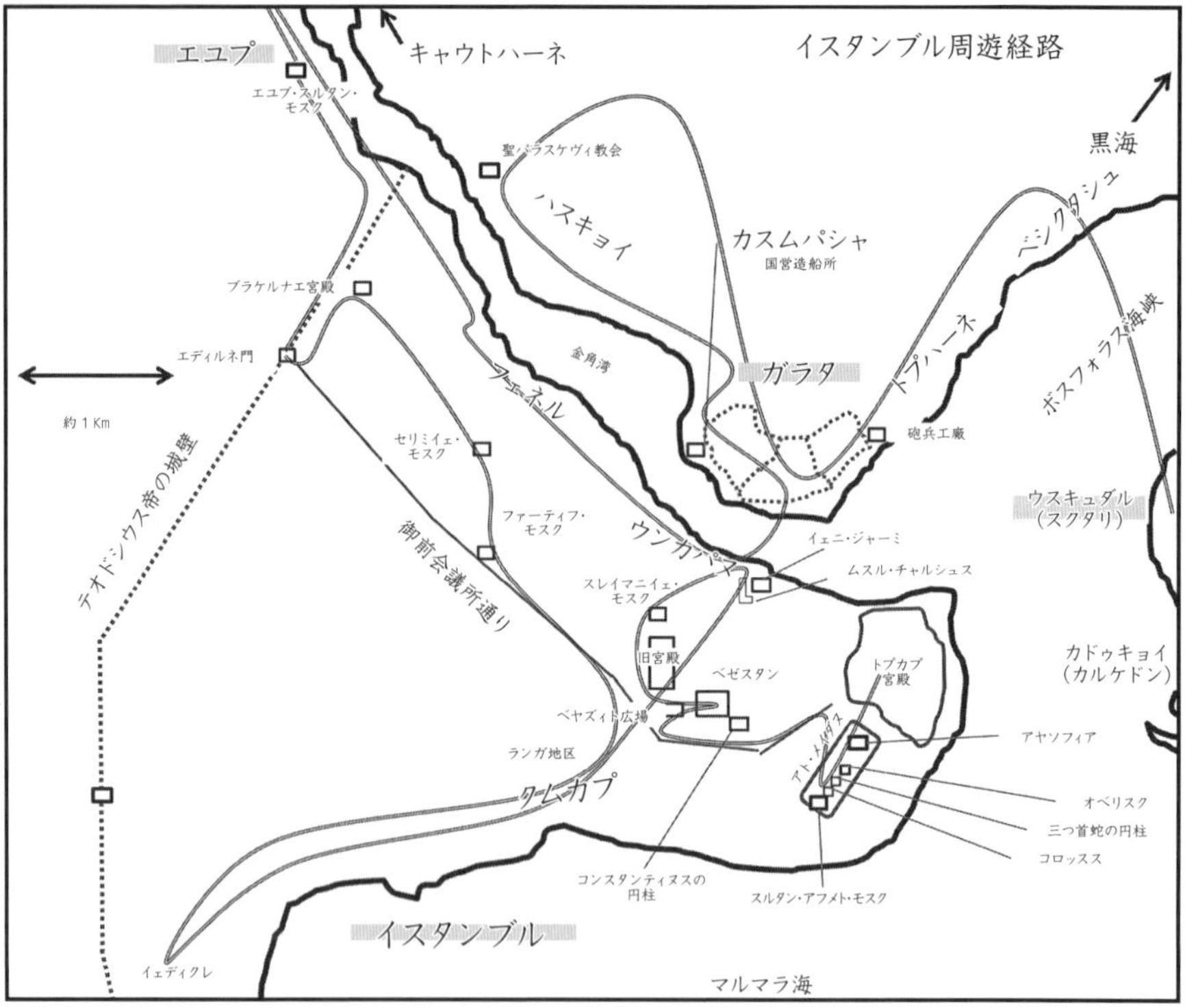

地図4：イスタンブル周遊経路

ることにしたい。

　周遊ルートをあらかじめ記せば（地図4：イスタンブル周遊経路）、トプカプ宮殿を出発して、アト・メイダヌやアヤソフィア・モスク、そしてイスタンブルのメイン・ストリートである御前会議所通りが貫く「丘の上」沿いのベゼスタン、スレイマニイェ・モスク、イスタンブルの海の玄関口ウンカパヌ港、非ムスリムの多く住むクムカプからイェディクレにかけての市南部、ファーティフ・モスクを巡り、ここで一泊。あくる日はエユプ、キャウトハーネという帝都県西北部の聖地や行楽地を訪れたのち、金角湾を渡って西欧人の居留地であるガラタを満喫し、ガラタ城壁外のカスム・パシャの国営造船所、ユダヤ人の街ハスキョイ、弓術家の集うオク・メイダヌをかすめて東に転じ、砲兵工廠を見物したのち、ベシクタシュからアジア岸へ渡るという強行軍である。では、いよいよ近世の帝都に降り立つとしよう。名高いオスマン帝国製の革で作られた靴を履いたなら、降下する先はオスマン帝国の中枢トプカプ宮殿である。

2　近世イスタンブルの都市空間

帝都の頭、トプカプ宮殿

ナスーフの都市図で一番目を引く建物といえば、四辺形に歪められたイスタンブルの北東部（左上）に配置されたトプカプ宮殿だろう。ボスフォラス海峡に突き出たその名も宮殿岬（Sarayburunu）の高台――つまり、ビュザンティオンの街のアクロポリス――に位置し、三方を海に囲まれ西側が市街に接する大宮殿である。

南北約一．四キロメートル、東西八〇〇メートルという広大な敷地を持つトプカプ宮殿は、三つの門と城壁で区切られた三つの宮殿域から成る。帝王の門（地図2：2）と呼ばれる第一の門の先にある第一庭園（地図2：4）までは庶民の立ち入りが許されている。第二の門である挨拶の門（地図2：5）をくぐると第二庭園が広がり、その周囲を御前会議所などの行政施設が取りまき、これらはまとめて外廷（地図2：8）と呼ばれる。この中庭の北東の奥に口を開けるのが第三の門である幸福の門（地図2：9）、門のすぐ奥には謁見の間（地図2：10）が置かれている。そして、この謁見の間より先が帝王の禁域（Harem-i Hümayûn. 地図2：12，13）と呼ばれる三番目の宮殿域である。帝王の禁域は謁見の間を中心とするスルタンの居住空間である内廷（地図2：11）と、女たちが住むハレム（後宮、地図2：12）から成る。謁見の間から先は部外者の入来が厳しく禁じられていたが、その内部では小姓や宦官

が数多く働いていた。(22)

諸説はあるものの、この宮殿が建てられたのはおおよそ一四五九年から一四六五年にかけてのことで、それ以来、増改築を繰り返しつつ長らくオスマン家のスルタンの居城となった。(23) ちなみにビザンツ帝国の帝宮（Palatium Magnum）は、このトプカプ宮殿のすぐ南側に建てられていたが、六世紀初頭に市内西北部に築かれたブラケルナエ宮殿（トルコ語名テクフール・サラユ）が帝宮と並んで国政に大きな役割を果たしたという。これにたいしてオスマン帝国では、基本的には一八五六年にガラタ岸のドルマバフチェ宮殿に玉座が移されるまで、トプカプ宮殿が宮城とされた。基本的には、と但し書きを付けたのは一七世紀の一時期、スルタンたちが頻繁にこの宮殿を留守にしたからだ。帝国では弓術が盛んで――これもあとで見物しよう――畢竟、狩りもまた宮廷人たちの娯楽になっていた。わざわざドイツのザクセン犬を輸入してまで楽しむ熱の入りようだったが、アフメト一世（在位一六〇三―一六一七）をはじめ、オスマン二世（在位一六一八―一六二二）、ムラト四世（在位一六二三―一六四〇）などは、イスタンブル近辺での狩りでは飽き足らず、旧都エディルネまで出かけて狩りを楽しむようになる。そして、狩人王（Avcı）の異名で知られたメフメト四世（一六四八―一六八七）――オルハン・パムクの『白い城』(24)に登場する皇帝陛下はこの人――の治世に至って、スルタンは年がら年中エディルネに滞在し、それどころかこの場所で大使を迎えるなど、統治機構の一部がイスタンブルから移されてしまったのである。(25)

エディルネの水は明け方のそよ風から、薔薇のように美しい顔《かんばせ》も、薔薇のように香しい芳香も奪ってしまう。
（帝王の）僕たる私は知った、エディルネの薔薇水が安物であることを。
あのように栄えたのもイスタンブルの佳人たちと共にあったればこそ。
エディルネのあらゆる宝物庫は、一夜にして廃墟と化してしまった。

ヤフヤー・エフェンディ（Zekeriyâ-zâde Yahyâ Efendi, 一五五三―一六四四）(26)

一七世紀前半にシェイヒュル・イスラーム（Şeyhü'l-islâm、イスタンブル大法官）という帝国の司法制度の頂点を三度も極め、稀代の人格者として知られたヤフヤー・エフェンディは、こんな具合にスルタンの――どの君主かまではこの詩からでは窺い知れないが――エディルネからの帰京を称えている。この詩の言わんとすることは、スルタンを戴くイスタンブルから越してきた宮廷がいざいなくなれば、エディルネは一夜にして何もない都市になってしまうということ。なにせ、オスマン宮廷とは世界有数の巨大帝国にあってもっとも富裕な人々から成る集団なのだ。逆説的にこの富裕層の留守は帝都イスタンブルにとって死活問題であった。エディルネに滞在する君主を筆頭とする近臣、高官、軍人、法官がイスタンブルへ舞い戻ると、パンやその他の食物の消費が急増したと、一七世紀の同時代人は書き記している[27]。正確に何人の人間が宮殿で立ち働いていたのか正確にはわからないが、この宮殿が日々多くの食料や日用品、奢侈品を必要とする大消費地でもあった点は、オスマン帝国人と西欧人がともに記すところである[28]。

もう一つ忘れてはならないのが、この宮殿の立地条件である。

わたしはコンスタンティノポリスの（七つの）丘が素晴らしい景観を呈しているさまを目にしたけれど、（トルコ人の）王が放縦、かつ豪奢な生活を送る第一丘ほどに格別な喜びであなたの目を楽しませるところはない。

ギリウス『コンスタンティノポリス地誌』[29]

一六世紀半ばのフランスの人文主義者が宮殿のハレムから見えるだろう絶景に想像を逞しくするとおり――彼が帝王の禁域まで立ち入りを許されたはずはない――トプカプ宮殿は帝都北東部の高台の大半を占有し、ボスフォラス海峡を一望する絶好の立地を誇る。そもそもが商業都市でもあるイスタンブルにはフランス王国やイタリア半島のような異国から商人が頻繁に往来していて、彼らは現在の旧市街ではなくそのまま対岸の西欧人居住区であるガラタに船をつけるのが一般的だった。つまり、マルセイユやヴェネツィア辺りを出港した船がマルマラ海に至り、いよいよイスタンブルへ入港しようとするとき、彼らはトプカプ宮殿がそびえ立つ宮殿岬の突端をかすめていくのである。先のギリウスという人文主義者も南海上から帝都に接近する際、トプカプ宮殿のハレムがまず目に入ったと述べている。[30] あとにも触れるが、この五〇がらみの老学者は帝都に残るビザンツ帝国期の古代遺構の探索に傾注し、オスマン帝国の文物にはさほど関心を寄せなかった人物なのだけれど、さしもの彼も宮殿岬のアクロポリスとか、ビザンツ帝宮とかのことは脇に置いて、トプカプ宮殿の好立地と起伏に富む帝都の景観に感じ入っているというわけだ。

このように王権の地というイスタンブルの性格を政治的にも、経済的にも、そして視覚的にも決定づけるランドマークこそがトプカプ宮殿なのである。一七世紀のイスタンブルに生まれたアルメニア正教徒は「帝都を人に喩えるならトプカプ宮殿こそが頭に当たる」と述べているが[31]、帝都の住人たちの暮らしを物心両面において左右するこの宮殿の存在感をうまく言い当てているように思える。

帝都最大の広場アト・メイダヌ

宮殿の帝王の門を出て、そのまま隣接する帝都最大の広場アト・メイダヌに向かおう。カイロのタハリール広場やヴェネツィアのサン・マルコ広場、あるいは北京の天安門広場——世界の大都市には必ずと言っていいほどその街の顔となる広場がある。二〇一三年の反政府デモが行われたことからも窺えるように現在のイスタンブル、そしてトルコ共和国では新市街のタクスィム広場がその顔役を務めている。一方、近世の帝都ではトプカプ宮殿に隣接するアト・メイダヌこそがその役割を担っていた。一七世紀にこの広場を実見したフランス人画家が、パリのパレ・ロワイヤル（現在のヴォージュ広場）の二倍はあると驚きまじりに記しているように[32]、わたしたちの眼の前には長方形の広大な空間が開けている。ここはもともとローマの戦車競技場（ヒッポドローム）だったのだから、驚くほど広いのももっともである。[33] ビュザンティオンを陥落させ、この街のローマ都市化に大きな影響を与えたセプティミウス・セヴェルス帝が付置したのがはじまりとされ、オスマン帝国期にも各種競技が行われたことで知られている。[34] 都市図でも競技場の内周部（スピナ）に立ち並ぶ円柱（地図2：19、20、21）や馬場といった競技場の名残が確認できるだろう。

一方、円柱の南側（右）に描かれた弧状の灰色の建築物は（地図2：18）、戦車競技場の観客席の基部に当たる。アナスタシオス一世（在位四九一－五一八）以降のビザンツ帝国では、まさにこの観客席に臣民たちがひしめき合い皇帝選出に臨んだという重要な政治空間でもある。[35] ナスーフの都市図を見る限り一六世紀初頭にはすでにその大半が失われていたようで、今日ではもはや見る影もない。でも、都市図上のスピナに描かれた円柱の方は現在も残っている。北から順にオベリスク（地図2：21）、やや南西の離れた場所にコロッスス（地図2：19）と呼ばれる角柱、三匹の蛇が互いに絡み合う銅製の三つ首蛇の柱（地図2：20）の三本である。こうした円柱、角柱の上にはもともとは彫像が設置されていたのだが、これもまた今日ではそのほとんどが失われ、わずかに第四次十字軍の際にヴェネツィアに持ち去られた馬像がサン・マルコ広場を飾るのみである。[36] では、トプカプ宮殿の帝王の門を出て、広場へ足を踏み入れてみよう。

都のアト・メイダヌは善き者の集う場所であり、喜びの鉱脈である。
そこには貴賤を問わぬ人々が集うので、あたかも人の海のようだ。
ありとあらゆる地域から物見高い衆が寄せ来るので、人の海は川のごとく流れる。
高所から見晴らしたなら、地中海の島々が見える。
海面には（舟遊びに興じる）佳人の頬が映りきらめく。
天国に生える大樹《トゥーバー》のように威風堂々たる樹木が並ぶ。

その樹冠では空を飛ぶ鳥が羽を休め、樹の足元（の木陰）は貴人たちのための天幕となっている。
二、三匹の竜が絡み合う奇物や数多くの石造りの円柱が立ち、その頭上にはただ蒼穹が広がるのみ。
まさにアト・メイダヌこそがこの偉大なる都を輝かしむる。

ヤフヤー・ベイ『イスタンブル都市頌歌』(37)

これは一六世紀の詩人ヤフヤー・ベイ（Taşlıcalı Dukâkin-zâde Yahyâ Bey, ?–一五八二）の詩である。出征や祝祭に際に詠まれた詩には、アト・メイダヌから出撃していく兵士たちに言及する詩も少なくないけれど(38)、これほど具体的に広場の情景を詠んだ詩は管見の及ぶ限りほかにない。ここにはアト・メイダヌの特徴がほとんどすべて詠み込まれていて、一六世紀前半を代表する詩人ヤフヤー・ベイの面目躍如の感がある。彼はトルコ語を母語とはしないバルカン半島出身の奴隷軍人であったが、それゆえにこそ過度に典雅に靡《なび》くことなく広場の実景を描くことができたのかもしれない。詩人が詠むのは木々が木陰を作り、蛇をかたどった三つ首蛇の円柱が立ち、集った物見高い衆が織りなす人の海が絶えず行き交う盛り場としてのアト・メイダヌである。

三基の古代円柱

「川のごとく流れる」人の海に身を任せて広場の南側へと進んでいくと、さきほど触れた巨大な三基の円柱が迫ってくる。まず、表面に聖刻文字が刻まれた四角錐の巨大なオベリスクは——トルコ語で垂直石——コンスタンティヌス一世の時代にはるばるエジプトから運んで来られた戦利品。もともとはメギドの戦いに勝利し古代エジプトの最大版図を築いたトトメス三世（紀元前一五四九–一五〇三）がテーベ近郊に建てたモニュメントと言われている。ただし、あまりにも巨大なのでコンスタンティヌス一世の時代には直立させることが出来ず、次代のテオドシウス一世（在位三七九–三九五）の時代にようやく現在の場所に据えられたという。このときに造られた基礎部分には、

図3：17世紀の広場の様子。四角錐のオベリスク、その左奥に三つ首蛇の柱、右奥にスズカケノキ、そして画面の奥にはイブラヒム・パシャ宮殿が建つ。*MSN*, p.119所収。

テオドシウス帝の事績が浮き彫りされていて[39]、競技を観覧する同帝の姿や、彼に臣従の礼をとるペルシア人やゲルマン人の姿に混じって、このオベリスクを建てるときの工事の様子も彫られている。つまり、わざわざ浅浮き彫りにして伝えるほどの大工事だったということなのだろう。

一方、お隣の三つ首蛇の柱は――トルコ語は捻じれ柱――現在ではあらかた地面に埋まってしまっている。ちなみに帝国末期の有名な冒険推理小説『殺人コレクション』（*Millî Cinâyet Koleksiyonu*、一九一四）では、イスタンブルの地下に張り巡らされた隧道、暗渠を根城にして悪事を恣にする盗賊たちがまさにこの円柱の基部から広大な地下世界へ出入りしていることになっているのだけれど、残念ながらこれは作者たちの完全な想像力の産物で、実際にはそんな出入口は存在しない。

もともとはプラタエアの会戦（紀元前四

七九年）でペルシアを退けたことを祝してデルフォイ神殿に奉納されたものがのちに移築されたのだという。(40)互いに絡み合った不思議な形状の三つの蛇頭は一八世紀以前のいずれかの時期に失われ――この経緯についてはのちほど触れよう――その一部のみがイスタンブル考古学博物館に収められている。ヤフヤー・ベイの「二、三匹」という表現を見る限り、彼が帝都で活動していた一六世紀前半にはすでに蛇頭の一つに傷でもついていたのだろう。

最後の一基は巨人、すなわちコロッスス――トルコ語名は石積み石――と呼ばれる角柱。浅浮彫や文字のない単純な外見をしていて、コンスタンティヌス七世（在位九一二―九五九）によって補修が行われたことはわかっているが、いつごろ原型となる柱が建てられたかは不明である。(41)イスタンブルの古代遺構の調査に傾注したフランス人ギリウスは、このコロッススの基部を調査した際にそれが青銅の板で覆われているのを目にして、トルコ人による破壊を嘆いているが、(42)その一因はオスマン帝国でこの柱を祝祭時の出し物に利用していたことが一因かもしれない。一六世紀半ばにこの広場を見物したギリウスは、「非常に器用で威勢の良い者たち」が頂上に登り、無事に下りてくるのを目にしたが、それに続いた者はみな落下して息絶えたという目撃談を伝えている。(43)これとまったく同じ逸話を一七世紀のテヴノやグルロといった旅行者たちも伝えていて、後者の場合にはコロッススに登ったのをフランス人とし、無事に降りてきたあと罰としてファラカ刑（足の裏を打つ刑罰）を受けたとする。(44)実際、コロッススに登頂を果たした者にはスルタンから褒賞が与えられたらしきことがオスマン帝国側の史料でも確認できるので、コロッススが祝祭時に度胸試しのような催しに利用されていたのは確かなようだ。(45)ただし、罰を覚悟してまでコロッススによじ登る外国人がいたとは考えにくいので、グルロの逸話は伝聞に基づく――あるいは彼が携えていたギリウスの『コンスタンティノポリス地誌』の目撃談を書き換えたのかもしれない――創作と思われるが、コロッスス登りの逸話が西欧人の旅行記に受け継がれている点は、アト・メイダヌ見物が異邦人の市内観光ツアーの定番となっていたことを窺わせる。

一六世紀半ばには、これらの大柱のほかにさらに七基の円柱が残っていたらしく、それらの巨大建築物群を一日見ようと絶えず見物人が訪れていたというから、(46) アト・メイダヌには今日と変わりなく諸外国からの観光客が群がっていたのではないだろうか。では、「その頭上に蒼穹が広がるのみ」という円柱の高みを見上げて首が痛くならないうちに次の名所に向かおう。

獅子の家

次なる目的地はアヤソフィアの隣でやや窮屈な佇まいを見せる獅子の家だ（地図2：15）。もとは聖ステファノ教会という東方正教会であったのが、オスマン帝国期に政府の施設に転用された建物である。上階には装飾工房――オルハン・パムクの『わたしの名は赤』で一躍、有名になったあの工房だ――が付置された時期もある。また、一七二〇年に催された王子の割礼祝典ではこの工房からアフメト三世がパレードを観覧したほどの好立地を誇る。(47)

しかし近世の旅行者にとっての最大の見どころは、この建物の下の階に併設されている獅子の家の方だろう。それというのもこの獅子の家、スルタンがアフリカから連れてきた珍獣、猛獣を飼育する動物園のごとき施設なのだ。いざ祝祭がはじまって軍人や官吏、あるいは同業者団体に属する商工業者たちが市内を練り歩く段になると、獣使いたちがここの珍獣たちを金銀の鎖で繫いでパレードに参加するのである。獣使いたちは、いざというときに猛獣の気をそらすため鹿肉を巻き付けたキビを片手に「わたしの豹が捕まらない、わたしの豹が見つからない」とおどけながら行進したという。

一般的には一八世紀のウィーンやパリに造られた動物園（menagerie）が世界初ということになっているけれど、この獅子の家も負けてはいない。獅子の家の門は少なくとも一七世紀の平時には人々にも開かれていたようで、幾アクチェ（akçe, オスマン銀貨）かの見物料を門衛に払うと見学できたらしいのだ。わたしたちも中に入ってみよう。(48) 獣たちの咆哮に包まれた薄暗い室内では、獅子や虎、熊、狼やハイエナ、キリン、そのほかさまざまな珍鳥が飼われ、西欧からの見物客の姿もちらほら見える。(49) 獅子の家はスルタン・アフメト・モスク建築の際に廃止されるが、それまではおおよそ二〇〇年にわたって近世イスタンブルの有名な観光名所となっていた場所なのである。

アヤソフィア博物館とスルタン・アフメト・モスク（別名ブルー・モスク）を擁するアト・メイダヌは、今日なおイスタンブル観光の中心となっているけれど、近世にあっても民衆が集う休息地、観光客を呼び寄せる名所として現在とそう変わらない性格を有していたと言えるだろう。

常備軍御用達の店舗群とイェニ・チェリ軍団

広場の主要施設を巡ってみたところで、少し喉が渇いてしまった。ちょうどアヤソフィアの近くと広場の北側の入り口に一軒ずつボザを売る店が見える。[50] キビから作られた甘みの強いこの発酵飲料をちびちびやりながら——なにせ滅法甘いのだ——広場近辺の店舗を冷やかしたいところだが、土産物屋で小物を物色するという楽しみは、どうやら味わえそうにない。なぜなら、今でこそ広場の北側には土産物屋やレストランが軒を連ねているが、近世にはそれらしい店がほとんど見当たらないのだ。むしろ肉屋や、硫黄の匂いがする警戒厳重な工房などが目につく。当時の記録を見てみると、アト・メイダヌ周辺には二〇軒ほどの肉屋のほか、五〇人ほどの職人が働く火薬製造工房、七五人ほどの職人が所属する蠟燭製造組合、そして八〇人の職人が所属する弓矢工房があったという。[51] なるほど、さすがは強大な軍事力を背景にオーストリア南部からイラン西部までを席巻した尚武の国、こうした武器に常日頃から慣れ親しんでいたのであろう……などと納得してはいけない。そもそもオスマン帝国の人々は、平時には刀剣などの武器の類は一切、携行せず、フランス人などよりもよほど穏やかに暮らしていたのだ。[52] ということは、この店々の顔ぶれは見物客が頻繁に訪れる帝都一の広場——つまりは帝国一の広場——に幾分似つかわしくないのではないか。

ここでわたしたちは、近世イスタンブルにおいてこの広場に隣接するトプカプ宮殿が歴とした君主の居城であって、今日のような博物館ではなかったことを思い出さなければならない。これらの店々は観光客どころか、帝都の住人にさえ無縁の場所で、多くは常備歩兵軍団であるイェニ・チェリ専用の店舗群なのである。

イェニ・チェリは「新しい兵士」を意味するトルコ語で、一四世紀に創設された軍団の呼び名である。現在ではオスマン帝国の軍隊と聞けば即座にイェニ・チェリを想起する向きもあるが、実際には「御門の奴隷」(Kapı Kulu)と総称されたスルタンの奴隷軍団に属する砲兵隊や伝令部隊、騎兵隊、軍楽隊などの一角を占め、小銃で装備した主力たる歩兵軍団をとくにイェニ・チェリと呼ぶ。帝国には日本の侍のように御恩と奉公、つまりは封土からの徴税権と引き換えに有事に戦に従事する在地騎兵が存在していたので——ただし領主裁判権はない——これに対して新設された軍団であったため「新しい兵士」と呼ばれたわけだ。在地騎兵とイェニ・チェリの一番の違いは、後者が奴隷である点だ。時代によってその内実はかなり異なるものの、近世の彼らは幼いころに徴発[53]されたバルカン半島のキリスト教徒子弟から成る。ブルガリア映画『略奪の大地』(一九九〇)では、自らの故郷を略奪しに帰ってくる一七世紀後半のイェニ・チェリ士官の悲哀を通して、オスマン帝国——というよりはトルコ——の「戦争犯罪」が糾弾されているのだけれど、実際には家門の繁栄を願って親が積極的に徴発に応じるケースもあったというから、非ムスリム臣民にとっての立身出世の窓口としての側面も持っていた。

その軍勢にあってとくに称讃に値するとわたしが衝撃を受けたのは、その静寂と優れた規律である。常ならば雑多な群集から聞こえる類の叫び声も、囁き声もせず、押し合いさえない。おのおのの男たちは可能な限り静かに所定の位置に起立しているのである。……わたしはしばらくの間、彼らが生きた人間なのか、彫像なのかと訝ったものだ。……わたしの挨拶に答えて彼ら全員が頭を垂れるまでは。

ビュスベク『トルコ書簡集』[54]

これは一六世紀のハプスブルク朝オーストリアの大使ビュスベクの記述で、イェニ・チェリについて語られる際

図4：16世紀半ばのイェニ・チェリ。*DES*所収の版画。

によく引かれる有名な一節である[55]。ここには徴発後にイスラームへ改宗させられ、トルコ系農民の家へ送られてトルコ語の習得を終えたのち、イスタンブル各所の宮殿で専門教育を施されるうちに帰るべき故郷と切り離され、ついにはスルタンただ一人に粛々と忠誠を誓う精鋭部隊の姿が活写されている。

ただし、その忠誠心は無私無償のものではない。彼らは自らが銃火器で武装した精鋭部隊であるのを十二分に自覚していて、頻繁にスルタンに異議申し立てを行う権力集団でもあるからだ。こうした傾向は一七世紀以降とくに顕著になり、同業者団体の後見役を引き受けて商業分野へ進出するにおよんで世襲化が進んでいった[56]。一八世紀末になると西欧化改革に反対して頻繁に反乱を起こし、ときにスルタンを弑逆する明確な不平分子へと変質していく。そして一八二六年の七月一五日、マフムト二世（在位一八〇八－一八三九）がイェニ・チェリ軍団全隊に呼集をかけ、これを襲撃、壊滅させ、長いイェニ・チェリの歴史は幕を閉じる。その際、市内に残るイェニ・チェリの墓石のことごとくが引き倒されたと言えば、長らく帝国の軍事的優位を支えたはずの彼らがいかに御しがたい既得権益集団に堕していたかが窺えるだろう[57]。でもいまは近世に話を戻そう。この時代の彼らは取り扱いには注意を要するものの、歴として精鋭部隊として機能していた。

友よ、イェニ・チェリが何者か知っているかい。彼らはムクドリのような恰好をしているのだ。他にこんな（恰好をした）者たちはいない。
（白帽の）尻尾のような鞘の先には短剣のような羽付きの頭飾りを付け、背が高く、腕っぷしの強い彼らを、わたしごときがどう称えるべきかわからない。
彼らは戦に備えて小銃と剣を整えて、敵に向かって諸々の獲物を振り下ろすのだ。

ファキーリー（Kalkandelenli / Üsküplü Fakîrî，一六世紀前半）『描写の書』(58)

一六世紀の詩人が詠むように、特徴的な装束に身を包んだ彼らはかなり目立つ存在で、戦時や祝祭のみならず、平時の帝都でも頻繁に見かける人々である。帝都に駐屯する彼らはシェフザーデバシュやエト・メイダヌにある兵舎で集団生活を送りながら、トプカプ宮殿に伺候し、あるいは市内の施設警備や治安維持にも重要な役割を果たしていたからだ。宮殿に隣接するアト・メイダヌにイェニ・チェリの日常、あるいは遠征時の糧食や装備を供給する御用店が集中しているのもまさにこのためである。(59)

さて、イェニ・チェリの盛衰に思いを馳せはしたものの、肝心のウィンドウショッピングは空振りに終わってしまった。少し草臥れたので、そこいらに腰を下ろして休むことにしよう。

地獄の木の木陰

「大樹の足元には木陰という天幕が張られている」——ヤフヤー・ベイの詩をもう一度口ずさみながら広場に目をやれば、たしかに彼が詠んだとおりのひときわ高いスズカケノキが、ひと心地つくにはお誂えむきの木陰を作っている。本業が軍人であったこの詩人は出征に際して詠んだ別の詩の中で、もうアト・メイダヌに来てもわたしには会えないよ、と恋人に釘を刺しているから、もしかしたらこの木陰が恋人たちの待ち合わせ場所になっていたのかもしれない[60]。アト・メイダヌのスズカケノキといえばもう一つ、トルコの本格歴史小説の金字塔と言われるオルハン・パムク作『白い城』にちらりと登場していたのが思い出される。劇中、主人公たちの庇護者となるメフメト王子――のちの「狩人王」メフメト四世――が悪夢にうなされ、アト・メイダヌのスズカケノキにぶらさがる高官たちの生首を幻視するくだりである。人々が行き交う賑やかな広場には不釣り合いのこの悪夢、実は一六五六年に起きた「地獄の木事件」(Vakâ-yı Vakvakiye)として知られる政府高官の粛清に由来するイメージで、イェニ・チェリ軍団の高官たちが処刑されこの木に吊るされたのである。これに限らず、歴代のスルタンは咎のあった高官をトプカプ宮殿の門の前で斬首の上、遺体をわざわざアト・メイダヌまで運ばせて木に吊るしたり、その袂に打ち捨てて見せしめとしたという[61]。常備軍の御用達に店々、血塗られたスズカケノキ――そう、人々の憩いの場であるこの広場は、同時に宮殿の動向と密接に関連した政治的空間としての顔も持ち合わせているのである。

イブラヒム・パシャ宮殿の栄枯

木陰で涼むはずが血なまぐさい話になってしまったので、気を取り直して広場の南側へ向かおう。向かう先はイブラヒム・パシャ宮殿、現在はトルコ・イスラーム美術館に改装されている建物だ。都市図でいえばアト・メイダヌの西側(下方)に建つ尖塔を備えた邸宅がこれに当たる(地図2：17)。帝都にはスルタン、諸宰相などによって建てられた数多くの宮殿、邸宅が所在したが、中でも群を抜く規模を誇るのがこの宮殿である。ここもまた王と民を繋ぐ公共空間としてのアト・メイダヌの政治性をもっともわかりやすく代弁する施設の一つなのだけれど、まずは宮殿の名前の由来となっているスレイマン一世期の大宰相イブラヒム・パシャ(Pargalı Damat İbrahim Paşa, 一四九三－一五三六)について話しておこう。おそらくは我が国でもっとも有名な大宰相だ[62]。

イブラヒム・パシャはギリシアから連れてこられた奴隷の出で、幼少のみぎりよりスレイマン一世とともに育てられ、おそらくは恋人として君主の愛を受けつつ股肱《ここう》の臣として重用され、長じてはスレイマンの娘婿(Damat)

にして大宰相という帝国の官僚制度の頂点に上り詰めた人物。しかし、スレイマンの長男ムスタファ王子を次期スルタンに押したイブラヒム・パシャは、スレイマンの妃ヒュッレムと対立を深めていく。ネルヴァルは、オスマン帝国のスルタンをして「自らの帝国の中で、彼一人が、法律上結婚を禁じられている」と評しておおいに憐れんだが、(63)このヒュッレムこそが帝国史上唯一、スルタンと正式に婚姻を交わした女性とも言われる。そして後宮の大立者である彼女は、自らが腹を痛めた子ではないムスタファ王子の即位に難色を示していた。両者の対立は悪化の一途をたどり、イブラヒム・パシャは大宰相在職十三年目にして、ついに処刑されてしまうのである。(64)こうした経緯もあって生前は君主の寵愛を恣にしたために寵臣（Makbûl）という異名を取っていたイブラヒム・パシャは、その死後 makbûl を文字って matkûl、すなわち「処刑された」と渾名されることになる。おりしも、あのナスーフが両イラク遠征から帰還し、イスタンブル都市図をスレイマンに献上する前年のことであるから、都市図上ではただ瀟洒な佇まいを見せるだけのこの宮殿も、本当は主の処刑という大事件を経験した直後だったのである。

かの方は愛の道において、けっして女人にうつつを抜かさず、ただ男衆を（愛された）。

ラティーフィー『イブラヒム・パシャ礼賛』(65)

これは大宰相の死後に書かれた彼の美徳を称える書物の一節。挽歌の中でまで女ではなく男を愛したと詠まれるのが、一時はスレイマン一世の公私にわたる寵愛を受けたイブラヒム・パシャらしい。わたしたちもこの詩を口ずさみながら、帝国の長い歴史の中で一、二を争う有名な宰相に別れを告げよう。

さて、館の主イブラヒムが失脚したのちその邸宅は国家に召しあげられ、施設の一部は宮廷の小姓候補たちの養育の場にあてがわれた。また、ときには大宰相が住まいすることもあったのだけれど、なによりも重要なのは、王女の結婚のような帝室の祝い事や、イスラーム文化圏における重要な宗教的慣行である王子の割礼式の際に祝祭が催されると、この宮殿のバルコニーにスルタンの観覧席が設けられた点である。[66]

黄昏どきに見物していると、アト・メイダヌを埋め尽くす駿馬に跨った人々がわたしの視界に躍り出た。
割礼祝典となれば、いつもながらにかの幸多き軍楽隊の輪が広場を取り囲み、ラクダに積まれた太鼓がドンドンと響き、陛下の玉座が設えられるのだ。
そのさまを眺めているると唐突に我が心眼に、その玉座にお座りになられるかの幸福なる王にしてハーンのお姿が映ったのである。

ハヤーリー『詩集』[67]

スレイマン一世やイブラヒム・パシャに庇護され、先ほどの軍人詩人ヤフヤー・ベイと詩の技を競った詩人ハヤーリー（Hayâlî, ?-一五五七）が詠むように、スレイマンが愛娘と親友イブラヒム・パシャの結婚披露宴を見守ったのも、あるいは都市図製作者ナスーフが演出した模擬戦が行われたのも、いずれもこの宮殿の目の前だった。[68] イブラヒム・パシャ宮殿は諸々の祝祭を通して、王権と民衆をつなぐスペクタクルが演じられた場所だったわけである。

以上のように近世のアト・メイダヌが今日と変わらない観光名所としての顔と、君主の居城のすぐ近くに開けた血なまぐさくも煌びやかな政治的空間としての顔を併せ持つ場所であったことを踏まえた上で、今度は広場に面する大モスクに入ってみよう。

イスタンブルの顔、アヤソフィア

アト・メイダヌに面するランドマーク群の中でも、世界的知名度を誇るのがアヤソフィアである。オスマン帝国期には帝都一の格を持つモスクとされていたが[69]、良く知られているようにもともとはキリスト教会である。かのコンスタンティヌス大帝が着工し、三六〇年頃に次代のコンスタンティウス二世（在位三五〇－三六一）の時代に完成した教会で、正式にはハギア・ソフィア総主教座聖堂と呼ばれた。もっとも、最初に建てられたアヤソフィアは今日のような石造りではなく屋根には木材が使われていたようである。この最初のアヤソフィアが四〇四年に火災で焼失し、テオドシウス二世（在位三七九－三九五）が再建した際にも、やはり木造屋根を戴いた。そして五三二年、アヤソフィアはユスティニアヌス一世（在位五二七－五六五）の課した重税に反発した民衆が蜂起したニカの乱のさなかにふたたび焼け落ちてしまう[70]。つまり、今日われわれが目にしているのは、反乱終息後にユスティニアヌス一世が五年間という驚異的な期間で再建し、五三七年に落成した三番目の伽藍に当たるわけだ[71]。

イスタンブル入城後、メフメト二世がこの教会で礼拝を行ったことはすでに述べたけれど、そのときの様子が幾つかの史書に記されている[72]。それによると教会の前庭で下馬したスルタンは徒歩で堂内へ入り、大伽藍に驚嘆したという。しかし、建物を破壊しようとする自軍の兵士たちを目にしたスルタンは、「信仰のためでございます」と強弁する兵士たちを「戦利品も捕虜も充分のはずだ、街の建物は余のものである」と一喝して堂外へ追い払ったという。

「余のものである」という言葉を、街の再建を見据えて都市施設の損壊を危惧したメフメト二世の先見の明の表れと取ることもできるが、案外に素直に「わたしのものだ」と言いたかっただけなのかもしれない。それというのもイスタンブル征服以降のオスマン帝国では、陥落させた都市の教会をモスクに改変する際に「アヤソフィア」、あるいは「小アヤソフィア」（Küçük Ayasofya）などと名付けることが少なくなかった。「アヤソフィア」という言葉そのものが、征服と密接な心的関係を取り結ぶ語へと変じ、征服者としての矜持を満足させ得る響きを孕むようになっていったのである[73]。

メフメト二世の発言の真意はともかくとして、兵士を追い出した彼は礼拝の呼びかけを行うミュエッズィンたちを呼んでエザーンを唱えさせたのち自らも祈りを捧げ、この建造物を帝国のモスクとする旨を宣言したうえで、集団礼拝に必要なミフラーブや説教壇（ミンバル）(74)の設置を命じた。ムスリムにとってことさら重要な金曜礼拝が、君主メフメト二世の名のもとに行われるのはこの三日後のことである。

かくして、ビザンツ帝国期のコンスタンティノポリスを象徴する大聖堂であったハギア・ソフィア大聖堂は、オスマン帝国のアヤソフィア・モスク（Ayasûfiye Camiʻi）へと変身したのである。メフメト二世に続く歴代のスルタンたちもまた、毎週金曜日になると臣下を率いてセラームルク（Selâmlık）と呼ばれる一種のパレードを組んでこのモスクに詣でたから、アヤソフィアは祝祭性を帯びた宗教空間ともなっていった。現在のアヤソフィア博物館を訪れる観光客のお目当ては堂内に残るビザンツ帝国期のモザイク画で、伽藍の壁面に掲げられた正統カリフとフサインの名を記した巨大な銘板や、ミフラーブ、ミンバルなどのイスラーム施設は、あくまでわき役に甘んじている感があるけれど、オスマン帝国期のアヤソフィアが歴とした帝都一のモスクとして支配者たちの礼拝の場となっていたことを心に留めておきたい。

ユスティニアヌス一世による再建以降、九一六年間にわたって教会として機能し、一九三五年に博物館とされるまで四八二年間、モスクとして利用されたこの建造物は、ギリシア正教徒、ムスリムと支配者を変えたイスタンブルの歴史を体現する建築物であると言っても大袈裟ではない。それを示すように、現在のイスタンブルの市章にはこのアヤソフィアが堂々と採用されている。

スルタン・アフメト・モスクの悪評

アト・メイダヌ東北部に開いたアヤソフィアの正門を出て、左を向いてみよう。視線の先にイスラーム文化圏を見渡しても珍しい六本のミナレットを従えた灰色の巨大なモスクが山のように鎮座している。一七世紀のフランス人画家は六本のミナレットにそれぞれ三つずつ、計一八か所も設えられたバルコニーに立ったミュエッズィンたちが一斉に唱えるエザーンの大音声に辟易している。[75] 現在でも「アト・メイダヌ」という名称自体は忘れられていないけれど、行政的にはこの一帯はスルタンアフメト地区（Sultanahmet）と呼ばれている。地区名の由来となったのは、言うまでもなくこれから向かうスルタン・アフメト・モスクである。

落成は一六一六年、直径二七．五メートルのメイン・ドームはあとに見るスレイマニイェ・モスクと並ぶ大伽藍であり、その建築に当たってはわざわざ周辺の宰相の邸宅などが取り壊されたという。[76] 時代的に八十年ほど開きがあるナスーフの都市図には描かれていないが、アト・メイダヌ東側（右上）に書かれた数軒の建物（地図２：21の上部）が取り壊された邸宅群と思われる。現在のイスタンブルでイェニ・ジャーミイ──「新しいモスク」の意──と言えばイスタンブル北岸の海岸に建つイェニ・ヴァーリデ・スルタン・モスクを指すのが普通だが、一七世紀半ばまでのイスタンブルで「新しいモスク」と言えばこのスルタン・アフメト・モスクの方を指していた。[77]

このモスク、日本や欧米では内部のタイル装飾の美しさからブルー・モスクの愛称をもって知られる一大観光名所となっているけれど、実のところ建造当初はあまり評判がよろしくなかった。そもそも帝国における帝室モスク（Cevâmi'-i Selâtîn）は本来、征服によって獲得した戦利品を民草に還元する目的で建てられる公共事業の側面を多分に有していた。ところが、ときのアフメト一世はなんの戦勝も挙げないうちからこの「新しいモスク」を建てはじめてしまったのである。[78] 詩作と乗馬を愛した趣味人アフメト一世は、良く言えば文人肌の心優しい王であったが──実際、次代の帝位を襲う弟ムスタファ一世の処刑に反対し幽閉に留めている──反面その治世はキョセム妃（Kösem Sultan, 一五八九？－一六五一）を筆頭とするハレム政治の幕開けの時期にも当たる。スルタン・アフメト・モスクは、武断的な英主として称えられたその子ムラト四世（在位一六二三－四〇）の時代になっても変わらず「新しいモスク」呼ばわりをされているのだから、建立の経緯のせいで長らく不遇な立場に甘んじていたわけである。もしかしたらこの大伽藍は、観光客が押し寄せる今こそ我が世の春を謳歌しているのかもしれない。

図5：コンスタンティヌスの円柱。筆者撮影。

コンスタンティヌスの円柱

アト・メイダヌ周辺の観光を終えたら、今度は広場の北側から御前会議所通りへ出て、西に進路を取ろう。五分も歩くと右手に赤みがかった巨大な円柱が姿を現す。トルコ語でチェンベルリ・タシュ（「輪っか石」の意）、西欧ではコンスタンティヌスの円柱と呼ばれる柱である。都市図で言えば、イブラヒム・パシャ宮殿の隣の朱に塗られた柱がそれにあたる（地図2：22）。現在では路面電車のプラットフォームのすぐ脇に立ち、駅名にもなっているこの円柱、その名のとおりコンスタンティヌス大帝がローマから移築したもので、ビザンツ帝国期には柱頭に大帝その人の彫像が鎮座し、この一帯もコンスタンティヌス広場と呼ばれていた。

また、イスタンブル陥落直後、アヤソフィアに集ったビザンツ帝国の臣民たちは陸続と市内へなだれ込むオスマン軍を前にして、敵軍がまさにこのコンスタンティヌスの円柱を通過するまでに天使がやって来て異教徒を駆逐してくれると藁にもすがる思いで祈ったという[79]。しかしオスマン帝国期に入ると、この向かい側にあった家禽市場や貨幣造幣所などの方が有名になって、ここがオスマン語で言うところの皇帝コスタンティン（Kostantin）の名を冠した広場であった事実は忘れられていった。都市の中に忽然と姿を現すこの古代遺構にまつわる不思議については、のちほど第五章で検討したい。

ベヤズィト・モスクの中庭で詩人衆と出会う

コンスタンティヌスの円柱と家禽市場の間を抜けてさらに進んでいくと、右手に大きなモスクが見えてくる。イスタンブルの征服者メフメト二世の次代を襲ったベヤズィト二世が一五〇六年に建立したベヤズィト・モスクである（地図2：25、26）。ナスーフの都市図では、本堂の左に書き込まれた三つ屋根の建物がモスク付属の給食所、右の五つ屋根は付属のメドレセ、そしてその上の二つの尖塔をもつ建物が付属の浴場である。モスクの外観はメフメト二世の建てたファーティフ・モスクによく似ているが、父帝のモスクのようにミナレットが本堂とは一体化しておらず、ナスーフの都市図でもその様子がはっきりと区別して書かれている。

手短に参拝を済ませて——なにせ、モスク見物はこのあと幾らでもできるのだ——本堂を出てみると、なにやら中庭の柱廊の隅で声がする。見れば、若者が怪しげな占い師のおじさん相手に熱心に詩を詠み聞かせているのだ。

> バーキーには詩芸がかくも必要なのです！　優雅さや男ぶりと同じくらいに！
>
> バーキー『詩集』[80]

おかしな連中だと通り過ぎるなかれ。このおじさんこそが靴職人の息子でありながら数々の美麗な詩をものにし、イスタンブルの街はもとより宮廷の貴顕たちの間でさえ人気を博した大詩人ザーティー（Zâtî İvaz, 一四七一－一五四六）なのだ。彼はこのモスクの中庭に土占いの店を出していて——のちに移転し珈琲店を開く——やがて詩才で身を立てようとする若者たちがやって来ては教えを乞うある種のサロンのような場所になっていた[81]。ザーティーと誼を通ずれば詩芸に磨きがかかるのはもとより、詩人列伝作家にしてムハンマドの血を引くとも言われたブルサの名門の御曹司アーシュク・チェレビー（'Âşık Çelebî, 一五一九－一五七二）や、イェニ・チェリの大詩人ヤフヤー・

ベイ、スレイマン一世の取り巻き（nedîm）であるハヤーリーのような、彼と親交のある当代一級の詩人の知己を得られるかもしれないのだから、当時の文学青年たちがこぞって彼のもとを訪れたのも無理はないだろう。ちなみに右記の三人は、晩年に困窮を極めた末に没したザーティーの葬式代を出してやったとも言われる面々である。(82) ということは、さきほど熱っぽく詩への愛を説いた若者も、ザーティーを慕う詩人の一人なのだろう。


真新しい愛の季節、水の湧き立つとき、霧靄の立ちこめるとき、そう春のときぞ。

いまや修行者が緑野にて水のように葡萄酒を煽るとき、いざ行こう修道者よ、この季節はゆめ逃すまじきときぞ。

「酒精を常飲するのは背教である」、説教壇から説教師が説いたところで効き目なぞない。ああムスリムたちよ、背教のときぞ。

そら酌人よ、酒あらばさらに一献つぎたまえ、我が心を晴らしたまえ。ああ地平線を見よ、まさに夜明けのときぞ。

バーキーよ、目を開けたまえ。さあ人々の身の内を燃え立たせるそなたの詩がこの世を掴むときぞ。あらゆる詩人どもよ、目覚めのときぞ。

バーキー『詩集』(83)

春の訪れを喜ぶたった五対句の抒情詩であるが、四対句目までに自然美、野遊びと酒宴、そして夜明けという古典詩の春の詩題がぎゅうぎゅうに詰めこまれていて、ともすれば欲張りすぎの嫌いがあるようにも思える。しかし、脚韻を「ときぞ」（zamândır）という明快かつ単純な表現で統一することで、春の美と喜びのごった煮が引きしめられている。そのうえ、最終対句で春の喜びを一手に引き受けるのはバーキーという作者自身で、そこからは自身の詩才に対する自負と、それをほかの詩人に詳らかにすることを恐れない堂々とした矜持がまざまざと伝わる。春は山川やわらぎ草木めぶく季節であるから、オスマン帝国でも日本の歌会始めと同じように祝われ、春歌(Bahâriyye)と総称されるさまざまな頌歌が詠まれる文学の季節だった。だから、この詩の鍋の下では詩人の季節である春の訪れをまずはこのバーキーの詩をもって始めてやろう、みなよく聞け、という強烈な自信がぐつぐつ煮え立っているのだ。

さきほどベヤズィト・モスクの庭で耳にした詩は、バーキーがザーティーに贈った最初期の詩の一つだから——おそらくは二番目(84)——あの若者の詩への情熱は、いつしか確かな自信を備えたものへと変じていったということだろう。どうしてこんな自画自賛が許されたかと言えば、このバーキーこそがのちにスレイマン一世の宮廷で誰よりも寵愛され、現在に至るまでオスマン帝国を代表する詩人の筆頭に数えられる詩人の王その人だからである。

図6：右側の人物がバーキー。*MEŞN* 所収。

第二丘、帝都の一大交差点

モスク詣でが詩人の立志伝になってしまったので、そろそろベヤズィト・モスクの境内を出るとしよう。御前会議所通り側とは反対の北側に開く出口から表へ出ると、立派な城門が正面に立っている(地図2：28)。現在はイスタンブル大学のメイン・キャンパスとなっている旧宮殿である。メフメト二世によってイスタンブル征服の翌年から建設が始められ、一四五八年に完成した宮殿である。当初は王城として用いら

れたもののトプカプ宮殿が完成してスルタンがそちらへ移ったあとは後宮の女性たちの住まいとなり、スルタンは週に二回ほど旧宮殿に通うようになった[85]。ナスーフの都市図ではその様子はかなり簡略化されているが、この宮殿が主たる政治的空間ではないことから生じる無関心によるものだろうか[86]。ちなみに、トプカプ宮殿に女性たちの居住区格が併設されるのはようやくスレイマン一世の時代に入ってからと言われ、正式に付置されるのは孫のムラト三世（在位一五七四－一五九五）の代のことである。

さて、ここで現在位置をおさらいしておこう。都市図ではなく市街地図の方をご覧いただきたい（地図1）。わたしたちが第二丘（地図1：Ⅱ）の頂上の平野部にいるのがおわかりになるだろうか。ビザンツ帝国期にはテオドシウス広場と呼ばれた界隈である。ここから緩やかな坂を下って御前会議所通りを東に戻れば、先ほどのアト・メイダヌに辿りつく。一方、北に向かって急峻な斜面を下っていけばイスタンブルの海の玄関口であるウンカパヌ港（地図2：27一帯）に出ることができる。他方で、御前会議所通りをこのまま西に進み、シェフザーデバシュ、アクサライの盛り場（地図2：34）を抜け、ヴァレンス水道橋（地図2：33）を過ぎれば、ファーティフ・モスク（地図2：35）やセリミイェ・モスク（地図2：38）といった大伽藍と、その周辺に形成された商店街へ至る。さらに西進すればエディルネ門（地図2：42）に、そして街道を行けばいずれは旧都エディルネへと至るだろう。あるいは、この第二丘から南へ緩やかに下っていけば、アルメニア人やギリシア人の多く住むクムカプ（地図2：31周辺）、そして帝都南部の海の玄関口カドゥルガ港へと至る（地図2：29）。つまり、わたしたちがいま立っている第二丘近辺は都市内交通の要たる交差点に当たるわけだ。

このジャンクションの中心に位置するのが国際貿易都市イスタンブルの眼ともいうべき市場、ベゼスタンである（地図2：24）。今日ではグランド・バザールという名称が有名だが、現代トルコ語では屋根付き商店街（Kapalı Çarşı）と呼ばれる。市場全体が塀で囲まれ、屋根ですっぽり覆われているからだ。ただし、ここではオスマン帝国時代の名称に倣ってベゼスタンと呼んでおこう。

帝都の復興と商業

　すでに述べたように、征服者メフメト二世は精力的にイスタンブルの復興に取り組んだが、一連の政策の中で大きな役割を果たしたのが、宗教的複合施設（külliye）と呼ばれる建築物である。宗教的複合施設の建設は、まずモスクを新造するところからはじまる。モスクはその地区の住民の精神的な拠りどころであるとともに、政府によって任命されるモスクの責任者イマーム（imâm）が地区住民の冠婚葬祭、出入居を管理し、政府からの通達を伝える役割を担ってもいた。言うなれば、モスクが町役場のような役割も兼ね備えるのである。ギリシア正教徒やアルメニア正教徒、ユダヤ教徒の住民においても、教会やシナゴーグが似たような役割を果たしていたようである。モスクには今日の高等学校、あるいは大学に当たるメドレセのような教育機関が併設されることも多かったが、宗教複合施設の最大の特徴は商店街や隊商宿、浴場といった現金収入が見込める商業施設が併設される点だ。店賃、宿泊料、入浴料――これらの施設使用料の一部が半永久的にモスクやメドレセの維持管理費に充てられるのである。さらには、イマームや礼拝の呼びかけを行うミュエッズィン、あるいは金曜礼拝で説教を行う説教師（hatîb）、メドレセの教授（müderris）、諸々の業務で必要な書記たち（kâtib）といった職員の給金はもちろんのこと、モスクで使用される蝋燭代や建物の補修費、給食所において無料で配布される食事の費用などが、こうした商業施設の使用料によって賄われていた。

　つまるところメフメト二世は、ムスリムの精神的支柱であるモスクと、大都市には欠かすことのできない商業施設を同時に建設することで帝都の復興を行ったわけだ。だから帝都は復興計画の当初から商業の発展と緊密な関係を持っていたのである。そして、そうした商業施設の筆頭に挙げられるのが、これから向かうベゼスタンである。ちなみに、ベゼスタンから上がる収入は主にアヤソフィア・モスクの維持費に充てられていて、それは今日でも変わらない。

中東一のショッピング・モール、ベゼスタン

「ベゼスタン」という呼び名はアラビア語の絹織物商人（bazzāz）という言葉から派生し、これに場所を表すペルシア語尾辞 -istān が付いたベッザーズィスターン（bezzāzistān）が訛ったものとされる。転じてオスマン帝国では高級品を取り扱う市場、それも防犯上の理由から防壁と屋根を備えた堅牢な屋内商店街を指すようになった(87)。ナスーフの都市図上でも、堅固な四角い建物として描かれているのが見て取れるだろう。こうしたショッピング・モール型の建築は、エディルネのような帝国の地方都市のみならず、テヘランやイスファハーンなどのペルシアにも見られたが、名高い中東のバザール、スークを一目見ようと西欧から観光客が押し寄せた一九世紀、彼らがこぞって訪れたのはこのイスタンブルのベゼスタンを措いてほかにない(88)。つまり、現代の「中東のバザール」のイメージの原型となった施設なのである。

近世の帝都圏には三つのベゼスタンがあり、そのうち二つがイスタンブルの交通の要衝である第二丘に集中していた。それぞれ古ベゼスタン（Bezzâzistân-ı ʿAtîk, 大ベゼスタンとも）、新ベゼスタン（Bezzâzistân-ı Cedîd）と呼ばれ、古ベゼスタンでは宝飾馬具や香水、剣や短剣、宝飾のベルト、そして宝石などが、新ベゼスタンの方では金糸や銀糸を使った高価な布、絹製品、アンゴラ織の織布などが売られていた(89)。大まかに言って古ベゼスタンが宝石関連、新ベゼスタンが布製品、服飾関連という住みわけがあったようだ。新旧ベゼスタンが合体してしまった今日、屋内に広がる広大な敷地を一日で隈なく巡るのは至難の業だけれど、それはオスマン帝国時代も同様である。一六世紀の詩人ラティーフィーは、買い手が「金銭を何に払おうか、どれを手放し、どれを買おうかがわからない」ほどに高級品が溢れかえっていると述べたうえでこう詠んでいる。

世界中の品々でかように満ちている。その内は富《マーリ》に《レ》つぐ富《マーラー》、ま《マール》た富なり。

ラティーフィー『イスタンブル礼賛』(90)

彼が詠んだとおり、確かに新旧ベゼスタンには無数の品物と、それを鬻《ひさ》ぐ店舗がひしめきあっていた。一四八九年の時点でベゼスタン内に一二六、周辺地域に七八二、そしてこの詩人が二九歳のとき、すなわち一五二〇年には二つのベゼスタンの外にも衣服や履物、被り物、書籍といった日用品を扱う店舗が軒を連ね、周辺の店舗数は合わせて一〇〇〇店を超えていたのだから、(91)右の記述はまったく大袈裟ではないのである。

図7：ベゼスタンの内部。*ASHV* 所収。

ではベゼスタンの内部に入ってみよう。新旧ベゼスタンはいずれもバシリカ状の構造で、四方に門が穿たれている。石畳の床、鉛製の屋根、これを支える多数の円柱とアーチ、各天蓋には明かり取りの窓が開けられ、天蓋には鎧戸を下ろすためのキャット・ウォークが設けられている。(92)ベゼスタン内では同業種の店が同じ一角にかたまっていて、古ベゼスタンの四方に設けられた四つの鉄門では、門付近の同業者が合同で競売を行っていた。(93)たとえば古ベゼスタンの南西側の門、その名も書籍商門の付近では書物の競売が行われたというから、近世の学生や教師、学者、そして書痴たちで連日にぎわっていたことだろう。この書店街は二一世紀になったいまでこそ学生用の教科書やお土産物、観光客用の大型本を扱う店が目立つようになったけれど、一九九〇年代まではイスタンブル有数の古書街として頑張っていた。(94)筆者の記憶では二〇〇八年くらいまでは名うての店主がいる古書店も細々と残っていて、仲良くなると店とは別

図8：トルコ人の商人。ニコライによるスケッチ、*RCT* 所収。

の場所にある倉庫で秘蔵の在庫を見せてもらうこともできた。ちなみに一八世紀の書店主たちは店のすぐ近くに倉庫を構えていたらしいから、[95] わざわざ約束を取り付けて、ときには車で倉庫に向かう今日とは違って、もう少し簡単に「宝物庫」を見せてもらえたのかもしれない。ここの書籍商たちがオスマン語、ペルシア語、アラビア語という「三言語」以外の言語で書かれた書物まで扱っていたかは定かではないが、もしかしたらフランス王フランソワ一世（在位一五一五－四七）の名高い納本制度の制定を受け、王の図書館に収めるべきギリシア語、ヘブライ語写本収集の任を帯びていたギリウスや、[96]『原福音書』をはじめて西欧に紹介したポステル[97]などのフランスの学者たちが、ここに足を運んだかもしれないと想像してみるのも楽しい。

さて、肝心のベゼスタンの営業時間は昼間なのだけれど、固く閉ざされた門の向こう側には昼夜を問わずに煌々と明かりが灯されていた。なんと言っても最高級品を扱うショッピング・モールだから、常駐する七〇人ほどの夜警（'ases）が武器を片手に巡回しているのである。[98] その警備はかなり行き届いたものだったらしく、一七世紀後半から一四年間イスタンブルに滞在したフランス人旅行者は、滞在中に一度としてベゼスタンに泥棒が入ったという話を耳にしなかったと伝える。[99]

防犯が万全となれば次なる敵はなにか？　火事である。ベゼスタンが屋内商店街の形式を取るもう一つの理由は防火対策なのである。木造家屋のひしめき合う近世イスタンブルは江戸の町と同じくたびたび大火災で焼き尽くされてしまう(100)。そこで商人たちは店仕舞いを済ませると商品を地下の倉庫に移し(101)、ベゼスタン周辺の店舗商人もこれに倣って金庫に厳重に保管するようにしていたらしい(102)。もっとも、こうした努力の甲斐もむなしくベゼスタンは幾度となく火事に見舞われた。わかっているだけで一五四六年の大火事以降、一〇回も火災が発生している。とくに一五四六年と一六六〇年の大火事――この大火ではこれまで幾度か登場したイスタンブル出身のムスリム名士やアルメニア人聖職者も被災している――では甚大な被害を受けたという(103)。

また、さきほど名前の出たフランス人ギリウスの著作『コンスタンティノポリス地誌』は一六世紀のベゼスタンの建築学的構造についてもっとも詳しい一書とされているのだけれど、彼が詳細な建築学的調査を行い得たのも一五四六年の大火事のお蔭だ。丸焼けになったベゼスタンを訪れたこの老人文主義者は、それまで店々や公共建築物に隠れて判然としなかったベゼスタンの構造が確認できたと無邪気に喜んでいる(104)。対岸のガラタの街に滞在していた彼にとっては、まさに対岸の火事だったのだろう。

帝都の冠、スレイマニイェ・モスク

では財布の紐が緩くなる前にベゼスタンを後にし、旧宮殿の城壁に沿って北西に進路を取ろう。ナスーフの都市図を開くと、ベゼスタンの隣の旧宮殿（地図2：28）の北西（左下）にはこれといって大きな建造物は書き込まれていないが、都市図が描かれた二〇年後の一五五七年に、この場所にスレイマニイェ・モスクが完成する。英主スレイマン一世が、金角湾を見下ろす第三丘の頂上に建立した帝王のモスクだ。わざわざ旧宮殿の一部を取り壊してまで確保された丘の上の広大な用地に築かれた幼年学校やメドレセ、施療院、食堂、客人館、隊商宿、公衆浴場などが併設された巨大な宗教的複合施設であり、現在でもイスタンブルを代表する一堂に数えられている。また、写本図書館として研究者にはなじみ深い付属のメドレセは、メフメト二世の建立したファーティフ・モスク付属の八学院(Medâris-i Semâniye)のあとを継いで、一六世紀後半以降オスマン帝国の最高学府となったことでも知られる[105]。なお、このメドレセとモスク本堂に挟まれた広場には、当時の面影を残す石畳や回廊が残っていて、トルコの歴史ドラマ、映画ではお馴染みのロケ地ともなっている。

驚くべきことに、帝国末期にここの幼年学校を卒業した古老が二一世紀まで存命していて、筆者は二〇一〇年五月一四日にメドレセの中庭で開かれた講演会でその有難いお話を拝聴する機会を得た。アリ氏(Müftüzade Ali Yıldırım, 一九〇九-)の話で興味深かったのは、読み書きを習っているとき先生が生徒たちをモスクの東側のお墓へ連れ出して、そこの墓碑銘を読み上げさせたというエピソードだ。現在でも古典文学の先生が生徒たちと市内に繰り出して、アラビア文字で書かれた墓碑銘とか、建物に付された記年詩(tarih、後述)とかを読ませることがあるのだけれど、それと同じ要領で帝国時代にも「校外学習」が行われていたわけである。

アリ氏が校外学習を受けたお墓を抜けて、モスクの外の南東の一角に向かおう。ここにはスレイマン一世と愛妻ヒュッレム・スルタンの墓廟が仲良く寄り添うようにして建っている。本堂から見て南東側のこの方角は信徒たちが礼拝するメッカの方角とぴたりと一致するという[106]。あたかも、大帝のモスクで祈る者は併せて大帝と愛妻の冥福をも願うべしと言わんばかりである。

言うまでもなくスレイマン一世は歴代スルタンの中でも群を抜いた知名度を誇る君主であり、西欧人にも壮麗者スレイマン(Soliman le Magnifique)の二つ名で知られた帝王である。当然、この墓廟にはムスリムのみならずヨーロッパからの旅行者も足を運んでいる。一七世紀の旅行者によれば、八角形の廟の壁際には銅製の燭台に立てられた大きな蝋燭が燃え、その足元では神学生たちが木製の見台(kursî)に置いたコーランを朗唱しながら故人の魂の平安を祈っていたという[107]。異邦人たちが小さな礼拝堂(une petite chapelle)と形容したように、当時から静謐な雰囲気に包まれた場所だったのだろう。

一方、大モスクの常で、無償でパンやスープを配る給食所が併設されていた。もっとも、もしここでご相伴にあやかろうという魂胆であれば、少しばかりマナーには気を付けなければならない。なぜなら、帝国の給食所はまず客人が食事を摂り、一度従業員が片付けをし、洗い物を済ませてから第二陣の食客を招き入れるという交替制だったのだ[108]。そのため、不慣れな客が故郷と同じ流儀だろうとたかを括ってどんどん列に並んで自分で食事をよそおうとすると[109]、周囲のムスリムたちから貪欲な犬野郎呼ばわりされてしまうのだそうな[110]。モスク付属の給食所については、のちほどファーティフ・モスクのそれに立ち寄ることとして、いまはモスク見学に戻ろう。

図9：19世紀末－20世紀初頭、エジプシャン・バザールからスレイマニイェ・モスクを見上げる。*EİR*所収。

そもそもこの大伽藍は英明を以て鳴らしたスレイマン一世その方が建設し、数々の戦勝祈願や凱旋の祈りが捧げられ、また玉体が葬られた聖域なのだから、帝都のムスリムたちが深い敬愛を寄せた場所であったことは想像に難くない。そしてその崇敬の念はたんなる英主への愛着を越えて、視覚的にも帝都の人々に印象付けられるものだった。

たとえば、一七世紀イスタンブル生まれのムスリム名士エヴリヤ・チェレビーも、そうした感興を伝える一人である。彼はこのモスクの大伽藍を「世界を見晴らすドーム」と称え[111]、北側から見上げると「あたかも一つの都市のように巨大である」と評している[112]。北側とはつまり、エヴリヤ・チェレビーが生まれ育ったウンカパヌ港周辺のことなので、彼は日常的に大帝の遺したモスクを見上げて暮らしていたはずだ。その意味ではある種の地元贔屓とも取れるけれど、「世界を見晴らすドーム」という表現はあながち誇張と切って捨てられない。なぜならイスタンブルでもとりわけ高所にあり、金角湾を見下ろす第三丘に建てられたこのモスクは、湾に停泊する外国船や、湾を挟んだ対岸の西欧人居留区ガラタのどこからでも見えるからだ。つまり、スレイマニイェ・モスクという巨大建築物の完成は、イスラームの都（islâmbol）としてのイスタンブルの性格を景観的に裏付ける上で、決定的な意味を持ったと思われるのである(113)。急峻な坂の上にあるため今日ではアヤソフィアやスルタン・アフメトなどと比べて訪れる観光客の数では一歩、劣る観のあるスレイマニイェ・モスクではあるが、近世にはイスラームの覇者が戴く冠のように、丘の上から来る者を睥睨《へいげい》したのである。

図 10：スレイマニイェ学院の中庭。高野峯旭撮影。

イスタンブル北岸：タフタカレからウンカパヌ港へ

スレイマン一世の墓廟に詣でたら、今度は金角湾へ下る急坂を踏みしめて海岸線へ向かおう。これが一九世紀であれば、この先の魚市場で見かけた処刑されたアルメニア人のことを思い出しながらぶらぶらとベゼスタンへ上っていくネルヴァルとすれ違ったかもしれないが(114)、あいにくといまは近世、フランス・ルネサンス期を代表する地理学者テヴェのようにスレイマニイェ・モスクの建設現場に居合わせて(115)、エジプト州からはるばる運ばれた建材が港から第三丘へ向かって運び上げられていく壮大な光景を眺めて満足しよう(116)。

急峻な坂の下のバルクパザル《魚市場》門（地図2：27の城壁近辺）を抜ければ、海岸にはウンカパヌの港が開ける。ベゼスタンという大市とウンカパヌという海港を繋ぐとなれば、いまわたしたちがいるこの急峻な下り坂もまた、たんなる交通路では終わらない。ウンカパヌ港の手前に広がるこのタフタカレ地区――当時はタフテュル・カラ（Tahtü'l-kala）――は隊商宿が集中する問屋街として栄え、[117] 平日にも噺家や手品師、曲芸師が繰り出し、あるいはさまざまなお菓子が売られ、怪しげな占い師も出張ってきて見物客から金を巻き上げるという賑々しい盛り場の様相を呈していたのだ。[118]

タフタカレの雑踏に足を踏み入れるとトルコ語やギリシア語、アルメニア語、対岸ガラタから渡し舟に乗ってやって来たらしい西欧人たちの言葉に混じって、エジプト訛のアラビア語がひときわ大きく聞こえてくる。なぜエジプト人がいるのだろうか。その理由を確かめるべく、アラビア語の響きを辿って人波について行こう。近世イスタンブルの海の玄関口ウンカパヌ港は、ナスーフの都市図で言うと旧市街北岸の城壁外に書かれた家屋群（地図2：27）。小麦、珈琲、香辛料、建材、そのほかありとあらゆる珍貨――大人口を抱える帝都の需要を満たす品々の大半が陸揚げされる場所である。

ビザンツ帝国期には市南岸のカドゥルガ港（地図2：29）も海の玄関口として大きな役割を果たしていたのだけれど、オスマン帝国期に入ると物流の中心がこちらの北岸、および対岸のガラタを擁する金角湾沿いへ移り、一五世紀後半から一六世紀にかけて黒海岸やナイル河流域が帝国領となると、これら穀倉地帯から小麦を筆頭とする食料品が運びこまれるようになる。[119] ウンカパヌという名前も「小麦計量所」という意味だ。ちなみに港の前の城壁の門は鶏門（Horozlu Kapı）と呼ばれていた。[120] 城壁の門に掲げられた鶏のレリーフに由来する呼び名で、港の周辺で生計を立てるあきんどたちはこの鶏が啼くと儲けが上がると信じていたという。[121] 偶像崇拝を禁じるイスラームではあるけれど、異教徒同士が袖触れ合せて暮らすイスタンブルではこうした俗信の類には事欠かない。ただし、商魂逞しいあきんどたちは「大麦の値段が上がりますように！」などとのたまって、[122] 冬の値上がりを当て込んで商品を貯めこんでいたというから、[123] この鶏が啼くと庶民はたまったものではなかったろうけれど。

帝都の住民の主食たる麦類が荷揚げされるとなれば、ウンカパヌ港の管理、運営は国家の一大事といっても過言ではない。ここに設けられた巨大な税関で働く官吏の中には「記録仕事に大忙しで」職場に停まりこむことを余儀なくされる者もいたというから、[124] さながら二二時過ぎでも煌々と電燈が灯る霞ヶ関の省庁よろしく事務仕事に追われていたのだろう。もちろん対岸のガラタの町の海岸にもヤーカパヌ――こちらは「油計量所」の意――と呼ばれる税関が設けられていたが、物産の多くは一度、このウンカパヌを通ってから帝都の人々にもたらされた。黒海とイスタンブルを繋ぐボスフォラス海峡はヘロドトスやストラボンの時代からただ「海峡」と呼ばれていたらしいけれど、オスマン帝国でもそのトルコ語訳として「海峡内」を指すボアズィチ（Boğaziçi）と呼ばれた。ただしこのボアズィチという言葉、もとは「喉の内」程度の意味合いである。[125] 黒海沿岸やナイルの沃野に産した小麦が「喉」を通ってイスタンブルという「胃」に達すると考えれば、図らずもウンカパヌとボスフォラス海峡の関係をよく言い当てる名称ではないだろうか。

では少しだけ海岸線をうろついてみよう。ウンカパヌ港の東側の海沿いにこじんまりとしたモスクが建っている。アト・メイダヌで大モスクを見物した後なのでミナレットが一本しかないこのモスクはいかにも物足りないが、実はこの小さなお堂はトルコ史研究者にとってこの上なく大切な場所なのだ。もしこのモスクがなければ私たちは世界史的に見ても貴重な、とある史料を手に取ることが叶わなかったかもしれないからだ。史料の名前は『旅行記』という。一七世紀のイスタンブル出身のムスリム名士が、イスタンブルからはじめてバルカンやアナトリア、クリミア、エジプト、アラビア半島、そしてイタリアやオーストリアを巡って当地の様子を記録した全一〇巻の大著である。奇しくもオルハン・パムクの『白い城』の終幕でイタリア出身の主人公にヨーロッパの様子を尋ねにやって来る好々爺が登場するが、彼こそがこの旅行記の作者エヴリヤ・チェレビーなのである。ちなみに小説でもイタリアの話を主人公から聞いたとされているように、現在では実際にはヨーロッパ方面に旅行をしていないというのが定説である。それにしても帝国内外の各地を回ってその習俗や言語を記録した百科事典的な内容で、『旅行記』が貴重な史料であることに変わりはない。そして、この大著の起筆は、目の前のこのアヒー・チェレビー・モスクに端を発するのだ。

ヒジュラ暦一〇四〇年ムハッレム月のアシューレの夜、すなわち一六三〇年の八月一九日の夜半のこと——ヒジュラ暦では一日は日没とともに始まるので一九日の夜なのか、日付が変わった二〇日のことなのかまではわからない——エヴリヤ・チェレビーは自宅近くのこのモスクにいる夢を見る(126)。モスクの堂内には武装した兵士たちに守られて、ムハンマドを筆頭とするイスラームの諸聖人が一堂に会していて、エヴリヤ・チェレビーは弓術家の守護聖人として知られるアブー・ワッカース（Sa'd ibn Abī Waqqās, 五九五－六七四）に導かれるまま預言者の手の甲に口づけをする。ところが、彼はここでへまをやらかしてしまう。「神のとりなしを、神の預言者さま」（Şefaat yâ Resûlullâh）と言おうとして、間違えて「旅行を、神の預言者さま」（Seyahat yâ Resûlallah）と、なんとも頓珍漢な言葉を口にしてしまうのである。しかし、寛大な預言者ムハンマドは「ああ、我が神よ。神へのとりなしも旅行も参拝も、安全快適になさいますよう」と答えてくれる。この一幕を終えたエヴリヤ・チェレビーに聖人ワッカースは以下のようにのたまう。

この集いにおいて多くの御霊に拝謁し、幸多き御手に（敬意を表する）接吻をし、その全て（の方々に所縁のある土地）を訪ねることを旨とするなら、そなたは世界を巡る旅行者、人並ならぬ人物となるだろう。おとない巡った諸国や城塞、（神のお創りになられた）驚異驚嘆の所産の数々、あらゆる都の称賛に値するもの、工芸品、食物や飲み物、土地や距離を記し、一つの著作と為せ、我が武器（＝弓矢）で以て現世も来世も事に当たり、我が息子となるがよい。正しき道を手放すなかれ、欺瞞や悪行から身を遠ざけよ、パンと塩には気をつけよ、正しき友（正しいムスリム）たれ、悪しき者どもと誼を通ずるな、善き者たちから善を学べ。

エヴリヤ・チェレビー『旅行記』(127)

右記のアブー・ワッカースの言はそのまま、エヴリヤ・チェレビーの内なる声でもあるようだ。とくに、記録せよと命じられた対象が非常に細々としたものにまで及ぶ点や、食事に気をつけよなどという注意は、旅行の際に本人が心がけていたことなのかもしれない。目を覚ましたエヴリヤ・チェレビーは夢での一連の出来事に首を捻った末に、あくる日、夢判断を得意とする知り合いのアブドゥッラーフ・デデ（デデは神秘主義者に対する尊称）を訪ねる。どことなくカダレの傑作『夢宮殿』を彷彿とさせる光景だが、あちらの「超オスマン帝国」のように個人の夢が国家機構の御簾の奥へしまい込まれるようなことはなく、このメヴレヴィー教団のシェイフはすぐに夢判断をしてくれる。

アブー・ワッカースのご助言に従い、まずは我々の愛すべきイスタンブルのことを記すよう、出来うる限り努めなさい。

エヴリヤ・チェレビー『旅行記』(128)

このようにかなり具体的な助言を与えたアブドゥッラーフ・デデは、さらにエヴリヤに七冊の歴史書を授け(129)、「行うべきことを行いなさい、幸あれかし」と激励したという。かくしてエヴリヤは「世界を巡る旅行者、人並ならぬ人物」になるため終世を通して行われることとなる大業に取りかかるのである。言うなればこのアヒー・チェレビー・モスクこそが彼の大旅行の出発地だったというわけだ。

狭い堂内を数えきれないほどの預言者や聖者が埋め尽くしたという「無理」には目をつむって、エヴリヤ・チェレビー――と現代のトルコ史家――に与えられた奇跡に感謝しながら、モスクを出よう。

静謐な堂内を出ると、ふたたび港湾に特有の活気が耳朶を打つ。陸揚げされた荷物に目を向けてみよう。港に山と積まれた荷の中身は多岐に及ぶが、やはり目を引くのは主食である小麦だ。はるかインドや新大陸から、大西洋や紅海を経てエジプトにもたらされた珈琲や香辛料に混じって――世界史の授業ではこちらの方が主人公扱いだ――ナイル・デルタに実る穀物がエジプトから東地中海を渡ってここへ運んでこられるわけである。そのため、ウンカパヌ港の近辺には小麦商人のみならず、小麦や大麦の精製、販売に携わる人々が集住していた[130]。

ここでようやくエジプト訛のアラビア語が聞こえた理由が見えてくる。穀物の輸送や精製に携わる人々の多くが、エジプト出身者なのである。ウンカパヌの東にはのちの一六六〇年に建てられたイェニ・ヴァーリデ・スルタン・モスクに付属して主として香辛料を扱うベゼスタンが設けられる。これが現在のエジプシャン・バザール――トルコ語でも同じ意味の Mısır Çarşısı と呼ばれる――である[131]。今日、この界隈を歩いていてもアラビア語を耳にすることは少ないが、エジプトのあきんどたちは有名な観光地の名前にその痕跡を留めているというわけだ。

図 11：アヒー・チェレビー・モスク外観。筆者撮影。

それともう一つ、のちにヨーロッパ中に広まり、いまやフランスを代表する都市文化といった感のあるカフェのヨーロッパ大陸一号店が、一六世紀半ばにまさにこのウンカパヌとタフタカレの近辺にお目見えしたということも申し添えておこう[132]。しかし、珈琲を楽しむのはあとに取っておいて、いまのところは街の南側の市域に取って返そう。

アルメニア正教徒の街クムカプ

アラビア語の聞こえる雑踏を抜けて、もう一度ベゼスタン界隈まで戻ったら、今度は御前会議所通りを渡ろう。そのまま都の南部へ続く緩やかな坂道を下っていくと、アラビア語に代わって聞こえてくるのはアルメニア語とギリシア語だ。この辺り一帯はイスタンブル征服以前から現在に至るまで、非ムスリム、とくにアルメニア人とギリシア人が多く居住する地域なのである。[133]御前会議所通り以南には、東から順にクムカプ、イェニカプ、サマトゥヤなどと呼ばれる地区が並んでいて、とくにクムカプの一帯は庭園の名を取ってランガという別名でも呼ばれていた。ナスーフの都市図でいうと城壁と一体化した二本の櫓が隣接するランガ庭園（地図2：30）、および近くの商店街（地図2：31）周辺がランガ地区ということになる。このランガ、ギリシア語の緑（Vlanga）という言葉に起源を持つということだから、[134]名前からしてすでに非ムスリムの色が濃く表れている。

さて、これまでわたしたちはナスーフの都市図を頼りにここクムカプ地区までやって来たのだけれど、残念ながら市南部に限っては彼の都市図はあまり役に立たない。たとえばランガ庭園の北側（左）にある茶色い四角形の建物は（地図2：30の左隣）、その形状からして教会と思われるが、一六世紀までアルメニア正教の総主教座が置かれた聖ゲオルグ教会なのか、あるいはイスタンブル最大のアルメニア正教会である聖アスドゥアッザズィン教会なのか、まったく判別がつかない。この都市図の建築物を比定したデニーが「多くのキリスト教人口を抱える都市のこの地域は、作者によってあまり知られていなかったようだ」[135]と評したように、宮廷人たるナスーフにとっては非ムスリムの暮らす「下町」はたいして重要ではなかったようなのだ。

都市図が不正確となると、今度はこのクムカプ近辺で生まれ育ったアルメニア正教徒の証言に耳を傾ける必要がある。なんといってもこのクムカプ周辺こそが聖アスドゥアッザズィン教会、聖サルギス教会、聖ニゴオス教会――まとめて聖アスドゥアッザズィン教会と呼ばれた――などの名だたるアルメニア教会や、[136]アルメニア正教徒専用の浴場を備え、[137]近世の帝都圏に暮らしていた数多くのアルメニア正教徒たちの宗教的、文化的中心地であり、[138]帝都圏の各地はもとより遠方からも参拝に訪れる信徒で賑わっていた場所なのだから。

ではクムカプから西のサマトゥヤ地区に向かいながら耳を澄ませてみよう。たしかに、いまでもマルセイユやニューヨークのアルメニア人コミュニティーで話されているのと同種の西アルメニア語――こちらが帝都のアルメニア正教徒の言葉――に混じって、アルメニア共和国で話される東アルメニア語も聞こえてくる。しかし、参拝者が粛々と訪れる静謐な宗教空間を期待して歩いているはずなのに、道行く人々はあまり柄がよろしくなくてどうにも居心地が悪い。

平静を装いつつ、近世イスタンブル周遊の緊急マニュアルとして懐に忍ばせてきた、その名も『珍事考』という薄い書物を開いてみる。これは一八世紀にイスタンブル市内の不埒者を地域ごとに羅列した書物なのである。作者不詳のこの奇書によれば、ここクムカプ界隈の住人は次のとおり――店の賃貸料を共同出資しているというのに、ごねた上に裁判に持ち込む青物商、税関を通さないで商いを行う詐欺師等々[139]……。しかし、時間旅行者たるわたしたちには、いまこの場所で商取引をはじめるつもりもないし、対岸の西欧人居留区ガラタの町に入るまでは、酒場で一杯やる予定もないのだから慌てる必要はなさそうだ。大丈夫、大丈夫と自分に言い聞かせて、しかしやや足早に進んでいくと広場に出る。ほっと一息ついて辺りを見回してみると、視界に飛びこんでく

図 12：アルメニア正教徒の商人。*DES* 所収

るのは荘厳な教会にあらず、薄板で作られた掘っ立て小屋の群れである。しばし呆然としていると聞きなれない訛を話す男が近寄ってきて、女はいらないかい、などと持ちかけてくる。慌てて『珍事考』を捲ると、さきほどの詐欺師たちに混ざって、「酒場の店主と共謀するポン引き(140)」と書かれているではないか。

実はこのあたりにはロマ人の石工が住んでいて、こうやってポン引きもやっていたのである。これらの掘っ立て小屋が一七世紀半ばに一時、撤去されたときそれを命じたのが大宰相その人であったと言えば、いかに猥雑な地域であったかが知れようというものだ(141)。まだ日も高いのでここは足早にクムカプ、サマトゥヤ界隈を脱出するとしよう。

悪臭の街イェディクレ

クムカプ、サマトゥヤ地区を抜けたならテオドシウス帝の三重城壁に向けて西へ進路を取ろう。前方に見えてくる城砦はビザンツ帝国期に検疫所として建てられたイェディクレ城である（地図２：40）。七つの塔《イェディ・クレ》というその名が示すとおり、七本の塔を備えた立派な城郭である。オスマン帝国期には貯蔵庫、宝物庫として利用された施設である。

都の際に宝物庫あり、その城壁の上には歩哨が立つ。
高く堅固な七つの塔と、それよりも背の低い十二の塔が築かれている。
城の内部は端から端まで富、富、また富、これすべて花の蕾のように美麗な宝石と黄金で満ち満ちる。
絶佳にして精妙を極める財宝を見れば（富裕を以て知られたペルシアの古王）カールーンの宝物庫も恥じ入ることであろう。

ジャフェル・チェレビー（Tâci-zâde Cafer Çelebi, 一四八五－一五一五）(142)

古城を肴に一六世紀の詩を口ずさんでみたものの、兵どもが夢の跡にはふさわしからざる異臭が突如として鼻をつく。そういえばこの城砦はビザンツ帝国期にはアマネス監獄と呼ばれて恐れられ、オスマン帝国期にも宝物庫として利用されたのち、ふたたび監獄として活用された施設ではなかったか。ここに収監されたさるクリミアの王族のように、差し入れにもらった肉のパイ包みの中に縄を仕込ませ、それをつたって脱獄できた者などは運の良い方で(143)、窓の少ないこの城砦に入ったら最後、外からの手引きでもない限り脱獄は至難の業である。ということはこの悪臭、囚人たちの血と汗と涙なのだろうか。いや、それにしても体臭というにはひどい臭いである。それもそのはずで、悪臭の正体は家畜の死臭なのである。さきほど、アト・メイダヌには常備軍御用達の肉屋があると述べたけれど、あそこも含めてイスタンブルの人々の口に入る肉の多くが、この近辺で屠られているのだ。一七世紀のイスタンブル育ちのムスリム名士エヴリヤ・チェレビーの大げさな表現を借りれば、家畜やその死骸は外から来た者が即死するほどの悪臭を放っているのだけれど、悪臭ぷんぷんたるこの界隈も住めば都、住民である屠畜業者たちにとってはその悪臭こそが香水のように芳しく、彼らは本物の香水の匂いを忌避するなり(144)。随分とひどい言い様であるが、見方を変えれば家畜を取り扱うさまざまな職種が寄り集まったこの「集落」こそが、地中海沿岸へ輸出されたオスマン帝国製のなめし皮の一大生産拠点なのだということも記しておく必要があるだろう(145)。

さてイェディクレ城から城壁沿いに北上していくとトプカプ地区に至る。ビザンツ帝国期には聖ロマノス門と呼ばれ、コンスタンティノポリスの都大路の一角を担った界隈である。ふと耳を澄ませると、立ち並ぶ酒場から洩れる嬌声に混じって女の歌声が聞こえてくる。

　ああ、可哀想な人や、やって来てお入りよ。
　ひと時なりともわたしの胸の中に。
　接吻を売ってあげるわ。

エレミヤ・チェレビー『イスタンブル史』[146]

これはトプカプ地区の酒場にいたロマ人の踊り子が一七世紀に口ずさんだ歌だという。婀娜《あだ》っぽい歌を耳にした酔漢たちはこぞって彼女の額に銀貨をくっつけてやったというから、ようは酒色交わる夜のお店が並んでいたようだ。一八世紀の『珍事考』にも、この周辺には付近の屠畜業者を相手にする売春婦や稚児が屯していると記されている。[147] ちなみにトプカプ門周辺は一九四〇年代以降の急激な都市化の時期に、農村からの不法移住者が押し寄せた一夜建て地区の一つとして知られ、オズヤルチュネル（Adnan Özyalçıner, 一九三四－）のような閨秀作家がイスタンブルの代表的なスラム街として描いた場所でもある。[148] 江戸の内藤新宿しかり、パリのサン・ドニ門しかり、城門の近辺というのはとかく都の内外からやって来る人々を相手にする盛り場となるもので、状況は近世イスタンブルでも変わらなかったようだ。

ヴァレンス水道橋と市内の水利

さて、市南部地域を巡りおえたところで、ふたたびベヤズィト・モスク前の交差点まで戻って、御前会議所通り沿いの名所見物に戻るとしよう。目指すはナスーフの都市図の西側（下方）に堂々と鎮座するファーティフ宗教的複合施設だ（地図2：35, 36）。

ファーティフ・モスクに行くためには、まず南北を貫く大通りを渡らなければならない。現在ではアタテュルク大通りと呼ばれる片側三車線のブールヴァールである。もともとこの大通りには、かのコンスタンティヌス大帝が築いたと言われる城壁が立ち、北は金角湾に向かって開くジバーリ門から第四丘の西を通り、カドゥルガ港やクムカプ地区を囲いこみ、マルマラ海まで続いていた。市南部にあるイーサ・カプ・メスジド――「イエス門の礼拝所」の意――の名前に、往時の市門が名残を留めるが、遷都からわずか一〇〇年後には市域の拡大を受けたテオドシウス二世によって現在も残る三重城壁が築かれ、街の防壁として機能を失い、その石材は他の建物へと流用されていった。

現在のアタテュルク大通りに出て最初に驚かされる建造物であるヴァレンス水道橋（地図2：33）も、このコンスタンティヌス城壁を取り壊して建てられた施設の一つである。都市図で言えば、旧宮殿の左下に描かれた縦長の長方形の建物がヴァレンス水道橋である。三六八年、ヴァレンス帝（在位三六四－三七八）は当時ここにあったコンスタンティヌスの城壁を取り壊し、全長九七一メートルにも及ぶ巨大な水道橋を完成させたのである[149]。

そもそも地下水に乏しく、よしんば掘り当てたとしても塩混じりの水しか産しないイスタンブルでは、ローマ帝国時代から数々の水道が引かれたが、オスマン帝国もまたお膝元の帝都の人々の暮らしに必要不可欠な水の調達に心を砕いていた。ビザンツ帝国期の水道網を修理、保全する一方、帝都西北部の水源地にダムを築き、新たな水道の建設などを行ったのである。本書が扱う時代に限ってみても、一四五三年から一七世紀末までの間に少なくとも一〇本の水道が建設されている[150]。帝国政府は水道監視役（Su Nezâreti）という職を設けるとともに[151]、水道沿いの村々の住人にも水道の監視と水質の保全を義務付けた[152]。こうして運ばれた水は「分水地《タクスィム》」――現在の新市街の中心地タクスィム広場の語源でもある――で配分され、市内の各所に建てられた泉亭やモスクに設置された蛇口に至り市民の喉を潤したのである。

この水道橋も市外北西部の郊外の山々を水源地とする一六本の水道――ローマ帝国期から残るものもあれば、オスマン帝国に入ってから建設されたものもある――から成る水利システムの一翼を担う水道橋として、帝国時代にも立派に機能していた[153]。

しかしこのヴァレンス水道橋、いまでこそ観光名所の一つに数えられてはいるけれど、一六世紀の詩集を開いても、あるいは一七世紀のオスマン帝国の地誌を開いてみても、記述はごくわずかである。いや、完成間もない六世紀に書かれたコンスタンティノポリス名所案内にさえこの水道橋は記載されておらず一六世紀のフランス人旅行者

図 13：泉亭で水を汲む水売り。蛇口のアーチは記年詩を戴いている。19 世紀末－20 世紀初頭、*EİR* 所収。

十を驚かせているくらいなのだから、[154]ヴァレンス水道橋は古代から日常生活に密着した施設として、むしろそこにあるのが当然という存在だったのかもしれない。しかし、それではあまりにも水道橋が哀れではないか。せめて水に託した恋歌の一つも口ずさみながら、水道橋に別れを告げるとしよう。

水が愛しいあの人の村の庭へ向かって弛まず流れていくのは、きっと水も優雅な歩運びの糸杉のようにすらりとしたあの人に恋をしているから。

私は大地となってその流れを堰き止めなければ。かの水こそがわが恋敵、あの人の村へけっして届かせまいぞ。

でも、もし私があの人の手の甲に接吻せぬまま果てたのなら、ああ友よ、大地の土くれとなった我が身で水差しを作り、あの人に水を届けておくれ。

フズーリー『詩集』[155]

ファーティフ宗教的複合施設へ

では水道橋に沿って大通りを渡りさらに西へ進もう。ファーティフ・モスクへ至る道の途中には市西部の住民の需要を支えるサラチハーネ市場がある。都市図でファーティフ・モスク上方に書き込まれた屋根つきの四角形の建物がこれに当たる（地図2：39付近）。そして市場を抜けた先に見えてくるのが、イスタンブルの征服者メフメト二世が一四六二年から八年の歳月を費やして建設したファーティフ・モスク（地図2：35）――「征服者のモスク」の意――である。

このモスクは帝都最初の本格的な宗教的複合施設であり、また征服王の建立した大伽藍であるからオスマン帝国人たちの称賛を恣にする一方で、西欧人旅行者たちの記述はおしなべて素っ気がないか、批判的なものばかりである[156]。西欧では長らくコンスタンティヌス大帝による遷都以後のコンスタンティノポリスでもっとも古い教会の一つであった聖使徒教会を取り壊し、その跡地に築かれたモスクであると信じられていたためだ。ギリウスの言葉を借りれば「聖使徒教会、そのほかのキリスト教会への冒涜たる廃墟のなかに、四角い石材を用いて聖アヤソフィア教会と似たり寄ったりの設計で建てられた」モスクということになる[157]。しかし実際には、教会の真上に建てられたわけでもなければ、そもそも聖使徒教会を壊したのがメフメト二世かどうかも定かではないという点は申し添えておかねばなるまい[158]。

さてナスーフの都市図ではイスタンブル市街の中央西寄りにあって、アヤソフィア以上に堂々とした佇まいを見せるのがファーティフ・モスクである。都市図上では伽藍、前庭、二本のミナレットなどのモスク本体が再現されるとともに、その付属施設もしっかり書き込まれている。おそらくモスク上方の細長い建物（地図2：37）が施療院、その北西に並ぶいずれかが給食所だろう。ファーティフ・モスクは一八世紀の地震で一度大破してしまったので、ナスーフが描いたのは今日では見ることの叶わない建設当時の面影を残した姿である。

さっそく広々とした前庭を横切って本堂を詣でよう。ほっそりした高層建築は優美そのもの、アヤソフィアよりは小規模ながら、これでも当時としてはかなりの大伽藍である。それにしても、モスク本堂と一体化して建てられたミナレットの威容が目を引く。


本堂の両側で伴侶のように佇み、さながらかのイスラームの帝王の御旗のよう。

二本の優美なミナレットに穿たれれば、星に満ちた天穹さえも色褪せる。

おのおののミナレットは、（メフメト二世陛下の）在りし日を伝える幸多き形見として微動だにせず佇む。

ジャフェル・チェレビー『切望の書』(159)

その値千金のミナレットの頂は天に達す、まさに達す、愚者の目にも映るのだから。

ラティーフィー『イスタンブル礼賛』(160)

建造当時、このファーティフ・モスクと並ぶ大伽藍はアヤソフィア・モスクのみ。堂宇の規模ではかなり劣るので、詩人たちは高さで優るミナレットを称えることで、キリスト教徒の建てたアヤソフィアを睥睨《へいげい》すべく努めているのである。

詩人たちの臨機応変の称揚に舌を巻きながらモスクの中庭へ足を踏み入れれば、メフメト二世廟や中庭の美しい泉亭、ミナレット、緑あふれる広い前庭、その表面に羊毛で出来たメヴレヴィー帽を被って手に扇子を持った修道僧の形が浮き上がっていると噂され、人々がこぞって見物に訪れたというキブラ門の内側の円柱(161)、あるいは施療院など見どころが目白押しである。とくに最後に挙げた施療院は七〇の病室を備え、日に二回の食事、豪華な寝具などが病人に供され、病人の精神的健康に配慮して専属の楽士や歌手まで雇われていたというのだから(162)、当時としては最先端の医療が施される総合病院だったわけである。それらの施設を流し見ながら、わたしたちは八学院と給食所に向かうとしよう。

帝国の最高学府、八学院と学士様

ファーティフ・モスクを中心とする宗教的複合施設群の中で、モスクを除けばもっとも重要と思われる施設が八学院（地図2：36）である。イスタンブルでは最古のメドレセに数えられ、スレイマニイェ学院開校前は帝国の最高学府だった(163)。都市図でいうとモスクの西側（下方）に書き込まれた長方形の三棟がこれに当たる。学院には一五二部屋を擁する寮が備えられ、そのうち一二〇ほどが学生にあてがわれていた(164)。各部屋には四、五人の学生が起居したというから(165)、少なくとも五〇〇人程度の神学生（softa）が暮らしていたことになる。収容人数五〇〇名となれば、かなりの規模の寄宿学校である。


（メフメト二世陛下は）偉大な教授連が各々に属する八つの貴い学院を建てられた。

学生たちは日夜、種々の知識を学び、その才幹を磨く。

……学院の人々はその美徳を以て知られ、ことごとくその無謬によって他に抜きん出る。


ジャフェル・チェレビー『切望の書』(166)

教育の鉱脈にして知識の炉辺、あらゆる屋舎に知性の光が灯る。

人々の言葉は意義深く、神の知性の神秘を解明する。

現世の難問を解議し、あるいは（聖典に記された）真理の言葉を実践する。

……学生たちもまたあらゆる学識を披歴しながら、来る日も来る日も全身全霊を込めてその知識を豊かにする。

ラティーフィー『イスタンブル礼賛』[167]

詩人たちが学院の教授や生徒たちを絶賛するようにこの最高学府で学ぶのは、イスラーム法の最高権威であり、イスタンブル最高位の法官であるシェイヒュル・イスラーム[168]を頂点とする帝国の司法、宗教の世界で功名を志す若者たちである。彼らは故郷などで一定期間コーランやアラビア語文法といった「基礎科目」を修めたのち上京し、帝都のいずれかのメドレセに四、五年間在籍する。エリート候補生とはいえ広大な帝国じゅうの秀才が集まるのだから「地方人」も多く、上京してきた当初はお国言葉丸出しでコーランを詠み、教師を大いに困らせる生徒も少なくなかったようだ[169]。それでも何とか諸学を修めると、ようやく八学院への入学を許される。彼らはここで一年ほど学び、今度はイスタンブルのメドレセで教鞭を取る高名な教授たちに仕えたのちミュラーズィム（mülâzim）、すなわち法学免状取得者となる。戦前の感覚で言えば「学士さま」といったところだろうけれど、学位があってもなかなか職に恵まれないのはいまも昔も変わらない。二五歳から三〇歳くらいの法学免状取得者たちはどこかの教授なり、法官なりに任命されるのを待つ長い長い列に並ばなければいけないのである[170]。任官には上級ウレマーの推薦を必要とするし、当の上級ウレマーたちは自身の子弟を優遇する権利を制度的に認められていたから、後ろ盾を持たない若者が宗教・司法の世界で独り立ちするの相当の難事だった[171]。苛烈な生存競争に挑むとなれば、専門知識以外にも履歴書に花を添えてくれるような、目に見える一芸が必須となる。忍の一字は衆妙の門などと呑気なことを言っていられないのがオスマン帝国の就職戦線なのだ。そして、代表的な一芸といえば詩文の才覚と相場が決まっていたのだけれど、このあたりは次章で触れることとしよう。

それにしても、右記のような身内贔屓がまかり通っているとなれば、ファーティフ・モスクの八学院は詩人たちが詠むほど澄みきった知識の館ではなかったのではないか。参考までにあの『珍事考』の作者のぼやきを引いておこう。

（何でもかんでも）専門用語や議論だと思い込んで、トルコ語（＝田舎者の言葉）さえ解さない鄙出身の法官候補たち。月に一回さえ授業へやって来ず、宿舎も空っぽの教授のお歴々。

作者不詳『珍事考』[172]

古代円柱の怪談

教育機関への批判はところも時代も選ばず、耳が痛くなるのもまた変わりないと、芝居がかって吐き出したため息にふいに潮の香が混ざる。本当はこのまま一泊してしまうつもりだったが、気分転換に周辺を散策してみるのも悪くない。鼻孔をそっと撫でる潮の匂いを辿って南へ向かって坂を下っていくと、やがて港が姿を現す。カドゥルガの港である。ビザンツ帝国期にはテオドシウス港、エレウテリウス港などと呼ばれ、コンスタンティノポリスとアジア岸のカルケドン（カドゥキョイ）を結ぶ交通の要衝として繁栄したが、オスマン帝国期には物流の中心が北のウンカパヌに移ったので静かな南向きの小泊になっていた[173]。いまわたしたちが港を見下ろしているのも、往時にはアルカディウス広場と呼ばれた、港と隣接する広場である。その広場の片隅に巨大な円柱が聳えている。近寄ってみるとその基部に浅浮彫が見える。皇帝らしき人間に服装の異なる男たちが臣従を誓う浮彫は、アルカディウス帝（在位）に朝貢する異民族の姿。一五世紀にメフメト二世の肖像画を描いたことで知られるベッリーニがそのスケッチを残すほどの美しさを誇ったという[174]。ところが、一七世紀のイスタンブルに生まれ育ったムスリム名士エヴリヤ・チェレビーのイスタンブル地誌『旅行記』を捲《めく》ってみると、アルカディウスのアの字も出てこないかわりに、なんだかおかしなことが書かれている。曰く、この浅浮彫の中に彫られた美女の姿に釣られて鳥がやって来るなり、周辺の住民はその鳥を捕まえて食しているなり。はっとして周りを見回しても夕暮れに憩う住民たちの様子に変わったところはないが、気味の悪い迷信である。

イスラーム満ちたる都（İslâmbol）の異称を持つ帝都にあって、このような偶像の、しかも異教徒の王の事績を彫ったものが、よくもまあ破壊をまぬかれて残ったものだと感心してしまうけれど、さきのアト・メイダヌでも見たとおり、一六世紀から現在に至るまでイスタンブルにはこうした古代遺構がかなり残存している。ちょうどいい具合に、ファーティフ宗教的複合施設へ戻る途中にも遺構が残っているので少し冷やかしていこう。当時から六本大理石（Altı Mermer）と呼ばれた場所に立つ六本――実際には七本――の円柱である。残念ながらこれらの円柱は失われ、現在では六本大理石《アルトゥメルメル》大通りという地名に名残を留めるのみである。エヴリヤ・チェレビーによれば、それぞれトルコ語でハエの円柱、蚊の円柱、コウノトリの円柱、鶏の円柱、狼の円柱、恋人の円柱、老夫婦の円柱と呼ばれていたというが、時間旅行者たるわたしたちはもう少し詳細にその姿を知ることができる。一六世紀のフランス人ギリウスがその「称賛に値する意匠」を詳細に描出しているのだ[175]。

一、棍棒をもった裸の男たちが彫られた円柱が二本、うち一本は半壊
二、羽を広げたキューピットが彫られた円柱
三、足を組んで天を仰ぎ楽器を奏でる若い男、その上にキューピッドのようなもの、さらにその上に若い女性が彫られた円柱
四、右手にライオンの皮をかけ、左手に犬を連れた男、その上に乳房が沢山あるライオンのようなものが彫られた円柱
五、グレープフルーツが盛られた籠を持つ二人の農夫が彫られた円柱
六、若い女性が手綱を握る天馬、その後ろに立つ二人の娘、その上にもたれかかるような姿勢の女性、彼女に

対面する横になった若い男が彫られた円柱

円柱の数と意匠の共通性から見て四が狼の円柱、五が老夫婦の円柱だろう。三か六のいずれかが恋人の円柱と思われるが、天馬が彫られている六とキューピッドの二は共に有翼の生き物なので、コウノトリ、ハエ、蚊、鶏のいずれかに当たるのかもしれない。しかし、棍棒を持った男が彫られた一がどれに当たるのかはわからない。摩耗の加減でハエや蚊に見えたという可能性もあるため、遺構そのものが失われてしまった今日ではこれ以上の同定は難しい。

さて、遺構の外面的特徴をこまごまと描くのがギリウスであれば、この円柱と帝都住民たちの精神的関わりを記すのがエヴリヤ・チェレビーである(176)。曰く、狼の円柱の狼は人の見ていない隙に牧草地を徘徊する、ハエの円柱はハエを払い、蚊の円柱は蚊を払う。恋人の円柱は喧嘩をした男女のいずれかがこれに抱きつくと復縁し、老夫婦の円柱に離縁を望む男女が同じことをすると願いが叶うとされている。それぞれ縁結びと縁断ちの効能を持つわけである。また、コウノトリの円柱はそのコウノトリが啼くとイスタンブルじゅうのこの鳥が死ぬとされている。コウノトリは今でもイスタンブルに季節の移り変わりを告げる渡り鳥であり、こうした自然の営みが迷信に取り込まれているようだが、その恐ろしい効力はイスタンブル市内に留まり、郊外のエユプの街のコウノトリには害がないという但し書きが付いている。わたしたちが明日、参拝するエユプの街には聖者が葬られているので、おそらくその加護が遺構の呪いを遠ざけると考えられたのであろう。

第五章で詳しく見ることになるけれど、近世イスタンブルは、最先端といってよい都市生活が営まれる一方で、この手の不可思議な俗信に満ち溢れる空間でもあったのだ。

チュクル浴場で食事の前にさっぱり

怪談めいた話を聞いたせいだろうか、ファーティフ近辺の雑踏へ戻って来ると厭わしいはずの人いきれに安堵の吐息が漏れる。ふと足元を見下ろすと下履き（salvar）が埃だらけになっている。未舗装路の少なくない帝都の道を歩き通しだったのだから無理もないが、ここらで一度、公衆浴場（Hammâm）に入って旅の垢を落としておきたいところだ。近世帝都の住民たちは週に一回くらいの頻度で浴場を利用していたようで、(177)それはたんに身体を清潔に保つためのみならず、金曜礼拝前の木曜の晩——あるいは金曜の午前中——に利用される禊の場の役を果たすこともあれば、不特定多数の人々が交流する社会的結節点としても機能した。ようは宗教、社会生活双方において欠かすべからざる都市施設となっていたのである。(178)ちなみにあの詩人ザーティーが次のように詠むとおり、ときに詩人たちが風呂を貸し切って歌会を催すこともあったようだ。

ああ、友よ。もう少しわたしたちと一緒に浴室にいたまえよ。なぜそうも急ぐんだい、さては水の中に砂糖でも落としたのかね？

ザーティー『詩集(179)』

ここで「砂糖」は甘く美しい言葉を指す。はてさてこの詩はせっかく思いついた名句を失念した友人を揶揄する歌に違いないとほくそ笑みながら学院の敷地を出てモスクの南側へ回ると、とっておきの公衆浴場が姿を現す。ファーティフ宗教的複合施設の一翼を担い、ローマ時代の貯水池（çukur）の上に建てられたためチュクル浴場と呼ばれた大浴場である。ナスーフの都市図ではいくら探しても確認できないし、(180)一七六六年の大地震で大損害を被り今では影も形も残っていないのだけれど、(181)往時には一一〇個のクルナを備え五〇〇〇人が同時に入浴できたと豪語する者さえいる巨大な浴場だった[182]。クルナとは蛇口を備えた大理石製の盆を指す。つまり、現在で言えば浴場に備え付けのシャワーの数を数えたわけである。もちろん五〇〇〇人というのは誇張だろうけれど、帝都圏の合計一五一の浴場のすべてに入った自慢するエヴリヤ・チェレビーが[183]、その筆頭に挙げているのがこの浴場なのだから、少なくとも建設以来二〇〇年余りの間、帝都を代表する浴場であったのは確かだろう。

それを示すかのように、この浴場にはムスリムのみならず西欧人旅行者たちも訪れている。あの人文主義者ギリウスなどはチュクル浴場の温熱システムを調査、抄述した上で、さらに詳しい構造については別の本の中で記すと予告する念の入りようである[184]。残念ながらその別本が上梓された形跡は見当たらないが、それまでオスマン建築の多くを無視してギリシア・ローマ、ビザンツ帝国期の遺構にしか興味を示さなかったはずの老人文主義者をしてここまで詳しく語らしむるのであるから、西からの旅人たちにとってのイスタンブルの公衆浴場がいかに興味深い施設であったか、推して知るべしである。

> 公衆浴場の大半は色とりどりの美しく貴重な種々の大理石の円柱や壁画、（腰をかける）台、床で飾られ、装飾されている。しかし、それらの浴場は非常に天井が高く、丸みを帯びた正方形、あるいは高い半球形のヴォールトを備えた二つの大きな円形の建造物から成る非常に単純な形式を取っている。
>
> ニコライ『トルコへの航海』[185]

フランスの軍人ニコライが報告するように、チュクル浴場もまた対型浴場（Çifte Hmam）と呼ばれるトルコではよく見られる構造の建築物である。これは脱衣室（câme-kân）と浴室（hammâm）が独立した棟となって隣接する浴場を指す。まず浴場の入り口で入浴料を払い脱衣室に入る。日本の銭湯では入浴客が脱衣所に屯してコーヒー牛乳を煽りながら歓談する光景が見られるが、帝国の浴場でも基本的にはこの脱衣室が憩いの場となる。その一方で、二〇世紀以降の日本の銭湯でペンキ絵が浴室に描かれたのに対して、イスラーム文化圏では脱衣所の壁に浴場絵（garmâbe）が配された。アラブ圏では英雄の戦いとか、佳人とか、あるいは動物の姿とかを写した風呂絵が見られるが、オスマン帝国の場合はタイル装飾などで飾られるのが一般的だった。見事な浴場絵はアラブ文学においてはもちろん、ペルシアでは神秘主義詩と合流して寓意的なシンボルとして用いられるなど、文学の中にしっかりと根を張った[186]。残念ながらオスマン帝国では風呂絵の伝統が廃れてしまったらしく詩歌の中に浴場絵を詠む者を見出せないが、その代わりに蛇口や石鹸、あるいは腰巻といった入浴にまつわるさまざまな日用品が古典詩の中で盛んに用いられ[187]、浴場の美と入浴の快楽自体は変わらず詩人たちの愛誦するところとなった。

さて脱衣所には服を乾かすためのストーヴが置かれていて、壁際には敷布が掛けられたベンチがずらりと並んでいる。また、見張り番（nâtır）と呼ばれる使い走りが常駐して客の荷物を見張ってくれる[188]。見張り番の中には手癖の悪い輩もいたようだが、ここはかの征服者メフメト二世陛下に所縁のあるチュクル浴場である。まずは彼らを信用して籠に衣服を預けることにしよう。すっぽんぽんになったらフタ（futa）と呼ばれる黒い腰巻を巻いて――全裸はご法度！――高下駄に似たナルン（nalın）と呼ばれるサンダルをつっかけ、いよいよ浴室に向かうことになる。

重たい扉を開いた先の浴室は、高い半球状のドーム天井を戴く正方形の部屋になっている。大理石の壁面や円柱、腰かけるための台[189]、身体を洗うための温水風呂と冷水風呂――それらすべてが蒸気に霞んでいる。浴室の地下の炉室で、いまこのときも釜焚き人（külhancı）たちがせっせと火を起こしてくれているのだ。蒸気が充満しているとはいえ、天井には明かり取りの丸窓が沢山開いているので室内はそれほど暗くない。壁際にはさきほど述べたクルナが並び、部屋の中央にある噴水でも顔や手を洗うことができる。まずは隅っこに腰かけて植物をかたどったタイル装飾に彩られた壁を眺めながらしっかりと汗をかいておこう。

　喜ばしい日を連れてくる太陽さえ似たものを見たことがないほどに心躍る浴場がある。

屋内には心を洗うような清い光が溢れ、その空気は喜ばしく穏やか。

値千金の色とりどりの大理石は素晴らしい調和を見せ、まるで丹念に織られた敷布のよう。

タイルには天の園を流れるケヴセル河のように芳しい水がしたたり、漆喰の壁が漏らす溜息にはサフランと麝香《じゃこう》が香る。

火の燃え盛る釜から立ち昇る蒸気が、はるばるキタイ《中国北部》から運ばれた白檀《びゃくだん》やその他の木材、そして麝香の香りを蒸しあげる。

浴場とは偉大にして壮麗なる宝物庫であるのに、その門は万人に常に開かれている。

湯水のように（入浴料の）銀貨が支払われるので、したたる清らかな水は銀貨と見まがうほど。

火と水が仲良く手を携え、心躍らせる贈り物をしてくれる。

この憩いの場は相反するものが相集う場所。

この建物は天国の宮殿もかくやという美しさを誇りながらも、秘められたその薔薇園の下の釜は地獄さながらなり。

……月のように美しい佳人が貯水槽の側に座る様を見て、人は水の塔に月がかかるかのようだと口々に言う。

帝王のごとき貴人と共に茉莉のように芳しく香る胸元と花の蕾のような唇、バラのような顔《かんばせ》を備えた身のこなし軽やかな垢すり人たちも入浴する。

浴室に入る者はみな裸体をさらけ出し、その身体には塵ほどの欠点もない。

恋する魂の熱気を受けて浴室には天にも地にも反射熱が満ち、硝子窓さえチューリップ色に染まるかのようだ。


ジャフェル・チェレビー『切望の書』(190)

大理石の美しい床や麝香が香るような端麗な草木の描かれたタイルといった内部装飾にはじまり、火と水（蒸気）の融合する浴場の構造が、安逸として天国のような浴室と業火が燃え盛る炉室の対比の中に巧みに落とし込まれて建築的特徴が称えられたのち、後半部では佳人の入浴のさまが語られ、実際には強面の偉丈夫である垢すり人は優美な佳人たちに変じている。典雅な入浴の風景が寿がれたこの詩の光景は、オスマン詩人たちが理想とした詩的浴場空間の一つの完成形と言えるのではないだろうか。

オスマン詩における浴場は右記のような佳人とともに詠まれることが実に多く、とくに「浴場の書」（hammâm-nâme, hammâmîye）と呼ばれるジャンルに結実している。[191] やや時代は下るが、「浴場の書」の中でもっとも有名な作品の一つである詩人ベリー（İsmail Beliğ, ?－一七六〇）の、その名も『浴場の書』がその代表例だ。簡単に粗筋だけ紹介しておこう。

今日は入浴の日と宣言した詩人は朝早くから浴場へ赴き、脱衣所で衣服を脱ぐ人々の美しい裸体が露になる様を寿ぐ。そこにやをら佳人が登場し、入浴客たちの讃嘆の眼差しを浴びながら裸身をさらけ出し、浴室へと姿を消す。浴室ではこの佳人と見目麗しい垢すり人が泡にまみれながら、ともすればエロティックに戯れ合う様子が詠まれ、やがて日が落ちると入浴は酒宴へと変じる。ようやく入浴を終えた佳人は脱衣室へと戻り、珈琲と甘味をつまみながら入浴後のひとときを愉しんだのち、気前よく入浴料を支払って浴場をあとにする。結句では、佳人への恋心に悶々としながら浴場に取り残された詩人自身の心境が、湯冷めに喩えられ作品は終幕を迎える。[192] 一八世紀のこの作品では、ジャフェル・チェレビーが詠んだような浴場の建築学的特徴はほとんど排され、その代わりに脱衣から入浴、垢すり、入浴後の歓談という、実際と同じ入浴の諸段階が美男美女の様子を介して語られているのである。ちなみに、ベリーのものよりもかなり短いが、一六世紀のヤフヤー・ベイもまた佳人の入浴と身体を洗う様、そして佳人の退去を謳った浴場詩を残す。[193] ジャフェル・チェレビーやベリーの詩を並べてみれば、蒸気によって身体に快感がもたらされるのみならず、美しい建築と美しい肢体をさらけだした佳人が目をも楽しませる魅惑的な空間こそが、オスマン詩人たちの思い描いた理想の浴場像だったようだ。

理想があるからにはもちろん直視したくない現実がその背後には控えている。近世には浴室の温度が低い、不潔だ云々という類の訴状が頻繁に提出されているし、(194) 例の『珍事考』の作者によれば浴場の門前には子供の手を引き、もう片方の手に風呂敷包を抱えて情婦の仕事帰りを待つポン引き（pezevenk）やヒモ（deyyûs）が屯していたというから、(195) 売春が行われるいかがわしい浴場もあったのかもしれない。売春まで行かずとも、一六世紀には浴場を真っ向から批判する詩が詠まれている。

当今の浴場主とは何だろう、当代きっての盗人と見なすべきだ。
（なぜなら入浴料は）ムスリムから取り立てられる税金であり、その貢納は力づく。
当世の人々は浴場主に戦々恐々としながら服を脱ぎ、黒い前隠しを身に付けて裸になるという次第。

ファキーリー『描写の書』(196)

前述のとおり、浴場は金曜礼拝に備えて禊ぎが行われた場所でもある。この点でオスマン帝国のムスリムにとっては宗教的な意味を持つ空間でもある。それゆえにこそ、ファキーリーは信徒としての義務の履行に金銭を要求する浴場主を盗人（harâmî）と呼ぶのだろう。また、貢納と税金（bâc u harâc）は非ムスリムに課されることが多く、語彙そのものが非ムスリムを連想させる仕掛けになっているので、入浴料を善良なムスリムから取り立てる浴場主の矛盾を際立たせ、その不当さを強調する役割を担う。結句の浴場主を恐れながら裸になる客の姿も、金のみならず身ぐるみまで剥がれるという視覚的効果を期するものだろう。

こうした浴場がワクフ制度に則って経営され、入浴料の一部が最終的にはモスクやメドレセの維持管理へと還元されていたことを思い出せば、詩人ファキーリーの謂いは讒誣《ざんぶ》とも取れるものの、少なくとも入浴料に対する不満のほどは窺える。さらにファキーリーの筆は、脱衣室の見張り番にも及んでいる。

都の浴場の見張り番とは何だろう。君のところにやって来て使い走りをする者だ。
老若男女が服を脱ぎ、浴場の脱衣籠の中に預けたとする。
「誰だ、名乗りをあげろ！」と声が上がること間違いなし。脱衣所では君の下穿きにご用心あれ。

ファキーリー『描写の書』(197)

見張り番は男性客の垢すりをすることもあったらしいけれど(198)、見張り番（nâtır）と使い走り（sâtır）で韻を踏んでいるところ見れば、脱衣所で荷物の番をする職員を想定しているのだろう。客が服を脱いで脱衣室の籠に預け、入浴して帰ってくる。すると、よりにもよって下穿きが見当たらない(199)。そこで「誰が盗んだんだ、申し出ろ！」と声をあげるのだけれどあとの祭り、浴場の見張り番など信用に値しないから入浴時には身の回りの品々にとくに注意せよ、という趣旨の詩である。

筆者の読みでは「下穿き」（tuman / toman）という言葉に、この詩の面白みが収約されている。この箇所、原文では「彼の下穿きを」（tumanunu）となっていて、そのまま詠めば韻律は短音四つで（・・・・）なのだけれど、第二音節をわざわざ長音節化して（・－・・）としている。和歌における字余り字足らずと同じく、オスマン詩でも長音節化、短音節化の多用が好まれなかったことを踏まえれば、むしろ「その衣服を」（libâsını, 韻律は同じく・－・・）のように、より一般的な言葉にした方が詩としての完成度は高まるように思える。ファキーリーはここで、敢えて「下穿き」という言葉を選択しているようなのだ。つまり、詩人はパンツがなくて右往左往する客の滑稽な様子を詠みながら読者の笑いを誘おうとしているわけだ。

ただし、徹頭徹尾おちゃらけた詩というわけでもない。この作品が「見張り番の様子」と題されているからには、この詩の主眼は、脱衣室の見張り番がろくに荷物の番もしない怠け者である、あるいは見張り番が荷物を盗む悪党であるという批判にあるからだ。実は浴室の温度や不潔さと並んで問題となったのが、こうした持ち物の紛失だったのだ。[200] つまりファキーリーは浴場で実際に起こる問題を、巧みに詩に取り入れているのである。

現実の浴場が詩人たちの詠んだような全美の空間ではなかったことを確かめつつ、ふたたび浴室の壁面のタイル装飾を見上げながらため息をつくと、ふいに両手に手袋のようなものをはめた屈強な半裸の男が近寄って来た。すわ貞操の危機と恐れるなかれ、彼は垢すり人（dellâk）、イスラーム文化圏の三助である。浴場を称える古典詩では紅顔の美少年に姿を変えるはずの彼も、実際には屈強な筋肉をみなぎらせたアルバニア出身の益荒男である。[201]

（浴場の中には）奉仕する者が沢山おり、彼らはあなたを腹ばいに横にならせて手足を伸ばさせ、そのうちの太った一人が、骨がポキポキと鳴るほどに腕を前にも後ろにも充分に引っ張り、ほぐしたのち、筋肉を擦り、背中に上ってあなたの肩の上に手を置いた姿勢を取ると、腰全体を折らんばかりに閉じた足で滑る。そしてふたたびあなたを仰向けにひっくり返し、さきほどよりもさらに激しく、あなたの手足を動かし、上記のように引っ張るのであるが、それでもあなたが調子を悪くするということはない。それどころか手足の動きは滑らかになり、活力と敏捷さは非常に溌剌、活発となるのである。しかるのち奇妙な服を身につけ、ふたたび太った紳士の従僕があなたをひっ捕まえることとなる温められた小さな部屋へ入る。彼があなたの身体じゅうを、手袋のような形状をした粗布のスポンジ（une bourse）や安物の布を使って十分に石鹸で洗い、擦ったのち、ローマ人が使っていたような洗い場に据え付けられた貯水槽の、片方は温かく、もう片方は冷たい二本のある種の蛇口、あるいは噴水の清潔な水で洗い流すのである。……かくして汗をかき、（マッサージで）押しつぶされ、こねくりまわされ（manié）、擦られ、櫛けずられ、洗われたのち、あなたは自分の服を置いてきた場所へ、身体を乾かし服を着るために戻ることとなる。

「腰全体を折らんばかりに閉じた足で滑るのだ」のくだりは、客の背中に乗って膝小僧で背中をほぐすマッサージを指すと思われる。いまから四五〇年前の記述とは思われないほど、今日のそれとそっくりである。では、わたしたちも垢すり人の手に身を委ね、垢すりとマッサージ、それに体毛の処理に使われるルスマ（ギリシア語の chrisma「軟膏」に由来）の感触をじっくりと楽しむことにしよう。さきほど浴場の職員たちをあしざまに言ったファキーリーも、垢すりとマッサージの快楽には文句がなかったようである。

ニコライ『トルコへの航海』(202)

浴室の垢すり人がなにか君は知っているかい、彼は尻やら胸やらをごしごし擦る者。
髭を生やした御大やご婦人たちの大親友にして、強面《こわもて》の者たちでさえ心許す者。
お相手がどんな胸の内を秘めていようとも、この儚き現世から懊悩《おうのう》を取り除いてくれるのだ。

ファキーリー『描写の書』(203)

いざ給食へ

心はともかく身の方は綺麗になったので次はいよいよ食事の時間だ。向かう先はモスク本堂の南東、道を一つ挟んで建つ給食所とその関連施設である。六四×四三メートルの塀に囲まれたこの敷地には隊商宿や厨房、客人館、食堂などが立ち並び、メドレセの教授や学生はもとより、イスタンブルに辿りついた旅人や貧者たちもハディースに記されたアラブ式の歓待の作法に則って三日の間、無料で寝食を提供された。(204) 隊商宿の部屋に荷物を置いたら、さっそく食堂に赴こう。食事は朝と夕方の二回だが——断食月は日没後の一回きり——この様子なら今晩の食事にはありつけそうである。


天の三日月のように輝く銀盃や、厨房の入り口の陶器壷の中身は何だろう。

掛布の下から現れたいっぱいの御馳走が、あまたの息子たちの腹を満たす。

天の如き巨牛でさえそれを挽けば草臥れきってしまうほどの大量の小麦が倉庫へ運びこまれる。

	朝食（平日）	夕食（平日）	金曜日	その他
献立	・フォドゥラ ・パセリ入りのコメのスープ ・150グラムの羊肉入りのシチュー	・フォドゥラ ・大麦料理 ・150グラムの羊肉入りのシチュー	・牛肉入りのピラウ（夕食） ・ゼルデ	・早摘み葡萄つきのかぼちゃ（季節により） ・ビートのヨーグルトがけ ・蜂蜜 ・蜂蜜入りのカボチャのジャム ・酢を使った料理 ・臓物スープ ・葡萄の漬物 ・茄子の漬物 ・玉ねぎの漬物 ・黒葡萄 ・イチジク ・干し葡萄

1545年のファーティフ給食所の献立（Ünver 1953a, p.15をもとに作成）

食堂は限りなく広く、その内には訪問者が無数に居並ぶ。
いつも親しげな料理人たちが天国の緑野もかくやという野菜料理を作ってくれる。
食糧庫には美味このうえない漬物の大樽や酢の瓶が並ぶ。
神に祝福された（祝祭の）夜ともなれば料理はヘルヴァに代わり、
煎ったアーモンドが星のように色を添える。

ジャフェル・チェレビー『切望の書』(205)

皿は天輪のように巨大で、塩入れ一つとってもこの世に勝る大きさと見まがう。

その料理は食堂が狭くなったと錯覚するほど色とりどり。

ピラウを横取りされないようお守りください（などという心配は無用）、なぜなら無償であることがその対価なのだから。

肥え、豊かな給食所の調理場では、（料理を）水で薄めるかわりに塩匙一掬いが加えられる。

ラティーフィー『イスタンブル礼賛』[206]

これから向かう食堂について詠まれた一六世紀の詩を口ずさめば、いよいよお腹の虫が騒ぎ出すが、残念ながら詩に詠まれるような豪勢な食事が毎日、供されていたわけではない。祝祭日や集団礼拝のある金曜日であればゼルデと呼ばれるサフランで色づけした米から作ったプディングなども出てくるが[207]、今日は生憎と平日だ。

食堂内には客人用の四人掛けの食卓が四〇卓ほど置かれている。前に並んでいた学生とお喋りするうちに順番が回ってきた。料理を盛ってもらって食卓につこうとすると、さきほどの若者は食事を持ったまま食堂から出ていってしまう。実はここに寄宿する学生は食事を自分の部屋へ持っていって食べてもよい決まりなのだ[208]。近世帝都まで来て一人飯というのは味気ない限りだが、気を取り直して今日の献立を見てみよう。

主食は薄い無発酵パンのフォドゥラ。ふかふかの発酵パンに馴れた西欧、東欧の人々の舌にはあまり馴染まなかったようで、はっきり不味いと断言する者もいるけれど[209]、インドのナーンを知る現代の日本人にしてみれば、目くじらを立てるほど不味くはなかったのではないだろうか。一方、付け合わせはサーデ・ピラウと呼ばれるバターと塩で味付けされた蒸した米、羊肉の入ったスープ、それに茄子の漬物だ。やや油っぽいとはいえ、異国の地で白米を食べられる幸福を噛みしめるうちに皿は見る見る間に空っぽになっていく。

かくして食事を終え夜の礼拝を見学したら、あとはもう寝るだけである。明日からはテオドシウス帝の城壁外へ繰り出すことになるから、よく足を休めておかなければならない。暗くて寝床の様子はよくわからないけれど、一六世紀半ばの宿泊客によれば布団も寝台も清潔でなかなか快適であったというから[210]、きっと変な虫に悩まされることもあるまい……。

帝都一の聖地エユプを目指して

一夜明け、ファーティフの隊商宿をあとにしたわたしたちは、これからイスタンブルの城壁外の西北部エユプの街、さらにその先のキャウトハーネ渓谷へ繰り出すことになる。お馴染みのナスーフの都市図を開くと、ファーティフ・モスクの北方（左側）に、その小型版ともいうべき可愛らしい姿を見せるモスクがある（地図2：38）。セリム一世の建てたセリミイェ・モスクだ。今日ではガイドブックに乗っていれば御の字というくらいに知名度の低いモスクであるが、建立者のセリム一世は一六世紀初頭のたった八年の治世の間にシリア、エジプト、そしてメッカ、メディナの両聖地を擁するヒジャーズ地方という当時のイスラーム文化圏の中心地を征服し尽くし、「エジプト征服者」（Mısır Fâtihi）の異名をとった戦上手。そうした地域からもたらされた戦利品によって建てられたことを思えば、軍事的覇権国家オスマン帝国の威勢を体現する伽藍ということになる。モスクの前庭の北面には金角湾を望む展望台が設けられている。まずはそこに立って、これから向かうエユップ、キャウトハーネといったイスタンブル郊外の町並みを一望してみよう。

（イスタンブルから）エユプまでの沿岸には瀟洒な庭付き家屋の町並みと、小さな埠頭が連なっている。

エヴリヤ・チェレビー『旅行記』(211)

これまたお馴染みエヴリヤ・チェレビーは宝石職人の父親の跡を継ぐかわりに、このモスクに付属のセリム一世廟で三年間コーラン詠みの職に就いていたから(212)、まさにこの展望台からエユプを遠望して右のように記したのかもしれない。

さて、行く先を見定めたらモスクを出て西北へと進路を取ろう。勇壮なテオドシウス帝の三重城壁が姿を現すと、城壁に寄り添うように建つ荒廃したビザンツ様式の建物が見えてくる。往時には帝宮と並んでビザンツ帝国の政治的中枢となっていたブラケルナエ宮殿の遺構である（地図2：41）。オスマン帝国時代にはキリスト教徒君主《テクフール》の宮殿《サラユ》と呼ばれ、長らく荒廃するに任されていた場所なのだけれど、在オスマン帝国オーストリア大使を拝命したビュスベクは、この廃墟で飼われているキリンを見物する機会を逸して悔しがっているので——折悪く数日前に死んでしまったのだそうだ——彼がイスタンブルに滞在していた一六世紀半ばにはアト・メイダヌの獅子の家同様に獣舎として再利用されていたようだ[213]。

　さて、このまま目の前のエーリ門（地図2：41周辺）から城壁の外へ出てもよいのだけれど、折角だから内壁に沿って南に下り、ビザンツ帝国期に黄金門と呼ばれたエディルネ門（地図2：42）を潜って市外へ出よう。なにせメフメト二世がイスタンブル入城を果たした由緒ある門なのだ。

エユプ詣で

　市外へ出たら海沿いを北上していく。ナスーフの都市図ではあたかも緑地が続いているように見えるけれど、さきほどセリミイエ・モスクから遠望したとおり実際には埠頭と住宅地が連なっている。イスタンブルから約半フェルサング[214]、すなわち一キロ弱の道のりを海風に吹かれながら歩いていくと、行く手には海の際まで屹立する急斜面が姿を現し、エユプの埠頭の向こうの丘の麓に佇む優美なモスクが目に飛び込んでくる。これが一九世紀であればピエール・ロティが通いつめた有名な喫茶店を目指して急斜面を登っていくところだけれど、近世イスタンブルの旅人にとっては麓のモスクの方がはるかに重要だ。あのモスクこそはオスマン語でエブー・エユプ・エンサーリー（Ebû Eyüp Ensârî, 五七六－六七四）、アラビア語ではアブー・アイユーブ・アンサーリー（Abū Ayyūb al-Anṣārī）が葬られ、ときにイスラーム第三の聖地とも目されるエユプ・スルタン・モスクなのである（地図2：53）。

モスク周辺で売られている参拝客用の花を一輪買ったら[215]、エユプ埠頭の広場を内陸部へ進んでいこう。ちなみにこの広場、犠牲祭などの祝祭日にはエブー・エユプの冥福を祈って犠牲獣《クルバン》として無数の羊が潰され、貧富の別なく肉が振る舞われた場所でもある[216]。中には服を着替えて何度もお情けにあやかるちゃっかり者もいて、これをイスタンブルの良識ある人々はクルバンジュ（kurbancı）と呼んで眉をひそめたのだとか[217]。「クルバン野郎」程度の意味合いだろう。現在でも断食月に入るとイスタンブル市役所がこの広場にテントを張り、日没後の食事を無償提供しているから、もしかしたら現代版「クルバン野郎」も健在かもしれない。しかしモスクが近づいてくると、さすがに厳かな雰囲気が辺りに漂いはじめる。不埒なクルバン野郎のことを忘れるために、ここで一句詠んでおこう。

図 14：エユプ廟。筆者撮影。

かの方は信仰深き教友たちの誉れにして、諸預言者の中でも
際立った方（ムハンマド）の肝胆相照らす友であらせられた。
衆生はこの参拝の場をカーバ神殿のように崇め、かの方の御
霊の眠るその土地は佳人の目張りのように際立っている。
ラティーフィー『イスタンブル礼賛』[218]

聖人エユプを称える詩や故事は枚挙に暇がないが[219]、そうした中からどうして右の詩を引いたかというと、実はこのエユプの街は右記の詩の作者ラティーフィーが一五四六年から一〇年間、居を定めた場所なのだ。彼は代表作『詩人列伝』をスレイマン一世に献じた見返りとしてここエユプ・スルタン・モスクの書記職を拝命したのである。いまでもトルコ文学（史）研究者にとっての基礎史料である『詩人列伝』という大著をものにしながら生涯、定

まったパトロンに恵まれず、のちにロードス島、さらにはエジプト州へと流れていき、終いにはイェメンへ向かう船もろとも海難事故で没することになる不遇の詩人にとっては、[220]「エブー・エユプ・ワクフの詩人衆」と称えられたこの一〇年こそが我が世の春であったことだろう。[221]ラティーフィーが帝都へ向けた愛憎半ばする複雑な想いについては第四章で扱うので、いまはこのままモスクへ詣でて彼の冥福を祈るに留めよう。

ナスーフの都市図でいえば左頁の南西端（右下）に描かれているのがエユプ・スルタン・モスクである。モスクの脇に書きこまれた塀で囲われた緑地は隣接する庭園で、一七世紀にはクワやスズカケの木が植えられていたという。[222]都市図に見える樹木はその形状からしてスズカケの方だろうか。そして、本堂の左手にあるずんぐりとした建物が、今日なおこの街の聖性の源となっているエユプ廟である。エユプ・スルタン・モスクは一七七八年の地震で大破、再建された経緯があるので、都市図に写し取られているのはメフメト二世が建造した当時の姿である。まずは本堂の入り口のすぐ右側にある墓廟に手を合わせよう。

さて、ここまで説明なしに来てしまったけれど、そもそもわたしたちが拝んでいるこのエブー・エユプという人は何者なのだろうか？　簡単に言えば、彼はムハンマドと同時代に生きたイスラーム黎明期の軍人、つまりはムハンマドの教友（ashâb）だ。なるほど預言者様から直接の伝道を受けた教友であれば崇め奉られるのも当然だ――と納得したいところだが、ちょっと待って欲しい。このモスクは征服からたった五年後、一四五八年にはすでに落成しているのだ。いまだ復興の道半ばの時期に、イスタンブル市内ではなく、こんな郊外に大伽藍が建てられたのは、不思議と言えば不思議ではないだろうか。第一、どうしてはるかアラビア半島にいたはずの教友がこんなところに葬られているのか？

このアラビアの軍人がオスマン帝国でことのほか重んじられた背景には、教友である以上の相応の理由がある。エブー・エユプは六七四年にアラブ軍を率いてコンスタンティノープルを攻め、攻城戦のさなかに討ち死にした人物なのだ。周知のとおりコンスタンティノポリスが陥落するのはメフメト二世の時代のこと。つまり、メフメト二世はたんにコンスタンティノポリスという異教徒の街を征服したのみならず、ムハンマドの教友でさえ為しえなかったムスリムの悲願を七八〇年の時を経て達成した君主ということになる。殉教した教友の衣鉢を継ぎ、征服を成就させた征服王――この考え方はオスマン帝国のムスリムの間では貴賤を問わずに広く流布した歴史認識である。

こうした背景もあって、エブー・エユプはイスタンブルのムスリム、ひいては帝国そのものにとって、征服とその後の支配の正統性を宗教的に保証する重要な聖人として崇められたわけである。(223) 畢竟、その褥の地であるエユプも帝都圏随一の参拝地（ziyâreyt-gâh）にして観衆の集う場（bâr-gâh）として、さながら門前町の佇まいを見せることになる。軍勢を率いたスルタンが、このエユプ廟を詣でて帯剣することで即位を終えるという一事を取っても、帝国のムスリムにとってのこの街の重要性が窺えようというものだ。(224)

キャウトハーネでピクニック

ではエユプの街の埠頭から、今度は小舟に乗って陸沿いに北上していこう。エユプから北の地域には、毎週金曜日に多くの武芸者が集って弓術や馬術、ジリト競技に興じるジェレス広場をはじめ、釣りやピクニックが楽しめる海岸や小島などの行楽地（mesîre-gâh）が連なっている。


エユプの街の人々は行楽へ出かけ、楽士がやって来れば大喜び。

月のように白く輝く顔《かんばせ》の佳人が舟に乗りこめば、そのさまはまるで三日月にまばゆく光る太陽が重なったかのよう。

ある者は舟を下りて野遊びをし、ある者は薔薇のように美しい海へと漕ぎ出す。

人々は薔薇のように香しい生気あふれる水へ浸かり、心は親しき者へ、衣服は見知らぬ者へとくれてやる。

海の王たる佳人たちは海へ飛びこんで、あちらへこちらへと泳ぎまわる。

ファキーリー『イスタンブル都市頌歌』[225]

一六世紀前半の詩人ファキーリーが詠むように、舟遊びや野遊び、あるいは酒宴であろうと、散房花序の春の美しさであろうとも、オスマン帝国の詩人たちは愉楽の空間には必ずと言ってよいほど男女を問わない佳人（mâh, meh）を登場させて寿ぐのを習いとした。しかし、実際に川岸で裸になり情交など交わそうものなら兵士にひっ捕らえられてしまうし、[226]美女、美少女が公衆の面前で泳ぐのなどもってのほかだから、いわば詩歌の中でだけ許された理想の海水浴というわけだ。イスラーム文化圏における水場への伝統的な敬愛の念を差し引いたとしても、都市郊外の自然美をレジャーとして享受しうる点は、当時のイスタンブルの住民が極めて高度な都市人的心性を備えていたことを教えてくれる。

ちなみに、フランス人のブロンなどは「トルコ人は漫然と生きる人々であり、彼らはほとんど繊細さを持たない。ペストのときでさえ習慣を変えることなく、罹病の恐れを持たないのである」などと書き残しているが、[227]実際には帝都の人々はペスト禍が発生するとこのキャウトハーネへ逃れたようだ。[228]

さて、ナスーフの都市図に目を凝らしてみると、エユプ・スルタン・モスクの東側（上）の海上のガレー軍船の南（右側）にうっすらと黒く、二艘の小さな船影が描かれているのがわかるだろうか。ガラタ西岸のスュテュルジェとエユプを結ぶ渡し舟にも見えるが、この都市図には帝都圏の海上にひしめいていたはずの渡し舟が、他に一切、描かれていない。となるとこの二艘こそが舟遊びに興じる小舟と考えてもよいのではないだろうか。――そうだ、これぞイスタンブルっ子たちの海遊びのスケッチなのだと思うことにして、わたしたちも金角湾のさらに奥へと舟を進めよう。

行く手に見えてくる渓谷は、帝都の老若男女が春から夏にかけて――ちなみに冬場の金角湾は氷で覆われることもあったそうで舟遊びなどもっての外だ[229]――ひきも切らずに訪れたキャウトハーネである。[230]キャウトハーネは大きく湾曲した入江と草木が生い茂り、樹木が立ち並ぶ風光明媚な岸辺から成る[231]。その水の清浄さはつとに知られ、エヴリヤ・チェレビーによれば石鹸を用いずとも洗濯物が真っ白になるのだとか。にわかには信じがたいが、ただの法螺話とも切って捨てがたい。なぜなら、この行楽地のど真ん中で洗濯をはじめてしまう輩が実際にいたらしく、あの『珍事考』の作者に雅を知らぬ不届き者と一喝されているのだから[232]。なお、宮廷で供される葡萄酒を産する果樹園もここに所在した[233]。

行楽、草花、清水、葡萄酒と来れば、ペルシアの叙事詩『王書』であれ、『ホスローとシーリーン』であれ、イスラーム文化圏の詩人たちがことのほか好んだ野遊びと酒宴についての詩が脳裏をよぎるところだけれど、彼らのキャウトハーネ評についてはあとで詳しく見る機会があるので、ここでは生粋のイスタンブルっ子エヴリヤ・チェレビーの解説を引用しておこう。

> 貴賤を問わない人々にとっての隠棲地にして遊興の地であるキャウトハーネは、世界中を見聞したアラブ、ペルシア、インド、イエメン、エチオピアの旅人の間でもその名を知られた行楽地であるし、オスマン帝国の詩人たちはその水や空気（の清浄さ）に詩を捧げてきた。……休日には諸々の小舟に乗った老若を問わぬ品行方正な何千もの恋人たちがこの休息地へまかり越し、おのおのに喜びを噛みしめるのだ。ある者は、親友や恋人とともにこの渓流の水に入り、泳ぎながら互いに気後れもせずに抱擁を交わす。なんと愛おしい渓流であろうか。
>
> エヴリヤ・チェレビー『旅行記』[234]

世界を股にかける旅人たちにまでその名が知れ渡っているというのはいささか誇張であると思われるし、恋人たちが遠慮なしに抱き合うというのも、先述のとおりイスラームの戒律に照らしてあり得ない話ではあるが、その一方で実際にスルタンはこの周辺に舟遊びや野遊びに訪れたのだし[235]、キャウトハーネが水と空気の清浄な帝都圏随一のレジャー・スポットとして認知されていたのは確かである。

渡し舟は庶民の足

さあ、キャウトハーネで静謐な自然美を堪能したのち、ふたたび賑々しい城壁内にもどり、昨日エジプト詣のアラビア語を追いかけたウンカパヌ港からガラタ岸へ渡ろう。もちろんエユプから出る渡し舟に乗ってガラタ岸へ渡ってもよいし、ピクニックの余勢をかってこのまま徒歩で入り江を回りこんでいく手もある。しかし、一六世紀には大回りの陸路を選ぶ者はほとんどなかった(236)。やはりガラタへは渡し舟が一番多く溜まるウンカパヌ港から、いまも昔もイスタンブルっ子がただ湾(Haliç)と呼ぶ金角湾を渡って行くのが王道なのだ(237)。船着き場で渡し舟を探しながら、ついでにイスタンブルの水上交通についても見てみよう。

真珠の一粒のような君が海遊びに繰り出してガラタへ向かえば、舟は真珠層に様変わり。
君は恥ずかしさのあまりに震えながらも、忌々しげに天高く輝く太陽を見やる。
ああ、塑像のように美しい君は、真なる方の創りたまうた太陽ばかり仰ぐが、現世に、このヤフヤーに一瞥でもくれないものだろうか。

ヤフヤー・ベイ『詩集(238)』

一六世紀の詩人ヤフヤー・ベイはガラタへ向かう人々をお決まりの佳人に書き換えながら真珠になぞらえ、彼女あるいは彼の乗る舟をして真珠を包む真珠層に喩えながら渡し舟の愉楽を称えている。太陽の暑さのせいなのか、あるいは自分よりも目立つ太陽への嫉妬ゆえか、空ばかり見上げている佳人に振り向いて欲しいと願う恋歌であると同時に、海へ乗り出す高揚感が伝わってくる愉快な詩である。しかし、この詩を思い浮かべながらいざ埠頭を見

図 15：ウンカパヌ港の活況。向こうに見えるのはスレイマニイェ・モスク T. C. Bakanlığı (ed.) 2002, Vol. 2, p. 140 所収。

渡せば、詩人の思い描いた光景とのあまりの落差にしばし呆然としてしまうことだろう。

まず驚かされるのは渡し舟の種類の多さだ。人を運ぶカユク（kayık）、ペレメ（pereme、bereme）、ピヤデ（piyade）、あるいは貨物船のマヴナ（mavuna）、そのほか二本櫂舟、四本櫂舟、六本櫂舟等々。[239] ちなみに二本櫂、四本櫂、六本櫂舟にはそれぞれ、三名、七名、一二名という乗員制限があったので、いずれもそう大きな舟ではなかったようだ。[240] イスタンブルの渡し舟の船種やその名称は時代によって誤差もあり、明確にその構造や用途を把握するのは難しいが、そのおおよその数だけは見当がつく。一六七七年の記録によれば、帝都圏には貨物船を除いた客船として、カユク一三一四艘、ペレメ五二艘、四本櫂舟三七艘、六本櫂舟一一艘、八本櫂舟二一艘、一〇本櫂舟三一艘、一二本櫂舟五艘が運航していたという記録が残っているのだ。[241] 記録が正しければ、合計一四七一艘もの渡し舟が活動していたことになる。現在では大型のフェリーが膨大な数の乗客を一気に輸送しているけれど、積載量に限りのある近世の手漕ぎ舟は、むしろ船の数で帝都の人々のニーズに対応していたわけだ。

畢竟、埠頭にはひっきりなしに渡し舟が行き来することになるから、かなり混雑している。あるフランス人によれば、ウンカパヌの港ではカユクとペレメが互いに押し合いへしあいして容易に転覆してしまうそうだし、[242] 別のフランス人によれば「ハエのように群がる舟と渡し守たち」が客を取り合っているのだとか。[243] 混沌とした渡し場の情景が透かし見えるようでもあり、耽美な渡しの様子を詠みたかった詩人ヤフヤー・ベイがあえて目をつむったのも無理はない。

ところで船賃はいかほどだったのだろう。一五六〇年代、七〇年代辺りの時点で、「乗客満員時」のウスキュダル－イスタンブル、イスタンブル－ウスキュダル間、およびイスタンブル－ベシクタシュ、ベシクタシュ－イスタンブル間が半アクチェであったという。これ以降、銀革命による世界的なインフレーションを経て、一六〇〇年には一アクチェ、一七世紀後半にはおおよそ一・五－二アクチェへと値上がりしている。[244]「乗客満員時」という但し書きが付いているからには、乗客が満杯になってから出発するのが普通であったということ。となると、急ぎの客が満員を待たずに舟を出させる場合などには割増を要求されたのかもしれない。現在のトルコでは路線バスがカバーしきれない住宅街で、乗り合いバス（Dolmuş）が活躍しているけれど、その名前の由来も「（乗客で）いっぱいになった」（dolmuş）という言葉を語源にしているから、当時の渡し舟とよく似ている。なおボスフォラス海峡観光、いわゆるボスフォラス・クルーズに出たい場合は、八本櫂舟を二〇から三〇アクチェくらいで貸切できたらしい。

わたしたちがこれから乗りこむ二本櫂舟の船賃は満員時で半アクチェ。一六〇〇年以前にはイェニ・チェリの兵卒の日給が二－三アクチェ、学院教授の日給が二〇－一〇〇アクチェ、五、六アクチェで鶏一羽、一アクチェで一一五ディルハム（約三五〇グラム）のパン一個が買えた時代である。[245]現在のトルコで売られる三〇〇グラム弱のエクメキと呼ばれるパン——胴の太いフランス・パンに似る——が一リラ前後（二〇一六年現在で四〇円弱だが、トルコ・リラは変動が激しいので四〇－一〇〇円程度）であることを考えると、乗船料は一〇〇円程度ということになるだろうか。いずれにせよ、とんでもなく高い値段でないのは確かだ。金角湾に橋の架かっていない当時、それだけ多くの人々が相当の頻度で渡し船を利用していたということだ。では、わたしたちもイスタンブルっ子の顰《ひそみ》に倣うとしよう。

海上からガラタを見上げる

ウンカパヌ港からガラタまで、いまならガラタ橋を渡って徒歩で五分ほどの距離だけれど、人力の渡し舟で金角湾に停泊する大型の船舶の間を「すいすいと滑って」いかなければならないので、おおよそ一〇分ほどの道のりである。[246] 橋が架かる現在、船をチャーターでもしない限り金角湾を渡る機会はないけれど、近世にはこの金角湾渡りもまた数々の詩に詠まれるお馴染の通勤ルートだったようだ。

我が目前にて潮が帝都の前を流れ、海は美しい流れを作り雫から作られた真珠のように（泡立つ）。
我が頭《こうべ》は海の両岸いずれにも向けられ、我が瞳の片方にはイスタンブルの都、もう片方にはガラタの都が映る。

ズィフニー（Zihnî, Mumucu-zâde Bâli Çelebi, ?－一五七七）「抒情詩」[247]

すでにウンカパヌ港からもはっきりと見えるガラタは城壁に囲まれ、南向きの丘の斜面に張りつくようにして築かれた街である。ナスーフの都市図を見ると城壁の北端（左）に築かれたガラタ塔（地図2：46）の外には緑地が広がるばかりだが、実際にはこの先にもペラ（Pera）と呼ばれる市街地が広がっている。上陸する前にこの街の来歴を簡単に確認しておこう。

まず名称について。ガラタ（Galata）という呼び名は、諸説あるものの牛乳を意味するギリシア語 gala に由来するという説が近世のオスマン帝国、ヨーロッパ双方の文献に見られる。[248] たしかに、この街は南に面する丘陵地帯に築かれているので水捌け、日当たりともに優れ、家畜の放牧地に適している。

一方、ペラという名称の方はギリシア語の「越えて」、「反対側の」を意味する接頭語 pera あるいは para に由来するというのが定説である。[249] ガラタの街から見て「城壁を越えた先」、あるいはコンスタンティノポリスから見て「金角湾を越えた先」という意味合いらしい。もっとも、ペラの名称を用いたのはもっぱらキリスト教徒たちであり、オスマン帝国人たちは「君主の息子」を意味するベイオールの名称を用いていた。[250] のちのヴェネツィア共和国の統領アンドレア・グリッティ（Andrea Gritti，一四五五－一五三八）がトルコ大使の職にあった時分にイスタンブルで生まれ、そのままこの街で育った息子ルドヴィーゴ（Ludvigo Gritti，一四八一－一五三四，ヴェネツィア方言ではAlvise Gritti）が屋敷を構えていたことに因む名前である。現在ではオルハン・パムクの『無垢の博物館』[251]に登場する同名の博物館が佇み、閑静な住宅街の趣が強い。本書では、より一般的なペラと呼んでおくことにしよう。

ガラタとペラを住民構成の面から眺め直すと、ガラタの方には主にギリシア人が、山の手のペラにはフランスやヴェネツィア、フィレンツェなどの大使、あるいはこの街に生まれ育ったフランク系ペラ人[252]のような西ヨーロッパの人々が暮らしていた。現在、モダンなイスタンブルを代表する地域として観光地ともなっているイスティクラール大通り（旧名ペラ大通り）からタクスィム広場にかけての界隈は、元々は城壁の外にあったのでペラに属する。本書でこのペラについて詳述する機会はないけれど、一九世紀以降の帝都圏を近代化、西欧化という視点から眺めたとき、ガス灯や路面電車などの西欧の文物が真っ先に取り入れられたペラ地区こそが主役となるだろうという点は付言しておきたい[253]。

さて、ネルヴァルが「ジェノヴァの都ガラタ」と呼んだように[254]、一六、一七世紀の西欧人旅行者の間でもこの街を築いたのは征服以前から居留していたジェノヴァ人だと信じられていた[255]。街自体はもっと昔から存在していたのだが[256]、ビュザンティオンの街の成り立ちでさえ不明な点が多い現在、ガラタ、およびペラの成立については今後の考古学的調査に期待するしかないだろう。とはいえ、ガラタの街が大きく発展したのが一三世紀以降、つまりジェノヴァ人たちが到来して以降であるのは確実である。では、いよいよ眼前に近づいてきたガラタの街並みを見上げてみよう。

ナスーフの都市図に描かれた市内を貫く二本の城壁が、海上からでも確認できる。この城壁はいずれもジェノヴァの居留民によって築かれたものとされ、真ん中の部分の城壁が築かれたのち、市の拡張につれ外側の城壁が増築されていった。一八世紀の時点で城壁に残っていた碑文によれば、外側の城壁の一部は一四四六年にオスマン敵国に対する守りを固めるべく建造されたものだという。[257] ただしジェノヴァ人たちは早々に降伏してしまったので、この城壁はあまり役に立たなかったようだ。

その城壁の北側、ひときわ高い丘の頂上にそそり立つ尖塔が、ジェノヴァ人が建てたガラタ塔だ（地図2：46）。「晴れた日には旧都ブルサのウル山が遠望できた」という一七世紀の記述はさすがに誇張だろうけれど、[258] イスタンブル全市街を一望の下に収められる高所にあるのは紛れもない事実だ。ビザンツ帝国期には見張り塔として使われたが、オスマン帝国期に入ってからは戦争捕虜の監獄や、国営造船所が管轄する貯蔵庫、そして天文台などに転用されていった。[259] 今日ではイスタンブル市街を睥睨しようと観光客がこぞって上る名所になっているので、建築当初の役目を取り戻したと言える。

余談ではあるが、このガラタ塔は人類初の空中飛行が行われた場所でもある。一七世紀に「千学の」と渾名された発明家アフメト・チェレビー（Hezar-fen Ahmet Çelebi, 一六〇九－一六四〇）が風に乗って滑空し、ボスフォラス海峡を渡ってウスキュダルの鷹匠広場（地図2：54）に着陸したときの出発点となったのが、まさにこのガラタ塔なのだ。いずれ与太話の類に違いないけれど、アフメト・チェレビーは実在の人物なので、この塔で何がしかのパフォーマンスを行ったのだろう。空中飛行を成し遂げた後、アフメト・チェレビーはときのムラト四世から褒美を与えられたものの、やがてその「千学」ぶりを恐れられてアルジェリアに流されてしまったという。[260]

話が脇道にそれてしまったが、舟の上から見上げているだけでもガラタが、ムスリムの多く暮らすイスタンブルとは異なった街であることがありありと見て取れる。木造家屋がひしめくイスタンブルとは異なり、石造りの家々が並んでいるからだ。[261] さらに建物の壁面には塑像が飾られ、各建造物の上階は金角湾を見晴らす眺望を恣にしている。[262] そして、ガラタとペラの街の特色をよく表すのは、ナスーフの都市図においてどれもこれも似たり寄ったりの姿で描かれているカトリック教会の存在だ（地図2：50）。都市図に一際大きく書かれた黒屋根の教会はドミニコ会に属する聖ペテロ教会（聖ペテロ・聖パウロ教会とも、地図2：48）、右隣の赤い屋根の教会はカプチン会の聖ゲオルギウス教会（地図2：49）と思われる。前者はフランス人の建造した教会なので、当時も北フランス式の黒屋根を戴いていたのだろうか。他にもフランチェスコ会（cordeliers）の聖マリア教会、厳格派フランチェスコ会（observantins）[263]の聖フランソワ教会、イエズス会の聖ベノワ教会など、十堂以上のカトリック教会が並んでいた[264]。かの東洋学者にして神秘主義者ギヨーム・ド・ポステルは、イエズス会を追放された一五四〇年代にこのガラタに滞在していたようで[265]、修道会への復帰を願い続けた彼はどのような気持ちでベノワ教会を見上げていたのだろうか。

ムスリムよりもキリスト教徒の数の方が多く[266]、石造りの建物が並び、各国大使館のほかにカトリック教会まで置かれているとなれば、多くの非ムスリムが暮らす帝都圏にあってなお、ガラタは異彩を放つ街である。後で見ることになるけれど、オスマン帝国の詩人たちがこの街をして「フランク人の国」（Frengistân）とか、「異教徒の国」（Kâfiristân）とか渾名したのも、同時代の人々がこの街を帝都圏の中の異郷と十分に理解していたからに他ならない。

異教徒の街ガラタを歩く

わたしたちが降り立ったのはガラタの正面玄関、ヤーカパヌ埠頭である。都市図でいうと、ガラタの城壁外に建つ一本のミナレットを持つヤーカパヌ・モスクの周辺だ（地図2：47の南側）。このヤーカパヌ埠頭からガラタ城壁外の東に位置する砲兵工廠（地図2：52）に至る海岸線には埠頭が連なり、ウンカパヌと並ぶ帝都圏のもう一つの海の玄関口を形成している。

ヴェネツィア人、ジェノヴァ人、フランス人、イギリス人、そしてフランスの旗を掲げたオランダ人や、リボルノ人たちの所有する船が（ガラタの門である）キュチュク門から（ガラタの東隣にある）砲兵工廠までずらりと列をなして停泊している。

エレミヤ・チェレビー『イスタンブル史』[267]

イスタンブルで生まれ育ったアルメニア人聖職者が記すように、ガラタの海辺を賑わわせるのはエジプトや北アフリカ沿岸からやって来た船にあらず、船首に各国の国章をあしらった西欧の船である。キリスト教の祭日ともなれば、これらの船が一斉に十字架を描いた旗を主帆に掲げて万歳（la viva）と叫びながら礼砲を撃ったという。たしかにナスーフの都市図を見てみると、ガラタの前の金角湾に浮かぶ四隻のガレオン船のうち、真ん中の二隻の左舷からは礼砲と思しき白煙があがっている。先のウンカパヌがエジプトや黒海岸と結びつく港湾であるのなら、ガラタは西地中海へと続く港なのである。

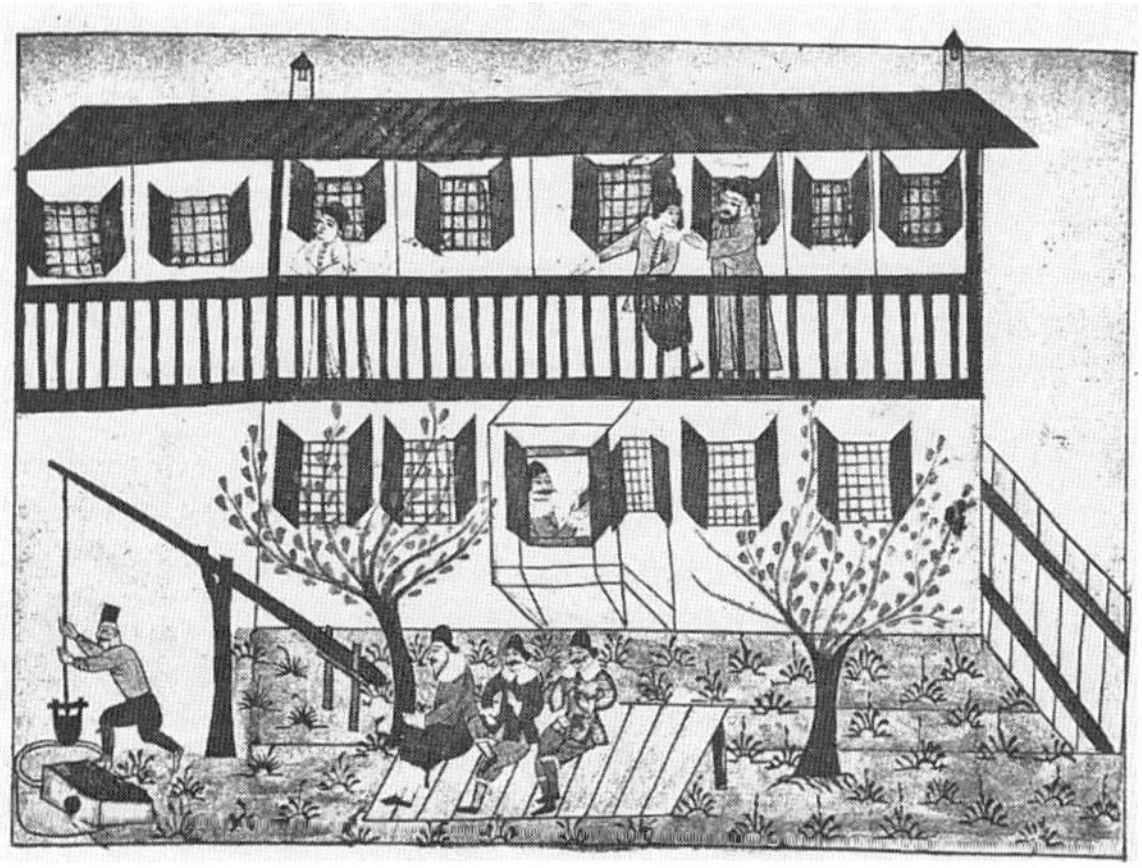
図16：17世紀帝都のヴェネツィア人の邸宅。*ASHV* 所収。

となれば西欧からの舶来品も豊富で、それを扱うためのベゼスタンも置かれていた。都市図でいうとヤーカパヌ・モスクの上、城壁の内側に書かれている四角形の建物だ（地図2：47）。イスタンブル市内のベゼスタンと同様、四つの鉄門が四方に開いたバシリカ建築で、ギリシア正教徒の商人が布製品などを商っていたらしい[268]。フランス人ギリウスが、あと百年、ビザンツ帝国が永らえたのならばガラタはイスタンブルと同規模の街に成長していたろう、と想像を逞しくするように[269]、このベゼスタンはガラタが地中海貿易の要衝であることを端的に表す施設といえる。もっとも、わたしたちは昨日、イスタンブルの二つのベゼスタンを満喫したので、このガラタではまた別の楽しみを味わうことにしたい。

ガラタのギリシア人たち

海沿いの道を歩いていくと、まず耳に入るのはギリシア語である。なんでも、一六世紀半ばのガラタ生まれのギリシア正教徒の子供たちは「パリ人がピカルディ人の言葉を笑うのと同じように」イスタンブルの外からやって来たギリシア正教徒の方言を小馬鹿にしていたのだとか。(270) つまり、近世のギリシア正教徒にとってはモレアやペロポネソス半島ではなく、このガラタこそが文化的中心地だったということだ。畢竟、ガラタのギリシア正教徒は富裕なことで知られた。

道行く人々の中でもひときわ目を引くのは、見目麗しいギリシア美人である。誤解なきよう断っておくと、近世帝都では身分の高いムスリム女性もお洒落に余念がなかった。しかし、当然ながら彼女たちはわたしたちに容易に顔を見せてくれない。そこをいくとギリシア女性たちの方は帽子を被ってはいても髪は背に流れ、化粧を施した顔を惜しげもなく人目に晒して自由闊達な立ち居振る舞いで通りを闊歩しているのだから、近世の西欧人旅行者たちが彼女たちの様子を豪奢な衣装ともどもやけに仔細に記録したのもむべなるかな。(271) 現在ではトルコ独立戦争（一九一九―一九二三）や、その後のトルコ＝ギリシア間の住民交換のせいもあってギリシア美人は姿を消してしまったが、以下のような海岸沿いの光景だけは今日とそう大差のないものだったようだ。

（ガラタの）海岸沿いには世界でもっとも優れた魚市場と、両側に魚屋が並ぶ通りがあり、鉤に掛けられた驚くべき量の魚が陳列されている。このうえなく新鮮で安価なほとんど全種類の魚があるのである。

テヴノ『東方旅行』(272)

フランス人旅行者が褒めちぎるように、いまも昔もガラタ沿岸には魚料理屋が軒を連ねているのである。現在でもトルコで魚料理屋といえば居酒屋とほぼ同義であるけれど、それはこうした店々の経営者が漁師であり、また葡萄酒をこよなく愛するギリシア正教徒であったからに他ならない。一七世紀イスタンブルっ子の言葉を借りれば、「酒場のある場所には当然ながら魚市場がある」というわけだ。(273) では、われわれも魚と牡蠣を注文しよう。現在のトルコでは牡蠣を食する習慣は廃れてしまったようだけれど、幸いなことにこの時代には新鮮な牡蠣がそこかしこで食べられたようだ[274]。それとイカとタコも注文するのを忘れてはいけない。多足類の食用を禁じる法学派も多いが、その禁を持たないシャーフィー法学派も帝都では用いられていたので、特に問題はない。当時の慣習に従い「神に称えあれ」と呟きつつ[275]、食中毒にならないことを祈ろう。このあとにはガラタ観光が控えているのだから。

高楼の巷ガラタの夜

唐突ではあるけれど、現代トルコを代表する歴史小説家アナル（İlhan Oktay Anar, 一九六〇－）の処女作『霧の大陸の世界地図』という小説について少しだけ紹介したい[276]。海賊イフサンが私掠《しりゃく》して帝都に持ち帰ったフランク人の思想家レンデキャールの『しきたりについてのぼやき』なる書物——実はルネ・デカルトの『方法序説』——に端を発して、この世のすべてを書き記した世界地図の製作にとりくむオスマン帝国の異端的学究や、端麗な美丈夫たるその息子、あるいは人体の構造に魅せられ夜な夜な死体を解剖する西欧人外科医などが入り乱れつつ、不老不死を約束する黒い水の秘法を求めるという筋書きの快作で、一九九五年に発表されるや国内でベストセラーとなり、国外では二〇以上の言語に翻訳され、パムクの『白い城』や『わ

図 17：16 世紀ガラタのギリシア正教徒の女性、ニコライによるスケッチ。*RCT* 所収。

たしの名は赤』と並んで読み継がれる国産本格派歴史小説の金字塔とされる作品である。この作品が人気を博した理由は幾つも挙げられるけれど、トルコ思想史研究者である作者アナルが確かな背景知識と、オスマン語を模した硬質な擬古文によって作品を書き上げた点を挙げる者が多いようだ。しかし発表以来、実に四〇版以上を重ねるロング・セーリングは、主人公たちの魅力に拠るところも大きい。なにせ本作の登場人物たちはみな真っ当とは言い難い人々で、読者とオスマン帝国人の間に立つアウトサイダーとして、近世的な思考様式や科学技術を同時代的な目線から眺め直し、わたしたち読者に説明する役割をも担っているからだ。そこに生じる説得力と臨場感にこそ、トルコの歴史小説ファンたちは魅了されたのではないだろうか。そして、作者アナルが魅力的なアウトサイダーたちを縦横無尽に活躍させる場として選んだのは、他ならないここガラタの街である。

図 18：16 世紀帝都のムスリム女性、ニコライによるスケッチ。*RCT* 所収。

　では、なぜ歴史学者でもあるアナルはガラタを物語の舞台にしたのだろうか。それはこの街の住民たちの特異性にある。この街には富裕な船主、船乗り、ギリシア正教徒やアルメニア正教徒の商人、さまざまな職人、船大工、アニスなどの酵素でにおい付けをした航海用の糧食ともなるパストゥルマと呼ばれる干し肉を扱う肉屋——パストラミ・ビーフの語源——などが住んでいたのだけれど、彼らとともに水兵やユダヤ教徒の傭兵、そして酒場を経営するギリシア正教徒たちが暮らしていた[277]。兵隊、奴隷、酒場――そう、一六世紀のオスマン詩人が「享楽と酒宴の街区」と詠んだように[278]、このガラタは社会のはみ出し者たちが渡世を送る隙間に事欠かない享楽的かつ危険な歓楽街でもあったのだ。

果てどのない愉快な暮らし、常しえに続く酒宴、葡萄酒の宴。それらは、そこ（ガラタ）以外の場所では禁じられている。多くの人々がキリスト教に属するため、その頭には悲嘆がよぎることがないからだ。

ラティーフィー『イスタンブル礼賛』[279]

「悲嘆」（gam）はオスマン詩の頻出用語。恋人との別離などへの「悲しみ」を表すほか、「自らの罪が裁かれる審判の日への心配」という意味も持つ。この詩では死後、飲酒の罪によって裁かれ、地獄へ落ちることに思い致さない異教徒の振る舞いを誇るために用いられているわけである。

聖地エユプで暮らした詩人ラティーフィーが顔をしかめた乱痴気騒ぎは、舟を降りてすぐのヤーカパヌ門や、その右隣のバルクパザル門――ウンカパヌの同名の門とはまた別――の酒場や、城壁外の海側に並ぶユダヤ教徒の経営する娼館で繰り広げられていた[280]。そのほかにもポン引きや、顎鬚を落とした男娼たちのもとに通いつめる色狂い、あるいはぴちぴちの膝丈《チャクシュル》のズボン――なんと丈が約五センチしかなかったというから、もはやホット・パンツである――を履いた稚児などがうろついていて[281]、夜ともなれば被り物や靴をどこかで失くした酔っ払いたちが街路で大の字になって寝呆けたという[282]。また、酒が入ると途端に乱暴になるというイスタンブルのごろつき（canaille）たちが街へ繰り出し、すれ違うだけでも危険だ[283]。盛り場につきもののもめ事が、日夜ガラタの街を賑わわせていたわけである。

もちろん、当局も手をこまねいて眺めていたわけではない。朝から晩まで法官の手勢が武装して見回り、夜間はとくに酔っ払いの取り締まりを専門とする灯明の長（mumucubaşı）とその部下たちも風紀の取り締まりにあたっていた[284]。しかし、まだ日も高いので燈明の長が出張ってくる心配もないし、わたしたちも一七世紀の酔漢たちの歌を口ずさみながら一杯やるとしよう。

こんなにべろ酔いしちまったから、前後不覚で何が何やらわからない。俺は誰、酊人は誰、葡萄酒とは何のことだったかいな？

赤い葡萄酒を飲んだんで酔っちまった、酔っちまった。牢屋の囚人になって狂っちまった、狂っちまった。

エヴリヤ・チェレビー『旅行記[285]』

帝国艦隊の中枢カスム・パシャ

ほろ酔い気分のままガラタの街をあとにして、城壁外に連なる街々へと繰り出そう。まずはガラタ城壁の西に開いたアザプ門――ビザンツ帝国期には聖アントニオ門と呼ばれた――をくぐり、向かう先はカスム・パシャの街である（地図２：51周辺）。街の名称は一六世紀前半にスレイマン一世の宰相を務めたカスム・パシャ（Güzelce Kasım Paşa, ？－一五四一年以降没）に由来する。大帝にこの地に住むよう命じられたカスム・パシャが、モスクとメドレセ、浴場などを建立したところから発展のはじまった地域である。比較的に開発が遅い地域だったので、一六世紀半ばには人々が賑やかに行き交いながらも、緑あふれる「美しい村」の佇まいを残していた[286]。

ところが、アザプ門を出て海岸を歩きながらナスーフの都市図を広げてみると、「美しい村」には不釣り合いな二隻のガレー軍船と一隻の帆船が目に入る（地図２：51の南の海上）。船の位置や、東に舳を向けているところを見ると、ウンカパヌ港やガラタのヤーカパヌ港から出航した船でないのは確かだ。さりとて、軍船が聖地エユプや行楽地キャウトハーネに用事があるようには思えない。では、これらの船はどこから来たのだろうか。

ここでさきほど通ったアザプ門のことを思い出したい。もし今が一八七六年の一二月であれば、アジヤデを乗せた舟がまさにこの門の先の埠頭から出発するさまを幻視する若き海軍将校ジュリヤン・ヴィオー、ことピエール・ロティの姿が見られたかもしれないが、近世のアザプ門はそうしたロマンティシズムとはいかにも無縁の場所である。なぜならアザプとは「水兵」という意味で、こんな名前が付いたからにはオスマン海軍の屈強な水兵たちと所縁が深い場所なのだ。実はアザプ門をくぐった先にあるカスム・パシャこそ、当時、地中海沿岸諸国の中で最大の規模を誇ったオスマン海軍の本拠地なのである。その中心が都市図の海岸近くに記された四角い市場のような建物と、海の際に三角形の屋根が五つ連なる細長い建物から成る国営造船所（地図2：51）。この施設ではガレー軍船や貨物船、帆船が建艦され、造船に関連するさまざまな業種の店々が周辺に立ち並び[287]、遠征帰りの艦船から「荷揚げ」される捕虜たちを収容するための監獄や、彼らを商うための奴隷市場が併設されていた。沖合の金角湾に目を転じれば、建造中のガレオン船を一目見ようと、わざわざ舟を浮かべる見物客の姿も見える[288]。進水式というのはいかにも勇壮で、いまも昔も見物人が集まる催しだったわけだ。

海岸沿いの国営造船所の後背に広がる街を歩いても、水兵の姿は一目で見分けがつく。フェス帽――いわゆるトルコ帽――を被り、その上にターバンを巻いた彼らは、皆一様にふくらはぎを晒す短い下履きを履き、いまでもアルジェリアやモロッコの人々が着ているフード付き外套バーヌースとか、あるいは袖ぐりのゆったりした長衣（dolaman）とかを羽織って街を闊歩しているからだ[289]。

このカスム・パシャの西側と隣接するカラ・ピリーの街にも船乗りを相手にする飲み屋やボザ屋が多くあったというから[290]、ガラタ城壁外の西部は、近世からさらにのちの一九世紀に至るまで、名実ともに海軍の街の様相を呈したのである。

ハスキョイのユダヤ教徒たち

荒々しい水兵たちのやり取りにやや面喰いながら海岸沿いに北上して行き、街路で交わされる言葉にヘブライ語が交ざるようになったら、そこがハスキョイの街だ。イスタンブル北岸のバラト地区や、アジア岸のウスキュダルの北のクズグンジュクの街と並ぶユダヤ教徒の多い街区である。

イベリア半島でレコンキスタが進行するにつれ改宗を迫られて亡命するセファルディウム系ユダヤ教徒の数が増し、メフメト二世はイスタンブル征服後、彼らをこのハスキョイ近辺に住まわせたので、時とともにイスタンブルのユダヤ人社会の中心地となっていった。[291]ナスーフの都市図にはシナゴーグと判別できるような建造物は一切描きこまれていないが、帝国社会におけるユダヤ教徒たちまで目立たない存在だったというわけではない。スレイマン一世の主治医であったモーゼ・ハモン（Moses Hamon, 一四九〇－一五六七）や、名医として知られたソロモン・アシュケナズィ（Solomon Ashkenazi, 一五二〇－一五六〇年以降）、トプカプ宮殿の女性たちと外部の連絡を取り持ったとも言われるエステル・キエラ（Ester Kiera, ?－一六〇〇）――オルハン・パムクの『わたしの名は赤』の行商女エステルのモデルは彼女を措いてほかにない――サバタイ派の祖シャベタイ・ツヴィ（Şabbetay Zvi, 一六二六－一六七六）など、近世のイスタンブルのユダヤ教徒たちの中には大立者も少なくないのである。

さて、実際に街を歩いてみるとガラタが近いこともあってカトリック教会や酒場、肉屋などの商店が多いが、一七世紀には一二堂もあったというシナゴーグが目を引く。このほかにもユダヤ教徒専用の公衆浴場や、ガラタとの間にはユダヤ教徒墓地が広がっていて、イスタンブル周辺で死亡したユダヤ教徒は、わざわざここまで運ばれて埋葬されたという。「テッサロニキ（現在のサロニカ）のごときユダヤ教徒の街である」という一七世紀のイスタンブルっ子エヴリヤ・チェレビーの言葉は、まさに言い得て妙というほかない。[292]

オク・メイダヌで弓術観戦

では海沿いを離れて内陸部に入り、ガラタ城壁外の北側に回りこもう。坂を上っていくと、行く手にはオク・メイダヌと呼ばれる広場が見えてくる。現在では国立病院が鎮座する地味な地域になってしまったけれど、近世には由緒ある場所として知られていた。それというのも、イスタンブル征服に際しエディルネから進軍してきたオスマン軍が攻城戦に先立って祈りを捧げた場所であり、以来遠征前の将兵はここで必勝を祈願するのを習わしとしたからだ[293]。また、ガラタ後背の高台に位置するため見晴らしが良く、高層建築の少ない一七世紀にはエユップ・スルタン、アヤソフィア、ベヤズィト、スレイマニイェ、スルタン・アフメト、イェニ・ヴァーリデ・スルタン、さらにはウスキュダルの丘の上に建つモスクなどを一望のもとに収められたという[294]。

図 19：ユダヤ教徒の医師。*DES* 所収。

都市図で広場の位置を判別するのは難しいけれど、おそらくはガラタ塔の西側（下方）に描かれた四角形の建物付近がオク・メイダヌだろう。当時、この辺りを統括していたイェニ・チェリたちは、広場の近くで羊を放牧する不届き者がいるとわざわざ追い払ったそうだから、都市図と同様に緑野も残っていたのだろう[295]。

図20：17世紀オク・メイダヌの様子。*ASHV* 所収。

広場の名前オク・メイダヌは「矢の広場」という意味で、この辺りに射場が置かれていたことに由来する。これまたメフメト二世が、荒廃していたこの地域を射場とし、数多くの円柱状の的を建てたのをはじまりとする。[296] 広場に目を向ければ、いままさに弓術家（tîr-endâz）が集まって弦を鳴らしていることだし、細密画の右端の人物よろしく腰を下ろして飲み物を用意したら、弓術書を片手に競技の様子を見学していこう。

一四世紀後半にマムルーク朝でアラビア語からトルコ語へ訳された弓術書の受け売りをすれば、イスラーム文化圏の弓術は「弓を握る」、「矢を弦につがえる」、「弦を握る」、「弓を引く」、「矢を放つ」、「的に当たる」という六段階の射法を有し――射法六節といったところ――そのおのおのの射節にさまざまな極意があるとのこと。[297] 曰く、標的は左目の隅で捉え、そののち両眼があたかも単眼であるかのように焦点を絞るべし。曰く、弓を引くときは右手も左手も三本の指に力を込めてバランスを取るべし。曰く、敵が遠距離にいるときはゆっくりと射撃するべし、近くにいるときには気づかれぬよう一息に撃つべし。曰く、射撃後は弦に触れず、美しく鳴るに任せるべし。曰く、立射に関しては四つの方法あり、膝射に関しては五つの方法あり等々。非常に実用的な射法を会得するべく、一説では八〇〇人もいたという帝都の弓術家たちがこのオク・メイダヌに通って修練を積み、祝祭に際してはスルタンの御前でその腕前を競ったのである。[298] 武芸者として知られた都市図製作者のナスーフも、きっとここで腕を磨いたに違いない。

弓が強張ばり身を硬くして、矢は命を奪う死そのものとなり標的に狙いを定める。

弦が引き絞られて切なげな声をあげ、目いっぱいに引かれたのなら、さあ見事に遠くへ射たまえ。

ネジャーティー・ベイ『詩集』（Necâtî Beğ, ?－一五〇九）(299)

弓術にまつわる用語は、古典文学では恋にまつわるさまざまなやり取りの寓意として用いられるのだけれど(300)、こちらは普通の矢の投擲《とうてき》について詠まれたやや珍しい詩。小銃、大砲、そして弓矢という遠距離武器を駆使して世界を制したオスマン帝国の弓馬の術をしばし堪能したのち、競技者たちが昔日の名人に敬意を表してコーランの開扉章を唱えて弓矢をしまうのを見届けたら、今度はガラタの城壁外東部へ向かおう。

砲兵工廠を抜けて

オク・メイダヌから南下してガラタの城壁沿いに南東へ下っていく。急峻な斜面をなんとか下り海岸線まで出たら、そのまま海沿いに東へ針路を取る。幾らもしないうちに驚くべき巨砲群が姿を現す。

ここにはスルタンの大砲が沢山ある。ご覧あれ、大小のあらゆる大砲が外に一列に並んで置かれている。ハンガリーの国から運ばれてきた幾つかの大砲は、他のものとは大きく異なっている。つまり、非常に巨大で（砲身の）中に人ひとりが座れるほどなのだ。大砲の上部には（各大砲の）名前が記され、意匠が施されている。

エレミヤ・チェレビー『イスタンブル史』(301)

これは一七世紀の記述。ハンガリーから運ばれた大砲とはメフメト二世に雇われたハンガリー人技師ウルバン（Usta Urban, 一五世紀前半から半ば）が、イスタンブル征服戦のために鋳造した巨砲群のことだろう。ナスーフの都市図にも七門の大砲が描かれているけれど（地図2：52）、おそらくはこのうち幾つかがテオドシウスの三重城壁に砲弾を浴びせたあの巨砲だ。目を引くのは大砲だけではない。その周囲には大型の炉や起重機が描かれており、この一帯は都市図の中でもひときわ異彩を放っている。この仰々しい施設は、銃火器の運用に秀で西欧に対して長らく軍事的優位を保ったオスマン帝国の最先端軍事施設、国営砲兵工廠なのである。

創建はメフメト二世によるが、都市図に見えるのはその息子のベヤズィト二世による拡張工事を経たあとの姿。さらにこのあと幾度かの火災に見舞われ一五七四年、一七四三年の建て替えを経つつ改修、拡大を繰り返し、なんと第一次世界大戦までこの場所が砲兵工廠であり続けた[302]。オスマン帝国陸軍の牙城と言われれば、辺り一帯の物々しさにも納得がいくというものだ。

大砲といえば戦争のとき以外出番がないようにも思えるけれど、帝都では折々の祝祭にも活躍の場が用意されていた。祭りがはじまると沿岸に配置された大砲群には実弾が装てんされ、海面に向けて発射されたのだ。かなり時代は下るが、一八四二年の八月六日、つまり断食月の初日にネルヴァルが耳にした砲声もこの砲兵工廠から響きわたっている。わたしたちも「イヌワシ（karakuş）のように」海面に跳弾し、見る者の度肝を抜いたというデモンストレーションに喝采を送りつつ、海沿いをさらに北上していこう[303]。

ボスフォラス海峡沿岸、帝都圏の避暑地

さて、砲兵工廠を過ぎるとすぐに左側の丘の上にジハンギル・モスクが見えてくる。スレイマン一世が夭逝した息子のために建立した一堂である。一五五三年八月にジハンギル王子を亡くし、その二ヶ月後には長男ムスタファ王子を処刑する羽目になった大帝の心中を思えば是非にもお参りしたいところだが、問題はその参道だ。それというのもこのモスクは当時の帝都でもっとも急峻といわれた丘の上に建っていて、麓から約二〇〇段もの階段を登らなければならない[304]。近くの市場で人を殺めた下手人が、馬に跨ってこの坂へ逃げこんだはいいものの、あまりの急坂に阻まれ結局はあきらめて戻ってきて縛に付いたというほどの坂なのだ[305]。ヤーカパヌ埠頭で舟を降りて以来、一

杯ひっかけたまま坂がちなガラタ周辺を歩き回ってきたわたしたちの足には荷が重い。モスクは下から眺めてよしとして、このまま東に進もう。すぐにベシクタシュの街が見えてくるはずだ。

これまでわたしたちは、人口が密集する帝都圏の中核地域を歩いてきたが、ベシクタシュから先に広がるのはいま少し長閑な海岸線である。砲兵工廠の先のボスフォラス海峡西岸にはベシクタシュ、オルタキョイ、クルチェシメ、イスティンイェ、タラブヤなどの小さな街が連なっていて、スルタンや政府高官の避暑用別荘（yalı）が並んでいる。一七世紀には海峡西岸のみならず、ボスフォラス海峡東岸のウスキュダルの北方のカンルジャの街辺りまで別荘が立ち並んでいたようだ(306)。

図 21：避暑屋敷へ向かう。19 世紀末－20 世紀初頭、*EİR* 所収。

　ベシクタシュのお屋敷の敷地には隅から隅まで神のお慈悲が
　宿る。
　それを目にした者はこのテジェッリーのように「陛下のため
　に新たに建てられたなんと素晴らしきお屋敷であろうか」と
　思わず記年詩を口ずさむであろう。
　　テジェッリー『詩集』（Tecellī，一六二〇／一六二一－？）(307)

これは第二次ウィーン包囲前夜にベシクタシュに建てられた別荘の完成を祝した作品で、詩中に詠まれるとおり括弧の中の科白に用いられたアラビア文字の字母を足すとお屋敷が完成した一〇九一年、西暦では一六八〇／一六八一年になるという仕掛け。これを記年詩《ターリーフ》といって、オスマン帝国では宮殿やお屋敷はもとより、門や泉亭に至る大小さまざまの建築物に必ず銘板として付され、雅やかにその落成年を伝える役割を担い、また詩人たちの貴重な収入源ともなっていた。

オスマン宮廷の人々は夏になると家族を伴ってこうした別荘を目指して避暑（göç）に出るのを習いとした[308]。さらに時代が下って一八世紀になると詩人たちの視線はイスタンブル（旧市街）の外のウスキュダルやボスフォラス海峡沿岸の街々にまで注がれるようになり[309]、避暑屋敷の美を詠む「浜の書」（Sâhil-nâme）のような専門の詩分野まで登場することになる。たとえば、詩人フェンニー（Fennî, ?-一七四五）は、その名も『浜々の書』なる作品の中でガラタの街からはじめてボスフォラス海峡西岸を北上し、黒海のとば口でアジア岸に渡り、今度は海峡東岸を南下する形でカドゥキョイ、さらには海の向こうのイスタンブル近海の島々までの、実に六二ヶ所もの「浜」を称えている[310]。

つまるところ、ベシクタシュ以北のボスフォラス海峡両岸は近世以来、あのロティがアジヤデと愛を語らった一九世紀を経て、『無垢の博物館』の主人公ケマルが婚約者との関係改善を願って隠遁した一九七〇年代に至るまで[311]、一貫してイスタンブルの避暑地、一大ビーチ・リゾートであり続けているのだ。

しかし、別荘が立ち並ぶということは逆説的に人の少ない鄙《ひな》であったという意味でもある。あくまで「帝都」を巡るわたしたちは、ベシクタシュの街で足を止めることにしたい。なぜかといえば、ベシクタシュはいまも昔もガラタ岸とアジア岸のウスキュダルを結ぶ渡し船の中継地の一つだからである。そう、わたしたちはここからアナトリアへ、アジアへと渡るのである。

ベシクタシュからアナトリアへ

本書冒頭で述べたようにボスフォラス海峡を渡るのはそう難しいことではない。ただし、素人が泳いで渡れるほど甘い海でもない。海峡の潮流はおおむね西側では北へ、東側では南に向かって流れながらも、海岸線の複雑さや季節風などの影響で容易に流れを変えてしまうからだ(312)。冬のイスタンブルではいまでも、海流に煽られたフェリーボートが海峡の真ん中で舳を九〇度回転させて潮流に身を任せ、一旦揺れを収めてから再出発する姿が見られる。そういえば『オリエント急行殺人事件』でアジア岸のハイダルパシャ駅からフェリーに乗ったエルキュール・ポワロも海峡越えには苦労したと記されているが、一〇月にイスタンブルを訪れたクリスティも、もしかしたらフェリーで痛い目を見たのかもしれない。いずれにせよディーゼル・エンジンを備えた船でこれなのだから、近世の人力船が大波に煽られればひとたまりもない。そのため、イスタンブルからアジア岸に行く際には、まずはベシクタシュまで北上し、しかるのちウスキュダルやカドゥキョイへ渡る方が安全とされていた(313)。

もちろん、大型の船ならばトプカプ宮殿やウンカパヌ港からアジア岸へ向かって一直線に海峡を突っ切ることもできるけれど、とくに宮殿岬周辺は潮流の流れが複雑なため、さきほどウンカパヌ港から乗った小型の渡し舟では不安が残る。一七世紀には宮殿岬に兵士が常駐しており、波を越えられず転覆した舟があると鉤を投げて救出し、溺れた者には「頭を後ろに反らせ、腹を打って水を吐かせる」という蘇生措置まで取っていたという念の入りようなのだから(314)、当時の手漕ぎ舟はよく転覆してしまったのだろう。というわけで、わたしたちは安全なベシクタシュで渡し舟を捕まえるのである。

海上からウスキュダルを眺める

舳の向こうから迫って来るのはアジア、いや近世のイスタンブルっ子にとってはアナトリア／アナドル州への玄関口であるウスキュダルの街である。有名なトルコ民謡『ウスキュダル』の題名にもなっているこの街の名前は――ただしバルカン半島諸国はこぞって自国産の民謡だと主張して憚らない――ギリシア語の地名スクタリオンに由来する。古来より良港として知られ、ビザンツ帝国期にはアジア岸の商業的中心地となっていたが、時代とともに衰退し、中心は南のカドゥキョイへ移っていったらしい(315)。そのため近世帝都におけるウスキュダルというのは、基本的にはオスマン帝国期に入ってから再開発がはじまった地域なのである。新興開発地域であることをよく表すのはこの街の名前にまつわる逸話だ。一七世紀のムスリム名士エヴリヤ・チェレビーはこんな風聞——彼にとっては史実だったようだけれど——を伝えている。昔々、ウスキュダルにはアッバース朝最盛期のハリーファ、ハールーン・アッラシード（Hārūn al-Rashīd, 在位七八六－八〇九）や、八世紀ごろに活躍したとされる伝説のトルコ系武人バッタール・ガーズィー（Seydî Battâl Gâzî, ？－七四〇？）[316]が居を定めた時期があったので、「古の支配者」を意味するオスマン語「エスキ・ダール」（eski-dâr）と呼ばれるようになり、ウスキュダルはその訛なり——つまりエヴリヤ・チェレビーは、元々はギリシア語クリソポリス（「黄金の街」の意）を起源とするスクタリオンという地名をトルコ語やペルシア語起源の地名にすり替えているのだ。彼はこの時代のエスキ・ダールの城壁の一部を発見した、とまで断言しているから、かなり本気でこの話を信じていたようだ[317]。

> 彼らの間には明らかなスキタイ人の蛮性が蔓延している。蛮人どもは力で服従を強いた場所に新しい名前を付け、自分たちの言語にする、それが不適当であっても。彼らはギリシア人とラテン人を嫌い、その言語は魔術や妖術だと考えているのである。
>
> ギリウス『コンスタンティノポリス地誌』[318]

古代遺構の探索に熱心だったギリウスのような人文主義者にしてみれば、異教・キリスト教古代を今に伝える貴重な地名の数々を野蛮人の言葉（トルコ語）に置き換えるのはスキタイ人の蛮性（plane Scythica）[319]に他ならなかったようだが、彼のような学者先生がいくら怒っても追いつかないほど、この手のこじつけめいた語呂合わせは枚挙に暇がない。

もう一つだけ、明らかにこじつけと思われる例を挙げたい。このウスキュダルの北にあるイスタヴロズの街についてエヴリヤ・チェレビーは「ある噂によれば」と謙虚に断りつつ、ベヤズィト二世がこの付近での戦闘のさなかに、イスタヴロズの街にある大きな教会を指さして「我らはこれが欲しいのだ《イステリュズ》」と仰ったことに由来するのだとか[320]。イスタヴロズの名前はギリシア語の「十字架」に由来するから真っ赤な嘘には違いないのだけれど、異教徒の言葉を嫌い、帝都の各地にこびりついた異教の気配を拭うべくトルコ語の名前を付与して我がものとしていったムスリムたちの心性が垣間見えるのではないだろうか。その努力の甲斐あってか、少なくとも帝都圏の四主要地域の地名の多くは、いまではトルコ語名に置き換わっている。

アナトリアに上陸

埠頭に降りたつと正面にはそのまま商店街へと続く鷹匠広場が広がる（図3：54）。広場の近くにはメフメト二世が付置したイスラーム法廷が置かれ、行政上は北のベイコズの街までがこのウスキュダル法廷の管轄下に置かれていた。パムクの歴史小説『わたしの名は赤』で、主人公カラが愛する従妹シェキュレのために離婚証明書を貰いに行ったあの法廷である。もちろん建てられたのは法廷だけではない。一五七四年にわたしたちがいま立っている鷹匠広場に面してミフリマーフ・スルタン・モスクが建てられたのを皮切りに、オルタ・ヴァリーデ・スルタン・モスク、キョセム・ヴァリーデ・スルタン・モスクといったハレムの女性たちの手になる中規模のモスクが置かれ、隊商宿や公衆浴場などの付属の公共施設の整備も進んでいった[321]。

　しかし埠頭から一歩入ると、近世期のその街並みにはどことなく奇妙な印象を覚える。違和感の正体は、店の並び方にある。イスタンブルに比べて雑然とした感が否めないのだ。オスマン帝国の商業地区というのは、おおむね同じ業種の店が固まっているのが普通で、たとえばアンカラなどのアナトリアの都市にはいまでもその傾向が残る。ところが、幸いなことにここウスキュダルではてんでんばらばらの業種の店が軒を連ねているのである。一六世紀後半から一七世紀前半にかけて東アナトリアでは反乱がたびたび起こり、その災禍から逃げ延びた移民が一斉にウスキュダルへ押し寄せたので、業種云々などと言っている余裕がなかったからである。[322]

また、ウスキュダルの開発そのものがイスタンブルやガラタ周辺ほど積極的に行われなかったことも雑然とした街並みの原因かもしれない。一七世紀後半から一八世紀初頭にかけてのおおよそ四半世紀の間、スルタンたちが治世の大半をエディルネで過ごし、それが半ば慣習化してしまったという話を覚えておいでだろうか。[323] つまり、スルタン・アフメト・モスクとイェニ・ヴァーリデ・スルタン・モスクがそれぞれ一六一七年、一六六五年に落成し、イスタンブルの開発がひと段落するのと前後して、大規模な都市開発を可能とする潤沢な資金を持つ有力者たちは帝都を留守にしてしまったのである。そのため、アジア岸の開発は久方ぶりにイスタンブルへ戻ったアフメト三世（在位一七〇三－一七三〇）の時代に持ち越されてしまったわけだ。

国の築いた庭園が美しき装飾となり、ウスキュダルはかくのごとき気高く神聖な在り様を見出した。
以前も美しくはあったが、美し水のウスキュダルはいまや懸絶したり、容易く言い表せぬほどに。

サーヒブ『詩集』（Sâhib, ?－一七四九）[324]

いみじくも一八世紀の詩人サーヒブが「いまや懸絶したり」（gâyet bî-behâ）と詠むとおり、ウスキュダルの再開発が盛んに行われるようになったのはようやく一八世紀のチューリップ時代を迎えてからのこと。だから、いまわたしたちがいる一八世紀以前、近世のウスキュダルはイスタンブルやガラタに比して規模が小さく、かといってエユプのような聖地を有するわけでもなく、どちらかと言えば鄙めいた場所であったはずだ。試しに街にある隊商宿を覗いてみると、アナトリアからの旅行者や商人が圧倒的多数を占めていて、街路に目を向ければ俸給を受け取りに来るアナトリアの田舎騎士の一団の姿も目立つ。[325] ウスキュダルの鄙《ひな》めきは、基本的に後背に控えるアナトリアという広大な鄙と、華やかな帝都を結びつける交通の要衝であることに起因するところが大きいのである。

しかし、ウスキュダルにはこの街特有の活気が溢れている。まず道を歩いていて気が付くのは、ガラタではよく見かけた西欧人の姿が消えて[326]、代わりに浅黒い肌の男たちが通りを行き交っていることだ。耳を澄ませば、船頭や船乗りの威勢のいい掛け声に混じって、イスタンブル城壁内ではあまり耳にしなかった「ちょいとすまね」（Bana bah）とか、「ごすずん《ご主人》」（efendum）とか、「いま行くべ」（Varyon）、「どした、あんだ」（Ne va, gozum）[327]とかの訛ったトルコ語が聞こえてくる。

ここの人々の多くはアナトリアの諸地方の出身者であり、その独特の方言は田舎者（türk）の言語なのである。これに比べて都で育った名家子弟は正しく、明快に話すのである。

エヴリヤ・チェレビー『旅行記』[328]

帝都一の港湾ウンカパヌの、それも大店の御曹司として育った生粋のイスタンブルっ子――江戸の町で言えば日本橋蔵前の御曹司といったところだろうか――であるムスリム名士エヴリヤ・チェレビーに言わせれば、アナトリア訛りのトルコ語なぞは右記のごときいぎたない言葉ということになってしまう。では今度は「地方出身者」の意見を拝聴してみよう。

現世に愉しみなくばようよう老け込み、老いることなき佳人など望むべくもない。
いかなる種であれ実りをつけるものを、栄達を望む我が種はついにそれを見出さず。
私は当世のエジプトやイラク、バルカンを回り、いずこの国であれ根を下ろすべき礎を見つけられなかった。
まったく驚くではないか、ナービーよ、我が言葉から雅の香が失せてしまったのだから。辺境にあってイスタンブルの言葉を忘れてしまったのだ。

ナービー『詩集』(329)

作者はウルファ出身クルド系ウレマーの大立者ナービー(Urfalı Yûsuf Nâbî, 一六四二－一七一二)。せっかく職を得て赴いたはずの任地をしきりに鄙(taşra, kenâr)と呼び、イスタンブルの言葉を懐かしんでいる。彼のような地方出身者にとっても「イスタンブルの言葉」(İstânbûl lisânı)は、帝都の活気や栄達と切っても切り離せない雅の象徴だったのだ。

都の言葉と鄙の言葉、そして異国語訛り――方言と訛りの話をはじめれば、帝都を中心とするオスマン帝国の庶民的芸能の花形、影絵芝居に触れないわけにはいかない。カラギョズとハジヴァトという二人の掛け合いを軸にときおり他のキャラクターも乱入して進められる陽気なお芝居だ。三編ほど訛りと方言にまつわる掛け合いを抜粋してみよう。

アラブ人(以下ア)「何をゆった、ハジヴァトは?」
カラギョズ(以下カ)「俺に『お前の上さんは売春婦になった』って言ったんだ」
ア「たれがゆった?」
カ「ハジヴァトが言ったんだ」
ア「たれにゆった?」
カ「俺に言ったんだ」
ア「いつゆった?」
カ「いまさっき言ったんだよ」
ア「なんのためぬゆった?」

カ（アラブ人を殴る）「俺のために言ったんだ、この犬野郎《キョポール》め！」（アラブ人は去っていく）(330)

ハジヴァト（以下ハ）「おおご主人、（イスタンブルに）ようこそいらっしゃいました！」

ペルシア人（以下ペ）「お邪魔致しまそうろう《ホシュブルムシャム》、ご機嫌になりまそうろう《サーフブルムシャム》、我が愛しい聖なる方よ、いよお、いよお、いよお、いよう！」

カ「冷たい果物水《ホシャフ》が欲しいって言ってらあ。俺も飲みてえなあ」

ハ「ご主人、かくもいかなる方面より到来し、いかなる方面へ去来をなさるのですか？」

ペ「わたすぃはイーラーンより来ているにそうろう」

ハ「ということは、ご主人は、観光目的でいらしたのですか？」

ペ「べりー！　わたすぃはというと、多くの国々を通過・周遊いたしそうろう……」(331)

トルコ人（以下ト）「おおい、さんどー《船頭》」

カ「勘弁してくれよ、ハジヴァトやい、こいつもお客だってか？」

ハ「客であること明白なり！」

カ「俺たちがこいつを乗せたら、海の底に（沈んじまうぜ）」

ハ「お客だ」

カ「俺は乗せねえぞ」

ト「さんどー《船頭》！」

カ「なんだよ、どうして欲しいんだ？」

ト「わしをウスタングルへ連れてってくれるかい？」

カ「親方《ウスタ》を誰か見つけ《ヌキムブラー》てだあ？」
ハ「親方を見つけて欲しいんじゃない。『イスタンブルへ』と言ってるんだよ」
カ「おい、そいつの言ってることと、お前の言ってることの間にゃ、それこそカーフ山くらいの開きがあんぞ！」
ハ「カラギョズ、船を戻せ！」
（二人が舟を埠頭へ寄せると、トルコ人は一跨ぎに乗り込み舟が転覆しそうになる）
カ「この野郎、ハジヴァト、船が沈んじまう！」
ト「やっちまうぞ、女衒野郎め！　せんだぐ《洗濯》桶でさんどーやっとるのか？」（トルコ人は去っていく）[332]

一番目のアラブ人を巡る掛け合いでは、母音が八つ存在し、口蓋化して音が軽快になる傾向のある帝都方言をうまく発音できないアラブ人の訛りとその物わかりの悪さが笑いの対象とされている。ちなみにアラブ訛りのトルコ語は、トルコ最初の散文小説と言われることもあるシェムセッティン・サーミー作『タラートとフィトナトの恋』（一八七二）の気のいいアラブ出身の婆やの口を借りて、近代文学の劈頭においてはじめて音写された庶民言葉の一角を占めている。[333]

二番目のペルシア人は、形が偶然に似ているトルコ語とペルシア語の一人称代名詞 ben と men / man[334]、およびその人称活用接尾辞 -im と -am の取り違いにはじまり、思わずペルシア語で「はい」（belî / bale）と答えながら、連語を用いた気取った物言いが特徴。さらに「到来」、「去来」などと無理やりにペルシア語語彙を織り交ぜて話す衒学的なハジヴァトと、いかにも興味のなさそうなカラギョズの対比が決め手になって笑いを誘う。

三番目のトルコ人は、まさにこのウスキュダル埠頭から対岸イスタンブルを目指しているようだ。劇中に出てくるカーフ山はこの世を取り囲むとされる僻遠の大山のこと。帝都では船頭を舟人（kayıkçı）、漕ぎ手（külekçi）などと呼ぶのが一般的であるのに、このお上りさんは「家畜用の水飲み桶」を意味するyalakという語を使う。別れ際に吐き捨てられるかなり品のない卑語も相俟って野卑な部分が先に立つが、その反面、頼りないカラギョズとハジヴァトの舟を「洗濯桶」呼ばわりするなど軽妙な咳呵も切っていて、物怖じを知らない田紳といった風情である。よりにもよってイスタンブルをして「ウスタングル」と発音するひどい訛りがこの話の笑いの種になっているところが興味深い。

さて、やや意地悪な心持ちで「かっぺ臭い」ところを見つけてやろうとウスキュダルの街を眺めてしまったけれど、わたしたちのような時間旅行者にとってはアナトリア州の荒涼とした乾いた大地を思い起こさせるトルコ語の響きが、これはこれで耳に心地よい。なにせ、民族主義が擡頭《たいとう》して帝国の臣民たちがばらばらになり、トルコ系ムスリムたちもまた「トルコ人」（türk）としての自覚を持つに至る一九世紀末から二〇世紀半ばにかけての時期、彼らの訛ったトルコ語こそが純然たるトルコ語（öz türkçe）として再発見されていくことになるのだ。「トルコ人の国」トルコ共和国誕生のその年に生まれ、トルコを代表する大文豪として今なお愛され続けるヤシャル・ケマル（Yaşar Kemal，一九二三－二〇一五）が使い続けたあの言葉である。(335)

モニュメンタルな都市空間

こうしてわたしたちは、二日間の強行軍によって近世の帝都圏の中核地域を巡った。悲鳴をあげる足や、船酔いですっかり参ってしまった胃のむかつきが教えてくれるように、帝都圏は起伏に富む地形と、金角湾やボスフォラス海峡を挟んで広がる四主要地域から成るヴァラエティーに富んだ地勢を日常的に意識させられる街である。河川に付随して築かれたヨーロッパの諸都市や、山の裾野に抱かれたペルシアの都市、あるいはオアシスに寄り添う中央アジアの都市とは根本的に異なる、丘と海に跨る巨大な都市圏を形成する街、それが近世の帝都圏なのである。

また、丘の尾根にトプカプ宮殿やベゼスタン、スレイマニイェ・モスク、ファーティフ・モスクなどのオスマン建築が並ぶ一方、アト・メイダヌの古代円柱群やアヤソフィアのような古代、ビザンツ帝国に由来する建築物が連なるイスタンブル（旧市街）はもとより、城壁外のエユプ、ガラタ、アジア岸のウスキュダル、あるいはボスフォラス海峡両岸地域のように、おのおのの地域が聖地、西欧人居留地、アナトリアへの玄関口、リゾート地のような特徴的な地域性を保持している点も見過ごせない。

すでにしてナスーフの都市図の存在そのものが物語るように、帝都圏は特徴的な地域やランドマーク群が、市街地に埋没することなく、歴史的にも、また視覚的にも、そして何よりも同時代人たちの意識においても、かなり明瞭に認識される非常に「モニュメンタルな都市景観」を誇る空間だったと概括できるのではないだろうか。そして、これから取り上げるオスマン詩人やイスタンブル庶民、あるいは西欧人旅行者たちの視線もまた、多くの場合こうしたランドマークに向けられていくこととなるだろう。

第三章　詩人の眼差し、楽土の都

これぞ壮麗さにおいて並ぶもののないイスタンブルの都、そのひとかけらの小石が異国一つと等価。

二つの海の狭間に浮かぶひとかけらの宝石が世界を照らしだすその輝きを、計るのなぞは烏滸がましい。

この宝石は神の賜物にして神の祝福に満ちた鉱脈であり、そこに産する薔薇はその一輪でさえ至高の天の園と等価足りえる。


ネディーム「イブラヒム・パシャに捧げる頌歌」『詩集』

1　オスマン詩人とは何者か

文化的選良としての詩人

イスタンブル周遊に際して折に触れてオスマン詩人の吟じた詩に、帝都各地の旅情を託してきたのは、オスマン帝国における韻文芸術がこの帝国のエリートたちの日常のさまざまな場面に深く根を下ろす宮廷文化の屋台骨であったからだ。一六世紀の詩人ラティーフィーは、大著『詩人列伝』の劈頭で詩人の使命と詩作の意味は、神の創造した世界の美を美しい言葉で飾り発語、表明することであると定義している(1)。まずもって詩人とはその優れた技芸を以て神と人に奉仕する才人（hüner-vân）の一種、いやその筆頭に近いところにいる人々なのである。

その一方で、そもそもオスマン帝国において詩人という確たる「職業」が存在したか否かには議論の余地がある。それというのも、美しい言葉の響きを連ねる詩の技は、絵画や音楽に比しても帝国社会における芸術、文化の中心的役割を担った反面(2)、その官僚機構の位階の中に国庫から俸給を支払われる官職として詩人（şâ'ir）という公的地位が存在したわけではないし、メドレヤを筆頭とする教育機関に詩学のごとき専門科目が設けられていたわけでもないのだ。ただし、それでもなお詩人という「職能」が広く認知されていたのは確実である。スルタンが臣下に下賜した金銭、物品を記した下賜品台帳に、その受け取り手として「詩人」という括りが存在していることもこれを裏付ける。つまり、オスマン帝国の詩人は給金の発生する雇用契約によって成り立っていなかったという意味では定職的な「職業」ではないが、重要な「職能」ないし「才能」の類ではあったわけだ。では、詩人の在りようを確かめるべく、もう少し詳しく下賜品台帳を見てみよう。

たとえば、第一次ウィーン遠征が終わった一五二九年末の祝祭では、ベヤズィト・モスクの中庭で見かけたあのザーティーがスレイマン一世へ頌歌を献じ、一〇〇〇アクチェのお情けを賜っている。この催しには他にバスィーリー（Basîrî, 一四六六－一五三五）、サブリー（Sabrî, 一五世紀半ば－一六世紀初頭）など、当時の名だたる詩人たちも列席しそれぞれ頌歌を捧げて、やはり一〇〇〇アクチェを賜っている。これに対して、あまり有名ではない詩人たちはそれぞれ四〇〇－七〇〇アクチェ程度。一五三〇年、三一年の祝祭でもザーティーは一〇〇〇アクチェを賜っているので、どうやら一流の詩人の頌歌一篇——分量的には三三から九九対句程度の間で開きがある——の一六世紀前半の相場は一〇〇〇アクチェだったようである。(3) また、献呈されるのは頌歌とも限らない。少し時代は遡るが一五〇五年にベヤズィト二世にアラビア語の教訓物語のオスマン語訳を献呈したスコピエの学院教授は、五〇〇〇アクチェと長衣を賜っている。(4) 当時の物価に換算して一〇〇〇アクチェがいかほどになるのか正確に定めることはできないが、たとえば先のザーティーはセリム一世期に諸々の祝祭で捧げた頌歌への対価として二〇〇〇アクチェと絹布を賜り、その稼ぎで数年間、暮らすことができたと同時代人が書き記している。(5) パンの価格などと比べるとやや誇張ではないかとも思われるが、ウレマーの日当が五〇アクチェであったことを考えれば、少なくとも「相応の収入」であるのは確かであるし、(6) 有名詩人ともなればさまざまな献呈相手からの恩顧を期待できるので、詩作によってさらに稼ぎを得ることが出来ただろう。その反面、祝祭が毎日のように開かれたわけではないし、自分の作風が飽きられてしまえばそれまでだ。数々の不安定な要素を考慮に入れると、詩人として受け取る「お情け」だけで暮らしていくのは相当に、難しかったはずである。となれば、詩人たちは詩以外にも金を稼ぐ手段を持たなければならなかった。

わたくしへのお情けを取りあげてしまえば心悪しき者となりますぞ。なぜなら、詩人にお情けを与えるのは貴顕（の使命）なのですから。

ヤフヤー・ベイ『詩集』[7]

なるほど、あのヤフヤー・ベイもお情けの獲得に腐心しているけれど、詩人ヤフヤー・ベイことタシュルジャ出身のデュカーキンザーデ・ヤフヤー・ベイ（Taşlıcalı Dükâkin-zâde Yahyâ Beğ）は、アルバニアに生まれ、幼少のみぎりにスルタンの奴隷軍団へ徴発され、セリム一世のエジプト征服や、スレイマン一世がサファヴィー朝ペルシアのイスマーイール一世を下した有名なチャルディラーンの戦いなどに従軍した人物。つまり、軍人としての「本業」の方でしっかりと俸給を確保していたのである。

　あるいは、不遇の詩人ラティーフィー、ことハティーブザーデ・アブドゥルラーティフは、故郷カスタモヌから上京後、エユプ・スルタン・モスクの書記職から給金を得ていたのだし、ベヤズィト・モスクの中庭で見かけた大詩人バーキーこと、マフムート・アブデュルバーキーにしても、その作品にはさまざまな下賜品が与えられはしたが、定収入に関する限りはウレマーとしての官職に拠っていた。いや、バーキーこそは裁判官としての見識には疑問を持たれながらも、その名詩によってウレマーの上級職を幾つも獲得し、帝国の司法制度の頂点シェイヒュル・イスラーム職の一歩手前であるルメリ州軍人法官にまで昇ったやり手だったのである。[8] つまるところ、近世のオスマン帝国で詩人として歴史に名を残す人々の社会的身分は、詩作に秀でたウレマーや軍人、官僚、商工業者などであって、専業詩人として詩作のみからたつきを得る者は、今日の詩人と同様に皆無だった。

　社会制度的にオスマン帝国の人々を眺め直して見ると、そこには大きく分けて二つの集団が存在する。政治、軍事を司る政府高官や軍人、宗教および法制度を国家の管理下で担うウレマーなどから成り、基本的には国家から俸給を受ける支配者階層（ʻaskerî）と、生産者、流通者として都市経済を支える商人、職人などの被支配階層（reʻâyâ）の二集団である。[9] そして、詩は基本的には支配階層の中で楽しまれた芸術だった。なぜなら、正しくオスマン詩を作るには日常語であるトルコ語からは乖離した文語たるオスマン語は無論のこと、アラビア語、ペルシア語、さらにアラブ、ペルシア文学のさまざまな雅語や伝説、物語についての総合的な知識を要するため、オスマン宮廷とその周辺に寄り集る王朝貴顕の文芸庇護が届かないところ――商工業者が生きる市井の世界や農村など――では、必ずしも古典詩の素養は共有されていなかったからだ。街で雑貨商を営む者や日々、重い荷を背負って帝都の坂を上り下りする荷運び人のような庶民は、宮廷から漏れ聞こえ街角で口ずさまれるオスマン詩や、それを口語に置き換えた俗謡の類を愉しむことはあったが、詩作についての知見は必要としなかったのである。もちろん、貴族なきオスマン帝国の支配階層―被支配階層間の移動は高い流動性を孕んでいたことを考えれば、イタリアの文化史家バークがいみじくも述べたように、エリート文化と庶民の文化の間に厳密に過ぎる線引きを行うことは控えねばならない[10]。しかし、少なくともオスマン帝国には身分制社会の上下における明白な知的ないしは美学的基調の差異が存在したのであり、その点に着目すればオスマン帝国の詩人とは、貴顕たちがことのほか愛した詩の才能に秀でる文化的職能人、すなわち文化的選良であったと、とりあえず定義できるように思われる。

詩人と見做されるまで

詩作という行為が厳格な位階や職業という保証のないなか「職能」というあやふやな状態に置かれていたとなれば、はたしてオスマン帝国で「詩人」として認知されるにはどうすればよいのだろうか[11]。あのラティーフィーのように幼いころ詩に魅せられ、いずれは自ら大作、名詩をものにしたいと望んだ若者たちは、どうやって詩人になったのだろうか?

詩人の多くはメドレセで学んだ経験を持つ。それはつまり、彼らがアラビア語文法とアラビア文字について学ぶことを意味する。まずもってアラビア語は聖典の言葉として最高度の権威と知名度を誇るテクストであるから、さまざまな聖句や訓話はそのまま詩を用いることも出来るし、アラビア語文法に通ずれば掛詞（tevriye）などの技法にも応用が効き、何より語彙力が身に付く。またアラビア語を母語としない者が大半を占める帝都の詩人たちにとっては、アラビア文字についての理解も非常に重要となる。オスマン帝国はイスラーム文化圏の辺境に位置することもあって、アラビア語単語のオスマン語発音はイスタンブル訛りとも呼ぶべき特徴を有する。たとえばムハンマド（Muhammad）がメフメト（Mehmet）と発音される例などはその最たるものであるけれど、こうした軽やかな君府訛りは詩作においては弊害となる。なぜなら、前者をアラビア語原音に忠実に発音すれば音価は短音、長音、長音（・——）となるのに対して、後者をそのまま発語すれば長音、長音（——）となってしまう。つまり厳格な韻律が定められた定型韻律詩を詠む際に、重大な間違いを引き起こしかねないのである。だから詩人たちは、まずはメドレセの語学教育の中で詩に通じる知識を蓄えねばならなかったのだ。

しかしメドレセにおける教育の本旨はあくまでイスラーム諸学を学ぶことであるから、先述の通り「詩学」のような授業は開講されていない。そこで詩人の卵がお手本とするのが『ライラーとマジュヌーン』や『ホスローとシーリーン』のようなアラブ、ペルシアの韻文の英雄叙事詩や恋愛叙事詩、あるいは『精神的マスナウィー』のような神秘主義詩の傑作である。特にペルシア語は詩に用いられる雅語の宝庫であるし、接尾辞や前置詞を覚えておけば、複合語を創ることも可能である。その分厚さに眩暈を覚える『王書』は誰も文句をつけない傑作であるし、人物描写、自然描写などさまざまな場面が登場し、大が小を兼ねてくれる貴重な教科書となる(12)。ペルシア文学の傑作と名高い軍勢の到来になぞらえられる春の訪れの描写にはじまり、英雄と美姫、恋の道の手助けをしてくれる朋友、美麗な装飾に覆われた宮殿、動物、山川草木、天体とその寓意——絢爛豪華にしてヒロイズムの極致と言うべきペルシアの物語に胸躍らせるうちに、若者はおのずとイスラーム文化圏で等しく共有される美文の世界に通暁してゆくわけである。かくして、「ジャムシード王」と聞けば、ただちに古王が所有した伝説の酒杯「世界を映す鏡」を想起し——注がれた葡萄酒の水面に世界の様子が映し出される——「カイス」と耳にすれば美しい幼馴染ライラーへの恋慕のあまりに正気を失い、しかし心優しくも哀れな狂人（マジュヌーン）となった彼が荒野で心通わせた動物や小鳥たちのことを思い出し、「ロスタム」と耳にしたならばペルシア一のこの勇者が息子ソフラーブをその手で殺めたとき、息子の腕に輝いていた腕輪のことが思い浮かぶようになるのである。

だが、物語の粗筋に通じるだけではただの好事家に終わってしまう。自ら詩を詠むためには韻律や詩形、脚韻の踏み方など技術的な知識が不可欠である。抒情詩は五対句以上、一二対句以内、頌歌ならば三三対句から九九対句以内に収めるべし、脚韻を踏む語にはトルコ語の動詞と、アラビア語、ペルシア語の単語を混ぜるなかれ、長音節のあとに子音が付帯したトルコ語単語は長音節一つ分の音価（—。「国」yurt など）なり、ただしアラビア語、ペルシア語の単語であれば長音と単音（—・。「色」renk など）なり……。ここに挙げた知識は「吟味と考究」（tetebbu ve müţâla）と呼ばれる詩の道の初期段階で習う基本中の基本で、ひたすら詩を暗記（ezber）することによって習得されるものである。そうやって詩の世界を肌で覚えていけば、詩人の卵たちの脳味噌には古今東西の名詩が刻み込まれ、本歌取りの自在性が獲得されてゆくことだろう。

多くの詩を諳んじ基礎知識をも身につけたなら、若者は勉学に励むかたわらどこかの詩人の教えを——バーキーがザーティーにそうしたように——請わねばならない。そうしていよいよ「習熟」（mümâreset）と呼ばれた実践編に入るのであるが、ここでもまたお師匠を筆頭として先人たちの作品を模倣するところから勉強がはじまる。まず詠まれるのが模倣詩（nâzire）と呼ばれる作品群である。たとえば、有名な詩の各行に自作の詩行を付け加えたり、あるいは自らの詩の中に先人の詩行や対句をそのまま投入したりしながら、なおかつ韻律、脚韻を損なわずに詩を完成させるのである。こうした詩作方法は修練であるとともに、優れた模倣詩ともなれば選集が編まれるほどに普及していたジャンルでもある。もっとも、元の作品を詳らかにしないまま模倣詩を詠めば剽窃（intihal）として責められたし、作者が存命中であればきちんと彼の許可を得なければならない。

盗人どもは夜に家に入りこみ、死者に土をかけながら人々を起こすまいとする。
新来の詩人は昔の者たちから言の葉を盗み、口にして多くの知識なき者たちを騙す。

もし、これまでとは異なる詩想や詩の様相があるのならばまだしも、その詩人に特有の含意もなければ、艶やかな比喩もない。

死者に土をかけるような輩はわたし自らが捕まえてやろう。さもなければ生気を漲らせる輝かしい葡萄酒の盃の喜びさえどこかへ行ってしまうから。

ゆめゆめ昔の者たちの言の葉を持ってきて自らの詩に加えるなかれ。雅やかなメジリス（＝サロン）でその詩を売るなぞもってのほかである。

ネジャーティー『詩集』(13)

これはさきほど弓術の詩を引いたネジャーティー・ベイの作品。第一対句の「家《ベイト》」を「対句《ベイト》」ひいては他人の作品、「死者」をすでに物故した先達の詩人と読みかえれば、先人の詩を素知らぬ顔で剽窃をする盗用者の姿が浮かび上がる。この詩は剽窃の悪所をかなりはっきり説明しているように思われる。新味に乏しい作品を見ると気分が悪くなると明かしながら、宴の席で剽窃した詩を披露することの危うさを戒めているのであるから、ネジャーティーは、剽窃は文学的にも社会的にもよろしくないと言いたいのだろう。彼は一五世紀に勇名を馳せた大詩人の一人なので、大先輩から若い詩人たちへの忠告というわけだ(14)。

では、ネジャーティーの忠告を馬の耳に念仏と聞き流し、宴の席で披露して盗作がばれずに巷に詩人として認知されたとしたらどうだろう。それでもなお、基礎を疎かにすればのちのち困るのは本人である。詩を献じ、お大尽の宴ではそつなく立ち振る舞い、ついに官職をせしめて出世したところで、その詩芸（fenn-i şi'r）が十分な域に達していなければ、ラティーフィーのような列伝作家たちに「修行不足」と書かれて末代まで不名誉な逸話を残すことにもなりかねないからだ。

いま挙げた「吟味と考究」、「習熟」といった修行に、明確な段階があったかは定かではない。詩人の中にはメドレセでの教育を投げ出して上京する者も少なくないので、おそらくは同時並行的に行われた修練なのだろう。いずれにせよ、こうして詩人志望の若者は詩形、韻律、雅語、故事とさまざまな知識を身につけ、なんとか自前の詩を詠めるようになるのである。

あくまで仮定の話として一例を挙げよう。詩人の卵が帝都のどこかの道を歩いていて、想い人と行き会ったとする。先日はすれちがっても挨拶一つ寄こさなかったくせに、今回はちゃんと「こんにちは」(merhabâ)と挨拶してくれた。内心の喜びを押し隠しつつも、恋する男としては文句の一つも言ってやりたくなるところ。しかし、ただ愚痴を垂れるのでは雅量(zerâfet)と機知('irfan)に欠ける。となれば詩で返すのが道理である。

彼女――彼かもしれないが――は何と言ったか、そうだ「こんにちは」と言ったのだ。「こんにちは」(merhabâ)の韻律は(—・—)だから、これに合致する韻律は(—・——/—・——/—・——/・・—)。即興なので、まずはこの「こんにちは」を発句に据えよう。あぶらかたぶら!

こんにちはも言わずに通り過ぎていったね、愛しい人よ。勘忍しておくれ、ああ、勘忍しておくれよ、その残酷で釣れない態度は勘弁しておくれよ。

ヤフヤー・ベイ『詩集』[15]

とまあ、このように当意即妙に韻を踏みながら詩を詠むくらいでなければ一人前とは言えないだろう。

しかし、彼の前にはさらに高い壁が立ちはだかる。詩を贈る相手が友人や恋人であればある程度の拙さには目をつむって喜んでくれるかもしれないが、世間で詩人を名乗りたいのであれば、どこかのお大尽に詩を献じて、そのメジリス(サロンのこと、後述)に出入りし顔を売らなければならない。オスマン詩や詩人列伝に、優に十指に余る「ご贔屓」、「お引き立て」、「お情け」を意味する同義語が並んでいることが示すように[16]、詩人たちには要人たちのご愛顧が必須だったのだ。
　ではここらでひとつ、帝都イスタンブル出身の詩人にご登壇願って実際の作品を披露してもらおう。

わたしにとって葡萄酒の酒杯こそが薔薇園に咲く薔薇、わたしにとって葡萄酒差しを持った人々の賑やかさは
夜告鳥《ビュルビュル》の声だ。
頬に掛かる十二重にも重なる君の巻き毛は、わたしにとって水に浮かぶ鮮やかな二輪のヒヤシンス《スュンビュル》だ。
無情な君の放った小石で頭から血が流れても、わたしにとって（その赤色は）ターバンの端に咲く
カーネーション《カランフュル》だ。
わたしはすっかり酔っぱらってしまった、葡萄酒の杯は空であるというのに君の飾らない唇という盃にすっかり参ってしまったのだ。
わたしバーキーは韻文の戦場においては戦場の獅子《ハイデリ・ケッラール》であるのに、鋭利な葦筆の切っ先が私にとってのズュルフィキャールであり、光を振りまくデュルデュルだというのに（君の前では形無しだ）。

バーキー『詩集』[17]

結句（makta）にあるズュルフィキャール、デュルデュルはともに第四代ハリーファであるアリーの剣と愛馬の名。アリーはムハンマドによって手ずから育てられ、長じてその娘婿となった「お家の方々」（Ehl-i Beyt）の筆頭であるのみならず、数々の戦功を挙げた武人でもあり、戦場の獅子《ハイデリ・ケッラール》という二つ名が示すとおり忠勇にして信仰篤き戦士の代名詞とされた。一級の詩人である自らを戦場の獅子になぞらえながらも、想い人の前では腰砕けになってしまうと訴える構図はともすれば陳腐にも思えるし、想い人に傅《かしず》く謙虚さを冗談交じりに囀《さえず》るくせに各対句の末尾の語をすべて「わたしにとって」（banâ）で統一してわざわざ自我を際立たせるやり方は、詩人の王たる自らの立ち

位置をよく弁えた上で恋情を押し付けているようにも見える。しかし、発句（makta）で bülbüldür banâ と踏まれた脚韻に注目したい。この部分の韻律は（――――・―）、音節末尾の字母は l, l, r, â, â である。これが第二対句以降の脚韻部は、sümbüldür banâ、karanfüldür banâ、güldür banâ と詠まれていく。脚韻部は四つの子音字に跨って強固であるが、これが結句に至って Düldül'dür banâ と詠まれるに及んで発句と同じ l, l, r, â, â の五つの字母が返り咲いて掉尾《ちょうび》を飾る。語彙の性質を見ても、第二対句から第四対句が花、発句と結句が夜告鳥、馬という動物となっていて語義的にも括られ、韻律を補強するかのようだ。さらに作中唯一の破格である「薔薇園」（gülistân を gülsitân と詠み変えている）を第一語に持って来るところも、批判者を寄せつけまいとする潔さと計算高さがある。帝都の詩壇に君臨する高慢な自負、オスマン語、ペルシア語、アラビア語の「三言語」を自在に使い分ける語彙力、考え抜かれた音声的美――まさに大帝都イスタンブルの詩人にふさわしい傑作と言えるだろう。この詩がバーキーの美声で発せられたなら、想われ人はきっと情に強《こわ》い告白の前に屈服してしまったことだろう。

ではもう一編、今度は鄙めいた恋歌を引きたい。


愛しい人よ、わたしの心を責め苛むのに、まだ飽きないのかい？　天使たちでさえ、わたしの嘆きの声に身を焼かれんばかりだというのに、わたしの望みには明かりさえ灯らないというのかい？

愛しい人よ、いかなる病にかかろうとも特効薬があるはずなのに、君はどうしてわたしに薬をくれないのだろう？　わたしが恋の病を患っていないとでもいうのかい？

君と会えない夜、わたしの心は燃え上がり、わたしの瞳からは血の涙がしたたり、わたしの絶叫に民草までもが目を覚ますほど。それなのにこの悪夢は一向に覚める気配もない。

君の頬に薔薇の花のごとくに朱がさせば、その反対にわたしの瞳からは血がしとど流れる。ああ、愛しい人よ、いまや薔薇の咲く季節、この流れ下る雪解け水が目に入らないとでも言うのかい？

「わたしは恋の苦痛を押し隠しているんだ」。わたしがそう言うと「いっそ想い人に打ち明けてしまえ、この意気地なしめ」とみな言うけれど、君もわたしが意気地なしだと思っているのだろうか？

わたしが勝手に君に懸想をしているのではない。わたしの理性を奪い去ったのはほかならない君なのだ。この想いのせいでわたしを馬鹿にする心無い人たちも、君の美しさを一目見れば恥じ入るのではあるまいか？

「フズーリーはすっかり恋狂い、いつも（その詩は）下賤な民草の言葉に堕してしまう」。人々はこう問いかけるのだ。「いったいどんな恋をしているんだい」、「いい加減その恋に飽きやしないのかね？」

フズーリー『詩集』[18]

図 22：フズーリー、*MEŞN* 所収。

こちらは同じくスレイマン一世期の詩人であり、バーキーと並んでトルコの代表的詩人の一人に数えられるフズーリー（Mehmed bin Süleyman Fuzûlî、一四八三－一五五六）の抒情詩。古典詩ではお馴染みの、容易になびかない想い人への恨み節を湛えた作品である。この作品の優れた点は幾つも挙げられるけれど、まず驚かされるのは詩人の想像力だ。第一対句に注目したい。作者の口から洩れた「嘆きの声」――原語は「ああ」という嘆息を意味する āh――からは、その悲嘆のみならず、想い人への懇願に満ちた並々ならぬ情熱が読み取れる。なぜかと言えば、詩人の呼気は七層から成るとされる天国の高みにまで達し、その階層おのおのを司る天使たちの身を焼くほどの熱を帯びていることが詠みこまれている。熱せられると上昇するという気体の性質についての科学的知識、天国の構造についての神学的知識に裏打ちされた詩想（hayâl）に富んだ描写と、そこに託された切実な恋慕に加えて、対句内に使用される一四語のうち、実に七語がトルコ語由来の言葉から成るという言語表現も相俟って、この詩には現代トルコ語を母語とする者の心をも打つ響きがたゆたっている。そのためか、現在でもオスマン詩を学ぶ学生がまずはじめに暗記させられるのが本作なのである。

ところで、一六世紀前半といえば先のバーキーがそうであったようにアラビア語やペルシア語から雅語が盛んに移入された時期だ。そんな時代に「田舎者」の言葉であるはずの口語トルコ語をかくも多く使用する作品が詠まれたのはなぜだろうか。よく見ればフズーリー自身でさえ、右記の詩の結句で自分の詩が「いつも下賤な民草の言葉に堕してしまう」ことを嘆いているではないか。答えは簡単で、作者フズーリーが帝都イスタンブルの人間ではなかったからである。彼は現在のイラクのカルバラー周辺で活躍した詩人なのだ[19]。だから、本来はオスマン帝国の詩人ではなく、サファヴィー朝の詩人として扱われてもよい人物なのである。

ではどういった経緯でバルカン、アナトリアというオスマン帝国の中核地域から遠く離れたイラクの詩人がこうも愛でられるようになったのか。いかに彼の詩が優れていようとも、帝国から見れば異端者たる一二イマーム派のサファヴィー朝が支配していたバグダード州の詩人の作品が、容易に帝都に届いたとは思われないというのに。

その理由はチャルディラーンの戦いののち、サファヴィー朝勢力がイラク地方から撤退するや、フズーリーがそれまでの庇護者にさっさと見切りをつけ、オスマン帝国の遠征軍に居合わせた詩人の知己を得つつ、スレイマン一世に宛てて「バグダードの様子とスレイマン陛下への頌歌」なる詩をしたためたからである[20]。換言すれば、フズーリーはスルタンに詩を献ずることで帝都を中心とするオスマン帝国の文壇にその存在を認知されたわけである。ここには詩作能力という自らの才覚を存分にふるって王朝貴顕というパトロン（hâmî）の庇護（himâye）を受けようとしたフズーリーの、社会的上昇に対する積極的な態度が見て取れる。結局、フズーリーが取り立てられることはなく、それどころか帝都の土を踏むことさえなかったのだけれど、この僻遠の地の詩人の作品が現在も愛唱されるのは、彼の出世欲に拠るところも大きいというわけだ。佳人や草木、天体、工芸品といったさまざまな要素を包摂しつつも、ときに画一的な美がくり返し語られるばかりで浮世離れしているかにも見える華麗なオスマン詩の背後には、こうした出世や安定した暮らしを望む俗心もまた、看取されなければならないのである。

もっとも、詩人の「俗心」については異論も存在する。第一章で触れたとおり二〇〇三年にトルコ歴史学の泰斗イナルジュクが詩とその献呈を社会的上昇手段として捉え、パトロネージやメセナの観点から社会経済史的に捉えるべきであると主張したのに対して、トルコを代表する文学（史）研究者パラは、芸術である古典詩の地位を過度に貶めることになりかねない提言であるとして警鐘を鳴らした。曰く、「古典詩人たちは金のために詩を詠んだのではない」[21]。たしかにさきのフズーリーの詩を見れば、たったの一対句の中で、詩形からはじまって韻律、詩想と技（hayâl u tasannu）、天国についてのイスラーム的知識、気体の性質に関する科学的知識、想い人への恋情などのさまざまな要素が複雑に絡み合っているのだから、とても金のためだけに詠めるような代物ではないようにも思える。だが、イナルジュクの言うとおり詩を有力者に献呈すれば、その返礼として「お情け」が下賜され、ときには引き立てられて何らかの官職に任命されるなどの見返りがあったのも厳然たる事実だ。

そもそもオスマン詩人たちは、神の創り給う世界を美しい言葉によって飾り表明することで神に奉仕する才人である一方、社会的には主のそばに侍る者（musâhib）として権力に従属する人々でもある。そうした彼らの創作環境を考えれば、折衷的ではあるが、芸術への高邁な理想や絶えざる技術的研鑽と、自らの名を残そうという名誉欲[22]や豊かな生活を望む俗心が共存し、ともに詩作という職能の一角を担っていたというのが、オスマン帝国における詩芸術の在りようだったと概括できるのではないだろうか。

それにしても、寵愛や贔屓を期待しての詩の献呈は盛んに行われた。オスマン帝国における詩作と作品の献呈は、科挙なき社会の就職活動において教養を図るための優勢な一芸であったことは間違いがない。たとえばスルタンを筆頭とする有力者個々人を称える頌歌（kasîde）はもちろん、春であれば春の歌（bahâriye）、冬至であれば冬の歌（şitâyiş）、新年であれば新年の歌（nevrûziyye）[23]、葬儀が営まれれば挽歌（mersiyye）と呼ばれる各種の詩が、祝祭や四季折々の行事に際して君主や貴顕に捧げられたのだ。捧げる相手が人とは限らない。モスクや邸宅、泉亭などの建築物が落成する際には、その建築物と建立者を称えつつ、詩に使われたアラビア文字の数価を足してその完成年を表示する記年詩を刻んだ銘板が掲げられた。あるいは、有力者が主催するサロンなどでは、比較的短く、その場で覚えた感興を詩に落としこむのに適する抒情詩（gazel）や四行詩などが当意即妙に詠み交わされたはずだ。帝国の上流社会には絶えず詩吟の声が流れていたわけである。オスマン帝国における詩とは、芸術であるとともに、高い公共性を備えた重要なコミュニケーション手段でもあったのだ[24]。

いざ、詩人の都イスタンブルへ

もし詩人の卵が栄達を望むのなら、彼は帝都イスタンブルを目指すことだろう。広大な帝国の各地域には在地の地方有力者が存在するが、彼らの上に立つ各州、県を統括する州知事（vâlî）や県軍政官（sancak bey）たちはスルタンによって任命され、多くはイスタンブルから派遣されていた。フズーリーの例を思い出すまでもなく、自らの作品を帝国において究極の富と権力の集積地であるイスタンブルの有力者たちの手許まで届けられるか否かが、詩人としての功名を左右した。帝国のイスタンブル一極集中型の行政機構の影響は文学の世界にも大きな影響を及ぼしていたのである。

オスマン詩人における帝都の抜きん出た地位をなかんずく示す史料が詩人列伝（tezkire-yi şuarâ）である。詩人列伝とは編者と同時代の詩人たちを、その出生地や簡単な略歴、代表作、同時代の評価や作風についての批評、作品からの引用を添えて記した列伝であり[25]、オスマン帝国期を通して主要なもので四十点弱、一六、一七世紀には一八点の詩人列伝の存在が確認されている。いずれも文学（史）研究者にとって欠かすべからざる基礎史料であるが、誤記はともかく誇張の類も少なくない点で、取り扱いにはやや注意を要する。たとえばお馴染みラティーフィーの詩人列伝は、出生地不明の詩人の多くを自らの故郷カスタモヌの出身者として記録したため「カスタモヌの書」と揶揄されたというし、ウスパルタ出身のクナルザーデ（Kınalı-zâde Hasan Çelebi, 一五四六－一六〇三）の列伝も同様の誤りを指摘されて「ウスパルタの書」とこき下ろされた(26)。もちろん、列伝作家とて人間である以上は完全に中立的な記録者とはなりえないのだし、故郷との繋がりとなれば易々と断ち切れようはずもなく、それが生地不詳の詩人を自らの同郷人とする恣意性となって列伝に現出しているわけである。

詩人列伝に記載されるのは自作詩を集めた個人詩集やガゼル集（gazaliyât）を編んだ者、メスネヴィー体の叙事詩や、それを五編集めた五部作（hamse）をものにしたような作品量が豊富な一流詩人たちを筆頭に、まとまった大作はなくとも同時代に持てはやされた流行詩人などさまざまである。もっとも注目すべきは記載される詩人たちの大半が帝都で活動した人々から成る点だ(27)。いや、それどころか帝都詩壇の視野に収まる限り、かなり知名度の低い詩人まで記録されている(28)。帝都イスタンブルは詩人たちが群れ集う詩人の都でもあったわけだ。いみじくも、さきほどイスタンブルの言葉を忘れてしまったと嘆いていたナービーが以下のように詠んでいる。


イスタンブルは知識と技芸を受け入れる場所であり、かくのごとき都はほかにない。

技芸という名の庭園に実る果実を食すのであれば、イスタンブルほどに優れた都はない。

神よ、イスタンブルを栄えさせたまえ。あらゆる営みの極意がそこにあるのだから。

そこは高潔な意志をもつ人々の源流にして生誕地、そこは万民を養い、育む家。

いかなる名人であろうとも、みなイスタンブルでこそ栄達を見出す。

そこでは、あらゆる名人が相応の評価を与えられ、あらゆる匠がその（技の）極致を目にする。

誉れも洗練もその最高位はそこにあり、他の場所ではあたら寿命を無駄にするだけ。

持てる技の多寡にかかわらず、ここでは必ず求められ、無視されることは決してない。

任官と官職はそこでこそ見出され、高い地位や高貴な生き方もまたもそこにある。

天輪がいかに年月を巡らせようとも、イスタンブルに比肩するような都は現れ得まい。

君が目を凝らせば、その都が懐に抱く比肩するもののない（才人が集う人の）大海を目にすることになろう。

いかなる技芸であろうとも、みなイスタンブルで磨かれ、輝くのだ。

建築装飾家、画家、書家、細密画師。彼らはみなイスタンブルで美麗な装飾に出会うのだ。

つまるところ、あらゆる芸術、あらゆる職能は、これすべてイスタンブルでこそ誉れと雄偉を見出すのだ。

その技芸の種類は数に果てなく、鄙ではその名を知られていない（技さえ存在する）。

あたかも、戸外にいる者が家中のことを知る由もないように、浜辺の佇む者が海の波の何たるかを知る由もないように。

この地に侍るのは詩や音曲、舞踏において完全無欠の者たちなのである。

ナービー『善の書』(29)

一七世紀を代表する大詩人ナービーの言わんとするところは、第一に帝都が芸術や手工業技術が結集する文化的中心地であるということ、第二に上京しなければいかなる「極意」も体得しえず、「栄達」も叶わず、「官職」に恵まれることもないということ。つまりは、上京せよと忠告しているのである。繰り返しになるが、家業が奮い故郷で趣味として詩作を愉しむことに満足できる者でもない限り、栄達を望むのであれば詩人たちはイスタンブルを目指さねばならなかったのだ。

畢竟、こうした創作環境に身を置く詩人たちはブルサやエディルネ、コンヤ、ディヤルバクルなどの地方都市に比して、とくにイスタンブルを称揚するのに熱心で、[30] さきほどわたしたちが巡って来たイスタンブルの名所に数々の詩を捧げ、あるいは欲望うずまき生き馬の目を抜く大都会に苦言を呈するのである。

2　世界に唯一にして似たもの無き都市

都市頌歌の世界

第二章において帝都の街角で折に触れて吟じた古典詩からも見て取れたように、オスマン詩人たちは自らの都への誇りを謳いながら「世界に唯一にして似たもの無き」という枕詞を冠して口の端に昇らせる。[31] もっとも、詩才、文才を恃んで社会的上昇を意図する人々がパトロンの住まいする王権の地を礼賛し理想化する営為は、八世紀以降のイタリア諸都市や一二世紀のフランス、ドイツの諸都市、[32] あるいはフランソワ一世期のパリであろうが、唐代の長安であろうが、洋の東西を問わずに見られる現象である。[33] それらのテクストではおのおのの都市がそれぞれに世界の中心を以て任じていることだろう。では、オスマン詩人たちはなにを以て自らの帝都を「世界に唯一にして似たものなき」都市と見なしたのだろうか？　イスタンブルの優越性と唯一性が、具体的には都市に存するいかなる要素に依拠して主張されたのかを検討するのが本節の目的である。

たとえば君主に捧げられた頌歌や、戦勝や貴顕が催した祝祭に際して詠まれた諸々の韻文作品においては、古典文学の伝統にのっとって神、預言者、正統カリフ等を称えるに帝都を寿ぐ詩が配されることがままあった。[34] しかし、それは詩人が唯一にして絶対の神のおわす天上から徐々にその視点を下げていって、この世の成り立ちを見極めながら朗誦されていく賛歌の通過点に過ぎない。作品そのものの主題はあくまで、これらネスィブとまとめて呼ばれる冒頭部のあとに控える韻文物語なり、献呈相手に捧げられた人物称揚詩（medhiyye）なり、あるいは自己礼賛詩（fahriyye）なりの方にあるからである。

一貫して都市そのものを主題とするまとまった作品となると、オスマン帝国では限られた数しか発見されていないのだが、幸運なことにイスタンブルの称揚に特化した作品群が一六世紀前半に流行している(35)。イスタンブルの宮殿やモスク、景勝地、あるいは優れた住民たちのような都市の「美点(36)」を「タブローのように(37)」活写する都市頌歌（şehr-engîz）と呼ばれるジャンルである。

都市頌歌を包括的に扱った比較研究は限られ(38)、その起源にしても不明な点が多々ある。都市頌歌をオスマン帝国固有のジャンルと見做す研究者もいるが(39)、少なくとも帝国で一から創出された詩分野でないのだけは確かだ。それというのも都市施設の様子を綴る描写詩（dārīyāt）の伝統は八―一二世紀のアラブ文学にすでに見られるのだし、オスマン帝国に多大な文化的影響を与えたお隣ペルシアには、都市の優れた職工や芸術家、あるいは名士層を称えるペルシア都市詩（shahr-āshūb）が存在しているからだ。そのうえ、ヤフヤー・ベイやサーフィス（Sâfîs, 一六世紀前半）のようなオスマン詩人たちが、ペルシア都市詩とそっくりの都市名士層を称える都市頌歌を残している点を踏まえれば、これをオスマン帝国において内発的に生じた独自ジャンルと見做すのには無理がある(40)。

では、なぜ一六世紀前半に都市頌歌というジャンルが登場し、流行したのだろうか。残念ながらその理由もまた、明言するのは難しい。ただし一六世紀前半という時代背景に照らせば幾らかの類推は可能だ。この時代は、オスマン詩におけるトルコ語要素の増加やトルコ語語彙のペルシア詩韻律への適合、散文書法の整備が見られるなど(41)、オスマン詩の独自性が現れる文学的発展期にあたる一方(42)、イスタンブルを中心とする中央集権体制が整えられ、詩人のパトロンたりうる王朝貴顕が帝都に集う傾向がいっそう顕著になっていった社会的発展期でもある。こうした社会的変化に対応し、まさにナービーが詠んだように上京を果たした詩人たちが「ルームの地の文学」の独自性を模索する過程で、メフメト二世以来継続的に行われ、スレイマン一世期にひとまずの完成を見た行政制度の整備によって恒常的に権力者と資本を集積するようになった帝都の繁栄を実見したとき、それを他のイスラーム文化圏の大都市に伍する「知識の鉱脈であり楽園の似姿たるルームの地」の「崇高なる帝都」と認識し、新なる文学的称揚対象として取り上げたのはごく自然な態度と思われる。(43) かくのごとき文学的、社会的な双方の要因が、都市頌歌誕生の遠因となったのではないだろうか。いずれにせよ、オスマン帝国において都市単体を主題とする作品がこの時代まではほとんど見られなかったことを考えれば、(44) 一六世紀前半という時代は帝都の都市景観が詩人たちの言語空間に本格的に取り込まれていく過渡期と捉えられるだろう。

おそらくはペルシア都市詩から直接の影響を受けて成立したと思しき都市頌歌であるが、ことイスタンブルを詠む都市頌歌群にはオスマン詩に固有の要素が存在する。詩題の選択と言語表現における独自性である。そこではトプカプ宮殿やファーティフ・モスクのような特定の施設や、ガラタやキャウトハーネといった固有の地域が定型的な称揚対象となり、ときにトポスと呼ぶべき発展を遂げている。(45) 換言すれば都市頌歌は、同時代の詩人たちのステロタイプ的な帝都観を窺い得る点で、文学（史）研究のみならず都市文化史の領域においても高い重要度を有する史料なのである。(46)

さて、都市頌歌において詩人たちが必ず取り上げる対象は、ボスフォラス海峡、トプカプ宮殿、アヤソフィア・モスク、ファーティフ・モスク、エユプ、ガラタ、キャウトハーネの七つにほぼ固定化されている。なぜ七つなのかと言えば、それはイスラーム文化圏において七という数字がことのほか重視されたからに他ならない。フズーリーの詩を引いたときに少し触れたが、天国が七層から成るのであれば、地上もまた古代ギリシア以来の伝統に従って七地域に分かたれ、大洋は七つ、そしてもちろん地獄も七層。(47) 七という数字は、ムスリムにとって神の創造したこの世を形作る重要な数字であるから、大帝都イスタンブルもまた七つに分かたれるのが、オスマン詩人たちにとってしかるべき姿であったのだ。

前述の通りオスマン帝国の都市頌歌には、都市名士や職工といった都市の人々を称賛するペルシア都市詩の系譜を引く作品と、宮殿やモスクのような建築物を「美点」として称える作品の二類型が存在するが[48]、前者についてはのちほど扱うこととして、まずはオスマン詩人が抱く理想の都市景観が集約するランドマーク群を中心にその都市像を検討してみよう。

ボスフォラス海峡、あるいは両海の集合点

イスタンブル周遊を終えたわたしたちにはすでにお馴染みの通り、イスタンブルはボスフォラス海峡にまたがる海峡都市である。もちろん、詩人たちもその特徴的な地勢に言葉を尽くすのだけれど、そこには非常に相似的な帝都圏の姿が浮かび上がる。

白海と黒海の間、二つの海の合流点、二つの海峡の間にあり、美しい装飾に満ちた比類なき都市であり、東西に誉れを知らしむる都市である。

ラティーフィー『イスタンブル礼賛』[49]

七界の帝王の玉座であり、この喜ばしい絶景の花嫁となるにふさわしい都市は皆無である。
両大陸の避難所にして、黒と白の両海の集合点である。

ファキーリー『イスタンブル都市頌歌』[50]

（都の）北にある麗しき両海の集合点は、（神によって）描かれた天国の七層のように美しく優雅。
……常に夥しい人々が（往来し）、黒海と白海の二つの海のいずれかの海を選んでいく。

一つは白の海、一つは黒の海、（安楽な）避難所であるこの都市が二つの海を創った。
ジェマーリー（ʻAlî Cemâlî，一四九八－一五八三）『イスタンブル都市頌歌』(51)
ヤフヤー・ベイ『王と乞食』(52)

ここで詩人たちが用いる白海（Akdeniz、Bahr-ı Sefîd）の語は地中海を指す。両海の集合点（mecma'u'l-bahreyn）という表現は他に『イスタンブル礼賛』の散文中にも見えるため(53)、イスタンブルの地勢を表す際の定型表現となっていたことが窺える。右記の詩群に見える「両海の集合点」は、地中海と黒海の出会う場所という意味で用いられているのだが、両海（アラビア語で baḥrayn）という表現は、そもそもコーランに発して淡水と塩水を分けた神の創造を想起させる言葉でもある(54)。つまり、オスマン詩人たちは聖典の表現を独自に解釈し、ボスフォラス海峡という特定の地域にあてはめているわけだ。

また「両海」を形作る白海、黒海のそれぞれの名称から連想される色彩的なイメージも無視できない。詩人たちはその白黒のコントラストの中心にイスタンブルを据えているのだから、そこには帝都の中心性を浮き彫りにする意図もあるように思われるのだ。いずれにせよ、都市頌歌におけるボスフォラス海峡の――そしてイスタンブルの――イメージは、「両海の集合点」という表現に託された中心性、求心性が核となる。オスマン詩人にとっての帝都はまず、陸海の中心に鎮座する世界の中心として語り起こされるのである。

ハレム庭園、あるいは不可視の天の園

世界の中心に位置する都のさらにその中心はどこかと探せば、それは君主のおわすトプカプ宮殿を措いて他にない。第一章で瞥見したように、宮殿岬の高台に建つトプカプ宮殿は多数の職員が暮らし、様々な建物が密集する一

つの都市とも言うべき巨大な宮廷であり、なによりも帝国の意思決定機関である御前会議が催されるイスタンブルの「頭」である[55]。

となれば都市頌歌においても閣僚会議の催される天蓋下の間や、君主が後宮からお出ましになる謁見の間のような施設、あるいは宮廷に居並ぶ高官、軍人、小姓、宦官といった雲上人が称賛されるのかと思われるが、実際はそうではない。不思議なことにオスマン詩人たちは宮廷人はおろか、三つの門と三つの宮殿域からなる特殊な宮殿の構造や諸々の施設にはまったく触れず、ハレムの庭園の称賛に終始するのである。この原因を明徴するのは困難であるものの、その導因として以下の二点を指摘できるように思う。すなわち第一に、君主を筆頭とする貴顕という人的対象について詠むのであれば頌歌が、彼らが繰り広げる祝祭、酒宴、宴会といった祝祭的対象について詠むのであれば抒情詩がそれぞれに適するため、基本的にはメスネヴィー体でランドマーク群を詠んでいく都市頌歌の形式に不釣り合いであるという詩形に由来する要因。第二に、そもそも庭園への称揚そのものがアラブ以来の長い伝統を持つので、トプカプ宮殿に存在する施設の中で、もっとも古典詩と親和性の高い対象を探せばおのずとハレム庭園が見出されるという詩題にまつわる要因。これらを勘案すれば詩人たちがトプカプ宮殿のハレム庭園を繰り返し称えたのは、詩形や叙法、詩題という文学的伝統に由来する選択だったように見受けられる。

ではまず、実際のハレムの庭園について確認しておこう。三つの城門を持ち一つの門をくぐるたびに重要な施設へと深化していく構造を持つトプカプ宮殿にあってハレム庭園は宮殿最奥に位置する。ボスフォラス海峡を見晴らす間口約一二〇メートル、奥行き約八〇メートル余りの大庭園である。往時にはスルタンと後宮の女性、宦官の他は君主に特に招かれた者以外、いっさい立ち入れなかった禁域である。そのため、近世の庭園の実景を写実的に伝える史料は極めて少ない。西欧人たちの記録によれば、ガラタやその他の高所からハレム内の女性が見えないよう糸杉が植えられ、西欧の庭園のようなシンメトリックな剪定は行われず[56]、眺めるのみならず散策を楽しむための庭となっていたという[57]。

彼らはときおり、思いついたように恋人と同じ名前を持つ美しい花に歌を捧げる。まるで彼女が目の前にいるかのように、ひどく情熱的に詩を口にするのだ。(58)

ボン（Ottaviano Bon，一五五二－一六二三）『大君のセラーリオ』(59)

一七世紀初頭のトプカプ宮殿をつぶさに観察したことで知られるヴェネツィア共和国大使が(60)、ハレム庭園に侍る帝国の貴顕たちをして右記のように伝えるそのままに、詩人たちは宮殿庭園に賛辞を惜しまない。

その心湧き立たせる庭園は、心に喜びを与える薔薇やチューリップ、メボウキで満ちている。
メボウキが自らの美しさをその目で確かめたいのなら、（ハレム敷地内の）貯め池が磨き抜かれた鏡となるだろう。
……日輪や月さえ気後れを覚える薔薇の園が、帝王の御所の諸所にある。

ジャフェル・チェレビー『切望の書』(61)

庭園では夏も冬も光輝あふれる美しい花々が咲き、天の園さながらに薔薇は（花びらを）閉じることなく一年じゅう咲きほこる。
……その無欠の庭園を見て人々は言う、これぞ天の園なり、この秘められた天の園は（世人の目からは）隠されているけれども、なお鮮明なり。

ラティーフィー『イスタンブル礼賛』(62)

詩人たちが描写するのは、四季を通じて草木が生い茂り、清水（Kevser、天国にあると言われる河の名前に由来する）

が流れる常春の緑野、すなわち天の園《イレム》としての理想の庭園像である。天の園——アラビア語ではイラム Iram——は、コーラン暁章の第七節で「立ち並ぶ円柱のイラム」として言及される街の名前(63)。天国と競い合おうとしたシャッダード王が地上に創りだした壮麗な都に起源を持つ語だ。つまり、都市頌歌のハレム庭園には、イスラームの楽園を彷彿とさせる理想の庭園像が凝縮されているわけである。

さらに、ハレム庭園には一般的な庭園とは大きく異なる特徴がある。ラティーフィーが詠むように一般人の目からは「秘められ」、「隠されている」点である。イスラームの天の園を目の当たりにできるのが、存命中に正道をあやまたず生き天へ召された者のみであるように、ハレムの庭園を実見する機会に恵まれるのもまたスルタンのみ、すなわち神のお許しを得て宮殿を支配する神の蔭たる君主のみという相似が、ここには見られる。

イスタンブルの第一丘という高所に位置するハレム庭園は、天との距離的な近さや、余人からはその内が窺い知れない禁域であるという物理的な立地条件も相俟って、詩人たちの頭の中に刻み込まれた天の園のイメージにあますところなく合致する対象として称賛されるのである。

キャウトハーネ渓流、あるいは常しえの春

ハレム庭園が衆生には窺い知れない秘密の花園であるのならば、万人が立ち入られる公共の庭園は都市頌歌に登場するのだろうか。もちろんである。歴史的に見ればイスラーム文化圏ではことのほか庭園や野遊びが愛され、アラビア語、ペルシア語で数々の庭園詩が詠まれたことが知られている(64)。こうした庭園への愛着はオスマン帝国でも共有された。たとえば春頌歌のような主に春の園の美と野遊びの愉しみを称える独立した作品もあれば(65)、そこまで行かなくともさまざまな長編詩の中に「春の様子」(Sıfat-ı Bahâr)と題した一章、一節が設けられるなど、ことのほか好まれた詩題だったのである。都市頌歌において万人に開かれた庭園としての称賛を恣にするのは、わたしたちが散策を楽しんだ帝都圏最大の行楽地キャウトハーネである。

広大な大地には丘に取り囲まれた果樹園や菜園、薔薇園がある。

神によって守られ、育まれた木々の背は遥か高みにまで達し、枝々は互いに手を繋いでいる。

糸杉と柘植《つげ》が手を取り合って屹立すれば、その樹上をそよ風が漂い、あるいは吹きぬけていく。

……わたしは日夜「我が神よ、この緑野に害悪が及びませんように」と嘆願する。

……夜告鳥が幾千もの言の葉を囀り、サズ（弦楽器の一種）で音曲を奏で、壮麗で心地よい和音を盛大に奏ではじめれば、
生気を得てほかの小鳥たちがそれに和し、憂愁は彼方へ、彼方へと去ってゆく。


ジャフェル・チェレビー『切望の書』[66]

クミンと薔薇が宴に集った。夜告鳥にはアイリスの花を、詩人には薔薇色の葡萄酒の入った盃を与えたまえ。

……晴れがましい岸辺を眺めやりながら、せせらぐ渓流を通り抜ければ、そこは業火が燃えさかる世間とは隔絶した場所。

……手に酒杯を持ち、口舌は闊達に、長衣の隙間からは薔薇が覗く。ああ、盃を取り上げないでおくれ、この手にその薔薇（＝葡萄酒の盃）を持たせておくれ。


ラティーフィー『イスタンブル礼賛』[67]

この二篇の詩は、キャウトハーネという実在の一地域に捧げられた歌である点を除けば、生い茂る草木や、囀り交わす小鳥が配された緑野の美、そこで営まれる野遊びと雅やかな宴の様子を歌う点で、類型的な春の描写に終始している。まず指摘されるべきは、都市頌歌におけるキャウトハーネが「春の園」という紋切り型の詩的イメージを託され、帝都の自然美を一手に担う地域として寿がれる対象となっている点である。しかも、春の園としての

キャウトハーネのイメージは、詩人たちの専売特許ではなかった。一七世紀のムスリム名士エヴリヤ・チェレビーの地誌的旅行記を開くと、さほど詩という美文の世界に通じていなかった彼もまた、平明な口語的トルコ語を基調とする地の文はひとまず脇において、渓流で楽しむ美女との遊泳であるとか、岸辺で張られる宴をヒュセイン・バイカラ——芸術をこよなく愛し、多くの芸術家を保護したことから文芸保護者の代名詞となったティムール朝の王——の宮廷になぞらえながら、オスマン語美文を駆使して寿いでいるからだ(68)。

帝都の貴賤を問わぬ人々にとって代表的な行楽地となっていたキャウトハーネは、都市頌歌において山川草木の美を称え慣れた古典詩人たちの文学的叙法と合流し、帝都に常しえの春という「美点」を付与する文学的空間として機能したようだ。

エユプの街、あるいは参拝地

イスタンブル西北部のエユプが、七世紀に殉教した聖戦士の王（şâh-ı gâzi）エブー・エユプの葬られた街であることは既に述べた。先述の通り、イスタンブル征服というメフメト二世の偉業に先鞭をつけたこの教友はオスマン帝国でことのほか重んじられた聖人であるから、この古の武人を称える頌歌や抒情詩は数多く伝存している(69)。ただし、それらの大半はエユプの街について詠まれた作品ではなく、あくまでエユプに捧げられた人物称賛詩（medhiyye）の態を為すので、帝都に捧げられた詩歌と見なすのにはやや難がある。ところが、都市施設を主たる称揚対象とする都市頌歌においては、やや事情が変わってくる。

（エブー・エユプ様は）信仰心篤い教友の誉れであるのみならず、諸預言者の中でも際立った方（＝ムハンマド）
と肝胆相照らす朋友でもあらせられた。
その御霊が眠る大地は佳人の目張りのように際立ち、衆生はこの参拝地をカーバ神殿（のような聖地）であると考えている。

ラティーフィー『イスタンブル礼賛』(70)

（メフメト二世陛下はエブー・エユプの埋葬地の）上に堅固な礎を据えたので、墓廟はこの世ある限り永らえるであろう神殿となった。

彼の方の御霊を慰めるためにワクフと慈善施設が建設され、昼となく夜となく礼拝が行われるようになった。

偉大にして喜びあふれる参拝地、万人の望む場所となった。

衆生よ、かの方の自己犠牲と神への献身を肝に銘じて祈りたまえ。貧者よ、給食所において安逸を見出したまえ。

……（メフメト二世陛下は）はるかに高い天輪でさえ低く思えるほどの大廟を築かれた。

傍らにはこの世ある限りその喜びが続くであろうモスクと学院と修道場を建立なさった。

すると、人々がこの地へまかり越して住み栄えたので、人々が住み栄える喜ばしい街（＝イスタンブル）は感涙にむせび泣いた。

この街の周囲は隅から隅まで薔薇園に覆われ、その園のいたるところに生気を与える清水が流れている。

天の園とはまさにこれ、すなわち生の喜びがたゆたう清水に思わず渇きを覚えるほどに優雅な佇まいの輝かしき薔薇園のこと。

都より半フェルサングの距離にあるこの街を一見して気が晴れ、愉快にならぬ者はない。


ジャフェル・チェレビー『切望の書』(71)

まず、ラティーフィーが佳人の目張りのようにくっきり際立つと評するのは、エユプの街を帝都圏の他地域と比較して、その優位性と聖性を確認したいがためであろう。また、目張りの色である黒はオスマン帝国で喪の色とされたことを考え合わせれば、エユプの冥福を祈る意味合いもあるのかもしれない。あるいは目張り（アイシャドウ）はそれを粧《よそお》う佳人がいない限りただの墨でしかないのだから、エユプはあくまでイスタンブルという佳人をより美しく見せる引き立て役である、という含意があるのだろうか。一方、ジャフェル・チェレビーが主題とするのは、モスクと廟の建立者であるメフメト二世への称賛と、エユプの街の来歴、および街の周囲に広がる緑野などの都市郊外の実景であり、そこではもはや聖性の本来の源である筈のエブー・エユプの殉教譚や武勇は語られない。

二人の詩人に共通するのは、エユプの街をエブー・エユプという殉教者へ捧げる挽歌、個人称揚詩によって描出することはせずに、むしろ参拝地（ziyâreyt-gâh）、あるいは観光地（bâr-gâh）という同時代の街の実景の方を重んじながら、「美点」の一つとして帝都圏へ包摂しようとする態度である。エブー・エユプにまつわる伝承は貴賤を問わずに広く流布していたのであるが（後述）、都市頌歌におけるエユプはあくまで帝都圏の聖地、参拝地として寿がれるのである。

アヤソフィア、競い合う帝都のモスクたち

ボスフォラス海峡、宮殿、行楽地、聖地と来れば、残る称揚対象はイスタンブルの丘の上に立ち並ぶ大モスク群と異教徒の街ガラタである。これまで見てきた四つの対象の中には「両海の集合点」のようなオスマン詩人に――そして帝都圏の地勢に――独自の表現も見られる反面、庭園の美や聖所の聖性といった古典文学の伝統に即した紋切型の先行する詩的イメージを帝都の名所に当て嵌める構図も見られた。それに対して、これから見る大モスクとガラタについての叙述では、そうした文学的伝統を参照系とする帰納的な態度がある程度、弱まる。なぜなら、近世イスタンブルの三大モスクであるアヤソフィア、ファーティフ、スレイマニイェの三堂が一堂に会するとき、それは美の共演とはならず、美の競い合いとなってしまうからである。まずは帝都一、つまりは帝国一の格式を誇る

アヤソフィア・モスクについて見てみよう。

ああ、すべてのモスクにたいして帝王たるはアヤソフィア。
ああ、アヤソフィアはカーバ神殿のごとく魂が安らぐ場所。

ラティーフィー『イスタンブル礼賛』(72)

市中に天輪のように高く聳《そび》える比類なき場所あり。
その場所に与えられた聖なる御名はアヤソフィア、かくも聖なる場所は他になし。

ヤフヤー・ベイ『王と乞食』(73)

モスクを帝王になぞらえ、あらゆるモスクの頂点に君臨すると歌うラティーフィー、その聖性を至上とするヤフヤー・ベイは、いずれも帝都一の大伽藍としてのアヤソフィア・モスクの権威を確認している。しかし、実のところ都市頌歌の作者たちはアヤソフィアの称揚にさほど熱心ではない。それというのも、堂内のミフラーブであれ、説教壇であれ、あるいは見事な柱廊であれ、はたまたスルタンの金曜礼拝の様子であれ、称えるべきところは他にいくらもありそうなものなのに、右に掲げた以上の細やかな描写となると、なかなか見つからないのだ(74)。たとえば、これまで幾度も引いた一六世紀の詩人ジャフェル・チェレビーは教訓的物語集『切望の書』の前半部に都市頌歌を配置しているが、その中でアヤソフィアに一七対句を捧げる一方、ファーティフ・モスクについては実に一一一対句を費やしている(75)。詩人のファーティフ・モスクへのこだわりが、詩行の数の上でも露わになっているのだ。

この種のファーティフ・モスク贔屓——あるいは、アヤソフィア軽視——は、これから見るようにひとりジャフェル・チェレビーに特有の態度ではない。アヤソフィア・モスクは、オスマン詩においてはその格式に比して奇妙とも思えるほどに記述量の少ない建造物なのである。では次に、ファーティフ・モスクとスレイマニイェ・モスクについての記述を拾いながら、アヤソフィア・モスクという帝都一のモスクの背後に見え隠れする詩人たちの複雑な感情を探ってみよう。

帝都初の国産モスク、ファーティフ・モスク

第二章でファーティフ・モスクを訪ねた際、詩人たちがミナレットや八学院、あるいは給食所に惜しみない賛辞を送っていたことを思い出してほしい。おさらいしておくと、おおむね本堂については照明の美しさとミナレットの高さが[76]、八学院では教授陣と生徒の知性や勤勉さが[77]、そして給食所では食事の美味やホスピタリティに満ちた様子が賑々しい祝宴に託されて[78]、それぞれ称えられる。モスクの格式のみが「カーバ神殿」や「スルタン」といった定型的かつ、やや抽象的な表現によって称えられるアヤソフィアと比較すると、ファーティフ・モスクはモスクとメドレセ、給食所が一体となった宗教的複合施設としての側面から称賛されるのである。

しかし、アヤソフィア・モスクとて付属施設が一ヶ所に集中して築かれていないだけで、歴とした宗教的複合施設である。それにもかかわらず、詩人たちがファーティフ・モスクにのみにかくも筆を割くのはどうしてだろう。キャーティプという詩人の都市頌歌の中にその理由が記されている。


メフメト陛下は征服なさった。都の内はムスリムの勝利の炎《エンヴァールアフメト》で満ち満ちた。

一つの偉大なモスクあり、アヤソフィア・モスクなり。人言に曰くアサフィッヤが為したなり。

かのごときものは誰も創り得ず、あれに似たるものもまた世になし。

（しかしメフメト陛下は）マーニーとて描きえない偉大なモスクを市中に建立なされた。

それを目にした者が「正にこれぞ第二の楽園なり」と言って笑えば、まるで魂を持つかのごとくに笑い返す。モスクの様子を言葉で言い表そうとしても、いかなる美文家でも力不足、言の葉はその天国のごとき高みに到底、届かぬ。

かの支配者の申し子たるハーンはここに眠る。その御霊に無数の冥福の祈りが捧げられている。

キャーティプ『イスタンブル都市頌歌』(79)

第五章でも触れるが、この詩に登場するアサフィッヤ姫――あるいはアヤソフィア――というのは想像上の古代の王女であり、オスマン帝国ではアヤソフィアの建設者と信じられていた。またマーニー（Mânî, 二一六－二七六?、二七七?）はマニ教の創始者のこと。彼は自ら絵筆を振るって経典を著したため、その手先の器用さはイスラーム文化圏でつとに知られ、古典詩においては絵画や建築といった芸術に優れる者の代名詞となっていた。この詩でとくに注目すべきは、メフメト二世がアヤソフィア・モスクに対抗してファーティフ・モスクを作り、なおかつこれを凌駕したと言明されていることだ。なるほど、さすがはメフメト二世陛下、軍事のみならず都市建設にも優れた指導力を発揮なされたのだと納得したいところではあるが、ちょっと待ってほしい。実際にファーティフ・モスクを見学したわたしたちからしてみると、キャーティプの言葉はにわかには信じがたい。なぜなら、建築的な規模を比べればファーティフ・モスクの本堂はアヤソフィアには及ばないのだし、だからこそミナレットの高さが称揚されていたのではなかったか。そもそも、直系約三一メートルというアヤソフィアの大ドームを凌駕する大伽藍は、この詩が詠まれた半世紀後の一五七四年に大建築家スィナン（Mîmâr Sinan, 一四八九－一五八八）によってエディルネに建てられるセリミイェ・モスクの落成を待たなければならない。では、キャーティプは何をもってファーティフ・モスクがアヤソフィアに勝ると断言し得たのだろうか。あるいは、たんなる君主へのお追従に過ぎないのだろうか。いや、どうやら詩人たちの言葉にはそれなりに理由があったようだ。

ランプの火屋は色とりどりに彩色され、窓の硝子はルーミー文様とハタイー文様の一葉。
（ああ、偉大な）技術者、世界じゅうの匠、技持つ者、熟練者たちよ。

ジャフェル・チェレビー『切望の書』［*HN*, 181*HNH*］

詩人はファーティフ・モスクの本堂とランプの火屋やステンドグラスといったガラス製品の美を詠んでいる。ファーティフ・モスクは一八世紀の地震で損傷したため、一六世紀当時の彩色ランプや、「ルーミー文様とハタイー文様の一葉」（Hatâyî Rûmî yaprâk）が、具体的にどのような形状をしていたかまではわからない。ただし、ハタイー文様は中央に円花飾りをあしらい、ルーミー文様はその周囲を花や木の枝が取り囲む装飾図案である。[80] 注目したいのは詩人がこうしたかなり具体的な工芸品に言及した上で、無名の職人たちを称えている点である。都市頌歌においてこうした無名の人々が称えられる例は他にない。ジャフェル・チェレビーとほぼ同時代人であるラティーフィーも「評価と名誉に溢れるさまは、記述と描写の外である。これに似たモスクの装飾はなく、建築に当たっては名高い匠たちが参じたのだ」と、同様に堂内の美しい装飾を制作した匠（üstâd）を称える。[81] そして職人工の技術の高さについての詩人たちのこだわりの理由を記すのが——詩文からは離れてしまうが——エヴリヤ・チェレビーである。

人々の祈りを受け入れる心安らぐモスクである。それというのも建造されたときに建築の匠や労働者として異教の者が従事しなかったからである。すべての従事者はムスリムだったのだ。いまでも、祝福多きその門をユダヤ教徒やキリスト教徒がくぐることはない。

エヴリヤ・チェレビー『旅行記』[82]

ここではっきりとファーティフ・モスクの貴さが、異教徒ではなくムスリムによって建設されたことに由来すると断言されている。どうやら詩人たちのファーティフ・モスク贔屓は、帝都で最初期の「国産」モスクであったことに由来するようだ。

とはいえ、帝都には征服後にモスクへ転用された教会は少なくないのだし、オスマン帝国の人々がアヤソフィアを筆頭に無数にある非国産の転用モスク群に対抗意識を燃やしていたとは断じがたいようにも思える。そこで今度は、スレイマニイェ・モスクを巡る言説を取り上げてみたい。

ヤフヤー・ベイのスレイマニイェ頌歌

おそらくスレイマニイェ・モスクを詠んだ詩の中で――その献呈に至る経緯も含めて――もっとも有名な作品は、軍人詩人ヤフヤー・ベイが一五五七年、つまりモスク落成の年にスレイマン一世に献じた頌歌である。まずはヤフヤー・ベイの経歴と詩の献呈までの経緯を簡単に確認しながら、スレイマニイェ・モスクの来歴を見定めておこう。

ヤフヤー・ベイは幼いころにアルバニアから徴発されてカプ・クル軍団に属し、イェニ・チェリ歩兵としてエジプト征服やチャルディラーンの戦い、両イラク遠征、はては第一次ウィーン包囲など、オスマン帝国の最盛期を彩る華々しい戦の数々に従軍した生粋の軍人である。また、軍人として頭角を現すかたわらで当代きっての詩人としても名を上げ、その強い競争心や悋気《りんき》を同世代の詩人ハヤーリーにぶつけたことでも知られる[83]。軍人、つまりは公人としてのキャリアが歴史書、文書史料である程度追える上に、その強い自負心を窺わせるかのように、たんなる文学的伝統の踏襲に飽き足らず、戦人としての心得を歌い、あるいは詩人としての自信を隠そうともせずにあけっぴろげに詠んだ人なので、昔から文学（史）研究者のみならず歴史家の興味をも引いてきた人物である。早い話、彼を主人公に据えれば小説の一本くらいは簡単に仕立てられるくらいに世界史の名場面の舞台袖で活躍した人物な

図23：右側がイェニ・チェリの白帽をかぶった詩人ヤフヤー・ベイ。*MEŞN* 所収。

のだ。

それはともかく、長じてイェニ・チェリ軍団の高級将校となったヤフヤー・ベイは、徐々に大宰相リュステム・パシャ(Damat Rüstem Paşa, 在職一五四四－一五五三、一五五五－一五六二）との対立を深め、虎の子のイェニ・チェリ軍団の不満を気にかけたスレイマン一世はリュステム・パシャを罷免し、ヤフヤー・ベイを取り立てる。ひとまずは政争に勝利したヤフヤー・ベイは、スレイマン一世が長子ムスタファ王子を処刑した際に、この王子にあてた懸絶の出来の挽歌をものにし、詩人としてもその地位を不動のものとした。しかし、一五五五年にリュステム・パシャが大宰相に返り咲くとその運命は一転する。ボスニアとセルビアの国境のズヴォルニクに左遷されてしまったのだ。逼塞《ひっそく》すること二年、一五五七年にスレイマニイェ・モスクの落成を聞きつけた彼は、おのおのの対句のすべてが記年詩となっている渾身の頌歌に自身の不遇を託しながらスレイマン一世に献じ、起死回生を図るのである。

> ああ、寛容な陛下、モスクの周りのミナレットはあたかも人の子が手を開いて祈るさまのようでございます。
> 清真にして清澄なる礼拝帽のごとき本堂のドームの両側には、気高く美しい装飾に満ちた白亜のミナレットが

ございます。

マーニー様が作ったかのように見事な本堂は修道僧に、二本のミナレットは確固たる信仰心のために捧げられた両の手に似ております。

それはまるで、誉れ高く悪心もなく、神の恩寵に満ち、崇高にして完全無欠の陛下の下僕たるこのヤフヤーさながら。

清真にして清澄なる心根の礼拝者のごとき忠誠心に満ちた言の葉こそが、わたくしのもの。わたくしは、いついつまでも心から陛下に拝跪する古参の礼拝者でございます。

ヤフヤー・ベイ『詩集』(84)

ヤフヤー・ベイはこの詩で、スレイマニイェ・モスクの本堂を礼拝者の身体、ミナレットをその手になぞらえ、両の手を天に捧げて祈り、許しを請う自らの姿に重ねつつ、昔と変わらない忠誠心を保っていることを切々と訴えている。もっとも、この名詩をもってしてもスレイマン一世の心を動かすまでには至らず、ヤフヤー・ベイは復権することなくスヴォルニクに留め置かれ、スレイマン一世が崩御したのちもスルタンたちの愛顧を願い続けた。彼の望みが叶うことはなく、左遷から実に二七年後の一五八二年に同地で没したと言われている。期待した成果が得られなかったとはいえ、モスクと礼拝者たるヤフヤー・ベイの換喩の明晰さや、記年の技が冴えた名詩であり、古参の幕僚である老兵ヤフヤーの切実な思いを知っていればこそ、一層胸に迫るものがある。

さて、ヤフヤー・ベイへの同情を脇に置き、そのルサンチマンをそぎ落としてみると、全五一対句から成るこの作品で詠まれるスレイマニイェ・モスクは、伽藍の巨大さや、礼拝に集うムスリムたちの清廉な佇まいなどに彩られてはいるが、詩人の視線は常にスレイマニイェ・モスクの背後に控えるスレイマン一世その人に向けられている。つまるところ、ヤフヤー・ベイの詠むスレイマニイェ・モスクの壮麗さは、そのすべてがスレイマン一世という個人へと集約しているのである。ヤフヤー・ベイにとってのスレイマニイェ・モスクとは、その名の示す通り「スレイマンのモスク」であるからこそ貴かったわけである。

フランク人、スレイマニイェ・モスクに驚嘆す

しかし、いかにスレイマン一世が偉大な君主であっても、このモスクそのものはアヤソフィアと非常に似通り、規模においてはその後塵を拝する建築物と捉える向きもある。一六世紀以来、西欧人旅行者のような異人たちでさえ、この二堂を比べてはその優劣について議論したほどなのだ。しかも、一七世紀の画家グルロ（Guillaume-Joseph Grelot, 一六三〇－一六七六以降）のように、大きさこそ劣るものの、「その美しさと形状においてアヤソフィアに引けを取らない」と擁護する者は稀で、テヴノやモトライユ（Aubry de la Motraye, 一六七四－一七四三、モトレーとも）のように、ドームの規模はアヤソフィアに劣るとすげなく評する者が多い(85)。

アヤソフィアとスレイマニイェの比較――ムスリムの側に立てば、古代の異教徒が建てたもと教会と、自国の名君が建てた帝都の顔たるモスクという二つの巨大建造物の比較――はオスマン帝国人にとって他人事ではない。なんとなれば、彼らにとって英明を以て鳴らしたスレイマン一世その人の遺体が葬られた聖域は、格別の愛着が伴う場所なのである。そして、そうした愛着が古典詩をはなれた市井の世界にまでたゆたっていたことが、このモスクのお膝元ウンカパヌで生まれ育ったエヴリヤ・チェレビーの伝える以下の逸話から窺える。

あるときエヴリヤ・チェレビーは、門衛に案内されてスレイマニイェ・モスクを見物する「一〇人ほどのフランク人の異教徒のうち、工学や建築の知識にとくに秀でた者ども」に出くわす。彼らは何を見ても口を開けたまま驚愕し、大ドームを目にすれば全員が帽子を取って「マリア様、マリア様」といいながら驚いたという。ムスリムは公的な場では男女ともに髪を隠すのを礼儀とするので、この帽子を取る行為はいかにも西欧人らしい無礼な所作として描かれているようだ。そんな彼らを見たエヴリヤは、通訳に近寄っていって「なぜモスクを見学しているのか」

と問いかける。するとトルコ語を話すフランク人がすぐにこう応じるのである。

いかなる被造物であれ、建造物であれ、建物の内も外の両方の美がひとところにあるということはありません。しかるに、このモスクは内も外もかように魅力あふれる技で建てられております。ヨーロッパのどこであれ、建築の知識においてかくも出色の出来映えの建物を目にしたことはありませなんだ。

エヴリヤ・チェレビー『旅行記』(86)

気を良くしたエヴリヤ・チェレビーは、ここで非常に興味深い質問を発している。

では、アヤソフィアとこのモスクは（どちらが）優っていますか。

エヴリヤ・チェレビー『旅行記』

答えは以下の通りである。

これよりも巨大な石造の建物は古代の遺産です。その時代（の世情）が安定していたため、技術の粋を集めた巨大な建物となったのです。しかし、優美さ、喜ばしさ、繊細さ、そして魅力において、これはあれよりもさらに素晴らしい建造物です。注ぎ込まれた資金の点でも、このモスクはアヤソフィアよりもさらに多くの富を使っているのですから。

エヴリヤ・チェレビー『旅行記』(87)

異国人が驚嘆するさまを詳述し、アヤソフィアと比べてどうかと問うエヴリヤ・チェレビーの言葉には、お国自慢というべき誇らしさが透けて見える。こうしたやり取りが実際にあったかは定かではないし、おそらくはエヴリヤ・チェレビーの創作だろう。しかし、作者が古代に異教徒によって建てられた建造物であるアヤソフィアと、外観は類似しながらも英主スレイマン一世によって建てられたスレイマニイェの建設の経緯や時期の差異を明確に意識し、なおかつ後者をこそ誇りにしていた点は非常に興味深い。なぜならここでもやはり、スレイマニイェという「国産」モスクがアヤソフィアに優るとされているからだ。

アヤソフィア、ファーティフ、スレイマニイェ——近世の帝都を代表する三つのモスクについて、都市頌歌を中心として、その他の詩文、散文の記述を見渡してみると、そこにはアヤソフィアを最上格の礼拝所とする公的見解が、同時代にはあくまで建前に過ぎず、実際の文学テクスト上ではオスマン帝国の「国産」モスクの方が重んじられた事実が浮かび上がる。オスマン帝国のムスリムたちの間には、異教徒によって建てられた「異教の気配」を残すアヤソフィアに対するある種の対抗意識や劣等感という本音が燻《くすぶ》っていたと言えるだろう。アヤソフィアの異教性とそれにまつわる人々の反応については別所でも取り上げるので、ひとまずは都市頌歌に歌われる七つ目の地域、イスタンブル対岸のガラタの街について見てみよう。

装飾の街にして酒宴の街ガラタ

帝都の対岸に誉れ高い街がある。音に聞こえたその場所は、名をガラタ（Kalata）と言う。
装飾や黄金で満ちた店々が築かれ、その軒先は天国の宝物庫の番人[88]も驚くばかりに豊かである。
街のいたるところはフランク人の偶像で飾られ、酒宴の場となっている。

ジャフェル・チェレビー『切望の書』[89]

イスタンブルの対岸という地勢、商店のにぎわい、酒場の存在、住居を彩る偶像――ジャフェル・チェレビーの詩には、ガラタの特徴の多くが簡潔に詠みこまれている。そもそもガラタは、オスマン帝国の臣民であるギリシア正教徒やアルメニア正教徒、ユダヤ教徒のほかに、多くはカトリック教徒である西欧人という交じりっけなしの異教徒（kâfir）が暮らす外国人居留地であるし、建築物には偶像が飾られ、夜な夜な酒宴が営まれる点で、異端の地である。しかし、アナドル州の軍人法官という要職を占めた大ウレマー、ジャフェル・チェレビーをはじめ、オスマン詩人たちにはその異端をあげつらう態度は皆無である。いや、むしろ異端の象徴たる偶像や酒宴をこそ称揚しようという姿勢が勝っているようにさえ見えるのだ。


街の中は偶像に彩られ、フランク人の塑像によって飾られ、姿形が満ちている。

ラティーフィー『イスタンブル礼賛』(90)

この装飾に彩られた街はあたかも白い海のよう。ガラタはフランク人の国なのだ。

ジェマーリー『イスタンブル都市頌歌』(91)

ガラタに一体の美しい偶像あり。かの美しい瞳を持つ者はフランク人の裔である。

まばゆく美しい彼女が黒い長衣を身にまとえば、闇の中に生気を与える神水がまたたくかのよう。

その麝香が香る巻き毛は、フランク産の絹布がかけられたかのように瑞々しく、艶やか。

ヤフヤー・ベイ『詩集』(92)

二番目のジェマーリーの作品に見える「白い海」は、ここでは地中海ではなく石造りの街並みの白がまばゆく輝くさまを表していると思われる。一方、ヤフヤー・ベイの詩は街に暮らすガラタの美人を称えた詩であり、ほかの二作品とはやや趣を異にする。しかし、三作品ともその言葉遣いにおいては高い類似性を見せる。いずれの詩にも偶像（sanem）、塑像（büt）、装飾（nakş, zîver, ziynet）、姿形（sûret）といった用語が詠まれ、彫刻をはじめとする建築装飾に満ちた異教的なガラタの街並みを言語的に印象付ける役割を託されているからだ。都市頌歌を筆頭とする詩的美文中に限っては、偶像に彩られた異端的なガラタの街並みが、異国情緒あふれる「装飾の街」――イスタンブルの異称でもある――として寿がれているのである。

では酒場の方はどうだろうか。第二章でウンカパヌからガラタへ渡る際、すでにお馴染みのヤフヤー・ベイがガラタへ向かう渡し舟に乗る佳人たちを真珠に喩えていたのを思い出してほしい。

数多くの佳人が舟に乗りこみ、ガラタを徒歩で散策する。
舟に乗りこんだ惚れ惚れするような佳人たちが真珠のような汗をかけば、浮かぶ舟はあたかも真珠層のよう。

ヤフヤー・ベイ『イスタンブル都市頌歌』(93)

一見、第二章で引いたのと変わり映えがしない作品に見えるかもしれないけれど、実はこの詩の「徒歩で散策」（ayak seyrânı）という言葉にガラタの特徴が隠されている。トルコ語の ayak は「足」を指すが、転じて足のついた盃をも意味し、オスマン詩では酒杯の隠語として用いられるお馴染みの詩語(94)。つまり、「徒歩で散策」の裏には、さきほどわたしたちが少しだけ堪能した「酒杯片手に酒場巡り」を予感させる作りになっているのだ。

ああ、求道者よ、ガラタの方へ散策して、一歩進むのに四万日かかるかどうか確かめてごらん。

ザーティー『詩集』(95)

この詩でザーティーは、一歩進むのにも何万日もかかる厳しい修行に明け暮れる修道僧に対して、ガラタへ行って酒に酔えば神様との合一はすぐにでもなるかもしれないぞと揶揄するのだが、ヤフヤー・ベイと同じ散策（seyrân）という表現を用いているのが目を引く。オスマン詩においては、「ガラタ散策」という行為そのものが飲酒と関連付けられているのである。[96]

俺の足は酒場の外には一歩たりとも踏み出さない、俺の手ときたら酌人の（差し出す）酒杯のほかは何にも掴まない。

おい説教師よ、景気の悪い話の一つもしてみろよ。俺の耳には届かないぞ。徳利のぶつかり合う音や、酔っ払いの怒鳴り声以外にはな。

禁欲的、品行方正なお前さんや、葡萄酒を欲しがる乞食にとってはとっておきのこの場所にいらっしゃいな。

この庵（＝酒場）がどんなもんか、これっぽちも知らんくせに。

エヴリヤ・チェレビー『旅行記』[97]

酌人よ、我らに葡萄酒を捧げよ、さあ飲もう。我らの顔を（興奮の）黄色に染めておくれ。葡萄樹よ、そなたは我らの顔を赤くしておくれ。

（審判の日への）悲嘆など塵のように消し去って、鏡のようにぴかぴかに磨かれて、葡萄酒を湛えた酒杯を持って健康を祝そう。

助言者よ、「葡萄酒は禁なり」と言って悦びを阻むなかれ。掌中の勅令はこれなるぞ、メシア（キリスト）の聖法は許し給う。


ラティーフィー『イスタンブル礼賛』[98]

右記の二篇の詩はともに、誰憚るところもなく飲酒に興じる傲岸不遜な酔漢たちの嘯きをそのまま韻文に落としこんだ作品。共通するのは酌人（sâki）や酩酊（mest）、一献（sağar）、酒杯（kadeh, bâde）といった「酌人の書」と共通する詩語が多く用いられている点だ。[99]「酌人の書」は一二世紀のペルシアに発し、オスマン帝国でも一九世紀に至るまで詠み継がれた息の長い神秘主義詩の一ジャンル。[100]幾つかのヴァリエーションはあるものの、その筋書きは時代を越えて非常に定型的、相似的である。すなわち、生の儚さや恋のごとき現世的な悲嘆に思い悩む詩人／主人公が、酌人を訪ねるところから作品ははじまる。この場合の酌人は酒姫、酒童の類ではなく、神秘主義教団の長（şeyh）などの宗教的指導者の寓意となっていて、彼から注がれる葡萄酒は神の愛の隠喩。つまり、絶望に満ちた詩人自身の心そのものの表象である酒盃へ、正しい導き手によって葡萄酒／神の愛が注がれ、彼がやがて正道（sürûr）へと至り魂の救済を得るというのが「酌人の書」の典型的な粗筋なのである。

では、本節で引いた詩も「酌人の書」のごとき寓意に満ちた神秘主義詩なのだろうか。無論、そうではないことは、すでに「ガラタ散策」をしたわたしたちには予想がつく。ただし、さきほどの ayak という掛詞の例を見てもわかる通り、こうした神秘主義詩の用語群が飲酒詩を糊塗する隠れ蓑としても――それにしてもあからさまではあるが――機能したことも確かである。オスマン詩人たちにあって稀有なのは、神秘主義詩に用いられる定型的な詩語をガラタという特定地域に援用することで、公的に飲酒を許容し称賛することのないイスラーム文化圏にあってなお、現世的な酒宴空間としてそれを称えることに成功している点であろう。

3　天の園に比せられる楽土の都

こうしてわたしたちは都市頌歌を中心に、詩人たちの言説空間に立ち現れる礼賛的なイスタンブルの姿を探ってきた。そこに垣間見えるのは地中海と黒海の合流点という世界の中心に位置し、帝王の住まう天の園や、帝国の威光を体現する国産の大モスク群、常しえの春を謳歌する緑野や、信徒が群集う聖地を備え、美しい装飾に満ちた異教徒の街をも従える壮麗な都市の姿である。この都市の特徴は、その美のすべてが王朝の威光や宗教的聖性、あるいは自然美といった「美点」に立脚しながら、現実と乖離した姿にまで理想化されている点である。中世ラテン文学について用いられた表現からの借用になるが「類型的な装飾物を配した理想の景観[101]」と呼ぶべき理想化されたこの都市を、オスマン詩人たちは天国の庭（Bağ-ı Cennet）、天の園の庭（İrem Bağı）、天国の緑野（Çâygâh-ı Cennet）、誉れ満ちたる都市（Şehr-i pür-Şöhret）、高名なる都市（Şehr-i Meşhûr）、美の都市（Şehr-i Zîbâ）、美景の都市（Şehr-i Hûb-manzara）、酒宴で栄える都市（Şehr-i ʿİşret-âbâd）、装飾に満ちた街（Belde-i pür-Ziynet）など、まことにさまざまな雅称で呼び習わしている[102]。あまたあるこうした雅称と、これまで耳を傾けてきた都市頌歌の記述の中から浮かび上がってくるイメージは、この世のものとは思われないあらゆる「美点」の集約した都市に、佳人たる貴人たちが遊ぶ理想郷の姿である。

ジャンルとしての都市頌歌が廃れたのちも、同様の華々しいイメージはオスマン詩人たちに連綿と受け継がれている。一例として一八世紀初頭のチューリップ時代を代表する大詩人ネディーム（Nedîm, 一六八〇－一七三〇）の頌歌の一節を引いてみよう。おそらく、帝国期に詠まれたイスタンブルを称える詩歌の中でもっとも有名な作品であり、今日なお愛唱され続ける名詩でもある。

これぞ壮麗さにおいて並ぶもののないイスタンブルの都、そのひとかけらの小石が異国一つと等価。

二つの海の狭間に浮かぶひとかけらの宝石が、世界を照らしだすその輝きを計るのなぞは烏滸がましい。

この宝石は神の賜物にして神の祝福に満ちた鉱脈であり、そこに産する薔薇はその一輪でさえ至高の天の園と等価足りえる。

壮麗なる天の園は、（はたしてイスタンブルに）優るのか、劣るのか。真正なる神よ、なんと見事な創造であろうか、あなた様の寵愛たゆたい、なんと見事な甘露が流れているのだろうか。

あらゆる庭園は雅やかな草地と、あらゆる場所は活気に溢れ、栄える人々の集う地となっている。

この現世をして、イスタンブルの美になぞらえるのは誤りであるが、さりとて、この花園を天国と比べることも誤りである。

諸々の邸宅は望ましき高官たちの避難所であり、そこで叶わぬ望みはない。

諸々の市場では匠の手になる絹布が売られ、諸々の技芸の集う工房は識者たちの知の鉱山となっている。

金曜モスクの一堂、一堂は、神が顕現したかのような大山であり、祈りが捧げられるミフラーブはまるで天使の眉毛のように優美である。

礼拝所はその一つ一つが灯し火の群であり、（堂内の）燭台はその口から月のように光をふりまいている。

都の水源は人々に生気を与える良質さを誇り、その浴場は心に喜びを、身体に健康を与える。

ネディーム『詩集』(103)

詩人ネディームは作品の冒頭でイスタンブルが世界のほかの地上の都市に勝ることを堂々と宣言して詩の方向性を決したのち帝都を天の園に比す。もしかしたら神のおわす天の園さえをも凌駕するのではないか、という不敬とも取られかねない緊張感の漂う逡巡のうちに帝都の優位性を称えるのである。そして、ようやく第五対句以降で、帝都にあまたある庭園や邸宅、市場やモスク、清浄な水や浴場などの美点が列挙され、帝都の優位性の内実が聞き手に提示されてゆく。威風堂々たる大伽藍、美々しい庭園、瀟洒な邸宅、栄える市場――これらは、いずれも各種のオスマン詩においてはくり返し詠まれるモチーフであると同時に、都市頌歌で取り上げられた対象である。詠み手、聞き手双方に共有されるステロタイプ的なイメージの再利用が帝都の美をことさらに強調し、第三、四対句に詠まれる天の園という帝都の佇まいに集約している。優れた庭園は世界に数多くあるが、天の園となればそれは宇宙に一つだけ、天国にしかない。

なぜオスマン詩人は自らの帝都をして「世界に唯一にして似たもの無き」都と認識しえたのか。それはまさにこの都市だけが、彼らにあって「天の園」に比せられるほどの誉と美を持つ唯一無二の存在として認識することを許された帝都であったからに他ならない。オスマン詩人、および彼らの芸術を賞味しうる帝国の文化的選良層たちの詩的美意識を介してイスタンブルを眺めたとき、そこには理想的な建築物と緑野、そして佳人が群れ集う「楽土の都」の姿が現れるのである。

第四章　支配者の眼差し、下郎の巻

君はこの世においてトルコ人が何者か知っているか。背中には毛皮、頭にも毛皮帽子。

四法学派も正しい教義も信仰も知らず、礼拝前に顔も手も洗わない。

法学を修めた人々は彼らの信仰を誤信であると評する。ああ主よ、どうか羊の見張り番どもを悪より救いたまえ。


君は当世において群衆が何か知っているか。その居場所は常に市場か浴場。

抱擁しながら呪いの言葉を吐く。彼らの言葉に耳を傾けてはならない。

その言葉にはいつも誤りがあり、見ればみな女とともにある。

ファキーリー『描写の書』

1　当世批判と庶民

ラティーフィー、当世を批判する

前節でわたしたちは、華麗な古典詩の世界に燦然と輝く天の園と見まがう帝都の姿を目にした。ところで、詩人たちが都市頌歌を筆頭とする称揚の文脈において王朝の威光を体現するランドマークが立ち並ぶ理想的な都市を描く一方で、ベゼスタンのような大商業施設や、市場や珈琲店のような日常生活空間、あるいはそこで生きる不特定多数の庶民に一切触れず、むしろことさらに無視していたことにお気づきだろうか。当然のことながら、都市頌歌や諸々の頌歌は対象を「称えるための詩」であるから、右記のような都市の日常であるとか、庶民であるとかは、つまりは称えられるべき対象でなかったということになる。ただし、オスマン詩人たちが頑なに「楽土の都」としてのイスタンブルしか詠まなかったという意味ではない。彼らとて天の園が地上に存在しないことを承知していたのである。天を衝かんばかりに聳え立つ堂宇、世界を知ろしめす君主のおわす宮城、佳人や草花、樹木、小鳥、楽の音と清水のせせらぎ――それらに彩られた雅やかな世界を離れ、彼らが国家や都市を統括し、信仰心、礼儀作法を兼ね備えた王朝の支配エリートとしての視座から都市を眺め直すとき、そこには理想からは程遠い現実の都市の姿が立ち現れることだろう。その顕著な例として、これまでもイスタンブルのランドマークに惜しみのない賛辞を送っていたラティーフィー『イスタンブル礼賛』に収められた以下の詩句を引用したい。

来たれ、されど立ち止まるべからず。ここは信仰篤き者を欺くものの多い偽善の都なり。

（イスタンブルは）銀の品々で三人に一人を破産させ、裸一貫にする。
薔薇のように麗しい美女がその経帷子さえ剥いでしまう。

ラティーフィー『イスタンブル礼賛』(1)

ここで詠まれるのは「楽土の都」とはかけ離れた生き馬の目を抜くがごとき偽善の都（şehr-i salûs）としてのイスタンブルの姿である。彼の言う「偽善」とは具体的には何を指すのだろうか。少し長いが同じ『イスタンブル礼賛』の記述を見てみよう。

人の多さによって、まるで籠に閉じ込められた鳥のごとくに息は苦しくなり、つまるところ隙間一つなく、蝟集《いしゅう》した大群衆のせいで一息さえつけない。……あらゆる人の子らの一人ひとりが、おのおのの仕事に忙しく、自らの事情や仕事、そのほかのさまざまな為事に夢中になるあまり他者の事情を知らず、まったくもって驚くべくことであるし、まことに当惑させられることしきりであるが、みな他の人の恥ずべき行いに無関心である。「貧者は貧しさゆえに我を失い、金持ちは富めるがゆえに酩酊する」と言うが、ある者は貧しさのあまり大麻によって正気を失い、葡萄酒の杯を掲げ、驚くべき暴食の誘惑に身を任せ、酩酊した者が往来で喧嘩に明け暮れる。来世、審判の日に与えられるであろう罰から目を背け、寛大な神へ身を委ねることをすっかり忘れ去り、「アッラーを忘れ、おかげで己れ自身のことをすっかり忘れてしまった人々」（追放章第一九節）というお言葉の核心が、夥しい人々の言葉と行いにも、また心の内にも表れており、審判の日の罪の清算と罰への恐れは人々の口の端にのぼってもすぐに消えてしまい、色欲への傾倒か、さもなければ金銀を庶幾するのである。……そして、その大群衆、大勢の人々の中には当世の者どもきって悪漢《アッヤール》や盗人《タッラール》が混ざり、蝟集しており、そのおのおのが盗みや詐欺、悪事の道に身を置き、高潔な子らへ無礼を働き、数多くの悪事を背後で行うのである。

ラティーフィー『イスタンブル礼賛』(2)

ここでラティーフィーは、蝟集する大群衆（cemʿ-i gâfir, cemʿ-i kesîr）によって混み合う大都会の息苦しさから説き起こして、その原因を帝都に巣くうさまざまな悪人に求めている。どうやら偽善の都の正体は、そこに暮らす人々の悪行に由来するイメージらしいのだ。それにしても、これまで紹介した筆致とはまったく異なった非難がましい書き口に思わず首を捻りたくなる。彼がパトロンに恵まれないまま不遇の内に世を去り、同時代人から「痛ましい男」と同情された人物であったこと顧慮すれば(3)、かくのごとき批判は出世競争に敗れた不遇の詩人の個人的なルサンチマンの所産なのだろうか？　しかし、掌を返したような態度はそれだけでは説明がつかない気がする。なにせ本書『イスタンブル礼賛』は、はじめはセリム一世に、のちに加筆してスレイマン一世にも捧げられた一書なのだ。のちに帝国で繰り返し模範とされた『詩人列伝』の作者が、君主相手に愚痴を垂れるような真似はしないはずだ。実はこうした社会批判的な一連の記述は――多少は個人的な恨みつらみも含まれているかもしれないが――「当世批判」（şikâyet-i rûz-gâr, zamandan şikâyet）という一六、一七世紀の文学的流行に則ったものなのだ(4)。

当世批判とは、一口に言えば同時代の世情を批判し、是正する意図で著された作品群の総称である。こうした一連の作品はときに「批判の書」（şikâyet-nâme）と総称されるので、あたかも特有のジャンルや作品が存在したかのように錯覚されることがあるが、これは誤りである。一六世紀から一七世紀にかけての政治的混乱や国家財政の逼迫、東アナトリアでの内乱の頻発といった社会情勢を背景に興隆した一連の「文学的潮流」を指すと言った方が正確だからだ。従って、当世批判の傾向を持つ作品の中には韻文、散文双方が見られるし、ジャンル的にも宗教説話や教訓的物語、政治的論考、世情批判を主旨とする論考、あるいは大小さまざまの韻律詩など、さまざまな作品が含まれる。ようは、当世批判を企図するテクストはさまざまなジャンル、詩形に跨って残存しているということだ。そのため、作者たちが批判し、是正の対象とするのも、国家運営のいろはや王道の在り方といった実利的かつ政治的な領域から、良きムスリムとしての心構えのような精神的な領域まで幅広い。具体的には、君主のあるべき姿や国家運営の正道のごとき実社会と密接にかかわり合う論題を扱う君主鑑文学の性格が強い政治的論考にはじまり、宗教的、社会的儀礼や、ムスリム、あるいはエリートとしての精神的理想を説く「助言の書」(pend-nâme, nasîhat-nâme)の色が濃い道徳的な韻律詩などが、当世批判の傾向を持つ作品に分類され得る。オスマン帝国の文化的選良層が、この当世批判という文学的叙法に則りながら韻文、散文を問わずに盛んに政治、宗教、生活、道徳などさまざまな対象に物申すようになったのが、近世という時代なのだ。

『イスタンブル礼賛』において、聳立する壮麗なランドマーク群への礼賛的記述と、そうしたモニュメンタルな空間以外で営まれる都市生活への批判的記述をはっきりと使い分けるラティーフィーの態度に顕著なように、詩人たちが美文家(vassâf)としてよりも、むしろ教養と権力を兼ね備えた王朝の支配エリートとして近世帝都の都市空間と対峙するとき、その視線は他のオスマン語史料がほとんど取り上げない帝都庶民の行状という都市の日常生活にまで分け入っていくこととなる。

庶民とは誰か?

しかし、近世イスタンブルおいて「庶民」と呼ばれうる人々とは何者なのだろうか。たとえば一六世紀を代表する帝国の知識人は、庶民に言及する際、もしそれが政治的な文脈であれば納税者たる「被支配階層/臣民」(re'âyâ)の語を用い、それ以外の場合はただ衆生('avâm)、民草(halk)、あるいは下郎(rezil / erâzil)といった語彙を用いている。(5) 当世批判というテクストの批判的な性格を考慮する必要はあるにせよ、近世の帝国ではそもそも「庶民文化」を云々するような大衆論、庶民論の類が著されることはなかったので、支配者から見た「庶民」の範囲はさして明確なものではなかったのである。

社会制度の観点から見れば、納税義務を負う被支配階層（reayâ）身分に属する人々すべてを「庶民」と見なすことも不可能ではない。オスマン帝国の支配階層と被支配階層は「峻別され、その権利・義務にも大きな懸隔」がある社会身分であったからだ。(6) しかし、このような二分法は軽々に行われるべきではない。なぜならオスマン帝国は、帝室を除けば血統という改変不可能な過去に根を下ろす権威に依拠して半永久的に特権を享受し得る支配階層――つまりは貴族――が存在しない社会なのだ。この国の支配階層－被支配階層の関係が西欧などと異なるのは、社会上層部の人々はあくまで王朝に仕える官職保持者であって貴族のごとき身分的特権階級ではないという点である。無論、広範なワクフ財源を手中に収め、その財産と権力を血縁者や奉公人、奴隷から成る一門《カプ》へ受け継ぐことで継続性を持った権勢家もあれば、(7) そもそも官職斡旋権を保障されある程度の世襲権力を保持したウレマー名家も少なくない。しかし、それでもなお帝国の官位はほとんどスルタンの権威にのみ拠ってその権能を保証されているのだから、当然それらは有力者たちの間で常にやり取りされ、畢竟オスマン社会は階層を越えて目まぐるしくその成員が入れ換わるという高い人的流動性を孕んでいたのである。つまり昨日の庶民が明日は支配階層になるという成り上がり現象やその逆が頻繁に起きていたわけだ。

一方、トルコ社会経済史の泰斗イナルジュクは帝都の住民を、支配者階層、生産者＝職人、流通者＝商人という三つの集団に分類した。(8) これに従えば後者二集団に属する人々、つまりは商工業者が庶民ということになる。彼は、人々の身分ではなく生業を勘案したのである。もう少し具体的に見てみよう。諸々の社会経済史家の研究成果を勘案すると、「庶民」と呼ばれうる人々は、地元のモスクや教会、あるいはシナゴーグを中心としておおむね三〇から四〇家族が暮らす街区社会と、(9) ムスリム、ギリシア正教徒、アルメニア正教徒、ユダヤ教徒などおのおのの宗教共同体に、そして生業によっては同業者団体にも所属する、主に商工業者とその家族ということになる。「生活圏」、「宗教、および言語」、「生業」という鼎の三本足に支えられた前文を、本書ではとりあえず「庶民」の仮定義ということにしておこう。ただし、「庶民」の中にはムスリム、ギリシア正教徒、アルメニア正教徒、ユダヤ正教徒などが混在して宗教、言語の別が顕著なのはもちろん、ムスリムに比してズィンミーと規定される非ムスリム臣民には人頭税の支払いや居住に関する一定の制限が課せられるなどの明白な制度的不平等も存在しているので、[10]近世帝都の町方において「庶民」という均質な人間集団を想定するのが困難である点は強く心に留めておく必要がある。

さて、帝都の手工業を支える彼ら職人たちは先述のとおりエスナーフと呼ばれた同業者団体に属しており、入団儀礼を経て団体員となれば、資金難や商品不足といった問題が発生した際に援助を受けることができた。職人たちは主に、国家運営に関連する業務に従事し、国の定める仕事場で働く御用職人衆（ehl-i hiref-i hassâ）と、それ以外の職人たちに大別されていた。今日でいえば、国営企業と民間企業のようなもので、これまでも登場したエヴリヤ・チェレビーの父親などは御用宝石職人であるから、職工の世界ではかなり高い地位にいた人物ということになる。この同業者団体の実務的運営はケトヒュダー（kethüdâ、kahyâとも）と呼ばれる長によって統括され、イイトバシュ（yiğitbaşı）などの団体内から選出された役員がこの補佐役を引き受ける。一方、現場の仕事はイシチバシュ（işcibaşı）が品質管理などを行い、実際の商品生産は親方（usta）衆と彼に従う徒弟（çırak）たちが行ったとされる。[11]業種によってはムスリム、非ムスリムの別なく同じ同業者団体に所属し、[12]右記のような階級の上意下達に従い、団体の規則を遵守する「規範的な」な生活を送っていたとされる。[13]また、彼ら職工は帝都の手工業を支えるのみならず、祝祭ともなれば各団体が趣向を凝らした祝賀行列を仕立てて街を練り歩くなど、まさに都の町方の世界の顔となってもいた。同業者団体の存在感は相当のもので、たとえば王子の割礼式とか、王女の結婚式などの祝祭の様子を記録した「祝祭の書」（sûr-nâme）と呼ばれる史料群でも、同業者団体のパレードの様子にもっとも多くの墨と絵具、それに金泥が費やされている。

消費の場、生活の場

　ところで、職住別居も少なくなかった帝都では、必ずしも自らの属するモスクや教会を中心とする生活圏内に職場があるとは限らない。だから、先述の職人たちの中には四主要地域内にある職場へ朝方に通勤をしていく者もいたことだろう。(14) 男たちが出かけたとなれば主婦のお買い物の時間がやってくる。とはいえ、近世の帝都圏に存在した三つのベゼスタンはいずれも高級品を扱う屋内商店街であり、庶民が日常的に足を運ぶには敷居が高い。そのため、日用品や食料品などが商われる露大の市場（pazar, sûk）の方が、彼らにとっては主要な商取引の場となる。現在でもファーティフ地区のチャルシャンバ《水曜日》や、ガラタのサルパザル《火曜市場》のように曜日の名を冠した地名にその名残りを留めるが、帝都では毎日、異なった地域で市場が順繰りに催されていた。一七世紀と一八世紀の市場の開催地と開催曜日を比較してもほとんど変化が見られないので、(15) 露天市場が長らく庶民たちの消費の場として機能していたことが窺える。

　これらの市場で適正価格が維持されるか否か、商取引の公正が保たれているか否かは、国家にとっても重大な関心事だった。物価が高騰して帝都の住人たちの生活が逼迫すれば、それはトプカプ宮殿におわすスルタンと崇高なる国家への不満に直結するからである。だからこそ、オスマン帝国は市場の監督を民間委託などはせず、政府が派遣する官吏たちの手に委ねていた。(16)

　市場で扱われる商品は、あのウンカパヌ港などの税関で都市監督官（şehr emîni）と呼ばれる高級官吏によって関税や政府専用の調達物資の徴収を受けたのち、(17) 市場へ運ばれた。商品の価格はイスラーム法廷で定められた公定価格（narh）に則ることが義務付けられ、市場の現場でも客と商人、商人同士の間を取り持つ仲介交渉役（miyâncı）が商取引の公正を担保した。(18) さらには公定価格の公示や政府からの通達が、触れ役（dellâl）と呼ばれる市場の下級官吏を介して発表されたのだから、帝都における露天市場は国家と臣民を繋ぐ重要な公共生活空間としても機能していた。

買い物を終えた奥様方や大家の端女たちが買い物を終え、浴場で汗を流し、湯上りに嫁探し、婿探しを兼ねた雑談（sohbet）に精を出し、あるいは割のいい不動産投資先の噂に耳を欹《そばだ》てる間に——なにせ帝都のワクフ寄進の実に四割弱は女性によって行われたのだ[19]——日もだいぶ傾いてくる。それと同じころ、その日の仕事を無事故で終えられたことを同業者組合が奉じる守護聖者（pîr）に感謝し、男たちが職場の外へ出てくる。同じ団体に属する非ムスリムの同僚たちが「掌中の勅令はこれなるぞ、メシア（キリスト）の聖法は許し給う！」[20]と嘯《うそぶ》きながらがやがやと飲み屋街の方へ消えていくのを見送ったムスリムの職工たちも、このまま帰るのも詰らないと珈琲店へ繰り出すことに決める。ちびちびと珈琲を飲みながら噺家の笑い話に耳を傾け、あるいは馴染みに客同士で歓談（hasb-i hâl）に興ずるためだ。もしこれが断食月の夜であれば、日が落ちてから恐らくは影絵芝居のようなさまざまな娯楽が提供されたので[21]、男衆の帰宅はさらに遅くなったことだろう。

もちろん、いま紹介した近世帝都の社会や生活は、類型的な想像に過ぎないのだけれど、少なくとも人と物の高い流動性の中心に位置しながらも、一定の商取引の秩序が保たれた生産・流通システムの中で宗教、言語を超えた商人、職人たちが都市経済の繁栄を担い、また娯楽を含めて豊かな都市文化を享受しながら暮らしていたというのが、従来の社会経済史における帝都の商工業者／庶民と言えるだろう。こうしたポジティヴな庶民像を踏まえた上で、以下では公衆浴場、酒場、珈琲店、メジリス（後述）といった不特定多数の人々が集い交流する「社会的結節点」と、青物商や雑貨商、あるいは勅許商人、はたまた靴職人や床屋のごとき庶民たちの「生業」を、当世批判の諸文学作品を史料としながら検討しつつ、そこに現れるであろう文化的選良層たちから見た帝都の日常生活空間の様相を見極めるとしよう。

2　酒場、珈琲店、メジリス：都市の社会的結節点への眼差し

ゲリボルル・ムスタファ・アーリーと『諸々の集い』

個人宅にはじまり、市内各所に開かれた各神秘主義教団の修道場、[22] あるいは大詩人ザーティーの詩人サークルが催されたモスクの中庭、教会、会堂、浴場、隊商宿、はたまたアト・メイダヌのような大広場や、現在のアクサライ、シェフザーデバシュ界隈から西北へ延びる目抜き通りのような商店街――イスタンブルには不特定多数の人々が集い、知り合うさまざまな空間が公私を問わずに存在したが、わけても帝都社会において主要な社会的結節点として機能したのが酒場や珈琲店といった定まった場所を持つ店舗と、招待客が集うサロンに類似するメジリスである。[23] ただし、庶民的空間である珈琲店、酒場や私的な空間であるメジリスについて細々と記す史料は豊富とは言い難い。そこで注目したいのが、当世批判の文脈上で右記のような都市の結節点についてかなり詳しく言及する『諸々の集いの饗宴の規則についての貴い約束事』という散文の論考作品である（以下、『諸々の集い』と略記）。作者はアーリー（Gelibolulu Mustafa ʿÂlî, 一五四一－一六〇〇）という帝国官僚で、歴史家、詩人としても知られるオスマン帝国史上に名高い知識人である。まずアーリーの経歴を瞥見しておこう。

アーリーの一族はバルカン半島のゲリボル出身で、ボスニア系の祖父が徴発を受けオスマン帝国に連れてこられたと言われる。アーリー本人もニスバが示すとおりゲリボルに生まれ同地のメドレセで初等教育を修めたのち、上京してからはリュステム・パシャ学院、ハセキ・スルタン学院、そしてあのファーティフ・モスク付属の八学院に学び、二〇歳前後で法学免状を取得している。免状取得後、通例は就職待ちの長い列に並ぶところなのだけれど、

アーリーはセリム王子――のちのセリム二世（在位一五六六－一五七四）――に詩を献じてその目に留まる幸運に恵まれる。これを契機にウレマーとしてのキャリアを外れたアーリーは、のちに宰相となる王子の教育係ララ・ムスタファ・パシャ（Lala Mustafa Paşa, ?－一五八〇）、のちの大宰相ソコルル・フェルハト・パシャ（Sokollu Ferhad Paşa, ?－一五八六）のような王朝の要人たちに書記として仕えるようになる。合間に幾度かの無職の期間を挟むものの、エルズルム、バグダード、スィワスで財務官僚、イェニ・チェリ軍団付の書記長（Yeniçeri Kâtibi）などを経て、最終的にはアマスヤ、カイセリ、ジェッダの県軍政官を歴任している。またアーリーは、こうした官僚としてのお勤めのかたわら歴史書を筆頭に詩集を含め韻文、散文を問わない計二六作品を著し、存命中から当代きっての識者として名を馳せた。[24] つまるところアーリーは近世イスタンブルに生きたオスマン帝国の文化的選良を代表する人物なのである。

彼の著作には当世批判の色を帯びた作品が少なくないが、『諸々の集い』はその最たるものである。本作は、身分や活動空間毎に――スルタン、宰相、軍人、法官、奉公人、酒宴、会食、会話の作法など――紳士の取るべき立ち居振舞いを解説しながら、帝国社会で出世する極意を教授するという、実用的かつ道徳的な論考（risâle）である。当時のエリートたちの慣習行動を窺う上でも貴重な史料であるが、以下では酒場、珈琲店、メジリスの様子に焦点を絞ることとしよう。

酒場、悪徳と酒色の工房

イスタンブルの酒場は、基本的にはガラタやイスタンブル南部のクムカプなどの非ムスリムの多く住む地域に所在した。これらの店々が異教徒によって経営されていたのは、すでに見たとおりである。帝国社会では非ムスリムの飲酒が基本的には合法とされていたのに対して、ムスリムの飲酒はもちろんご法度だったが、実際には酒を愉しむ者が少なくなかった。しかも、その筆頭に挙げられるのがスルタンをはじめ王朝貴顕たちである。[25] なかには酒好きが高じて「酔いどれ」(Sarhoş) と渾名されたセリム二世――まさにアーリーを引きたてたスルタンである――のような君主さえ存在したのだから、貴人と活動空間を共有することの多かった詩人たちもまた、酒宴を重要な詩題と捉えていた。

花園を菫と戯れながら歩くうちに酔ってしまったんだね。皆の肩に担がれて行く君は、薔薇の花びら (のように軽やかだ)。

ザーティー『詩集』[26]

一見、耽美な佳人の野遊びの様子に見えるが、これは酒場の出入り口で客を待つ荷運び人に担がれて家へ運ばれていく酔漢を歌った詩であるという[27]。詩人たちが酒宴を詠む場合、酌人の書のような寓意に満ちた神秘主義詩か、さもなければ野遊びの詩などにその様子を託すことも多かったのだけれど、その一方ではこうした現実の酒盛りが寿がれる例も、すでにガラタの街で確認したとおりである。

とはいえ、オスマン帝国はスンナ派を奉じるイスラーム国家である。私的な集いの場で酒を嗜むのであればともかく、「信仰なき店々」[28]である酒場への風当たりは当然ながら強く、たとえ飲酒が許されていたはずのキリスト教徒であっても油断は禁物だ。なぜなら、ちょっと愉しもうと酒場に出かけていったアルメニア人司祭は、イェニ・チェリが踏みこんできて鞭打たれてしまったそうだし[29]、舟遊びをしたり野遊びに興じているだけでも、兵隊に「酒を飲んでいるのだろう」といちゃもんをつけられ、挙句の果てにファラカ刑で足の骨を砕かれてしまうこともあるのだ[30]。一七世紀半ばにはスレイマニイェ・モスク、のちにはアヤソフィア・モスクで説教師 (vâiz) の職掌にあったメフメト・エフェンディ (Kadı-zâde Mehmed Efendi, 一五七四－一六九四) に率いられたカドゥザーデ派[31]――オルハン・パムクの『わたしの名は赤』のヌスレト師一派のモデル――の活動の結果として、イスタンブルのすべての酒

図 24：画面中央下で葡萄酒製造者がファラカ刑を受ける。*ASHV* 所収。

場が一時とはいえ完全閉鎖に追い込まれている。[32] 近世期には酒類の販売の一切が禁じられるこうした事態が幾度も確認できる。つまるところ、いかに私的な集いの場で酒が大いに飲まれていようとも、オスマン帝国での飲酒は大っぴらにできるような公的な習慣の地位を占めていたわけではなかったのである。

しかし、皆が皆酒飲みではなかったにせよ、日ごろから酒を嗜む機会も多かったであろう帝国の選良、詩人たちはこの一見、矛盾する状況をどのように捉えていたのだろうか。ここで早速アーリーの意見を聞いてみたい。

（酒場は）悪徳と酒色の工房であり、（そこに屯する）黒ずんだ顔の者どもは礼儀作法や信仰から程遠い。
手に取って食らう物はすべて宗教で禁じられた飲食物、飲用する葡萄酒は悪徳そのもの。
されど酒場は毎夜のように賑わい、銀貨をちらつかせながら邪な眼差しで佳人たちを唆す。
この店では日夜、破廉恥な行いが繰り広げられており、立派な紳士にはまったく益なく、神の僕（＝ムスリム）にとっては過ちである。

アーリー『諸々の集い』[33]

酒場がやや不自然な「工房」（kâr-hâne）という言葉に置き換えられているのは、綴りの同じ売春宿（現在の発音ではkerhane）を想起させるためであろう。また、「黒ずんだ顔」は酒精中毒者を指すお決まりの文句。アーリーはこの「アル中」たちの内訳をさらに詳しく解説している。それによれば、酒場に集う人々は「多血質の若人、および女たらし」と「酒精中毒の下郎ども」という二つの集団から成るのだという。後者はアラブ人やロシア人のような異国人から成るため、もとより下賤の輩として切って捨てられている。アーリーが詳しく記すのは前者についてである。「多血質の若人、および女たらし」に見える多血質という言葉は、四体液説（mizâc）に従えば、熱く湿った性質を帯び、春や幼年に通じ、その性は軽く、あらゆる方向へ動くというから[34]、ようは色と酒に目がないふしだらな若者たちという意味合いと思われる。そしてこの好色家たちは金曜礼拝を終えるや否や、ある者は稚児（mahbûb）を伴い、ある者は「（葡萄酒で）腸を綺麗にする（tenkyâ）には最適の日だぜ」などと気勢を上げつつ酒場に集って酒宴に興じ、夜が更けると稚児や女と閨（halvet-hâne）に移ってことに励むのだとか[35]。

このようにアーリーは、酒場という空間をして酒精中毒者が集い、日夜飲酒に明け暮れ、ときに買春にも手を染めるいかがわしい悪所とし、立派な紳士や信徒は訪ねるべからずと断言する。一連の批判はムスリムとしても、また折り目正しい選良としても当然のものであるけれど、一つの疑問が浮かぶ。現実にはアーリーのような選良たちも美禄を嗜んだから、人のことをとやかく言う資格はないのではないか？　ところが、そこは当代きっての識者アーリー、酒場に集う下々の者たちを「高貴な人々、および庶民の中でも相応の身分出身の酒飲みたち」と比較しつつ、この矛盾をかわすのである。

アーリーによれば、右記のごとき紳士方は週に一度、仲間内での酒盛りで満足するのに対して、下々の者たちは夜な夜な酒場に集って痛飲するばかりで、まったくもって節度を知らないという。酒は三献に限る、というわけだ。ここで注目すべきはアーリーが飲酒そのものではなく、下々の者たちの無節操な飲酒の態度をこそ批判している点だろう。同様の批判は、さきに浴場で下穿きの詩を詠んでいたファキーリーの作品にも見える。

ああ友よ、この世において酒場の主とは何だろう。酒宴にあっては、際限なく砂糖を浴びせるかける。甘言を口にして、真っ当な人に（酒という）罪を売り、絶え間なく酒場に金を払う者に変えてしまうのだから。そうなったら最後、その者は本来備えていた敬意を失い、ついには四六時中あの甘露を飲むようになってしまうのだ。

ファキーリー『描写の書』(36)

ここでも、詩人が問題にするのは貴顕たちが宮廷やお屋敷で営む酒宴や、飲酒行為そのものの是非ではない。なぜなら、この詩は「酒場の主の様子」と題されているのだから、その本旨は「砂糖」のような「甘言」によって客を言葉巧みにたぶらかし、ついには酒精中毒者になってしまうまで際限なく飲ませる酒場の主（mey-hâneci）の悪行なのだ。


酒場街を帝王の怒りの矢が切り裂いた。潮流のようにイスタンブルとガラタの間を遮断した。

葡萄酒を積んだ舟の集められた場所は、水と火があい混ざる場所となった。当世は失ってしまったのだ、享楽の集いたる心楽しき酒宴を。

燃やされた葡萄酒を積んだ舟を、君は水の上に浮かぶ太陽のようだと思うであろうか？　いやスレイマン王の怒りの矢が一条の光となったのだ。

（舟は）藍色の海の上にかかる眩い三日月のように燃え、やがて暁の光が葡萄酒の混ざりこんだ海の水を真紅に染める。

楽園の琴と笛、そして回し飲みされる酒杯の命運は変転した。楽しきかな、さあ偽善に満ちた修道僧どもよ（修行のための）円坐を組むがよい。

葡萄酒は失せ、酒樽は空、酒場街もまた空っぽとなった。悪徳あふれる者たちは酒場街で肝をつぶすほどの閑散とした様を見出した。
ところでこの集い《メジリス》において、いつも何杯も大杯を回し飲みしていたのは誰であったか。いずれにせよ、ああバーキー、いまは人が酔いどれるにふさわしき時かな。

バーキー『詩集』[37]

これはスレイマン一世が酒場を取り潰し、その在庫を船に乗せて火を放った日の光景を詠んだバーキーの詩。彼はスレイマンの政策に異など唱えるはずもなく、円坐によって酒や珈琲が回し飲みされていた神秘主義教団の修行や――異端的としてたびたび問題視された――酒場街に通っていた柄の悪い酒飲み連中を嘲笑う。帝国の司法制度においてシェイヒュル・イスラーム職の次席たるルメリ州軍人法官職にまで昇ったこのウレマー詩人のことだから、「実際に酒を飲むのなんて以ての外でございます、私にとってはスレイマン陛下によって正道が行われる当世に、いるだけで酔いどれるほどに幸せです」と言い訳がつくように詠まれているのであるが、結句において「ところでこの集いにおいて」(Şu meclis içre) と詠まれるに及んで、一転して作者が私的な宴の席にいることが明かされるところを見ると、むしろ自らも私的な宴の場であれば大酒を飲み、いままた海上で燃える葡萄酒舟を肴に一杯やりそうな風情を漂わせるようにも思われる。いずれにせよ、自らも酒を嗜む者の多かった帝国のエリートたちには、飲酒行為そのものというよりは街の酒場や、そこに集って限度を弁えずに公共の場で飲酒に耽る庶民を批判する筆致が目立つと言えそうだ。

珈琲店、歓談か流言か

酒場が非ムスリムを中心とする人々によって運営される人的社会結合の場であるならば、珈琲店 (kahve-hâne)

はムスリム男性の社交場である。ここで少しだけ珈琲の歴史を振り返っておこう。

珈琲が中東で広く知られるようになったのはそう古いことではなく、本書が扱う一六世紀以降である。その起源はエチオピアとするのが一般的な意見で、おおよそ一六世紀前半にイェメンを介してヒジャーズ地方、そしてエジプトへと広まった。帝都に珈琲がもたらされたのは一六世紀半ば[38]、ハクムとシャムスというシリア人によってであったとも言う。第二章で少しだけ触れたけれど、スレイマン一世の時代にタフタカレ近辺に開店した珈琲店こそが、記念すべきヨーロッパ大陸最初のカフェということになる。当時の珈琲店は珈琲を求めて身分を問わない客が自由に出入りし、長尻してお喋りをする場所であったから、そのあたりは現在のカフェと同じである。それまで、こうした不特定多数の人々が集う場は少なかったので、すぐにムスリム男性たちの社交場として人気を博し、一六世紀後半には帝都の津々浦々に珈琲店が軒を連ね、次第にバルカン、アナトリアの街々へも普及していった。

しかし、炒った珈琲豆の煮汁を飲む行為は「炭を食してはならない」という聖典の禁にも触れかねない上に、熱い料理に息を吹きかけるのを不調法と見なすアラビア半島の作法にも反する。そのため一六世紀初頭にアラビア半島で飲用が開始された当初からさまざまな議論が巻き起こり[39]、論戦はそのままイスタンブルの知識人たちへと引き継がれた。

当初、争点となったのはおおむね二点。第一に、覚醒作用を持つ珈琲は葡萄酒のごとき酒類と同様に人間の理性を失わせ、ひいては神の与え給うた正道を見失わせる禁忌の飲料ではあるまいかという信仰に関わる点。第二に、四体液節の観点から見て、珈琲は憂鬱症を発症する害のある飲料ではないかという医学、健康に関わる点。さらに、珈琲の覚醒作用に着目した神秘主義教団員が修行の際にこれを飲んで酩酊（mest）の境地へ至ろうとしたこともあって、珈琲は葡萄酒と同列に論じられる結果となった。我が敬愛する寺田寅彦博士であれば、宗教は人を酩酊させるところ酒に似ており、珈琲は人の感応を明敏にするところ哲学に似る、しかして吾輩は珈琲を飲むのである、と豪語するところだろうけれど[40]、オスマン帝国では酒も珈琲も同列の悪い飲み物ということになってしまったわけである。この種の神学的、医学的議論の詳細についてはすでに優れた研究があるので[41]、本書では代わりに二つほど詩を引いておこう。

葡萄酒の瓶は割れ、酒杯は空、身体から葡萄酒は抜け去った。
ああ、いまやあなた様はわたくしどもを珈琲の虜となさったのだ。

ジャン・メミー「抒情詩」

ああ天使よ、わたくしどもへのご下命は左様なものですか。
葡萄酒の酒杯を、（珈琲と一緒に飲むための水を入れる）碗や珈琲茶碗へと変えよというのが。

アーゲヒー「抒情詩」

一番目の詩の「あなた様」、二番目の詩の「天使」は、どちらもスレイマン一世を指す。いずれも一六世紀半ば過ぎにスルタンが葡萄酒の飲用を禁じる勅令を発した際に詠まれたとされる作品である[42]。詩人たちは酒が駄目ならばいよいよ珈琲の時代が到来したと考えたようだから、珈琲を酒の類似品と捉えていた当時の世相がよく表れている。このように、珈琲という飲み物がイスラーム文化圏に登場した当初から、その是非が論じられる曰くつきの飲み物であった点には留意しておきたい。それを示すように一五九二年以降、オスマン帝国ではたびたび珈琲禁止令が発せられているのだが[43]、あまり効果がなく結局一六三三年にムラト四世が珈琲店の打ち壊しを命じる勅令を下している。もっとも、この厳しい措置はスルタンのお膝元イスタンブルでこそ一定の成果を上げたものの、他の街々では黙殺されたというから、実際には度重なる禁令も珈琲と珈琲店を駆逐することはなかった[44]。

珈琲には葡萄酒のような麗しさはないけれど、その黒々とした水面にたゆたう血は熱い。

客をかくも発奮させる飲み物はほかにない。その熱々の水面を見た者はそれを欲さずにはいられない。

葡萄酒と同じく熟成されているように見えて酒精は含まれておらず、だというのに老いも若きも（珈琲を飲めば）その魂が少しだけ火照る。

「血流を滞らせるものだ、こんなものでは血の巡りは良くならない」などと言うなかれ。わたしが珈琲をたらふく飲んだからといって、この血はどうにもならぬ。

エジプトやシリア、アレッポを経巡ってオスマン帝国へやって来て、現世を欺く葡萄酒のお株を奪ったのだ。

珈琲屋《カフヴェジ》は守銭奴であり、そこいらをうろついて銀貨をせしめるけれど、珈琲好きの者までもが同じような浮浪者《カフベ》だというのかね。

ああベリーよ、親しき者たちにお節介を焼いてやれ、そして言ってやれ、「黒い顔《かんばせ》の珈琲を飲んでも私は酩酊なぞしない」と。

ベリー「抒情詩[45]」

一六世紀の詩人ベリー――さきほど「浴場の書」を詠んだのとは別人――は、高らかに珈琲の美味を謳いあげる。発句と第二対句では、葡萄酒の赤に比して地味な黒色や、熱いまま供される点など、この新来の飲み物の外見上、飲用上の特徴が端的に紹介される。第二対句の「それを欲さずにはいられない」の下りなど、一度珈琲の味を知ってしまった者が求めてやまない特有のスロートキックを思い起こさせて、思わず喉がキュッとする。この作品の王句（beyt-i şâh）を選べと言われたなら、筆者はこの第二対句を推したい。続く第三対句では焙煎によって醸された香味が葡萄酒の発酵に比せられながらも、酒や麻薬の麻痺作用とは異なる覚醒作用を「魂が少しだけ火照る」と控えめな表現で評しながら、宗教上の議論にやんわりと反論が申し立てられ、第四対句では先ほど、触れた憂鬱症を巡る医学的議論が詩人自らの飲用経験を踏まえて一蹴される。そして第五対句では珈琲の来歴を解説しながら、明白な禁忌である葡萄酒に勝る渡来品として言祝いだのち、第六対句では客の間で呼び売りを行う珈琲売りとその販売形態の卑しさを認めつつも客はその限りではないと珈琲愛好家を擁護する。そして詩人は、結句でいま一度、珈琲は酒精とは違うと用心のために繰り返し、珈琲愛好家を公言するのである。宗教上、医学上の議論にくわえて庶民的な空間で売られる珈琲の販売形態にまで言及する点で過不足のない珈琲擁護の快作ではないだろうか。珈琲を巡る議論を承知しながらも堂々と称えるオスマン詩人たちの態度を見ればわかるように[46]、どんな時代にあっても珈琲の飲用は半ば公然と行われていたわけである。

だからこそ、珈琲に物申す者も後を絶たなかった。オルハン・パムクは名作『わたしの名は赤』において、珈琲店をどちらかといえば信仰深くない人々の屯するアンダーグラウンドな施設として描き、狂信的な教条主義者をこき下ろす舞台として用いているのだが、実は彼が描いたような珈琲店の後ろ暗さは近世にも確かに存在していた。それゆえにこそ、帝国政府はたびたび珈琲店に営業停止命令を出しているのだ。ではその理由は何か？　アーリーがその答えらしきものを記してくれている。

この一六世紀を代表する識者が言うには、珈琲店の悪所はそこが「長居する所」（mülâzemet）だからなのだという。例によってアーリーはその客層を、修道僧とウレマー、宿なしと貧乏人、街っ子という三つ集団に分類した上で、彼らの来店理由を記している。彼の「マーケティング調査」によれば、第一の集団である神秘主義教団の修道僧やウレマーは互いに知己を得て歓談をする目的でここに集うとされる。ネルヴァルが実見したであろう「生来陽気でおしゃべり好きなデルウィーシュたちの馴染みのカフェ」というわけだ[47]。第二に挙げられた宿なしや貧乏人たちは、持ち合わせも住処もないので仕方なく珈琲店に屯しているだけとのこと。両者ともに、他愛のないお喋りをしながら時間をつぶすというごくごく穏当な目的で通ってくるわけで、この二つの集団についてアーリーはこれといった批判を行わない。ところが、三つ目の集団である街っ子（sehr-oğlanı）なる人々についての記述は、一転してかなり辛辣である。

（珈琲店には）街っ子の中の知恵のない者や、非難に値する非ムスリムの人々から成る浪費家が集まり、望むのは根も葉もない中傷や悪行である。

アーリー『諸々の集い』(48)

「街っ子」と「非ムスリム」が区別して記されている点を見れば、前者はムスリムなのだろう。この「街っ子」と呼ばれる人々が具体的に何者なのかはわからない。宮廷に出入りする名家子弟のうち街に繰り出しては悪さをする輩を指す例もあるが、以下のような詩を見るともっと庶民寄りの出自を持つようにも思われる。

ああ、友よ、街っ子が何か知っているかい。ああ、友よ、連中は街の四方八方をそぞろ歩き、走りまわり、歩き廻るんだ。
そこらじゅうを闊歩して、友人と出会えば「間抜け野郎め」、「腰抜け野郎め」、「女と寝る」などという言葉を繰り返して、どんな悪行も不名誉も恥と思わずに行うのだ。

ファキーリー『描写の書』(49)

アーリーがここで「街っ子」という言葉をいかなるニュアンスで使用しているのかには議論の余地があるものの、その考えは明白である。彼は、珈琲店に品性下劣にして俗悪な輩が屯して流言飛語を垂れ流し、しかして世情が乱れることをこそ危惧しているのである。アーリーとまったく同種の珈琲店批判——珈琲批判ではない——はこの一〇〇年後のキャーティプ・チェレビーの当世批判的論考作品『正しき選択のための真実の天秤』にも受け継がれている。一七世紀を代表する歴史家にして識者であるキャーティプ・チェレビーは、「珈琲も度を過ぎなければ害はない」と明言した上で、民草が「働き、糧を得る生活を捨て去るのみならず、陛下への讒言《ざんげん》を垂れるまでに、あらゆる民草が好き勝手に愉しむようになったのである」と、珈琲店で交わされる噂が社会不安を醸成する悪の温床となるのは受け入れがたいと述べるのである。(50) これらの例を見ればわかるように、帝国のエリートたちは実のところ珈琲という飲料ではなく、不特定多数の庶民が集って不穏な世論形成の場となる珈琲店という店舗をこそ問題視していたのである。大多数の庶民が珈琲店で歓談を楽しみ、あるいはお気楽な詩人たちが珈琲を褒めたたえるのを尻目に、アーリーのような都市の治安に責任を持つ紛うことなき王朝の選良層たちは、庶民的な施設である珈琲店に強い不信の眼差しを注ぐのである。

メジリス、喜ばしき宴の不埒者たち

酒場はともかく珈琲店も駄目となると、それを批判する当のエリートたちは職場以外のどこで他者と接点を持っていたのだろうか。つまり、庶民における酒場や珈琲店のような社交の場は、彼らにもあったのだろうか。もちろんあった。それがメジリス（meclis）である。この言葉はアラビア語の「座る場所」(majlis) に由来し、何がしか同一の目的や志を持った会衆（cemiyet）が集まる空間を指す。この点では西欧のサロンに似るだろう。

たとえば、一八世紀における読書の形態について考察したデイルメンジは、書物を中心にして会衆が輪を為し、語りに耳を傾ける営みがオスマン社会における大いなる娯楽となっていた点を指摘しつつ、その読書／音読空間として個人宅、珈琲店を筆頭に商店街や個々人の店舗など、形態を異にするさまざまな開催場所を例示する。(51) あるいは、かの征服者メフメト二世の息子であり、王位継承戦に敗れたのちにヨーロッパに亡命した流浪の王子ジェム (Cem Sultan, 一四五九－一四九五) が主催したコンヤの詩人たちの集いや、列伝作家として有名なクナルザーデが記録したアレッポの詩人たちの集まりなど、地方の都市で営まれたメジリスも知られている。(52) オスマン帝国では会衆が集って物語や歌を愉しみ、あるいは歓談に耽る庶民的なものから、貴顕や有力者が主催して楽の音に聴き入り、あるいは詩才、文才を披露しあう雅やかな宴まで、さまざまな場所で種々のサロンとしてメジリスが営まれていたのである。右記のごとき地方のサロンで勇名を馳せ、やがて帝都に上る詩人もいたのだから、メジリスは娯楽の場であるのみならず、帝国社会の半ばインフォーマルな人的社会的結合を取り持った非常に重要な結節点でもある。残念ながらメジリスに関するまとまった史料は少ないが[53]、その姿を文学作品の中に追うことはある程度、可能である。

そもそもイスラーム文化圏には戦ののちに宴を開き、戦勝を祝う「宴と戦」(bezm ü rezm)と呼ばれる伝統が存在する。ヤフヤー・ベイのような軍人が戦地で詠んだと思しき抒情詩の中には、帰京し戦利品を分け合う来るべき盛大な宴を詠んで自らを鼓舞するような作品も少なくない。以下では貴顕の邸宅や緑野、あるいは珈琲店や浴場のような場所で催されるメジリスに限って取り上げるが、それらもまた前述の喜ばしき宴(bezm-i safā)の伝統と無縁ではない。

宮殿や緑野に張られた天幕などを舞台として、ご馳走が並べられ、酒を供する美しい酌人や楽の音を奏でる楽士が色を添え、蝋燭が灯され香が焚かれるなか、おのおの位階に応じてしかるべき場所に座した貴顕や偉人が酒杯を片手にさんざめき、あるいはその居心地の良さのあまりに微睡む、豪奢かつ安逸とした酒宴空間――古典詩の中で詠まれる喜ばしき宴のステロタイプはおおむねこのようなものである[54]。まず理解しておく必要があるのは、メジリスが古の王侯や、『王書』などの文学作品に登場する諸王や勇者たちの営んだ喜ばしき宴という明確な理想像を持っていた点である。

喜ばしき宴たるメジリスには当然ながら貴顕が集う。となれば詩人たちにとってもたんなる趣味の集まりでは済まされない。彼らにとっては自らの詩才を披露し、お大尽の目に留まって出世の足掛かりとする絶好の機会だからだ。あの不遇の詩人ラティーフィーなどはメジリスで出世を逃した口のようだ。同時代の列伝作家は彼をこう評している。

（お大尽の寵愛や名声を）得るために適した服装をしておらず、メジリスの場には見合わない見かけをしていて、醜い様相で、優雅な人々の宴に参るような様相を持たなかった。

クナルザーデ『詩人列伝』(55)

はたしてラティーフィー先生の見目形がどれくらい不調法であったかはわからないけれど、高官が主催するメジリスにおいては学殖や詩才のみならず、その容貌、衣服に至るまでの気遣いが求められたこと、換言すれば参加者は高度に洗練された紳士でなければならなかったことが窺える。オスマン帝国の上流階級のサロン全体の傾向ではないにしても、ラティーフィーの周囲に「人は見かけによらない」と言ってくれる人はいなかったようだ。あるいは、一六世紀の大詩人ネヴィー（Nevʿī, 1533–1599）でさえ、以下のような言い訳がましい詩を残している。

このネヴィーが詩人の酒盛りに遅参したからとて何やあらん。
宴に最後にまかり越す者こそが、一等偉い人と昔から決まっているのだ。

ネヴィー『詩集』(56)

ネヴィーが、こう嘯くことによって自らの遅刻の気まずさを誤魔化そうとしたのか、はたまた居丈高に構えることでライヴァルを牽制し、場の主導権を掴もうとしたのかはわからない。しかし、いずれにせよ喜ばしき宴という確固とした理想像を持つメジリスにあって「遅刻」という理想の宴からはみ出す不作法が容易には許されず、王子の教育係まで務めたほどの大ウレマーにして詩人であってさえ、何らかの弁明をする必要があったことを教えてくれる。まして詩人というのは、礼儀作法（âdâb）と同じ語源を持つ文事——edebiyât、今日のトルコでは英語のliterature に相当する「文学」の意で用いられる——に携わる者たちなのだ。

さて、かくのごとき厳しい礼儀作法を求められるメジリスについて、アーリーは以下のような批判詩（bedhiyye）を詠んでいる。

物乞いは葡萄酒の宴がジェムの鏡であることを理解していない。
ここは麗しい立ち居振舞いが欲される別世界であるが、連中は生涯において一度も貴顕の宴を見たことがないからだ。
あらゆる宴席には節度を弁えた者もいるが、当惑した者もまた数多くいるのである。

アーリー『諸々の集い』[57]

ここに登場する「ジェムの鏡」（âyin-i Cem）とは、古代ペルシアの王ジャムシードが所有した酒杯を指す。『王書』などが伝える伝説によれば、その酒杯は注いだ葡萄酒の水面に世界の様子を映し出したとされ、ほかに世界を映すもの（'âlem-nümâ）とか、ただ鏡（ayna）とかの異名を取る古典詩の基本用語である。[58] 文学の基本的な教養を備えたまっとうな紳士であれば、酒宴と来ればすぐにジャムシード王やその酒杯のことを思いつくはずなのだが、卑しい闖入者《ちんにゅうしゃ》はそうした素養を備えていないので、己の卑しい真実の姿が酒杯に映っているのにも気が付かない、という皮肉を利かせているのである。

では、酒杯の水面にはいかなる醜態が映し出されたのだろうか。不届き者が巻き起こす数々の無礼の最たるものは、給仕をする紅顔の小姓（sâde-rû）への色欲をあからさまにすることだったようだ。つまりはセクシャル・ハラスメントである。そもそも、イスラーム文化圏の宴ではまだ髭の生えていないすべすべの頬（sâde-rû）の少年たちが給仕を務めるのが普通であった。

当今、身分が卑しく、体毛が生え揃わず、顎鬚、口髭もまた生えておらず、器量と気立てに優れる小姓たちへの需要は、美しさと魅力を備える女たちへのそれに勝る。なぜなら美しい女たちは無知な男どもの魔の手を恐れ、守り秘されるべき者であるが、年若い少年たちと知己を得るのは彼らと（性愛関係を伴わない）友情を結ぶための入り口であるから、その（性愛関係に至る）扉は隠されているようでいて、いつも開かれているからだ。さらには、髭の生え揃わない小姓たちは羇旅《きりょ》においても、憚りにおいてさえも主人の傍に侍ることができるが、見目麗しい女たちには同じような奉仕は望めず、常に主人と共にいることが出来ないのである。

アーリー『諸々の集い』[59]

図25：16世紀半ばのトルコ人の酒宴の様子。右側に美しい少年が座して酒杯を捧げる。ニコライによるスケッチ。*RCT* 所収。

右記のように紅顔の小姓たちは、公共空間において行動に制限のある女性に代わって実務においても、また主人との恋愛関係においても活躍し、宴では広く給仕を務め、古典詩では佳人（māh）そのものとして詩人たちの称賛を恣にしていた。アーリーが扉が「いつも開かれている」と表現しているように、当然男と男の連理と性愛関係はさまざまな場所で起こり、種々の恋愛模様を紡いだはずだ。たとえば、権力者が若く美しく、力の弱い美少年に無理やり肉体関係を強要するという筋の詩歌も当時は相当に持て囃されたが[60]、当然ながら性愛関係の基本はあくまで両者の合意に基づいていた。アーリーはこうした無礼者をして、聖典も読まない「犬の尻尾」と扱き下ろし、獣のような連中なのでご馳走で気を逸らせてやれ、どうせ誰も官職になぞ就けはしないのだからと、怒気も露わの筆遣いで非難している。[61] ところで、愛欲の視線を隠さない不作法者の正体は何だろう。

多くの場合、この種の傲慢な者は街っ子の無知な者の中でも、とくに名誉を知らない乱暴者の中にいて、その（連中の）中から宴席にやって来る。

アーリー『諸々の集い』[62]

またしても登場するのは「街っ子」である。実際の帝国社会では下々の者に留まらず、政府高官などの貴顕も「愛欲の視線」を小姓や美女に向けてはその都度、批判を受けているのだけれど、[63] アーリーはメジリスの洗練された雰囲気を損なう者の多くは街っ子、すなわち下々の世界で遊び歩く名家子弟か、あるいは庶民だと断じるのである。

3　庶民の生業への眼差し

庶民を嗤う「描写の書」の世界

前節でわたしたちは、アーリーをはじめとする帝国の文化的選良層の目を通して帝都の社会的結節点を観察した。そこには紳士たる彼ら選良とは相いれない「下郎」（rezil、複数形 erâzil）としての庶民の姿が垣間見えたのであるが、その一方で庶民、あるいは下郎などという言葉で一括りにできるほどイスタンブルの住民たちが均一的な集団でなかったこともすでに述べた。そこで今度は、庶民に関するより微細な記述を求めて、「生業」という別の角度から彼らへ接近を試みるとしよう。幸運なことに一六世紀にわずか三点ではあるが、さまざまな業種に携わる商工業者たちの様子を活写した職人尽くしのごときオスマン詩が詠まれている。「描写の書」と呼ばれるジャンルである。(64)

「描写の書」の形成過程には不明な点が多いものの、おそらく都市頌歌の場合と同様にオスマン帝国に内発的に生じた詩分野ではないだろう。まず、都市名士や職工に対して詩句を捧げていくという「描写の書」の形式は、都市の名士や職人を礼賛するタイプのペルシア都市詩に類似する。また、「描写の書」の作者たちの執筆姿勢には当世批判の傾向が色濃く、本書で取り上げる三作品には雅人（zarîf）、女たらし（zen-pâre）、悪口屋（münâfik）、正直者（sâdık）、嘘つき（kizzâb）など、道徳的な著作である「助言の書」とまったく同じ項目も記載されている。こうした類似点を勘案すれば「描写の書」は、都市名士を称揚するタイプの都市頌歌に当世批判という文学的潮流が合流して生まれたジャンルと推測できるように思われる。(65)

もっとも、道徳的、宗教的徳目を扱い、ある意味では具体性に乏しい「助言の書」と比べた場合、「描写の書」は実社会の人間集団の職掌や外見を具体的に詠むのを特徴としており、とくに荷運び人や雑貨商、仕立屋のような細々とした市井の職業についての記述は、都市名士礼賛型の都市頌歌はおろか他のオスマン詩には類を見ない微細な写実性を呈している。

現在、「描写の書」に分類されている作品は合計四点。そのうち本書で用いるのは、時代的隔たりが著しいアヴニー（Yenişehirli Avnî, 1826–1885）『狂人の鑑』(66)を除いた一六世紀の三作品である。まずは作者と作品について概観しておこう。

ファキーリー『描写の書』(一五三五?)

作者のファキーリー(Üsküplü / Kalkanderenli Fakîrî,一五世紀後半－一六世紀前半)は、バルカン中部の中核都市であったスコピエ近郊のカルカンデレン(現在の Tatva)に生を受けた。その生涯については不明な点が多く、本名も伝わっていないが、各種詩人列伝には彼がセリム一世期(一五一二－一五二〇)に他界した由が記されている。[67] しかし、『描写の書』はスレイマン一世(一五二〇－一五六六)への献辞で幕を開けるので、これは明らかな誤りである。もっとも、同時代の列伝作家による誤記は、ファキーリーという詩人がスレイマン一世の治世を通じて活躍したのではなく、その早い段階で文壇から姿を消したか、物故したことを示唆している。

そのほか各列伝に共通するのは、彼が貧しい家の出らしき点である。列伝作家の中ではとくにラティーフィーが詳しくて、「異教徒の(住む)帝国領の内でワラキア、モルダヴィアが新たに征服された時分に、ルメリ州の各地で時に説法師、時に物語師(hafîb)、時に土占い師(remmâl)、時に薬師(tabîb)をしていた」[68] と記しており、ファキーリーが職を変えつつ各地を転々とした放浪者(gurebâ)であったとする。以下の二つの詩も、彼の放浪時代の暮らしぶりを伝えるように思われる。

君は何か知っているか、この世において旅人が。フェルト地の服と小刀を持って農民のような出で立ち。
町へ入ればあるいは手品師に、あるいは詩人に、あるいは弁舌に冴える者に様変わり。
あるいはクルミやリュウゼンコウを紙で(包んで、売るための薬として)準備して、(各地を)周遊して御大尽や貧乏人の関心を引く。

ファキーリー『描写の書』[69]

君は何か知っているか、この世において貧者が。もしわたくし、ああファキーリー《貧者》に尋ねるのなら。

そのほとんどは守銭奴であり、かつえた者、あるときは半裸で歩き、あるときは腹ぺこ。

預言者様は貧者には誉れがあると仰せになったが、素寒貧のままあと何年、幾つの都市を（巡ればよいのか）。

ファキーリー『描写の書』(70)

彼が上京して『描写の書』をスルタンに献上するに至った経緯は不明だが、恐らく各地を転々とする傍ら、叙情詩を筆頭とする「非常に魅力的な詩」(71)を有力者に献呈し、徐々にイスタンブル文壇に認知されていったのだろう。その一方、後代にその代表作とされる『描写の書』の名が唯一クナルザーデの列伝にしか見られない事実は(72)、ファキーリーが文壇でとくに目立つ存在でなかったことの証左となる。

彼の作品とされるのは『酌人の書』、『イスタンブル都市頌歌』、『描写の書』、『冗談集』の四点であり、このほかに諸写本集成、詩人列伝中にも抒情詩が散在する(73)。その代表作『描写の書』はファキーリーが劈頭において「当世の方々たち(74)」（erbâb-ı zamân）と呼ぶ、一五一にも及ぶさまざまな人間集団について三対句ずつのメスネヴィーを捧げる形式を取る。各項目は概ね、政府高官、ウレマー層、人間的性質、庶民の職業の順で並ぶが、合間に関連のない項目が挿入されることもあり、厳密な規則に則って配列されたものではない(75)。

本作は（・―――／・―――／・―――／・――）の韻律を踏むが、口語トルコ語の語彙における短音化（zihâf）、長音化（imâle）がとくに著しく、韻律通りに詠むのが困難な箇所もまま見受けられる。韻律の整合性は詩人の実力を評価する上での一基準に過ぎないものの、本作にペルシア語雅語の流入が盛んに行われた一六世紀前半の文壇の流行(76)にそぐわない口語トルコ語が多用されている点も勘案すれば、ファキーリーの詩人としての性向が雅一辺倒よりもやや俗気を帯びる点で、二流詩人とでも呼ぶべき評価が妥当に思える。

サーフィー『歓談集』(一五八六／八七)

『歓談集』(*HH*)は長らく、ベヤズィト二世(在位一四八一－一五一二)の宰相を務め、サーフィーの筆名を用いたカスム・パシャ(Cezerî-zâde Kâsım Paşa, 生没年不詳)の作とされてきたのであるが、これには疑問が残る。なぜなら『歓談集』の結びにはヒジュラ歴九九五年(一五八六／八七)に完成した由が明記されており、ここから逆算すると、カスム・パシャがうら若き一〇代で宰相に任じられたのでもない限り、『歓談集』執筆時には一〇〇歳前後ということになってしまうからだ。その一方で、本書の内容は一六世紀後半の税制改革という政府内の事情をよく反映しているため、ヒジュラ歴九九五年という完成年が誤記である可能性は低い。残念ながら、現時点では本作の作者が一六世紀後半の政府中枢で議論された徴税制度改革の是非についてある程度通じた、相応の地位にあったらしき人物とする以外にはない(77)。

本作は(・・――／・・―・―／・・―)の韻律を取る全八三〇対句、三九章から成るメスネヴィー体の作品である。官吏や軍人のような国家と結び付きの強い職業に重点を置きつつ、一六世紀後半の政情不安や財政難、それに伴う徴税請負制度(iltizâm)への財政再編という現実的な問題を見据えた項目が多く扱われる点が特徴である(78)。

アーリー『諸状況の概要』(一五八一／八二)

『諸状況の概要』(*HA*)は(・・――／・―・―／・・―)の韻律を踏み、全二四七対句から成るテルジ・ベンド体の作品である。一六世紀の帝国を代表する識者アーリーの経歴についてはすでに瞥見したとおりであるが、本作においても彼の雅と礼儀を重んじる紳士としての態度に揺るぎはなく、ネスィブに続いてスルタンへの助言、宰相、ウレマー、軍人、詩人、在地騎兵、モスクの説法師やイマームなどの官職保持者、職人と商人、そして結びという一〇連から成る本文では、市井の人々よりもむしろ王朝に仕える仕人(münâsib)たちが多く扱われている。

このようにわずかに三点しか伝存しない「描写の書」ではあるが、高位官職保持者にはじまり、商工業に携わるさまざま生業について三、四対句程度の詩を捧げていくという形式上の類似性と(79)、同時代の人々の行状や外見的、職務的特徴について詠むという主題上の共通性を併せ持っている点では、確たるジャンルとして扱いうる定型性を備えていると言えるだろう(80)。

その一方で、多くの共通性にも拘わらず同一の生業を扱う際の三人の作者の態度にはかなりの開きがある。例として三者が共通して取り上げるイスラーム法官（kadı、イスラーム法廷の裁判官）についての詩を比較してみよう。


君がどこかの郡の法官となれば、銀貨を数え違法な金銭の奴隷となるだろう。

三年と定められた任期であるのに、その三年の間に（数々の不正によって）三回も解雇されるのではないかと気もそぞろ。

お勤めが朝早い時間であれば眠りこけ、立派に振舞うのは夢の中だけ。

アーリー『諸状況の概要』(81)

街の法官よ、住民をすっかり従順と為したまえ。

肝要なのはこれ、神の命令と預言者の正道を以て判決を下すこと。

……勅許状の写しさえ作らずに、千フローリン（の賄賂）を所望する。

その者の慰めとなるようになどと思ってはならぬ、千どころか百でさえ彼奴に与えてはならない。

サーフィー『歓談集』(82)

町において法官が何をしているかと君が問うならば、その全ての美点は神に属する。

馴れ馴れしい者でも甘やかさず、追い払い、罰を与え、偽善者とは馴れ合わない。
その（判決の）ときとなれば誰であろうと真実を取り上げ、厳しく懲らしめて、その仕事を終えて去っていく。

ファキーリー『描写の書』[83]

アーリーの『諸状況の概要』とサーフィーの『歓談集』では法官による収賄という不正を為政者の立場から戒めるところに重点が置かれており[84]、いずれも君主鑑文学の性格が顕著である。これに対してファキーリー『描写の書』におけるイスラーム法官は、公正な裁判の実行という職責が確認され、誉れ高い仕事である点が礼賛されるのみである[85]。いや、法官に限った話ではない。アーリーやサーフィーがその都度、苦言を呈する宰相や財務長官のような高位官職保持者についてのファキーリーの記述は、どれもこれもオスマン語美文を用いてその職分と名誉を確認するだけの杓子定規な礼賛に留まっているのである[86]。

実のところ、ファキーリーが「当世の方々」と呼ぶ、上はスルタンから下は乞食におよぶ多様な人々にまつわる一五一の生業を網羅する『描写の書』の白眉は、貴顕の礼賛にはない。なぜなら、いざ職人や商人といった庶民層について詠む段になると、ファキーリーはそれまでの迎合的な筆致をかなぐり捨て、尻（göt）、交《まぐ》わう（sinirmek / sikirmek）、馬鹿（ahmak）、金玉（taşak）といったトルコ語の卑語、口語を多用しながら揶揄的に、しかし生き生きと庶民の様子を活写しはじめるのである。市井の商工業者に関連する項目が本作の過半を占めることを考え合わせればファキーリーは、アーリーやサーフィーとは異なり、蔑視的な笑いの対象としての庶民を描くことにこそ意を用いていたのだろう。言うなればファキーリーという詩人は、当世批判の衣を被った当世諷刺を行ったわけである。

なお、三点の「描写の書」に記載された種々多様な人々が具体的にどの町の人々であるかは述べられていないが、『描写の書』にはわたしたちが訪ねたあのタフタカレに住むアラブ人の悪口が書かれているし[87]、『諸状況の概要』の作者アーリーが財務官僚として長くイスタンブルで過ごし、『歓談集』の作者サーフィーの方は財政改革の必要性という政府中枢の事情に明るい。何にもまして文学作品の献呈相手であり、読者であり、またパトロンとなり得る富裕層が集うのが他ならない帝都イスタンブルであったことを思い出せば、三人の作者たちは基本的には一六世紀の帝都の人々を念頭に置いていたものと推察される。

以下では、この三点の「描写の書」を通して市場の官吏、同業者団体の経営者たちと大商人、そして市井の細々とした商工業者の姿を検討したい。

市場の官吏たち：都市監督官、触れ役、仲介交渉役

街の都市監督官が何か君は知っているか。盗人の一味、泥棒の助け人である。

いつも支払いを遅らせたり踏み倒したりするのがその生業であり、片時としてその手の内には真実はない。

人を捕まえては詐欺にかけ金品を奪い去る。決して彼の恥ずべき行いに目を向けてはならない。

ファキーリー『描写の書』(88)

手に取る分はとくに少なくせよ、もし終末の日に悲嘆に暮れたくないのなら。

（さもなくば）欲するままに富を蓄え、こそこそ隠れて飲み食いするがよい。

短期間で金銀、富を貯め込み、金持ちになるがよい。

…（政府から）羊肉を千と言われても百さえ供出せず、荷獣がないと便りを返すだけ。

帳簿をどこかへ隠し、フランク人どもから受け取った金だけがその心を震わせる霊薬である。

サーフィー『歓談集』(89)

ファキーリーはのっけから泥棒、盗人と決めつけた上で、政府の需要のために調達した物資への代金を払い渋り、

あるいは商人を騙して商品を持ち去るその横暴を糾弾している。サーフィーの方も、貴顕たちの口に入る肉の供給さえ満足に行わず、諸外国との商いで不正蓄財に耽る都市監督官を批判している。帝都の宮殿、政府施設の生活物資の確保を預かる都市監督官は、相応の位階にある高級官吏なのだが、同時代の選良からすると職分を全うせず不正蓄財を行う悪吏と見做されていたようである。

では、庶民と直に触れあう触れ役はどのように描かれているのだろう。前述のように、触れ役は公定価格の公布とともに、政府からの通達を市場で呼ばわった役職であり、詩人たちが取り上げるのも後者の、いわばスポークスマンとしての彼らである。


君はこの世で触れ役が何か知っているかい。彼が呼び声をあげれば市場の人々はいっせいに押し黙る。

悪名によってその名を轟かせ、欺瞞とともに策を弄する連中である。

あるいは足萎えを、あるいは神秘主義教団の修道僧を、あるいは巡礼者を装いながら、終末の日に向けて（虚言の罪の）貯蓄を繰り返すばかりである。

ファキーリー『描写の書』(90)

触れ役の評判といえば世を騒がせ、世人を扇動するというのがもっぱらで、まったくもってけしからない。

宗教に適っていること、禁じられていることの区別がつかず、来世の悲惨さなど気にもかけない。

昼となく夜となく悪徳に耽り、一人ひとりが現世に顕現した悪魔もかくや。

なぜなら、触れ役はこちらの意思などお構いなしに君を地獄の谷に置き去りにしてしまうのだから。

サーフィー『歓談集』(91)

ファキーリーの詩に詠まれた「触れ役が口を開けば市場の人々が押し黙る」という光景は、金曜礼拝の説教を暗示させる。つまり、人々は有難い話だと思い込んで畏まって傾聴するものの、その実、垂れ流されるのは嘘ばかり、ときに身体障害者や宗教者を装った小芝居で人々を騙す扇動者であるという皮肉を利かせているようだ。一方、サーフィーが第三対句の「悪魔」という表現を受けて第四対句で「意思とは関係なく君を地獄の谷に置き去りにしてしまう」と詠むのは、悪魔のように言葉巧みに人々を扇動し、知らず知らずのうちに悪事に手を染めさせる様を指すであろう。いずれの詩人も本来、宗教的、道徳的に正しく臣民を導くために発布される政府通達をねじ曲げ、曲解して伝える虚言者としての触れ役を咎立するのである。

さらに市場の奥へ入って、商取引の現場で商人同士や客との間を取り持ち、売買の公正を維持する職務を帯びた仲介交渉役について見てみよう。

> 君はこの世で仲介交渉役が何か知っているかい。彼は商売の合意のために（売り手と買い手の）間に立つ裁定者。
> 愚か者を手玉にとり、（財布の入った）腰帯や腰元にひっついて、それを帳簿へ隠してしまうのが彼の詐欺。
> さらには（商取引の公正について）誓いを立てた紳士相手に、代金とは名ばかりのはした金しか払わない。
>
> ファキーリー『描写の書』[92]

仲介交渉役の職務を考えれば、「客の腰帯や腰元にひっついて財布を帳簿に隠す」という下りは、実際にスリを働くということではなく帳簿をいじって差額を掠めるという意味だろう。また、「代金とは名ばかりのはした金」という箇所もおそらくはほぼ同じ意味で、客に実際の値段よりも高い価格で商談が成立したと嘘を教え、その上がりを懐に入れていることを糾弾していると思われる。いずれにせよファキーリーは、仲介交渉役はとんだ詐欺師だと訴えているのである。

以上のように詩人たちが当世批判の文脈で街の市場を眺めるとき、そこは国家によって秩序の保たれた活気ある商業地としてではなく、悪吏が跋扈《ばっこ》する俗悪な空間として描かれるのである。

商工業分野の大立者：ケトヒュダー、親方、勅許商人

前節では市場を統括する官吏、すなわち公務員たちについて見たわけだが、今度は民間企業に当たる同業者団体に目を向けてみたい。まずはその長たるケトヒュダーについての詩人たちの意見を拝聴してみよう。

ケトヒュダーとは何か考えてみたまえ。彼は傲り高ぶった邪魔者だ。
君主の富（となるべき税）は公平に課されるべきであるから、いついかなるときも貧しい者に甘い顔をしてはならない。
その印章は羨望とともに憎まれ、その評判は侮蔑とともに広まっている。

ファキーリー『描写の書』(93)

政府に対して同業者団体を代表するケトヒュダーの職務は、政府の通達を団体員に知らせ履行させること、他同業者組織との意見調整、徒弟の入団や昇級にまつわる諸々の儀式の執行、公定価格に則った売買の監視など多岐にわたるが(94)、支配者の側から見た場合のもっとも重要な職責は税金を各成員に公平に割り振り、厳正に徴税を完遂することである。ファキーリーの詩はやや具体性に欠けるものの、やはりこの徴税に関する批判と受け取って差し支えないだろう。彼によれば、ケトヒュダーは尊大に職権を振りかざし、徴税の義務を果たそうとせず、それどころか課税額は彼の胸先三寸、不均等な税金の割り当てによって人々の憎しみを買っているとされているのである。

アーリーも『諸状況の概要』においてケトヒュダーに言及していて、戦時などに徴集される臨時税（'avârız-ı şâhî）

の通達があればすぐに応じるよう戒めている。当時、税金の徴収を巡るケトヒュダーの不正や怠慢、脱税が問題視されていたことが窺えるだろう。(95) 一方、サーフィーは徴税ではなくその商取引上の不正に言及し、人々が非ムスリムのケトヒュダーをムスリムだと勘違いしてその言葉を鵜呑みにし、結果として金銭を巻き上げられ、ときに美しい少年少女たちが騙されて毒牙にかけられていると詠んでいる。(96)

職権乱用、不公平な課税、詐欺——どうやら近世帝都の私企業の代表取締役たちは、職権にかこつけて法の目をかいくぐり、不正を恣にする悪吏と認識されていたようである。続いて各同業者団体において実務を担う親方たちの行状を見てみよう。

君は親方衆が何か知っているかい。彼らはいつも君に嘘をつく。
最近の親方ときたら契約を履行しないどころか、今日は管を巻いて（仕事の完了は）いつも次の日になってしまう。
「今日だ」、「明日だ」と言って仕事を済ませぬくせに、世間では不信心な行いを恣にしている。

ファキーリー『描写の書』(97)

君が親方であったとしよう。横領によって店の賃貸料が捻出できなかったとしよう。
徒弟の仕業だと疑う前に、まずは妻や娘を（疑いなさい）。
（徒弟を辞めさせて）仕事が遅れればパン生地よろしく何度も（棒で）打たれてしまうのだから。

アーリー『諸状況の概要』(98)

近世の同業者団体における親方は、所属する職人たちをまとめ上げる中間管理職として高い社会的地位とそれに見合った責任を帯びる人々である。ところが、ファキーリーの詩を見る限り仕事もせずに不信心な行いに現を抜かすばかりであるし、アーリーにしても徒弟ばかり疑うな、身内贔屓は大概にしろと叱咤しつつ、ファキーリーとまったく同様に「とにかく納期を守りなさい」と戒めている。納期の遅延はおおらかな地中海文化圏で暮らす際には日常的に接せざるをえない難問であるけれど、近世の詩人たちが今日のわたしたち日本人と同様の苛立ちを覚えているところは興味深い。いずれにせよ、同時代の詩人の目に映る親方衆は同業者団体の規則に従う「規範的な」生活とはまったく無縁の怠慢な労働者だったようだ。

一方、近世のイスタンブルには同業者団体に属さない商人も存在した。小麦や羊毛のような帝国の主要産品に関してはより確実な徴発、税収入を担保するために、スルタンから勅許状（berât）を得た大商人（hâce）が独占的に扱っていたのである。

君はこの世において大商人が何か知っているかい。数アクチェを出費しただけで嘆き悲しみ、
そのあくなき貪婪ぶりはインドやシンドにまで知れわたるほど。
さあ、時が経ち神によって定められた死の刻限の日が訪れるまで、ごくごくとその喉元に富を溜めこむがよい。

ファキーリー『描写の書』(99)

君が商人、それも当代きっての大港の大商人であったとしよう。

アレッポへ、ダマスカスへ、エジプトへ、インドへ、イェメンへ、君は積荷のあとについて行く。

君の罪のように大量の積荷を持っているくせに、それよりずっと少なくしか喜捨をしない。

もし関税を払ったなら、まるで通行料そのものが重い荷であるかのように（意気消沈して）背を曲げる。

四六時中盗人にたいする恐れを抱いたところで無駄だ。なぜなら、君の敵はそれこそ銀貨のように無数にいる

のだから。

アーリー『諸状況の概要』(100)

ファキーリーの詩に見えるインドやシンド（Hind ü Sind）は、ここでは具体的な地域というよりははるか遠国――字義通りに取れば「天竺」といったところ――まで鳴り響く商人の貪婪《どんらん》ぶりに対する誇張表現と解した方がしっくりと来る。インド、シンドの語はサーフィー『歓談集』にも見えるので(101)、遠隔地貿易に携わる大商人を詠む際の決まり文句ともなっていたことが窺える。さらに二番目のアーリーの詩でも、遠隔地との貿易に携わり、巨万の富を得ながらも、喜捨や通行料を惜しむという大商人たちの拝金主義が槍玉に挙げられている。流通者である商人の不正利益や貪欲さへの批判は洋の東西を問わないが(102)、オスマン詩人たちは帝国に大きな利益をもたらすはずの大商人たちを卑しい守銭奴と見なしたわけである。

市井の商工業者たち：荷運び人、雑貨商、料理屋、床屋、仕立屋、飛脚

ここまでわたしたちは近世イスタンブルの町方で働く官吏や商工業分野における有力者たちについて見てきたが、次は実際に客と顔を突き合わせる小売り業者たちについて検討したい。以下では、運送業者である荷運び人、日用品を商う雑貨商、庶民の外食の場である料理屋、頻度の差こそあれ人々が定期的に通ったであろう床屋、庶民に衣服を供給する仕立屋、そして遠く離れた人々と連絡を取り合うために利用された飛脚という、庶民の日常生活に必需と思われる六つの職業を取り上げる。

まずはイスタンブルの運送業者の雄、荷運び人（hammâl）。都市の港湾に置かれた税関などで徴税を終えた荷は、この荷運び人に背負われて市場にもたらされた。「自然に手を加えて矯正することもあまりなされていない(103)」帝都イスタンブルの坂道には、馬車や荷馬による輸送が困難な地域が多く、一説によればイスタンブル全体で八〇〇〇

人もの荷運び人が働き、中には荷馬が背負うよりも多くの荷を運んで荷馬屋から轡鐙を買うようなつわものさえいたのだとか。[104]往時の帝都の隘路や市場のそこかしこでは「野郎ども、女郎《めろう》ども！　道をのけ！」とか、「気をつけやがれ！」とか、とにかく威勢のいい荷運び人たちの掛け声が飛び交っていたことだろう。[105]荷運び人は七つの丘の都イスタンブルの風物詩と言うべき職種なのである。

君はこの世で荷運び人が何か知っているかい。いつも背中を曲げているので、その姿勢はアリフからダールになってしまう。
驢馬のたまり場にやって来たなら、その踵に金玉を下ろす。
当今の荷運び人の見目形はどいつもこいつも障害のある驢馬さながら、揃いも揃って獣のような尻をしている。

ファキーリー『描写の書』[106]

もし君が港湾の日雇いの荷運び人か、建設労働者であったなら、その望みは日給だけ。
もし病を患ったり、一日でも職にあぶれたら最後、妻や子はどうやって（その日に食べる）肉とパンを見つけるというのか？

アーリー『諸状況の概要』[107]

ファキーリーの詩に見える姿勢（kadd）は、kidd と読みかえれば荷運び用の籠を意味するので、ここはある種の掛詞になっている。姿勢がアリフ（ا）からダール（د）になるというのは、背中が「くの字」に曲がるさまをアラビア文字の形を使って視覚的に示す表現。また「驢馬のたまり場」は実際には驢馬ではなく、荷運び人たちの集う港湾などの荷物の集積所のことであろうから、ここで荷運び人たちは驢馬と同一視されている。それを受けて結句に見える獣のような尻という言葉も、背を曲げて驢馬のように尻を振りながら歩く様を揶揄してのことだろう。ファキーリーはかなり写実的に荷運び人の外見を描出しながらも、「しゃがむ」と言えば良いところをわざわざ「金玉を下ろす」などと詠んで彼らを卑しむのである。

一方、アーリーの『諸状況の概要』には外見についての言及がないかわりに、明日も知れぬその日暮らしを送る彼らの貧しさが詠まれている。アーリーはこの詩でとくに何かを批判しているわけではないので、むしろ低賃金労働者の代表として荷運び人を取り上げたのだろう。ということは、いずれの詩人も荷運び人が相当に悲惨な職業だという点では意見を同じくしていることになる。ここでファキーリーの詩に目を戻してみると、なるほど解釈によっては荷運び人の劣悪な労働環境を同情的に詠んだと見做すべきところもないとは言い切れないけれど、金玉や、「馬鹿」、「阿呆」という含意を持つ驢馬のような卑語が使用されていて、むしろ諷刺的な侮蔑意識が顔を覗かせる。

図 26：19 世紀初頭の荷運び人、*CO* 所収。

かくして背中をダールの字に曲げた荷運び人たちが運んできた青物や水などの幅広い日用品を扱う業種が雑貨商（bakkâl）である。現在でもイスタンブルのあちこちに雑貨商があり、水や煙草、日配品、ときに少量の青物も扱い、店舗によっては携帯電話や定期券のチャージまでやってくれる。日本ではコンビニエンス・ストアが万屋の役どころだけれど、トルコではいまだに雑貨商がその地位をほぼ独占していて、いざというときに市民が困らないよう一定範囲内の雑貨商は休日でも持ち回りで店を開け、水などの生活必需品を二四時間販売するというほどに、なくてはならない業種として庶民の暮らしに根付いている。近世のイスタンブルでも、今日ほど外出の自由が利かなかったムスリムの主婦にとって、家の周辺で買い物を済ませられる強い味方となっていたことだろう。

名をオルチ殿という人は雑貨商である。
この佳人が現れればまるで幸多き犠牲祭のよう（に場が盛り上がる）。
その心は薔薇、その言葉は砂糖、その唇は蜂蜜である。
恋情に満ちた言の葉を操る驚くべき見栄えの良さである。
神よ、これぞ天の園かな、エディンジキの街にあるのは。

ラヴズィー『エディンジキ都市頌歌』(108)

これは一六世紀の詩人ラヴズィー（Edincikli Yûnus-zâde Ravzî, 一六世紀前半－一六〇〇年以降）がマルマラ海南岸のエディンジキという街の名士や、詩人の友人たちについて詠んだ詩(109)。オルチという名の雑貨商の気立ての良さと、「砂糖」や「蜂蜜」のように甘いその見事な弁舌が称えられている。この詩に歌われるのはあくまでエディンジキの街の雑貨商なのだけれど、以下でファキーリーが詠む帝都の同業者についての詩と驚くほど共通点が多い。

当世において雑貨商が何か、君は知っているかい。「皆様のお口に蜂蜜を」などと呼ばわる。
「こんなに甘いよ」とのたまってそれを飲んで見せるが、君がどんなに飢えていようとも、

「甘い蜂蜜だ」などとはけっして言えない。苦い油のような代物であるからだ。雑貨商の価値なぞ、たかだか一枚の小銭がいいところ。

ファキーリー『描写の書』(110)

ラヴズィーが用いていたのと同じ「蜂蜜」の語がファキーリーの詩にも使われている。「蜂蜜」という言葉は、美味な飲料全般を指す比喩表現として用いられることもあるので、ファキーリーの詩は蜂蜜のみならず幅広い食品についての詩と解釈できる。従ってこの作品では商品の低質さと、それを糊塗しようとする雑貨商の誇大宣伝を誇るところに主眼が置かれていることになる。となればここで用いられた「蜂蜜」は、本来は弁舌の滑らかさも想起させるこの詩語を逆説的に使用することで、雑貨商の誇大宣伝を浮き立たせる意図があると言えるだろう。

もっとも、ファキーリーの糾弾する雑貨商の宣伝文句は、やや大げさではあるものの商行為上のレトリックに過ぎないのであるから、詩人の批判はやや行き過ぎであるようにも思える。その一方で、こうした明確な犯罪とは言い難い行為までも不正として批判する彼の態度には、市井の商工業者を端から否定的な筆致で描こうとする僻見が垣間見える。

雑貨商がどちらかといえば帝都の住宅街に密着した業種であるのなら、市場や繁華街のような出先で人々の腹を満たしてくれるのが料理屋である。市場の一角に陣取る気取らない軽食屋に捧げられた詩から、帝都の外食産業の実際を窺ってみよう。

当世において市場の料理人とは何だろうか。そこでは清潔さは問題とされない。
（料理人は）不潔な生活を送るうちに汚らしい身なりになり、料理と同じくその言葉まで不味くなる。
野菜の酢漬を売るかと思えば、失礼な程に親しげに振舞い料理に塩をてんこ盛りにする。

ファキーリー『描写の書』[111]

一読してわかるとおり、詩人が強調するのは店の不潔さである。「汚らしい」(çepel) という言葉は、「ねばねばした」(çepil) の異型とも読めるが、いずれにせよ料理人の油べとべとの格好と、「料理と同じく不味」い口汚さが客の食欲を削ぐことは間違いない。聞き手にそうした厭食感を惹起させる効果を狙って、この言葉が選択されているのだろう。第三対句の「野菜の酢漬けを売る」というのは、トルコ語で「酸っぱい顔」(ekşi yüzlü) が渋面や脅しつけるような表情を意味することを思い起こせば、料理人の無愛想な態度を指すのだろう。この詩の面白味は仏頂面をしているかと思えば急に「失礼な程親しげに振舞い」(yüzi gözi olmak)、客／詩人の望むと望むまいとに拘らず塩を盛るありがた迷惑な料理人の態度にあるようだ。ただし古典詩では場合によっては惜しみなく塩を振る舞うことがご馳走を称える表現としても用いられるため――ラティーフィーもファーティフの給食所でそう詠んでいた[112]――一概に批判すべき行為ではないように思える。となると、おそらくファキーリーは、塩味がきつい点を強調することで供される料理の野卑な味を連想させたかったのだろう。

『描写の書』で詠まれるほかの食品関連の職業を見てみると、たとえば肉屋 (kassâb) の詩でもその悪臭と不潔さが問題とされているし[113]、甘味職人 (helvâcı) についての詩では菓子の不味さが批判されている[114]。エディンジキの詩人ラヴズィーが、「服が羊の血で真っ赤だよ」とからかうと、「でも心は綺麗なままさ」と答えるウィットにとんだ肉屋や、店先を綺麗に飾り付けて人々に憩いの場所を提供する甘味職人を称えるのとはまったく正反対である[115]。自身も長く旅暮らしをしていたファキーリーは、実際にはこうした市井の食文化に慣れ親しんでいたと思われるが、いざ雅やかなお大尽たちを相手に市井の様子を詠む段になると、不潔かつ低質な食生活を笑いや侮蔑の種として活用するのである。

では食から離れ、今度は帝都の男性諸氏の身だしなみについて見てみよう。周知のとおりムスリム男性は人前では帽子を被り、髭を蓄えるのを習いとする。帽子を被ってしまえば髪型はあまり気にしなくてもよいが、髭は定期的に整える必要がある。畢竟、オスマン帝国の都市部には多くの床屋が存在し、散髪、髭剃りのみならず、ときに割礼や抜歯までこなしていた[116]。さらに言えば、各家庭に一枚の鏡など望むべくもなく、薪を燃やして大量の湯を手に入れるのも困難な時代のことだから、お湯と石鹸がセットになって男性を弛緩させる髭剃りと散髪の快感は、入浴と並ぶ生活上の楽しみの一つでもあった。たとえば一七世紀の詩人サービトが「床屋の書」と題して床屋の徒弟たる美童との交歓に主軸を置いた佳人礼賛詩を残しているように[117]、オスマン詩における床屋と、とくにその徒弟は客に快楽をもたらす者として佳人（māh）の仲間入りを果たしている。ファキーリーが床屋に捧げた以下の詩も、もちろん紅顔の美少年たる床屋の徒弟を詠んでいる。

店に出る床屋の稚児とは何だろう。彼らは美しい言の葉に満ちた吟遊詩人。
かたわらでウッシャーク旋律で歌えば[118]、客はいつしか微睡む。
もし君が傷ついていても癒してくれるだろう。たとえ、稚児たちが君の頭に切り傷をこさえているとしても。

ファキーリー『描写の書』[119]

床屋の徒弟が稚児（mahbūb）と詠みかえられているのは、美少年であることを表すとともに客との寸暇の逢瀬を匂わせるためだろう。稚児が美しい歌を吟じながら髪を切ってくれるので客は心の傷もすっかり癒えて寛ぐのだけれど、実のところ美しい見た目や美声とは裏腹に散髪の腕前はいまいちなので、代わりに頭に切り傷をこさえてしまうだろう、というからかい交じりの作品である。これに限らず、床屋の稚児が同性愛の対象となる美童として詠まれる例が少なくないので[120]、本作もそうした既知の文学的伝統を逆手に取っているわけだ。本来は疲労の癒し手として称えられるべき床屋の徒弟たちの[121]、現実の職人としての未熟さが詠みこまれ、いかにも詩人らしい冷やかしと言える。続いて、床屋と同じく人々の整容を商いとする仕立屋についての詩を取り上げよう。こちらの詩にも徒弟が登場する。

君は当今において仕立屋が何か知っているかい。徒弟という名前のうつけ者が一人ふたりいる場所だ。
鉤針やら、布きれやらをかたわらに放っておかずに、まずは寸法のことを弁えよ。
一人くらいは仕事を終えられないものだろうか。毎晩、交わう暇があるならまずは店の汚れを掃除せよ。

ファキーリー『描写の書』(122)

この詩には幾つかの言葉遊びが盛り込まれている。まず第二対句の寸法(endâze)は、ほかに「身の程」という意味を持つし、第三対句の「仕事を終える」(dikiş tutmak)は「一縫いする」から派生した慣用表現。つまり、仕立てに関連した語彙が掛詞として用いられているのである。古典詩における仕立屋は、先に見た床屋の徒弟ほどに確固としたモチーフとはなっていないけれど、美しい衣装を縫い、ときにそれを身に纏って見る者を喜ばせる佳人として描かれることがあり、主にその高い技術が称賛される才人としての側面を持つ(123)。だから、ここでもファキーリーは職工としての仕立屋に対する称賛を逆手に取りながら、裁縫道具は出しっぱなし、衣服の寸法もよくわからないくせに修行には精を出さず、夜な夜な徒弟同士か、さもなければ親方との情交に励む無能者どもめ、と嘆いているわけである。

右記のごとく市場や商店街にしっかりと店を構えて街に根を張る商人、職人が曲者ぞろいなのだから、市場をそぞろ歩く流れ者が不逞の輩であろうことは想像に難くない。

友よ、飛脚が何か知っているかい。まるで鹿のように跳ねて駆けて行く。

その両の足はいつも街から街へ歩きまわり、尻に一つか二つの小さい鈴を吊っている。
間違えた抒情詩を一つ二つ口ずさんでは、市場を訪ねて美人を引っ掛ける。[124]

ファキーリー『描写の書』[125]

当時、広大なオスマン帝国で暮らす貴顕や詩人たちは、オスマン語散文の美文に美しい詩などを添えて書簡を交わし、遠隔地の人々とコミュニケーションを取っていた。とくに名文とされる手紙はのちのちまで手本とされ、美しい書簡を集めた書簡選集も伝存している。そのため、早馬を駆って街から街へ書簡や荷物を届けた飛脚は非常に重要な職業であり、一目でそれと知れるように色とりどりの衣装を身に着けた帝国の御用飛脚ともなればさまざまな便宜が図られたし、[126]古典詩においては遠方からの吉報をもたらす者（müjdegân）として称えられることもあった。[127]ところがファキーリーは飛脚たちをして、行く先々で仕入れた流行り歌を口にして女性に言い寄る柄の悪い根無し草だとすげなく切って捨てるのである。

街から街へ渡り歩き詩歌を口ずさむ流れ者――それにしてもファキーリーは飛脚の姿と、流れ者である自分の相似に虚しさを覚えはしなかったのだろうか。次節では彼の、ときに矛盾するかにも見える文学者としての態度の原因を探ってみよう。

4　下郎の巷の紳士たち

支配者の視線に滲む庶民蔑視観

ここまでわたしたちは都市の日常生活空間とそこで立ち働く庶民の姿を、詩人を筆頭とする選良層の書き残した当世批判の諸作品の中に探してきたわけであるが、作者たちの態度は一様に批判的かつ侮蔑的なものであると概括できる。まずはじめに言えるのは、帝国の文化的選良たちにとって都市頌歌のような称賛詩に詠まれたモニュメンタルな「楽土の都」から脇道へ一歩踏み込んだ先に広がる都市の日常的生活空間は、「下郎の巷」とでも呼ぶべき劣悪な場所と認識されている点である。もちろん、わたしたちが検討したのは「当世批判」の傾向を持つ作品群であるのだから、作者たちの態度は驚くには当たらないのかもしれない。実際、一六世紀後半ころの帝国社会に目を向ければ、社会上層部では従来のようなスルタンの奴隷出身者の割合が減少し、町方の有力者の家人出身者が増加するという成り上がり現象が見られるようになるのであるし[128]、珈琲店のような新たな業種が都市の男たちの習慣と嗜好に大きな変化を起こし、世紀末に至れば財政の逼迫によって止むに止まれぬ改革がはじまる一方、東部アナトリアで頻発する反乱の災禍を逃れた大量の移住者も帝都圏へ押し寄せて来る。ジナーニー『諸心の光沢』や、ナービー『善の書』のような、それぞれ一六世紀、一七世紀を代表する道徳的詩作品では、こうした社会的混乱の原因が、ときに支配階層の怠慢にではなく被支配階層の悪徳商工業者に求められる例も散見される[129]。だから本章で見てきた選良たちの庶民批判も、その一部は都市の治安と運営に責任を負う為政者として、同時代の社会的変化に敏感に反応した結果でもあったろう。

しかし、それだけでは説明のつかないほど過剰な批判も散見されはしなかったろうか。いや、それどころか選良たちは、庶民が関連するのであればありとあらゆる対象を貶しかねないほどに強固な不信感を抱いているようですらあった。なぜなら、もし社会批判とそれに伴う問題の是正を意図してのことであれば、わざわざ荷運び人や雑貨商のごとき、為政者の立場からすれば取るに足らない人々による細々とした悪徳をあげつらう必要性は低いのだ。くわえて職工たちを貶すというのもイスラーム文化圏の文学の伝統からは、やや外れた振る舞いといえる。オスマン詩には職人たちを古代のマーニーになぞらえてその手先の器用さを称える例が幾らでも見られるし、ペルシアの恋愛叙事詩『ホスローとシーリーン』には名工として名高いファルハドが登場するではないか。あるいはペルシア都市詩や一部のオスマン帝国の都市頌歌には、その優れた技術を謳われた実在の職工たちが多数、存在する。[130] イスラーム文化圏における職工はその技術の高さを評価される、詩人と同じ才人（hüner-vân）でこそあれ、決して卑しまれる対象ではなかったのである。こうした文学的伝統を思い起こせば、「描写の書」のような当世批判の流れをくむ作品群の中の商工業者たちは、ときに過度なまでの侮蔑や嘲笑の対象とされ、作者たちは都市の隅々にはびこる怠惰や不潔、好色や欺瞞、そして不作法という悪を、その都度、庶民たちに押し付けようとしているようにさえ見える。

このようにあからさまな庶民蔑視がテクストの外で、つまりは実生活の場面で直接的に表明されることは少なかったはずだ。すでに述べたように、支配階層と被支配階層間の間に貴族と平民のような埋めがたい身分的差異があったわけではないからだ。となると、詩人たちが見せる庶民蔑視観と呼ぶべき態度は、あくまで文学テクストの中に限ったものであり、詩人――および彼らの作品を賞味し得る詩的な美意識を兼ね備えた読み手／聞き手たる文化的選良層――の間には下々の者たちへの生理的嫌悪感や、その下劣さへの嘲弄を詩歌に乗せて発露させることそのものが、一種の文学的叙法となりうる素地が存在したことになる。

分類	信仰	道徳	社会生活
項目	・礼拝 ・現世的快楽の棄却 ・肉体的欲求の抑制 ・宗教的正道への努力 ・偽善の禁 ・親愛の励行 ・自己愛の禁 ・過ちを反省すること ・神への感謝 ・神の存在の想起 ・神の言う善行の実行 ・肉体的誘惑を遠ざけること ・現世の放棄 ・隠棲の励行 ・神の愛を感得すること ・神や予言者への反抗の禁	・日々の糧に満足すること ・忍耐 ・努力し、その結果を神に委ねること ・礼儀作法 ・清心 ・謙虚 ・労働 ・吝嗇の禁 ・貪欲の禁 ・虚言の禁 ・過度な貯蓄の禁 ・執着の禁 ・嫉妬の禁 ・陰口の禁 ・糾弾の禁 ・怒りの禁 ・悪意の禁 ・自慢の禁 ・親類と縁を切るな ・他者の富を羨む禁 ・先祖自慢の禁 ・肉体的攻撃の禁 ・快楽を誘発する物質から身を遠ざけること	・話し方 ・結婚 ・子供の養育 ・公正（個人、国家） ・善行の奨励 ・隣人の権利への敬意 ・悪友の禁 ・招待されていない場所へ行かぬこと ・お大尽の敵にならぬこと ・賄賂をせぬこと ・秘密を持たぬこと ・友情 ・買い物 ・敵を憎むなかれ ・誉れを尊ぶこと ・名声に酔うなかれ ・衣服、立ち居振る舞い ・保証人、遺言執行人、代理人、ワクフ管財人にならないこと ・金を貸さないこと

「助言の書」で扱われる主な項目（Kaplan 2001, pp. 133–185 をもとに筆者が作成。）

紳士と下郎

こうした庶民蔑視が生じた原因は何なのだろうか。まず手がかりとすべきは作者たちの批判に見られた共通の構図である。すなわち、その筆が捉えるのがいかなる対象であれ、叙事の際には類型的な理想像がまず先行し、しかるのちその理想を乱し、汚す存在としての「下郎」が批判されるという帰納的な構図である。こうした帰納的な態度が取られるからには、作者と読者双方が拠って立つ共通の道徳観が存在しなければならない。イスラーム文化圏における道徳の根源は一に聖典、二に預言者言行録に求められるべきであるが、オスマン帝国の文化的選良層たちのより具体的な道徳観を伝えると思われる史料がある。これまでも幾度か言及したが、ペルシアに起源を持ち[131]オスマン帝国でも盛んに著わされた「助言の書」という文学ジャンルである[132]。

数ある「助言の書」のうち代表的な作品とされるのが、一七世紀の大詩人ナービー――上京せねば出世は叶わずと詠んでいたあの詩人だ――の『善の書』である。『善の書』が大量の写本が作られ、メドレセでの教育に用いられる教科書の地位まで獲得した事実を考えれば、「助言の書」という文学作品に集約された道徳観は、近世のオスマン帝国の人々の生活規範をある程度、代弁するものであったと見なして差し支えないだろう(133)。では、『善の書』のような「助言の書」には何が記されているのだろうか？　主要な項目を挙げてみると、イスラームの五行に臨む際の作法や心得、飲酒や虚言の禁、喜捨のような善行の奨励といった良きムスリムとしての基本的な在り方にはじまり、金の貸し借りの禁止や良い友人の選び方、食事の作法、子供の教育、そしてメジリスにおける心構えや正しい礼儀作法、あるいは言葉遣い、はては口臭に気を付けよ云々というエチケットに至るまで、実にさまざまな徳目が説かれている。注目すべきは、作者が信仰心という精神的領域のみならず、礼儀作法や身だしなみという社会生活上の実践行動にも多くの墨を費やしている点だ。「道徳」と「礼法」の科目が一緒くたになった教科書とでも言えばわかりやすいかもしれない。いずれにせよ、『善の書』が描く理想の人間像とは、まっとうなムスリムであるのはもちろん、礼儀作法と教養を兼ね備えた紳士たる「雅人」(zarîf)なのである。

オスマン帝国の文化的選良たちの間では、一般道徳的な善悪の在り方、宗教的可否というムスリムとしての価値観や、違法行為や国家運営への悪影響を憂慮する為政者としての価値観と並んで、雅(zarîfe)か野卑(rezil)か、あるいは礼(edeb)と無礼(bî-edeb)という、雅人としての雅量(zerâfet)の度合いもまた、重要な価値判断基準として機能している。庶民やその日常の生活空間に対する彼らの侮蔑は、こうした雅と野卑、礼と無礼――つまりは理想と現実――の対立構造から生じたものと思われるのである。

5　オスマン帝国の文化的選良層における帝都：「楽土の都」と「下郎の巷」

こうしてわたしたちは、都市頌歌のような雅やかな美文と、現実の都市を見据えた当世批判の文学作品に表象した帝都イスタンブルの姿を追ってきた。すべての作品に通底するのは、それらが読み手／聞き手に同じ文化的選良を想定し、彼らに特有の詩的な美意識と礼雅を重んじる生活意識に則った叙法で著されている点である。彼らの眼差しは、文化的選良に特有の詩的美意識や生活意識、言うなれば雅人的意識とでも呼ぶべき心性を立脚点としながら宮殿やモスク、特定地域といったランドマークから成るモニュメンタルな都市空間と、庶民が生活する日常的な空間の双方に向けられ、おのおのに王朝の威光を体現する「楽土の都」と、不作法な下郎が種々の悪徳を行う「下郎の巷」というイメージを創出している。

王権の置かれた首府が詩的美文によって称揚され、あるいはその社会悪の是正が訴えられるのは、オスマン帝国に限った現象ではないが、帝国の文化的選良層に特徴的と思われる興味深い事例を、さきほどの詩人ファキーリーが提示している。彼は『描写の書』において庶民を批判し、諷刺し、笑い飛ばす一方、他方では『イスタンブル都市頌歌』において、同じ都市名士や職人を称えるという相反する態度を見せているからだ(134)。これはファキーリーという詩人が一口両舌の偽善者であったことを示すのだろうか。おそらくそうではない。彼の一見、矛盾する態度から汲み取れるのは、庶民という存在が詩人としての詩的な美意識を介せば「都市を彩り、活気づかせる者」(shahr-âshûb)として称えるべき佳人となり、雅人的意識に裏打ちされた当世批判の文脈に配置されればただちに俗悪な「下郎」にも変じたという、文学的な選択制を孕む記述対象であったということだ。つまり、帝都と対峙したオスマン帝国の選良たちは、この都市をモニュメンタルな都市空間と日常の生活空間に分割し、意識的にかなり明白な描き分けを行っているのである。

オスマン詩における近世のイスタンブルは、自らの属する王朝の威光を体現するモニュメンタルな都市空間である「楽土の都」と、庶民が暮らす日常の生活空間が雅と野卑の対立構造の中で悪の温床とされる「下郎の巷」がせめぎ合い、表裏一体を為す都市空間として描かれたのである。

第五章　庶民の眼差し、俗信の都

呪いごと《トゥルスマート》についての知識なぞ追い求めてはならない、自らその呪物《トゥルスム》を解けなくなってしまうがゆえ。

魔術は人を守護しない。賢明な者たちはそうした危ぶむべき道を選びはしない。

剣の一閃さえ防げぬというのに、それに拘泥するのはただ浅慮な者だけ。

僕を守るのはただ神のみ、呪物になど頼るなかれ。


スュンビュルザーデ・ヴェフビー『寛容の書』

1　庶民の世界を覗くには

もの書かぬ庶民と二人のイスタンブル人

前章においてわたしたちは、詩人たちの言説空間に帝都イスタンブルの姿を探し求めた。しかし、詩人とはそもそも帝国の文化的選良なのだから、彼らの残したテクストはこれまでわたしたちが目を背けてきた重大な問題を孕んでいる。つまり、彼らがごく限られた数の知識階層であり、本来はイスタンブルの住民の大半を占めるのは下郎と蔑まれていた庶民たちに他ならないという事実である。都市人口の大多数を占める庶民たちの目を通してみたのなら、そこには「下郎の巷」とは異なった庶民的なイスタンブルの心象風景が現ずるはずなのである。それを探るのが本章の目的である。

とはいえ、帝都の庶民の大半は文盲であった。彼らの中に十全に読み書きの能力を備えた者はごくわずかであり、(1)多くの者は珈琲店、モスク、メドレセ、修道上等々において読む能力を備えた者が本を持って大声で読み上げるその声の届く範囲に寄り集まり、かくして世状を知り、あるいは娯楽とするという口承文化の世界で暮らしていた。(2)彼らは自らの行状や生活感情を韻文、散文にしたためることなど思いもよらない「必ずしも言葉の伴わないプラティックを行った人々」なのである。(3)近世のイスタンブルには「フランソワ一世治下のパリ一市民」のように同時代の風景を庶民の視点からしたためるような人物は存在しなかったわけだ。そのため、もし庶民たちの視線の高さからイスタンブルを眺めようとするならば、どうしても物を書く人々、つまりはこれまでと変わらない文化的選良たちの残した史料に拠らざるを得ない。かといって、オスマン帝国における選良たちが詩歌という浮世から乖離することもままある美文をしたためるのを旨としたのだし、よしんば当世批判という流行に則って現実社会に筆を及ばせることがあったとしても、それは支配階層という立場からの大上段に構えた社会批判か、さもなければ庶民に対する強い不信と侮蔑を孕む先入観から描かれたものとなってしまう。わたしたちは美文を紡ぎ、あるいは天下国家の趨勢を論じる類のエリートではなくて、読み書きの能力を備えながらも、下々の者たちの行状に関心を寄せた、さながら成島柳北のごとき人物を探さなければならない。そして、この類の物好きが一七世紀半ばの帝都に二人、存在した。これまで幾度も登場したアルメニア正教聖職者エレミヤ・チェレビー・キョミュルジュヤンと、ムスリム名士エヴリヤ・チェレビーである。

以下では、この二人がほとんど同時代にムスリム、非ムスリムという別々の宗教を奉じながら帝都に生まれ育ち、なおかつ生まれ故郷をこよなく愛し[4]、おのおのに自らの属する上流の世界の裾野に広がる「下郎の巷」を記録する稀有な好事家でいてくれた幸運に感謝しながら、まずは当時としては異色の興味関心を持ち合わせるに至ったその素性を確認することにしよう。

エレミヤ・チェレビー・キョミュルジュヤの俗界への関心

エレミヤ・チェレビーは一六三七年五月一三日にクムカプ地区に生まれたアルメニア正教徒である[5]。生家キョミュルジュヤン家は小麦の仲買を行う商家であり、勅許商人アブロ・チェレビー（Abro Çelebi, ?－一六七六）のようなアルメニア正教徒社会の有力者と血縁関係を結び、また一族から多くの聖職者を輩出してアルメニア正教会内にも地歩を築いた相当の名家であったようだ。恵まれた家庭環境に生まれ育った長男エレミヤ・チェレビーもまた、助祭として長らく聖サルギス教会で筆頭書記を務め[6]、アルメニア・カトリック分離派やギリシア正教会との権力闘争の渦中にあったアルメニア正教会内で各派の調停役を務める一方、印刷所の設立を筆頭とする文化事業にも従事するなど、帝国のアルメニア正教徒社会で旺盛な活躍を見せている[7]。さらにアルメニア語、オスマン語を用いて詩歌、史書、訓話、日記など[8]、多彩な著作を残した文筆家、史家、詩人としても知られており、アルメニア文学（史）研究の分野においては[9]、史上初めてアルメニア語の口語表現を文語に取り入れた著述家として、その近代文学の先駆者という評価も賜っている[10]。

しかし、二〇世紀以降のアルメニア人研究者による高い評価とは裏腹に、彼の先駆的な作品に対する同時代人たちの反応はおしなべて冷やかである。本人が述懐するところによれば、アルメニア正教徒の識者たちは彼の作品を無視するか、さもなくば「宗教的な義務でもない文筆活動を行うのをまったくの無駄」と切って捨て、作中に意味深い内容があれば「剽窃なり」、民衆の言葉があれば「無知の証なり」、遊び心から書かれた作品に至っては「たわけた詩人である証拠なり」と、何かにつけて非議を呈したのだという[11]。一連の批判に対するエレミヤ・チェレビーの反論も拝聴しておこう。

わたしはこうしたことには毛ほどの価値さえ見出しません。……なぜかといえば、彼らが嫉妬に駆られているのは明らかですし、わたしを蔑み、あるいは無視するための口実を探しているに過ぎないからです。わたしの書いたものは理解者が受け入れてくれるだけで十分なのです。

エレミヤ・チェレビー『イスタンブル史』[12]

アルメニア正教徒の識者、すなわち聖職者たちから受けたという一連の批判と、それを「毛ほども」気にかけないというエレミヤ・チェレビーの態度からは、二つのことが窺える。すなわち、一七世紀のアルメニア正教徒社会において僧籍を有する者が非宗教的な著作を著す行為が異端視されていたらしいこと、それを敢えて行ったエレミヤ・チェレビーが特異な文人であったということである。エレミヤ・チェレビーは、カトリックに改宗してキョミュルジュヤン家を割りその意志を貫いた末に殉教、のちに列聖される熱心な宗教活動家であった末弟コミダスなどとは異なり、正教会という信仰の家に籠るよりも俗界への関心を隠さない人物だったようなのだ。そして彼の俗界への関心は、周囲のアルメニア正教徒たちの批判を押し切って上梓されたという『イスタンブル史』に顕著に表れている。

紀行文的帝都案内記としての『イスタンブル史』

一六六〇年、東部アナトリアのビトリスの街に所在するアムルドル修道院のヴァルダン・ヴァギシェツィ修道院長（Vardapet Vardan Baghishetsi, ?－一七〇四）が上京した際、その案内役を務めることになったのは二四歳のエレミヤ・チェレビーであった。彼のガイドは非常に優れていたらしく、ヴァルダン院長はイスタンブルを離れる際に、この街についての一書をしたためるよう依頼する。そうして書かれたのが、全八章から成る『イスタンブル史』である。原書はアルメニア語韻文によって書かれているが、本書ではアンドレアスヤンによる現代トルコ語散文訳（*İT*）を用いている。

さて、エレミヤ・チェレビーの後書きによれば執筆開始が一六六一年、幾度かの中断を経つつようやく脱稿したのは一六八四年の冬であったというから[13]、二四年もかけて完成させたことになる。この労作がヴァルダン院長の手に渡ることはなかったようだが[14]、執筆期間中に一貫して特定個人を念頭に置いて著された点では、私的な性格の強い作品とも言える。それを示すかのように、作中では全編にわたってエレミヤ・チェレビーがヴァルダン院長を船、馬、徒歩で案内し、常に二人の視線を主軸に据えた描写が心掛けられている。言うなれば疑似イスタンブル見物と言うべき体裁が貫かれているわけだ。彼はこれを「想像交じりの見物行[15]」と名付けている。

その一方で『イスタンブル史』における帝都案内が本人が述べるとおり「城壁の外から[16]」行われた表層的なものに留まるのも事実だ。教会やモスクなどの都市施設の多くは名前が挙げられるのみ、その建築学的特徴であるとか、由来であるとかが詳細に語られることは稀である。エレミヤ・チェレビーは、帝都の地誌に関してはおおまかな見取り図を示すに留めているのだけれど、その一方で帝都のアルメニア正教徒とギリシア正教徒、ユダヤ教徒の行状や、彼らが語り伝える伝承、同時代の逸話の紹介によく意を用いている。つまりこれらが作者と読者たるヴァルダン院長の最大の関心事であったということだろう。その結果として『イスタンブル史』は、今日から見れば非ムスリム庶民の生活や信仰、あるいは俗信といった同時代性の高い情報を実録した紀行文的都市案内記と呼ぶべき史料となっているのである。

エヴリヤ・チェレビーの庶民的嗜好

続いてムスリム名士エヴリヤ・チェレビーの経歴を見てみよう。エヴリヤ・チェレビーは一六一一年三月二五日にイスタンブル北岸の港湾ウンカパヌに生まれたムスリムである。今でこそトルコ史上最大の旅行家と見なされ、彼を主人公にした戦記漫画が描かれるほどの知名度を誇るのだけれど(17)、その本名が伝わっていないことからも窺えるように(18)、存命中から勇名を馳せ、あるいはその文才で巷間を賑わわせて史書や詩人列伝に名が記載されるような著名な文人、学識者というわけではない。ただし、彼の一族はイスタンブル征服に従軍したキュタフヤ出身の軍人を祖とするトルコ系であったらしい。ウンカパヌに先祖の名を冠するヤヴズエル・スィナン・モスクが現存する点を見ても、地元の名士一家と言って差し支えはないだろう。エヴリヤ・チェレビー自身も先祖ヤヴズエル・スィナン（Yavuzer Sinan, 一五世紀）がメフメト二世その人から賜った直筆の花押入りのワクフ文書を家宝として押し戴くなど、イスタンブル征服という聖戦に従事した先祖を誇りにしていたようである(19)。

もっとも、エヴリヤ・チェレビーの時代には彼の家は軍事からは遠ざかっていた。一六世紀前半以来、一族は宝石職人として生計を立てていたからだ。といっても、月並みの職人ではない。彼の父メフメト（Derviş Mehmed Zıllî Efendi, 一六世紀後半－一七世紀前半）は、宝飾細工の作製を趣味としたスレイマン一世以来、長らく宮廷の宝石職人頭を務めた人物で、軍人やウレマーのような支配階層身分にこそ及ばないものの、町方の職人の世界においては抜きんでて高い地位にあった人物である。
また、もと奴隷と言われる母親の毛並みも並大抵ではない。彼女はのちに大宰相となるメレク・アフメト・パシャ（Melek Ahmed Paşa, 一五八八－一六六二）の縁戚にあたるのだ。[20] これが事実であれば、アフメト・パシャを筆頭とするアブハジア系の高官であった財務長官デフテルザーデ・メフメト・パシャ（Defterdâr-zâde Mehmed Paşa, ?－一六五六）、大宰相イプシル・ムスタファ・パシャ（İpsir Mustafa Paşa, ?－一六五五以降）などとも血縁が繋がっていたことになる。エヴリヤ・チェレビーは出自的にも、また経済的にも相当に恵まれた環境で育ったムスリム職人一家の御曹司だったのである。
大家後《のち》なしというわけでもなかろうが、エヴリヤ・チェレビーが父の後を継いで宝石職人になることはなかった。[21] 彼はことのほか声楽に思い入れがあったようで、メドレセ卒業後はコーラン詠唱者として暮らしはじめ、[22] のちにムラト四世にその美声を見込まれ、小姓として内廷に入って以降も声楽を中心とする芸術の造詣を深める道を選んでいる。[23] 今日では大著『旅行記』の影響で旅行家と説明されることの多いエヴリヤ・チェレビーだが、彼自身は宝石職人や旅行家ではなく、むしろミュエッズィンやコーラン詠唱者、歌手（hânende）といった声楽に通じる才人を自負し、畢竟メヴレヴィー教団と深いかかわりを持っていたようでもある。[24]
ただし、由緒正しい家系や楽の道に秀でる雅人としての自身の立場を強調する彼自身の言葉とは裏腹に、実際に宮廷で出世した形跡は見られないし、詩作能力が皆無であったわけではないが、伝わるオスマン詩は僅少で、とくに詩の道に秀でたということもない。引き立てを賜ったムラト四世とある程度、親しかったのは事実であろうし、この武断的なスルタンに相撲で放り投げられたという話も嘘ではないのかしれないけれど、だからといって政に関わった可能性は皆無である。当時の基準に照らして見ればエヴリヤ・チェレビーは雅人としても、教養人としても「中途半端」な人物と言わざるを得ないのである。パトロンにして叔父にあたるメレク・アフメト・パシャの使いで帝国各地を巡った経歴を勘案すると、その「博識」をもって貴顕のそばに侍る近臣（nedîm）の一人というべき立場にあったのではないだろうか。

エヴリヤ・チェレビーという人物の特徴は、まさにその「博識」の質が当時の文化的選良たちとはいささか異なっていた点にある。まず、彼の文学的素養について見てみれば――先述のとおり雅人に必須の教養である――彼は幾つかの記年詩をのぞけば古典詩をほとんど詠んでいないし、[25]『旅行記』の散文を見てもオスマン語美文というよりは、現代トルコ語に通じる表現、語彙が頻出する口語的な文体が主調を為す。こうした叙法の未熟さ――というよりは口語性――に鑑みれば、エヴリヤ・チェレビーは文の道に秀でる雅人ではなかったと断言できる。しかし、詩の代わりに彼が通暁していた分野がある。それこそが笑い話であるとか、影絵芝居であるとか、噺家（meddâh）の講談であるとかの庶民的な芸事である。たとえば影絵芝居師にして噺家でもあったという通称キョル・ハサンなる芸人に言及したエヴリヤ・チェレビーは、誇らしげにこう評している。

小生は四七年にわたって幾千もの沢山の演者を見てきたが、かくのごとき弁舌に優れ、優雅にして親しむべき芸達者を見たことはない。

エヴリヤ・チェレビー『旅行記』[26]

どうだろう。エヴリヤ・チェレビーは下々の芸事に通暁する大通《だいつう》を気取り、影絵芝居や講談についての造詣を隠そうともしないのである。ここで言う噺家とは珈琲店や街頭などで小噺をして金を稼ぐ人々。[27]ときには由緒正しい英雄叙事詩などを語ることもあったが、現存するそのレパートリーは影絵芝居に似た掛け合いの体裁を取る笑い話[28]や、実在の人物を主人公にしてイスタンブルやカイロ、バグダードなどの都市を舞台にする同時代的な小噺、[29]あるいは流行の詩歌などである。[30]いずれ庶民に音声的な娯楽を提供する職業である。エヴリヤ・チェレビーはそうした場で話されたナスレッディン・ホジャ（Nasreddîn Hoca, 一二〇八？－一二八四？）の笑い話に言及し、彼自身が見聞きした冗談を集めた「冗談の書」(saka-nâme)を書く意図を明らかにすることさえある。[31] エヴリヤ・チェレビーがこうした下々の芸事とその動静についての知識を蓄積した背景には、パトロンであるメレク・アフメト・パシャら貴顕を愉しませるための四方山話の類を記録しておこうという底意もあったのだろうが、それにしてもわざわざ庶民の芸事についての知識を開陳することが当時の紳士らしからぬ振舞いであったのも確かである。なにせ、この時代に庶民の遊興についてかくもまとまった記述を残す書物は、彼の『旅行記』以外に見つかっていないのだ。[32] ということは読み書きができる人々は、庶民の娯楽など一顧だにしなかったということである。くわえて『旅行記』には、ラティーフィーの『イスタンブル礼賛』やアーリーの『諸々の集い』、ファキーリーの『描写の書』に見られたような庶民蔑視的な筆致もほとんど見られない。

選良たちが庶民の世界を下郎の跋扈するいぎたない空間と見下していたのとは対照的に、エヴリヤ・チェレビーは当時のエリートには似つかわしくない庶民贔屓の性向を有した点で、通俗的名士と位置づけられるべき人物と評し得るだろう。

通俗的帝都地誌としての『旅行記』

庶民的嗜好への理解という作者の特性を踏まえた上で、帝国期最大の地誌として世界的な知名度を誇る『旅行記』の概要を瞥見しておこう。まず驚かされるのは、全一〇巻におよぶその分量である。とくにわたしたちがためつすがめつしてきた帝都を扱う『旅行記』第一巻の記述量は、全一〇巻の中でも随一の規模を誇る。『旅行記』研究の第一人者ダンコフが評したように、イスタンブルこそが「生来、彼の世界の中心」であったと言わんばかりである。[33] ちなみに『旅行記』の執筆年についてはっきりとしたことはわかっていないのだけれど、おそらく一六五八年前後から執筆に入り、少なくとも一六六三年まではそれが続けられたと推察される。[34] 分量を考えれば執筆期間はさらに長期間に及んだ可能性もある。

さて、全二七三章から成る『旅行記』第一巻は、おおむね四部から成ると筆者は考えている。すなわち、イスタンブルの創建伝説や名所から説きおこされる「導入部」、一五世紀半ばから一七世紀半ばまでの帝国史が、同時代に建立された建築物、および当時の高官、ウレマー、詩人といった著名人列伝とともに記される「歴史・列伝部」、帝都と郊外の街々の主要建造物、住民の様子や出で立ち、名産品なども記され、オスマン帝国期から現代に至るまで本書の白眉とされる「地誌部」[35]、そして一六三八年に催されたバグダード遠征戦勝祈願を期した祝賀行列の様子を同業者団体ごとに紹介した「祝祭部」である。

建築物、都市名士、歴史、祝祭――こうした都市の諸相を扱う本書が、地誌的性格を有する史料が圧倒的に少ないオスマン帝国にあって貴重な情報の宝庫であることは論を俟たないが[36]、その記述を鵜呑みにするのは控えねばならない。なぜなら『旅行記』は、あまたある歴史書や、著名人の業績とその没年を記録する死亡録（vefeyât）、あるいは自然条件、都市施設、都市名士という三つの基本要素から成るイスラーム文化圏の地誌の叙法に則って記される反面[37]、その内容に関しては、他の歴史書などからの引き写しが多く、内容も網羅的ではない点が指摘されているからだ[38]。そのため、今日でも『旅行記』を史書、あるいは人名録として重んじる研究者は多くない。さらに彼の記述には誇張や語呂合わせ、あるいは自画自賛が多くて正確性を欠くとなれば[39]、その取扱いには注意を要するテクストと言わざるを得ないだろう。だが、わたしたちはすでにこの人物が庶民的嗜好という当時の文化的選良には相応しくない性向を持ち合わせた点をすでに確認した。結論を述べれば、本書における『旅行記』という史料の今日的意味の源泉は、まさに彼の「中途半端」さにこそ求められる。なぜなら、文化的選良の世界に出入りしながらも芯のところでは自らが生まれ育った庶民的な世界への愛着を残すという中途半端な紳士であったからこそ、近世帝都のムスリム庶民に伝わるさまざまな逸話や伝承、あるいは俗信などを採録することが可能であったからだ。だからこそ本書では、『旅行記』のテクストの不正確さや誇張も含めての通俗性の側面にこそ焦点を絞るつもりである。

庶民的要素としての「俗信」

では、当時の文学的時流の本流からは外れた俗人的、庶民的嗜好を有するこの二人のイスタンブルっ子の著作に含まれる何を「庶民的」な要素と見做すべきだろうか。地の文に見え隠れする庶民的口語表現、書誌から窺われる庶民的読書体験、あるいは所収の逸話から透けて見える作者たちの嗜好――とくにエヴリヤ・チェレビーについてはこうしたさまざまな角度からアプローチが行われてきたが、庶民の視界に映じていた帝都の姿を考究するわたしたちが注目すべきは、史料の書き手たちの「視線」そのものであるように思われる。つまり、この二人のイスタンブルっ子と、すでにわたしたちが親しく触れてきた帝国の文化的選良たちの視線が交錯する対象を見つけ、おのおのの記述を比べればおのずと選良的なイスタンブル像と庶民的なそれの腑分けが、ある程度は叶うはずであるからだ。

帝都に暮らすあらゆる人々の視界に常に入り込むほどの存在感を持ち、彼らの興味を等しく引き、なおかつ記録に残された対象となれば、市内に残る巨大建築物と相場が決まっている。そして、ムスリムと非ムスリムの視線が交錯する帝都一のランドマークといえば、いまも昔もアヤソフィアを措いて他にない。詩人たちがこの「モスク」を帝国一の格式を持つ礼拝の場として称える反面、ときに「国産」モスクの建築学的、宗教的優位性を称賛するための踏み台としても扱ったのはすでに見たとおりである。そこで話題となるのはあくまで、この古代建築の「モスク」としての在り様である。翻ってエヴリヤ・チェレビーは、詩人たちとはまったく異なったアヤソフィアの姿を書き留めている。彼によれば、この建物内のさまざまな施設――扉や柱廊、浅浮き彫、モザイク画など――には、人を呪ったり、あるいは未来を知らせたりする超常の力が宿っているというのである。つまり文化的選良層とは異なった、異教的な霊場としてのアヤソフィア像が提示されるのである。

もう一つ例を挙げよう。わたしたちが第二章で見物した旧市街南西部の六本大理石《アルトゥメルメル》である。先述のとおりこの遺構は現在では失われ、その正確な所在地についても不明であるものの、おそらく現在のへキムオール・アリー・パシャ・モスクの庭園内にあったという円柱群を指すと思われる[40]。イスタンブルに残るローマ、ビザンツ帝国期の古代遺構を調査したギリウスのような西欧人が、この六本大理石の表面の朝浮き彫りを詳細に記録していたのもすでに見たとおりだ。では、久しぶりにナスーフの都市図を開いてみよう。ところが、いくら目を凝らしても六本大理石と思しき円柱群など影も形もない。それはつまりわざわざ絵に起すほどの対象ではなかったということだ。翻ってエヴリヤ・チェレビーは何を記していただろうか。『旅行記』を開いてみると劈頭の「導入部」でこの円柱群が取りあげられていて、ご丁寧に六本大理石を一本一本取り上げて、それぞれに縁結びや縁断ち、厄除けや虫除けといった奇跡が宿っていると記していたのをご記憶のことと思う。つまりアヤソフィアの場合と同様に、エヴリヤ・チェレビーの筆はここでも奇妙な「俗信」についてかなりの墨を費やしていたのである。

実のところ、帝都イスタンブルはこうした「俗信」に満ち満ちた都市でもあったようだ。曰く、底に向かって失せ物の名を唱えると、その在り処がたちどころにわかる井戸あり[41]。曰く、喧嘩をした恋人同士が抱きつくと仲直りできる円柱あり。曰く、イスタンブルの海に飛び込み死んだと思いきや、魚の背に乗ってアルジェリアへ到達し、七年後にひょっこり帰って来た男あり[42]。曰く、アラブ人の艦隊を強風で薙ぎ払った奇跡の聖十字架あり[43]――。

この手の奇跡譚や不思議譚は『旅行記』のみならず、『イスタンブル史』にも散見され、しかもいま挙げたような建築物のみならず、同時代の出来事や生きた人間に至るまで、さまざまな事象に付与されている。かくのごとく「俗信」は、文化的選良たちが残した史料にはほとんど記されない反面、一七世紀の二人のイスタンブルっ子が地元の人間ならではの知識をふんだんに盛り込んだ『イスタンブル史』、『旅行記』という史料には露頭を覗かせている。ひとまずはこの「俗信」を庶民的な要素と捉え、話を進めることにしよう。

「俗信」というややオカルティックな対象に焦点を絞ったところで、語義についても定義しておく。そもそも正統的な教義の範疇から洩れる超常的な力への畏怖の念は、不条理でありながら長期間にわたって語り継がれた「迷信」、その支持者たちと同時代に形成され、伝聞的に語られて広まる「都市伝説」、宗教的正統から外れ、創唱者の存在や教団組織を欠きながらも一定の宗教性を帯びた説明がなされ、時間的推移とともに民衆の信仰の対象となった「民間信仰」などに分類される[44]。この場合、「迷信」と「都市伝説」を分かつ指標となっているのは逸話の発生時期、つまりはその時代性である。これに対して「迷信」および「都市伝説」と、「民間信仰」を分かつのはその宗教性の多寡、あるいは正統性の有無と言えるだろう。

右記の社会学的分類を踏まえた上で、本書では王朝権力ないしは東方正教会などの掲げる正統的な教義の範疇には収まらず、ときに異端的な内容を含み、しかし帝都の庶民の支持を集めた形跡の残る超常的な逸話群を、迷信、都市伝説、民間信仰を包括した「俗信」（以下、括弧を外して用いる）と呼ぶことにしたい。さらに以下ではその俗信を、

一．イスラームあるいはキリスト教の信仰に発し、ある程度の宗教的裏付けのある俗信であるアヤズマとエブー・エユプ伝説、

二．作者たちと同時代に成立した狂人にまつわる逸話群、

三．征服以前から市内に残存するという歴史的裏付けを持ち、超常的な力を持つ奇物（後述）と見なされたギリシア・ローマ、ビザンツ帝国期の遺構

という三種類に分類しておく。こうすればムスリム、非ムスリムという俗信の受容者における宗教性、ならびに俗信の発生源たる建築物や人物、事件の成立年代という時代性の双方に跨りながら、きわめて曖昧な俗信という存在を、イスタンブルの都市空間内で捉えることが可能と思われるからだ。

2　アヤズマとエユプ伝説

ギリシア正教徒の聖なる泉アヤズマ

のっけから耳慣れない言葉かもしれないが、アヤズマ（ayazma）とはギリシア語の聖所（hagiasma）に由来し、ギリシア正教徒が病の治癒を期待し、あるいは願掛けに訪れた泉や水場のこと。[45] 一九世紀の記録になってしまうが、当時の富裕なギリシア正教徒たちは教会を建てる際にわざわざ水場がある場所を選び喜捨を募ったという。[46] つまり、アヤズマはビザンツ帝国期から近代まで連綿と続く強固な民間信仰の対象として都市部のギリシア正教徒の間で崇められていたと言えるだろう。エレミヤ・チェレビーによれば一七世紀の帝都周辺にも少なくとも二〇余りのアヤズマが存在している。たとえば、ユダヤ人の多く住むハスキョイに所在する聖パラスケヴィ・アヤズマでは、マラリアにかかった者が三回その水を飲み、身体を洗えば病が快癒すると信じられていたというから[47]、手水の要領で霊験にあやかっていたようだ。

しかし、近世帝都のアヤズマはただギリシア正教徒にのみご利益を与える聖所ではなかったらしい。たとえばトプカプ宮殿にほど近いインジリ館のアヤズマは、館の下に広がる砂地に病人が埋まって病の快方を願うことからトルコ語ではクムルジャ《砂に覆われた場所》と呼ばれ――ギリシア語ではホデゲトレイア（Hodegetreia）[48]――イスタンブルでも数少ないビザンツ帝国期から続くアヤズマである。エレミヤ・チェレビーによれば主の顕栄祭――カトリックにおける主の変容祭に相当し、現在の暦では八月一九日――になると「アルメニア正教徒とギリシア正教徒」が大太鼓や笛を持ち寄ってこのアヤズマに集まり祭日を祝ったという。[49] また、イスタンブルの西方約一二キロに位置するカラタルヤの街のアヤズマでは、八月の祭日になると市内のギリシア正教徒とアルメニア正教徒が妻を伴って参拝するという類似の光景が見られたのだとか。[50] つまり、非カルケドン派であるアルメニア正教徒が、教義的にかなり差異のあるギリシア正教徒たちの信じるアヤズマを聖所と見なしているのである。

さらに『イスタンブル史』を捲っていくと興味深い記述に出くわす。前述のハスキョイの聖パラスケヴィ・アヤズマにはトルコ人たちも願掛けに訪れているというのだ。[51]「トルコ人」と書かれているからにはムスリムのはずであるから、そう気軽にアヤズマに参っていたとは思えない。そこで今度はエヴリヤ・チェレビーの『旅行記』を開くと、はたしてそれをある程度、裏付ける短い逸話が記されている。

曰く、ある金曜の晩、恋に浮かれて散歩していたエヴリヤ・チェレビーはハスキョイのユダヤ人墓地の中を歩いていたところ――この墓地はカスム・パシャとの境にあるから、きっと対岸のウンカパヌの家に帰ろうと埠頭へ向かっていたのだろう――唐突に魔物（div）に遭遇してしまった。慌てた彼が取った行動は、件のアヤズマに逃げ込むことだった。こうしてエヴリヤ・チェレビーはアヤズマで一晩を過ごすことで難を逃れたのだという。[52] 先述のとおり、この泉の本来の効能はマラリア除けなのだけれど、彼の場合は怪異を前にして、信仰の別なく霊験あらたかな地に逃げこんだわけである。創作の可能性が限りなく高い逸話ではあるものの、少なくとも異教徒の聖所に魔を払う力があると想定した上での記述であるのは確かだ。[53]

ほかにも僅かながら、アヤズマへの称揚を書き記す一六世紀の詩人や、[54] 帝都のムスリムたちがアヤズマの水を飲むのをいっさい躊躇わないと報告する一九世紀の西欧人旅行者などの例が散見される。[55] こうした事例を総合すると、本来はギリシア正教の聖所であるアヤズマが、近世の帝都の日常生活にあってはアルメニア正教徒や、ときにムスリムによってもその聖性を認知される対象となっていたことがわかるのである。

キリスト教徒版エブー・エユプ伝説

では続いてオスマン帝国のムスリムに広く流布していたエユプ伝説について見てみよう。この伝説の核となるのは、七世紀のコンスタンティノポリス包囲戦で戦死したとされるあの聖人エブー・エユプ・エンサーリーの殉教譚である。

前述の通り、ムスリムの歴史家や詩人たちは散文のみならず、韻文においても繰り返しこの伝説を扱っており、[56]当然ながらさまざまなヴァリアントが存在するのだけれど、その骨子はおおむね共通する。すなわち、一気呵成な攻城戦によって勝利を目前にしながらもキリスト教徒の奸計にはまって命を落とすエブー・エユプの殉教、時代が下ってオスマン帝国がイスタンブルを攻めた際にメフメト二世――あるいは、その側近であり宗教的な師であったアク・シェムセッティン（Ak Şemseddin Muhammed ibn-i Hamza, ?－一四五九）[57]――の霊験による埋葬地の発見、その祝福によって征服が叶ったのちの墓廟建設という、おおよそ三部から成る粗筋である。[58]古の英雄の悲劇的な殉教、その意思を継いだ若きスルタン、そして征服という偉業の達成――かくのごとき構成をとるこの伝説が、帝国によるイスタンブル征服を宗教的に正統化し、実社会にも大きな影響を及ぼした点もすでに指摘した。

ところが、エユプ伝説はムスリムの間でのみ流布したわけではないらしい。それというのも、アルメニア正教徒のエレミヤ・チェレビーがエブー・エユプをヨブ（Yob）というキリスト教徒に置き換えた不思議なヴァリアントを伝えているのだ。[59]以下がその概要である。

ローマ皇帝（＝ビザンツ皇帝）が悪政をしいて民を苦しめていたイスタンブル征服前夜、信仰篤いヨブのもとを天使が訪れる。ヨブは天使のお告げに従って三度、皇帝をおとない王道を行うよう訴えるが、相手にされず追い返されてしまう。そこでヨブは、四度目のお告げに従って当時のオスマン帝国の首府エディルネを訪ねる。丁重なもてなしを受けたヨブは、メフメト二世にイスタンブル征服こそが彼の天命であると告げる。すると、メフメト二世はヨブに自分のはめていた指輪を預け、征服の暁にそれを取り戻すという誓いを立てる。はたして征服は成り、そのときにはすでに物故していたヨブの墓に掛けられた帝王の指輪がオスマン軍の兵士によって発見される。報告を受けたメフメト二世は自らその墓を参り、剣を佩《は》き、子々孫々この墓の前で帯剣することで帝位に上るのを習わしとせよ、と命じた上でモスクを築いた。

このキリスト教徒版エユプ伝説の筋書きは、神の命を受け悪徳の市ニネベに足を運ぶ旧約聖書のヨナ書第三章に類似するため、旧約聖書中の逸話を骨子としながら、埋葬地の発見や、戴冠式における帯剣の儀式といったムスリム側の伝承のディティールが付加されて成立したものと思われる。エレミヤ・チェレビーはこの伝説を「ギリシア正教徒の諸々の書物」が伝える逸話とするものの、明確な典拠は残念ながら明かされていない。ただし、あの老人文主義者ギリウスも興味深い証言を残している。

あるギリシア人が（エブー・エユプの墓廟は）ヨブ（Iob）の聖なる遺構であり、墓廟であるとわたしに主張したのだけれど、彼はこれに関する文献的起源をまったく明かさなかった。

ギリウス『コンスタンティノポリス地誌』(60)

エレミヤ・チェレビーの時代から一〇〇年も前に、すでに西欧人旅行者という異邦人が耳にしているのであるから、このキリスト教徒版エユプ伝説はエレミヤ・チェレビーの創作でないと判断してよさそうだ。

注目すべきは征服と世直しへの嘆願がキリスト教徒の側から為されている点だ。そもそもイスタンブルの征服——あるいはコンスタンティノポリスの陥落——はムスリムにとってこそ晴れがましい勝利であるけれど、非ムスリム、とくにキリスト教徒にとっては異教徒に対する敗北に他ならない。しかし、エレミヤ・チェレビーはムスリムによる征服を非難するどころか、むしろ現王朝によるイスタンブル征服の正統性を、悪政の打倒という点から文持し、キリスト教徒臣民が共感し得る伝説を書き記しているのである。なお、キリスト教徒の側から征服の嘆願がなされたとする逸話は、ムスリムであるエヴリヤ・チェレビーの『旅行記』にも見える。(61) 征服から二〇〇年を経た一七世紀、多数の非ムスリムが暮らすイスタンブルでは、ムスリム、非ムスリム双方の側からオスマン帝国の征服を正統化する伝説や噂が発信されていたわけである。

宗教を跨ぐ文化的近似性

以上のように近世のイスタンブルでは、本来はギリシア正教徒の聖所であるアヤズマにアルメニア正教徒のみならずムスリムまでもが一定の聖性を感得し、あるいはムスリムによって支持されるべきエユプ伝説が宗教を越えて語られることで王朝支配の正統性が非ムスリム臣民にも受容されていた痕跡が見受けられるのである。膨大な非ムスリム人口を抱えるイスタンブルでは、信仰生活においても一定の文化的混淆が観察されるわけだ。

帝都のムスリムと非ムスリムは、社会制度という巨視的観点から見れば、その権利、義務において明確に分かたれた不平等な身分制社会で暮らしていたし、生活レベルでもムスリムやギリシア正教徒、アルメニア正教徒、ユダヤ教徒の間には互いへの悪感情が大いに見られたのだけれど、(62) その一方で各宗教の正統的な教義の範疇から外れた俗信というインフォーマルな領域においては、宗教の別を問わない人々が同一都市の住民として同じ俗信を支持するという文化的近似性をある程度、獲得していたと言えるだろう。

3　帝都の狂人たち

イスラームにおける「狂人」

次に帝都の津々浦々を徘徊する一風変わった狂人たちについて見てみよう。狂人（dîvâne、deli）とは、本来は字義通りの精神異常者を指す言葉であるが、近世のムスリムの間ではときに予知や呪いといった神通力を発揮する存在としても認知され、ある種の民間聖者として崇められた人々である。

ムスリムであるエヴリヤ・チェレビーは帝都の各地にいる同時代の狂人に対してスーフィー的な「聖者」（velî／evliyâ）という呼称を用いるのは控える一方で[63]、「狂人」の語と共に「成り変わった者」（abdal）、「（神によって）引かれた者」（meczup）という用語を併用している。この二つの語彙は神秘主義教団には属さず、従って修行を積まないまま奇跡や神秘体験を得た「（神との合一に）至った者」（eren）の類義語である。「成り変わった者」は時代によってその指し示す範囲に異同があるが、神によって世界の霊魂的秩序を保つために遣わされ、その心根の清らかさ、純粋さによって人々を導く冥界の男たち（ricâlü'l-gayb）の一翼を担う聖なる存在とされる[64]。一方、「引かれた者」は神秘主義の階梯を経ずに神と触れあう法悦（zevk）の境地に達した聖なる愚者である。肉体は現世にありながら精神は天国にあり、心根は清廉だが、その振る舞いは精神異常者に似ていて、未来を予知することもあるという[65]。もっとも、エヴリヤ・チェレビーは予知などの神通力を併せ持つ聖なる愚者としての狂人と、たんなる精神異常者と思しき狂人を、一緒くたにして「成り変わった者」、「神に引かれた者」と評している。そのため彼が記録する「狂人」は、神学的定義に拠った厳密な存在ではなく、神秘主義教団等の宗教的組織には属さず、何らかの知的障害、あるいは奇矯な外見、言動、振る舞いを備え、ときに奇跡を行う者たちを漠然と指している。『旅行記』、『イスタンブル史』に登場する狂人たちは、聖者伝（menâkib-nâme）のように端から聖なる人々を記録することを目的とした史料[66]からは零れ落ちる街の名物男であり、同時代の実在の異常者たちの行状と、庶民社会におけるその受容の様態をよく伝えており、近世帝都における奇跡譚の成立過程を窺うのに絶好の材料を提供してくれる存在でもある。

奇跡を起こす狂人たち：予言と死

とくに死に際に何らかの奇跡を起こす者が『旅行記』の狂人には少なくない。たとえば七〇クルシュ翁は、ルーマニアのエーリ遠征（一五九六）に従軍したのをきっかけに言葉を失い、七年間の沈黙ののちに「七〇クルシュ」としか言えなくなったという。七〇（イェトミシュ）は数字を表すと共に、トルコ語動詞 yetmek の完了形として「満ち足りた」という含意も持つので、ようは沢山の銀貨程度の意味である。この翁は帰京後、ウンカパヌ一帯に出没し礼拝に加わるなど品行方正に暮らし、泥道を歩いても革靴の上どころか踵にさえ泥が跳ねぬほど、その挙措は静かであったという。あるときムラト四世に[67]、七日の間にレヴァンを征服すればそれは叶うだろうという予言――このときだけ喋れるようになったのだろうか？――を伝えた。大宰相メレク・アフメト・パシャからエヴリヤ・チェレビーが聞いたところでは、遠征中のムラト四世は「いつも軍団の中で七〇クルシュという呼び声が聞こえる。どの天幕から聞こえるのか、行って見てくるが良い」と幾度か命じられたという。同じ頃、イスタンブルの七〇クルシュ翁は「ムラトあり、七〇クルシュで買った、ムラトは七〇クルシュで与えた」と叫んで徘徊して、征服が叶うのと同時に物故したという。ドルマンを身に付けていたという翁の出で立ちは当時の兵士と似たところがあり、この話は戦争によって失語症に陥った老兵が最後のご奉公として死に際の神通力を発揮して戦勝の手助けをした、という奇跡譚になっている[68]。

ファーティフ・モスクの近くに住むハサン翁も予言を行った口だ。この狂人はモスク付属のボヤジュラル門の内側に、大工でさえその天辺に釘を打ち込むのを躊躇うような見上げるほど高い小屋を作って住んでいたが、ある晩、折からの強風で小屋が崩落して死んでしまう。翌朝、人々は残骸の中でしっかりと経帷子に包まれた翁を発見し、埋葬したという。[69] 人々が彼を手厚く葬ったのは狂人が死期を悟り、経帷子を身にまとった奇跡への賛嘆の念からだろう。

あるいは、キョプリュリュ・メフメト・パシャの大宰相就任を予言したという古物屋翁も予言の成就とともに死んでいるし、[70] ペストを予言した帳簿をスルタンに献上した進物旦那などは、いざ疫病が発生すると郷里のコジャエリに逃げ帰りそこで亡くなったという。[71]

このように狂人にまつわる奇跡譚の中では奇跡と死が密接に関連付けられている。その奇跡の内容も、予言や予知に関するものが過半を占めており、普段の奇矯な振る舞いと死に際の予知、予言が、『旅行記』における狂人伝の一つのステロタイプとなっている。当人が死んでしまい奇跡の正否を確認できない点も、奇跡譚が流布する際の信憑性を補強しているように思われる。結論は措いて、その他の不思議譚についても見てみよう。

地域に密着した不思議

『旅行記』の中には、予言や予知とは関連のない不思議譚も幾つか収められている。中には、ヨナかピノッキオよろしく鯨の腹に飲まれて生還した潜水夫の冒険物語も見られるが、[72] ここではある程度、記述量の豊富な浴場用サンダル《ナアルン》職人のヒュセイン・チェレビーとウンカパヌのデリ・セフェル・エフェンディの二人を取り上げてみよう。いずれもエヴリヤ・チェレビーの地元ウンカパヌで起きた怪奇現象である。

ヒュセイン・チェレビーは浴場で使うサンダル（na'lın）をこしらえる職人で狂人ではないのだが、先祖がムラト三世期の聖者ナルンジュ翁（Na'lıncı Dede）である。あるときウンカパヌの近辺で火が出たが、サンダル工房と隣家二軒は焼失を免れた。この奇跡を聞きつけたキュペリなるユダヤ教徒が、ワクフ管財人に賄賂を渡して店を買い上げたが、近隣の住民は異教徒の転入を歓迎しなかった。そして、いざキュペリが店に入ろうとすると鎧戸が落ちてきて、これに当たって死んでしまった。その後、ヒュセイン・パシャ（Merre Hüseyin Paşa, ?–一六二四）の手勢が現場を検証し、店をヒュセイン・チェレビーに戻してやったのだという。[73]

エヴリヤ・チェレビーは「近所のことなのでヒュセイン・チェレビーのことはよく知っている」と断った上で、神秘的な体験をした人々の中でもとくに気立ての良い人物だったと評している。焼け残った他の家の隣人たちが奇跡とは関連付けられていないことから、聖者となった祖父の加護を受けたのはヒュセイン・チェレビーのみと考えられたのだろう。ちなみに加護がなかったエヴリヤ・チェレビーの家は燃えてしまった。このように、聖者の聖性が子孫に受け継がれるということもあったようだ。同じ火事の被害はクムカプにも及んでおり、エレミヤ・チェレビーは五〇〇〇のアルメニア人の家屋――数字は誇張に違いない――が焼失する中で、聖アスドゥアッザズィン教会だけは燃え残ったと記している。[74] イスタンブルはとにかく火事の多い街だったので、火災を免れた建造物に何らかの奇跡譚が付与されることは珍しくなかったようだ。

一方、デリ・セフェル・エフェンディは直訳すれば「狂った旅行の旦那」となるので、これも渾名に違いない。彼の逸話は純然たる不思議譚の態をなしている。あるときセフェルはウンカパヌから海へ飛び込んで行方知れずになった。別れ際に何百という人々に挨拶をして行ったので、地元の人々にはよく知られている、とエヴリヤ・チェレビーは断っている。そして七年後、アルジェリアからやって来たカラ・ホジャとアリ・ペチェンオールなる船乗りの船に乗ってウンカパヌへ戻ってきたのだが、そのときには言葉を失い、ごみ溜めの中で食物を漁って食べるようになっていた。二人の船乗りによれば、七年前にボスフォラス海峡のとば口で一尾の魚を見つけたのだが、はたしてその背中に乗っていたのがセフェルであった。好天に恵まれてアルジェリアに向かう途中も、セフェルと魚は船の後をついてきたが、アルジェリアに着くと魚も港に入って来て、岸に打ち上げられて死んでしまった。船乗りたちはセフェルに頼まれその魚を埋葬したという。[75]

これも奇跡に相違ないが、予知や聖者の加護のような宗教色は薄い反面、目撃者やセフェルを連れ帰った船乗りのように多数の証言者が登場しており、地元で良く知られた不思議譚であったように見受けられる。ここに挙げた二つの例は、いずれもウンカパヌという狭い町内で起こった出来事なのだから、この手の不思議譚は帝都の他地域にも存在したに違いない。

奇矯な狂人たち

右記の他に、何ら奇跡を行わない――すなわち「成り変わった者」でも「引かれた者」でもない――狂人もいる。言葉を話さず、ファーティフ・モスク近くのサラチハーネ市場で道に落ちている石を拾って掃除に精を出していたというアシューム翁(76)、やはり口が利けず、嗅ぎ煙草を好む煙草吸い翁。彼は子供たちが悪戯で土を握らせても、ためらうことなく鼻から吸いこんで、日に一〇〇ディルハム（約三一〇グラム）もの土を吸引したという(77)。あるいは、夜告鳥を入れた鳥籠を持ってエユプの街に出没する夜告鳥狂人。他の夜告鳥が春に囀るなら彼の夜告鳥は冬に囀ったという。人々は感心することしきりだったがその理由は定かではなかった(78)。カスム・パシャを全裸で徘徊するダヤク狂人(79)は、冬でもガラタ北方の広場オク・メイダヌの雪の中で寝起きし、その額は赤々として汗をかいていたという。

これらの狂人たちはいずれも、必ずしも奇跡と関連があるとは思われない点で奇人、変人の類と見なせるのだが、注目すべきはエヴリヤ・チェレビーがこうした奇矯な振る舞いをわざわざ書き留めている点である。奇跡を行うわけではなくとも、奇矯な振る舞いをする社会のはみ出し者たちは、それだけで衆目を集め、話題とするに足りる存在であると見なされているのである。大部の『旅行記』の、ほんの一部に表出する記述を捉えて過解釈を行うことは避けねばならないが、聖者ではなくわざわざ狂人と断って一定量の噂が記載されている事実は、どうやら彼らが帝都庶民の日常生活において相応の頻度で話題となるポピュラーな存在であったことを示唆するだろう。そして、狂人の中にはアイドル、あるいはヒーローのようにもてはやされて、人々に格好の話題を提供する者たちも確かに存在した。次節では、神通力によって悪を懲らしめるウンカパヌのメフメト殿（Kapânî Mehmet Efendi）、一七世紀の帝都でもっとも有名な狂人とされるでか鼻メフメト・チェレビー（Burnazlı Muhammed Çelebi）、そして王朝貴顕を巻き込む奇跡譚を生み出した篩翁（Elekci Dede）という三人の有名な狂人を取りあげてみよう。

ウンカパヌのメフメト殿、酒瓶で悪を懲らす

ウンカパヌのメフメト殿は、その名のとおりエヴリヤ・チェレビーの地元ウンカパヌに出没する狂人。一八世紀の聖者伝にも彼の墓の所在地が記されているので(80)、相応の知名度を誇る人物だったことが窺える。彼が勇名を轟かせたのは、なににもましてその比類なき神通力によるところが大きかったようなので、以下の二つの逸話を引きながらその「超能力」について探ってみよう(81)。

一六三二年のある日(82)、ウンカパヌの酒場街を酒瓶片手にうろついていたメフメト殿は大宰相レジェプ・パシャ（Topal Recep Paşa, ?-一六三二）と行きあい、祝福を授けるよう命ぜられる。つまり、メフメト殿の評判は大宰相のごとき貴顕の耳にまで達していたということになる。大宰相に対してメフメト殿はこう応じたという。「身体の健康とともに食べろ、飲め、糞をひれ。また食べろ、また飲め、そうして糞をひれ」。大宰相は口汚い言葉が祝福であるとは到底信じられず、これを拒否する。するとメフメト殿はこう答える。「あなたはまだ大宰相じゃ。（いつか）スルタンになるというわけでもない。ああ、いまこの祝福を受けないのであれば、食べろ、飲め、そして糞を・・・ひるな」――はたして、大宰相はその日のうちからぴたりとお通じが止まってしまい、困り果てた挙句にメフメト殿を探しだして腹を撫でてもらうと、便秘は嘘のように治まったという。この逸話は一見、「便秘」という深刻味の薄い呪いが取り上げられる点では笑い話の呈を為すかにも見えるが、スルタンでもないのに居丈高に祝福を拒否した大宰相が懲らしめられるという構図に着目すれば、ある種の教訓物語にもなっている。メフメト殿が持ってい

たという空の酒瓶は、おそらく「糞をひれ」という彼のセリフと結びつく小道具だろう。それというのも、葡萄酒は当時、便秘に効く薬効を以て知られていたので(83)、便秘を自由に操る彼の神通力を象徴する。ちなみにレジェプ・パシャは盲腸、あるいは消化管の機能不全が原因で死んだと言われているので、エヴリヤ・チェレビーは遠回しに、大宰相は狂人の予言的な祝福の言葉に耳を傾けなかった高慢のゆえに死んでしまった可能性をも提示するのである。

続いて、エヴリヤ・チェレビーの幼少期の体験として語られるメフメト殿の武勇伝を見てみよう。次の逸話の中でメフメト殿は殺人幇助ともいうべき振る舞いに及ぶことになる。

シーア派の祝祭アーシュラーの日のこと、エヴリヤ少年は実家の宝石店の軒先でコーランの食卓章を詠んでいた。すると、通りがかりのメフメト殿が聖句を聞きつけて「神よ、神よ」とのたまう。ちょうどそのとき、シーア派を信奏する力士が姿を現しアリーとホサインの御名を称えつつ、スンナ派のメフメト殿をこき下ろしはじめる。しかし、メフメト殿は悪口もどこ吹く風で、それどころか「アーシュラーのお祝いに」と言って手に持っていた例の葡萄酒を与える。これを飲んで発奮した力士は、祭りに備えて頭を丸めようと床屋へ乗り込んでいく。その様子を見届けたメフメト殿は、こともなげに「はてさて、『我々は書いた』という聖句のあたりまで来ていたかいな(84)。もう一度詠んでごらん」とエヴリヤ少年に先を促す。そうこうするうちに、件の力士が床屋からまろび出てくる。酔いに任せ先ほどと同じ調子でシーア派であることを吹聴したらしく、床屋に居合わせた男たちの怒りを買ったのである。力士は床屋の客に追い回された末に、エヴリヤ少年とメフメト殿の目の前で刺し殺されてしまう。エヴリヤ・チェレビーの父と店の者たちが殺人犯を捕らえる傍らで、メフメト殿は力士にこう吐き捨てたという。「カルバラーの殉教者たちは見つかったかいな。『われはかれらのために律法の中で定めた。生命には生命……』という聖句をしかと受け止めたかいな」。

この逸話は人死にまで出ていてややきつい内容だけれども、スンナ派を奉ずるオスマン帝国にあってシーア派が異端であり、また宿敵サファヴィー朝ペルシアの奉ずる宗派ということもあって詩歌などでも盛んに批判される対象となっていたことを思い出せば[85]、その言わんとするところは明白だ。つまり、この話では帝国の人々のシーア派嫌いを狂人であるメフメト殿が代弁し、それを滅するヒーローの役を担っているわけだ。

ここでも葡萄酒の酒瓶が登場している。実は酒瓶にまつわる逸話はもう一つある。それによると長髪セイード・アブドゥッラー・チェレビーなる狂人は、このメフメト殿の酒瓶から勧められるままに酒を飲み、その罪を悔いて気が触れてしまったというのだ。どうやら、酒という禁忌の飲料が人を試し、罰しもするメフメト殿の武器であり、裁定者としての罪の天秤の役を託された小道具となっているようだ。

『旅行記』で取り上げられる狂人伝には、その奇矯な振る舞いを笑い物にするような逸話も少なくないのだけれど、このウンカパヌのメフメト殿に関する限り、エヴリヤ・チェレビーの記述には彼を物笑いの種にしようとする筆致は見受けられない。エヴリヤ・チェレビーは自分が生まれたときに耳元で聖典を詠んで祝福を授けてくれたというこの狂人を崇拝していたらしいのだ。酒瓶で高慢や異端を裁くメフメト殿の行状と、エヴリヤ・チェレビーの恭しい態度からは、宗教的畏怖の念を捧げられる生きたヒーローとして地域社会に受け入れられた狂人の姿が垣間見えるのである。

でか鼻メフメト・チェレビー、御前会議に闖入《ちんにゅう》す

エヴリヤ・チェレビーによれば、でか鼻メフメト・チェレビーは帝都一有名な狂人で、その破天荒な行状たるやわざわざ見物に訪れる人がいるほどであったという。ウンカパヌを根城とするメフメト殿とは異なり、でか鼻メフメト・チェレビーは帝都のあちこちに出没して、葬式でミュエッズィンに混じって声をあげていたと思えば、渡し舟の漕ぎ手に混じって櫂を握ったりもしている。ようは帝都のいたるところを徘徊（bî-gâne）していたのだろう。まずは、彼の人気の秘密をよく伝える笑い話を一つ引いておこう。

ムラト四世の御世のあるとき——おそらくは一六二三年から一六四四年の間[86]——でか鼻メフメト・チェレビーが、大宰相カラ・ムスタファ・パシャの臨席する御前会議を訪れた。折しも極度の煙草嫌いで知られたムラト四世の御代、でか鼻メフメト・チェレビーが御前会議へやって来た理由も、煙草を吸った廉で捕えられてしまった母親の解放を訴えるためであった。ところが、勢い込んで殴りこんだものの警備隊長が中に入れてくれず押し問答になってしまう。やがて狂人の大声を聞きつけた大宰相が用向きを下問すると、警備隊長は「狂人の母親が借金を返せずに捕まった」と説明する。これを聞いたでか鼻メフメトはすぐさま抗弁する。「嘘を言っていやがる。母ちゃん（anam）は借金なんぞしてない、糞食らえ。母ちゃんは煙草を吸っているときにとっ捕まって、牢屋に放り込まれたんだ。女たちを牢獄から出して、男どもを放り込めよ。俺には父ちゃんがいない（からへっちゃらさ）」。御前会議に集った高官たちは、でか鼻メフメトの軽妙な啖呵と機知に笑い転げ、「神の祝福を受けた狂人たちを非常に固く信じていらっしゃった」[87]というカラ・ムスタファ・パシャも、狂人に幾ばくかの金銭を与え、母親を解放して誰かに娶らせるよう指示したという。

この話のミソは大宰相カラ・ムスタファ・パシャがでか鼻メフメト・チェレビーの母親に夫を娶らせるよう命じたところにある。大宰相は「煙草を吸った男たちが捕えられても父なし子の俺は平気だ」とのたまうでか鼻メフメト・チェレビーに新しい父親をあてがうという温情を見せると同時に、その生意気な口も封じたわけである。さすがは弓術に秀で、自ら弓術書を著し[88]、メディチ家のフェルディナント二世（Ferdinand II II de'Medeci，一六一〇－一六七〇）には美麗な装飾写本を贈った文武両道の通人[89]、やることにそつがない。前半部で語られる狂人の珍妙な言動や振る舞いに大宰相というお大尽がしっかりとオチを付している点で、この逸話はなかなか完成度の高い笑い話と言えるのではないだろうか。

でか鼻メフメト・チェレビーのほかの武勇伝も、基本的には笑い話の傾向が強い。曰く、でか鼻メフメト・チェレビーが道行くエヴリヤ・チェレビーの友人に巨大な鼻糞をぶつけた、ユダヤ人の葬式に闖入して遺体に小便を垂れた等々[90]——こうした型破りな、それでいてどこか憎めない剽軽な振る舞いこそが、「軽やかな心根の、あらゆる者を楽しませる狂人」[91]として知られたこの街の名物男の人気の秘密だったようである。

実際、でか鼻メフメト・チェレビーの人気ぶりは相当のものだったらしく、エヴリヤ・チェレビーは以下のように評している。

> 彼のこの種の特徴を書き連ねれば長い書物になってしまうだろう。ナスレッディン・ホジャの笑い話と同じように、あらゆる冗談好きや、笑い話の名手の間でよく知られ、雅な方々のくさぐさの集まりで（彼の逸話が）話されたものだ。
>
> エヴリヤ・チェレビー『旅行記』[92]

ここにははっきりと、貴顕の集いにおいてでか鼻メフメト・チェレビーの行状が話題になったと書かれている。エヴリヤ・チェレビーが伝える狂人伝の多くに大宰相を筆頭とする王朝貴顕が登場する点を勘案すれば[93]、本来は市井の世界に生きる狂人にまつわる笑い話が評判を呼び、その噂がやがて貴賤を問わない人々の間に広がっていったのだろう。

一方、当時の社会情勢にあてはめると、さきほどの御前会議の逸話は少しだけ違う色合いを帯びる。そもそも一七世紀にただ「煙」（duhân）と呼ばれた煙草（Nicotiana tobacum）は、珈琲の場合と同様にその摂取を巡って議論が交わされた曰くつきの嗜好品であった。ウレマーのアクヒサリー（Ahmed er-Rûmî el-Akhisarî, ?-一六三一?・一六三四?）は『喫煙考』という著作の中で阿片や大麻といった麻薬と煙草の効用の相違は理解しつつも、水煙草（nagile）や煙管（lüle）を用いる吸引方式が共通する点で大同小異とし、「宗教的観点から見ても、また現世的観点から見ても、その効用など論じるに値しない」と切って捨て、「煙草の吸引は人々の富を散在させる原因ともなる、なぜなら高いからだ」と駄目押ししている。[94] 今日の状況とどこか似ていて世知辛いが、いずれにせよ煙草は早くもアフメト一世期（1603-1617）に一度、禁令が出されている。そして、一六三三年に煙草が原因ともいわれる大火が発生したのちに発せられたムラト四世による禁令は、煙草のみならず、酒、珈琲、明かりを持たずに夜間外出など帝都庶民の生活を大きく律する内容で、しかも過度なまでの取り締まりを伴っていた。つまり、でか鼻メフメト・チェレビーの逸話は、狂人という既存の社会身分に捕われない存在の口を借りて発せられた君主批判としての性格をも帯びているのである。となると、でか鼻メフメト・チェレビーはたんなる愉快な精神異常者ではなく、イスラーム文化圏では広く見られた社会批判者としての「聖なる愚者」の役割も演じていることになる。[95]

剽軽な街の名物男、社会批判者——しかし、でか鼻メフメト・チェレビーの多彩な顔はこれに留まらない。なぜなら、彼はまぎれもない奇跡を起しているからだ。でか鼻メフメト・チェレビーが行った奇跡は二つ、一つは父親の死の予知、もう一つは火災の予知である。でか鼻メフメト・チェレビーはある日、伝令兵軍団の隊長であった父親に叱られ「朝死ぬよ」と言い返してしまう。はたして次の日の朝、父親は亡くなってしまったという。でか鼻メフメト・チェレビーの気が触れてしまったのもこのときのショックによるのだとか。[96]

またあるとき、でか鼻メフメト・チェレビーはイスタンブル近海のクズル諸島で火事が起こると呼ばわったが信じる者はなかった。しかし、それからすぐに市南部を覆い尽くす大火事が発生した。[97] 延焼範囲から見てこれは一六六〇年七月一四日の火災——エヴリヤ・チェレビー、エレミヤ・チェレビー両名ともに被災している——を指すのだが、[98] 狂人が予知したクズル諸島とイスタンブル市街南部は海で隔てられたまったく別の場所である。そんなことは百も承知のはずの帝都出身のエヴリヤ・チェレビーが、狂人の予知と火事を結びつけるのは何故だろう？　なにぶん比較史料がないため推測に過ぎないが、狂人の発言が噂を呼び、やがて実際の大火と結び付けられ、まさに奇跡譚へと昇華されていく過程が記録されているのかもしれない。

いずれにせよ、エヴリヤ・チェレビーは「クズル諸島」という場所よりも、「火事が起こる」という事象の方を重視し、これを予知だと見なしたわけである。彼は右記のごとき数々の奇跡譚を紹介した上で、でか鼻チェレビーについてこう総括する。

しかし、彼は無駄な狂人ではなかったのである。

エヴリヤ・チェレビー『旅行記』(99)

「無駄な狂人ではなかった」とはどういう意味だろう。実は、笑い話が紹介された上で、「しかしたんなる物狂いではなかった」と断り書きが付される狂人は他にもいる。たとえば、アト・メイダヌに出没したとされる鼻たれ翁という狂人がそうだ。この狂人は御前会議へ向かう人々に鼻水や痰を吐きかけ、その鼻水に当たると会議は早く終わり、鼻水が外れると会議は長引いたという。どことなく『ニュー・シネマ・パラダイス』の広場おじさんを彷彿とさせるはた迷惑な輩であるけれど、この狂人についてエヴリヤ・チェレビーはやはりこう締めくくっている。

彼はかくのごとき奉職に任じられた成り変わった者（meczûb-ı ilahî）であった。

エヴリヤ・チェレビー『旅行記』(100)

エヴリヤ・チェレビーの考えでは、鼻たれ翁は会議の長短を予知する天命を神から与えられた「聖なる愚者」であったわけだ。でか鼻メフメト・チェレビーが「無駄な狂人ではなかった」理由も、鼻たれ翁と同様で予知という神与の神通力を持つためだろう。つまりエヴリヤ・チェレビーは、でか鼻メフメト・チェレビーを笑い話の種にする反面、奇跡を行う「聖なる愚者」としても遇し、その聖性を受け入れているである。

以上のようにでか鼻メフメト・チェレビーの逸話には、異常者をことさら排除しようとはせず、その無礼な振る舞いをある程度は許容し、ときにその奇矯な行いを笑い、またときにその異常な行状の中に神によって与えられた役目を見出そうとする帝都庶民の柔軟な態度がよく表れているように思える。近世の帝都は、精神異常者が街の名物男として愛される一方、他方では容易に奇跡を付与された「聖なる愚者」にも成り変わり得る空間だったのである。

エレミヤ・チェレビー、篩翁《ふるいおきな》に疑義を呈する

最後に篩翁という狂人について見てみよう。エヴリヤ・チェレビーによれば、篩翁はスィリヴリ門周辺を風呂にも入らず全裸で徘徊する狂人であったという。普段から小麦粉しか食べず、篩布《ふるいぬの》(101)と小麦粉を口に含んで泡立てたのを地面や女たちの眼にひっかけてはしゃぎまわり、あるいはその篩布を飲み込んだりしていたという。まさに狂人としか言いようがないが、篩翁の死が大騒動を巻き起こす。この狂人が死に際に――おそらくは一六五〇年代前半(102)――帝都の人々の夢枕に立って経帷子（kefen）を求めたのである。あまりにも多くの人がこの夢を見たので、一転して聖者と見なされるようになり、宮廷の貴顕たちまでもがこぞって経帷子を届け、盛大な葬式が執り行われたのだそうだ。さらに夢の中に現れた篩翁はこんな遺言も残したという。「不整脈を患う者はやって来て参拝し、わしの（葬られた）地面（の土）を少量の水と一緒に噛み砕き、飲むがいい。神の命に従って飲みたまえ、治療となるであろうから」――以来、篩翁の埋葬場所は参拝地になっている、とエヴリヤ・チェレビーは結んでいる(103)。

さて、篩翁についてはエ非ムスリムであるエレミヤ・チェレビーも記している。彼によれば、篩翁は無毛で獣のように喋らず、彼を馬鹿にする者から篩を与えられ、年中勃起した生殖器を掴んで徘徊していたのだという。やや蔑視的な表現が目立ち、また不整脈の下りも記されていないのだけれど、いまわの際に人々の夢枕に立って経帷子を欲したこと、大宰相メレク・アフメト・パシャ――つまり、エヴリヤ・チェレビーの叔父――を含む多くの人々が我先にと経帷子を届け、しまいには盛大な葬式が催された旨はエレミヤ・チェレビーもしっかりと記しているので、

おおむねその骨子は共通している。[104]宗教を違える二者が記しているのだから、節翁を巡る何らかの奇跡騒動は実際に起こった出来事なのだろう。しかし、大宰相まで巻き込んだというこの騒動についての彼の見解は、エヴリヤ・チェレビーとは正反対だ。

しかし、わたしから見れば彼は野蛮人であり、紛れもなくベクタシー教団の修道僧である。トプカプの（門周辺に住む）マルゴス司祭が周囲の者に話していたところによると、道を通りかかると聖人に名を連ねる（こととなる）この男が、ロマ人の女を下敷きにして殴りつけ、女が喚いているのを見かけたのだそうだ。

エレミヤ・チェレビー『イスタンブル史』[105]

つまりエレミヤ・チェレビーは、節翁の正体を奇異な風体で過度な荒行を行ったベクタシー教団の修道僧と推理して、[106]知人が目撃したという聖者にあるまじき暴力行為――あるいは婦女暴行――を書き留めているのである。彼がスィリヴリ門の奇跡譚を端から信じていなかったのは明らかで、その記述にはそれまで馬鹿にしていた狂人の死後、手の平を返したように聖人視するようになったムスリム庶民の無知と狂信への非難がましい態度が目立つ。エヴリヤ・チェレビーとエレミヤ・チェレビーの両者の間には「聖なる愚者」を信じるムスリムと、その狂信ぶりにあきれるアルメニア正教徒という明白な温度差がはっきりと見て取れるのである。

加えて注目したいのは、エレミヤ・チェレビーが節翁をめぐる騒動にかなりの紙面を割きながら、わざわざヴァルダン院長に報告している点だ。彼が節翁と一連の騒動を無視できなかったのは、これが当時のイスタンブルを賑わせたそこそこに有名な事件であったからに相違ない。ということは、狂人についての話題はときに非ムスリムの耳にまで達する広がりを持ち、信じるか否かは別として、テクストに書き記すに足る関心事となっていたわけである。

「狂」と「珍」と「聖」の連環構造

ここまで一七世紀イスタンブルに実在したと思しき狂人たちの逸話について検討してきたが、ウンカパヌのメフメト殿と篩翁の両者の名前が一八世紀の聖者伝にも記されていることを思い起せば、彼らの中には時とともに狂人から歴とした聖者へと格上げされた者もいたことが窺える。[107] 近世の帝都では「奇跡の原因は神以外にはないという神学的認識は、とくに民衆レベルでは、奇跡に対する切望そのものによって常に脅かされて」いたわけである。[108]

一方、本節で取りあげたイスタンブルの狂人たちの行状や、それに対する二人のイスタンブル人の反応からは、これらの異常者たちの都市社会における複合的な在り様が見て取れる。なぜなら、狂人たちはその実際の在り様である「狂」（deli）が、ときに笑いに通じる「珍」（同じくdeliという言葉の意味域に含まれる）に、そしてときに奇跡を行う「聖なる愚者」への畏怖に通じる「聖」（mübârek）に成り変わるという聖と俗の連関的な構造の中で柔軟に受容され、人々に絶好の話題を提供する存在として広く認知されているからである。

ムスリム名士であるエヴリヤ・チェレビーが「狂」、「珍」、「聖」の要素から成る狂人の多様性を認識し、それらが渾然一体となった存在として受け入れているのに対して、非ムスリムのエレミヤ・チェレビーは狂人の評判には一定の関心を寄せつつも、ムスリムたちの支持する「聖」への疑問を口にし、あるいは王朝貴顕たちは主に「珍」の要素を笑い話として受容するなど、三者三様の態度を見せている。ただし、狂人という存在の特殊性を認識しつつ話題とする点では、彼らは一致している。イスタンブルの人々が街の異常者に向ける視線は、そこに容易に超常的な力が介入し、笑い話や不思議譚を越えた奇跡譚が生まれる余地を残す点で、非常に柔軟性に富んだものだったと言えるだろう。

4　奇譚の憑代、奇物

奇物とは

帝都の俗信として最後に取り上げるのが、オスマン語では tılsım（複数形 tılsımât、mutalsamât）と呼ばれる「奇物」である。本来は「魔除け」、「魔法のかかったもの」程度の意味合いで、実際に護符を指すこともある言葉なのだけれど[109]――ちなみに英語 talisman の語源でもある――それと同時に、アヤソフィアや市内外のギリシア・ローマ、ビザンツ帝国期の円柱群のような征服以前の建築物の中でも、とくに超常的な力を宿すと考えられた遺構を指すこともある。近世の帝都の tılsım にまつわる俗信は、魔を払うのみならず、祟りめいた力を発揮することもあれば、とくに実生活に影響があるとは思われない怪異を顕現させることもしばしばで、「奇妙なもの」に近いニュアンスも持ち合わせている。そのため、本書では「奇物」と訳出することとした[110]。

たとえばカイロへ出向いた折エヴリヤ・チェレビーは、地元エジプトの地理学者がいっさい取りあげないご当地の「奇物」をわざわざ記録するほどの熱の入れようを見せるのだから[111]、どうやらこの「奇物」もまた、狂人と並ぶ帝都の俗信の双璧を為していたようだ。以下ではアヤソフィア、アト・メイダヌの円柱群、コンスタンティヌスの円柱、テオドシウスの円柱という四つの奇物を取りあげよう。これらはみな、帝都の目抜き通りである御前会議所通りに面し、人々の目に日常的に触れる「奇物」（以下、括弧を外して用いる）である。

アヤソフィアの奇物群

アヤソフィア姫の創建伝説

本章の冒頭で、エヴリヤ・チェレビーはアヤソフィアを異教的な霊場として描いていると予告したとおり、この帝都一の格を誇るモスクは奇物の展覧場とも言うべき場所であったようだ。まずその創建にまつわる伝説からして、わたしたちの度肝を抜くものである。なんでも、アヤソフィアが建てられたのはアダムが地上に降りてから五〇五二年後、建造者はコンスタンティヌス一世でも、ユスティニアヌス一世でもなく、アヤソフィア姫という王女なのだというのだ。曰く、当時のイスタンブルの王が街を新たに建設すると聞きつけ、財貨を携えて都に上った王妹アヤソフィア姫——ブルガリアのソフィアの街に生まれた美姫であるためにこう呼ばれたらしい——が建立した建物なり(112)。

アヤソフィア姫の名前は「アサフィッヤ」としてキャーティプの『イスタンブル都市頌歌』にも登場していたのだし（第三章）、類似の伝説は一四九一年に書かれた作者不詳の奇譚集（ʻacâib）(113)や、一五世紀半ばの地理学者ビージャーン（Yazıcıoğlı Ahmed Bîcân, ?－一四六六）の『秘められたる真珠』——エヴリヤ・チェレビーも後者の作品は知っていた(114)——のような奇譚的地理書にも見られるものであるから(115)、この創建伝説はエヴリヤ・チェレビーの創作ではない。いずれの文献が直接の種本かはわからないが、『旅行記』におけるアヤソフィア姫伝説が当時流布していた歴史書や奇綺譚集などを簡略化した引き写しであるのは確実である。

しかし、『旅行記』が他の地理書や古典詩史料と異なるのは、アヤソフィア姫にまつわる奇物としてその棺への言及が見られる点だ。彼によればアヤソフィア姫の棺がモスクのミフラーブ近くの扉の中にあり、触れるとたちまちにして大伽藍が崩れ落ちてしまうのだという。つまりエヴリヤ・チェレビーはアヤソフィア姫をたんなる伝説上の創建者としてのみならず、棺という実体を伴った奇物を介して今日的な超常の力を保持する存在として扱っているのである。

ノアの扉

アヤソフィアの奇物はアヤソフィア妣の棺だけに留まらない。たとえば、堂内の扉群。これはノアの方舟の材木で出来ていて、幾度数えても一つ多くなってしまうのだとか。一三階段を彷彿とさせる話だけれども、「学校の七不思議」よりもよほど由緒正しい伝説である。それというのも、扉群がノアの方舟の材木で作られているという記述は一四九一年写本や『秘められたる真珠』にも散見されるのみならず、征服以前の一四世紀にこの聖堂を訪れたノヴゴロド公国のステパンという正教徒の巡礼者も聖遺物に数えているからだ(116)。このように奇物の中には、ビザンツ帝国期のキリスト教徒の伝承がオスマン帝国のムスリムへ継承された奇譚を持つものもある。

四大天使

大ドームの四隅に描かれた四天使の絵、およびビザンツ帝国期に堂外の南側にあったとされる四天使像を戴く円柱も『旅行記』では奇物に数えられている。なんでも昔はジブリール、ミカール、イスラフィール、アズラーイールの各天使が、作物の出来高や反乱の有無、ペストの発生、王の崩御、あるいはそれぞれの天使が向いている方角の吉凶を問わない変事を知らせていたのだけれど、預言者ムハンマドが誕生すると共にその効力を失ったのだという。

『旅行記』には預言者ムハンマドの生誕と関連して語られる奇物がほかにも幾つか見られる。たとえば、アヤソフィアのすぐ近くの海辺にあったという魚の像。その所在地から見ておそらくセヴェルス帝の建設したゼウクシップス公衆浴場に建っていた多数の円柱、塑像のいずれかに当たると思われる。ギリウスやエレミヤ・チェレビーが、むかし宮殿岬には神や皇帝たちの像、そしてさまざまな動物の像があったと記していることもこれを裏付ける(117)。

図 27：17 世紀のアヤソフィア内部。大ドームの下に四大天使図が露出している。グルロ画、*RNVC* 所収。

　さてこの魚の像、エヴリヤ・チェレビーの時代にはすでに失われていたはずなのだけれど、漁師たちに豊漁をもたらすというそのご利益の方は健在であったという。曰く、魚の像は預言者の生誕とともに壊れて海に没したが、その残骸がいまでも海中に残っているので豊漁のご利益を失っていない也。かなり以前に失われた魚の像についての記憶が受け継がれている点と、預言者の生誕という一大慶事が図像や彫像に対する偶像崇拝を回避し、異教の事物からもたらされる恩恵（豊漁）を宗教的に正当化するために用いられている点が目を引く。いかにも回りくどい説明そのものが、近世帝都のムスリム庶民の間には異教的な遺物／異物の記憶が根強く残り、ときにイスラーム的な解釈による変質を経ながらも継承されたことを示唆するように思われるからだ。

汗柱

　アヤソフィア堂内に立つ汗柱という角柱も奇物に数えられている。この汗柱、結露した水が柱の窪みに溜まることに由来する名称で、第四次十字軍の時代から病の治癒に効果があると信じられていて[118]、今日なお観光客がその基部に触れて記念写真を撮る有名な柱なのだけれど、エヴリヤ・チェレビーはこの柱が「汗」をかく理由について三つの説を紹介している。「柱の下に財宝が埋まっているから」、「炎に焼かれたヤーヴェドゥード・スルタン（Yâvedûd Sultan, イスタンブルの伝説の創建者の一人）の呪いがかかっているから」、「預言者ムハンマド様のよだれが柱の下の石灰に混じっているから」――一つひとつの説の科学的根拠とか、歴史的妥当性とかは措くとして、少なくとも三種類の俗信が併存していることをエヴリヤ・チェレビーが認識し、併記している点に着目してみよう。奇物の中で複数の説が紹介されるのはこの汗柱のみであるため、いずれもそれなりに巷間に流布するか、さもなければ彼が参照した史料に記載されている俗信だったのだろう。また、三種の説のなかに明らかに異教由来の伝説（ヤーヴェドゥード・スルタンの説）と、イスラーム的なそれ（ムハンマドのよだれ）が混在している点は、奇物と対峙した際の帝都住民たちの多様な反応を窺わせて興味深い。汗柱のように有名な奇物ともなれば、複数の俗信が同時並行的に流布する事態も見られたようだ。

ここで一度、俗信の世界から現実の世界へ戻り一七世紀のモスク内の光景を思い描いてみよう。この時代、堂内のモザイク画や壁画が漆喰で塗り固められ、ミフラーブやミンバルのようなイスラームの礼拝施設が増築され、紛れもないモスクとして機能していたのは周知の事実である。しかし、同時期の西欧人旅行者の証言をひも解くと、モザイク画や壁画の中には塗りつぶされていない――あるいは漆喰が剥離した――箇所が存在していたことがわかる[119]。つまり、近世のアヤソフィアは一見、モスクとしての体裁を保ちつつも、二階の柱廊の蔭や大ドームの端に目を凝らせばビザンツ帝国期の「偶像」がそこかしこに顔を覗かせる異教的な空間だったのである。こうした光景がファーティフやスレイマニイェのような国産モスクには見られない「異教の気配」を醸しだしていたことは想像に難くない。おそらく、「アヤソフィアの補修にムスリムが関わると転落して死ぬ」という類の数々の不吉な噂の源泉は[120]、この可視的な「異教の気配」にこそ求められるのではないだろうか。

いずれにせよアヤソフィアに漂う異教性を目にした当時のムスリムたちは、キリスト教徒住民の伝承や、それを打ち消そうとするイスラーム的伝承というおのおのに性質を異にする俗信を介しながら、帝都一とされるモスクの背後に横たわる古代からビザンツ帝国にかけての異教的、キリスト教的な歴史的重層性を鋭敏に感知していたと言えるだろう。

アト・メイダヌの奇物群：コロッススと三つ首蛇の円柱

第二章においてビザンツ帝国期の戦車競技場であり、近世の帝都において最大の広場であったアト・メイダヌを訪れた際、わたしたちはスピナに立ち並ぶ巨大な柱群の威容に目を見張ったのだけれど、実はあのコロッススと三つ首蛇の円柱も奇物だ。

まずはコロッスス。エヴリヤ・チェレビーによれば、コンスタンティヌス大帝の時代に諸公から献上されたさまざまな色の石を積んで作られたとのこと。しかし、現代の考古学者たちでさえ建造年代についてはっきりとした答えを得られずにいるというのに、なぜ彼はコンスタンティヌス大帝の名前を持ち出したのだろうか。その答えは、おそらくこの柱の基部に刻まれたギリシア語碑文の中にある。

> この四角形の畏怖すべき外見を持つ驚異的な記念碑は、時を経るとともに荒廃したが、いま帝国の誉れである皇帝ロマノスの息子である皇帝コンスタンティヌスによって往時の姿に倣い、よりよい状態にされたのである。
>
> コロッスス基部のギリシア語碑文(121)

コンスタンティヌス大帝の父親はコンスタンティウス一世（在位三〇五－三〇六）なので、この碑文に刻まれた皇帝はコンスタンティヌス七世（九一三－九五九、共同皇帝時代を含む）を指す。エヴリヤ・チェレビーは皇帝を取り違えているものの、その一方で一世か七世かという差こそあれ、「コンスタンティヌス」という名前の皇帝が補修工事に関わった事実は認識していたわけだ。これは、奇物についての俗信がたんに遺構の外見や色彩といった単純な特徴のみならず、ときには碑文のような征服以前に記された文献的情報をも取り込んで形成されていたことを示唆する。

続いて奇物の中でもっとも有名な三つ首蛇の柱についても見てみよう。西欧人のギリウスはこの円柱を調査した上でこう記している。

住民の間にはこの円柱の建設にまつわる信じがたく、下らない物語が見られるが、これは彼らの祖先の歴史にたいする無関心によるものだ。

ギリウス『コンスタンティノポリス地誌』(122)

では老人文主義者が息巻く「信じがたく、下らない物語」とは何だろう。それは蛇を寄せつけないという単純明快な俗信である。(123)帝都のムスリムにとって蛇がその正邪を含めていかなる存在として認識されていたかには議論の余地があるものの、このご利益についてはエヴリヤ・チェレビーをはじめラティーフィー、そしてエレミヤ・チェレビーのようなアルメニア正教徒も伝えているので、(124)広く知られた俗信であったようだ。さらに言えば、ビザンツ帝国期から同様の魔除けの力が宿ると広く信じられていたらしいので、(125)ここでも征服以前の俗信が帝都のムスリムたちに引き継がれているわけだ。

俗信の継続性を踏まえつつ、柱頭の三匹の蛇頭に注目してみよう。今日では三匹の蛇の頭部は失われ、一部が考古学博物館に収められているのだけれど、エヴリヤ・チェレビーは頭部欠損の経過をこう説明している。曰く、あるときセリム二世（在位一五六六－一五七四）が投げた手斧が三つ首蛇の円柱に当たって頭部が欠けた、それ以来、帝都には蛇が現れるようになった[126]。円柱の破壊者をスレイマン一世の大宰相イブラヒム・パシャや、もっと昔のメフメト二世とする別の伝承も伝わっている[127]。広場で弓技や騎射が競われた際に繰り返し的にされたため損壊したとする説もあるので、そうしたさなかに「王朝貴顕による円柱の破壊」という事件が実際に起こった可能性は十分にある。となると、この俗信には作者が生きていたのと比較的近い時代の歴史的事件が反映されていることになる。一方、宗教的な観点からこの事件を眺めれば、円柱の破壊者がみなオスマン帝国のムスリム統治者である点が目を引く。神の創造を真似るかのような不敬な生物を象った偶像を破壊すること自体はイスラームの教えに叶う行いであるし、それが貴顕の手によって為されたとなれば正統化されてしかるべきところを、エヴリヤ・チェレビーはまさにそのせいで祟りめいた蛇の襲来が起きるようになったと主張しているのである。アヤソフィア姫の棺の場合と同じく、奇物はたんなる四方山話の域を越えて畏怖すべき超常的な力を発揮し続けていると信じられていた形跡がここにも見られる。

さらに『旅行記』には、かつてアヤソフィアの敷地内に立ち、海から寄せる敵に炎を吐いて撃退したというもう一基の三つ首蛇の円柱について言及が見られる。しかし、三つ首蛇の円柱はペルシア戦争後に作られ、いまはアト・メイダヌに立つ一基しか作られていない。特徴的なこの円柱のレプリカが作られた可能性はなきにしもあらずだが、少なくとも管見の及ぶところそうした記録は皆無である。結論を述べれば、これはアト・メイダヌのものと同一の円柱であると思われる。なぜなら、三つ首蛇の円柱はデルフォイから移築された当初、アヤソフィアの敷地内に建てられ、のちにアト・メイダヌのスピナへ移されたという経緯を持つからだ[128]。エヴリヤ・チェレビーはアヤソフィアとアト・メイダヌの三つ首蛇の円柱が別々の柱だと勘違いしている反面、円柱そのものが往時にアヤソフィア敷地内に立っていた事実をおぼろげながらに聞き及んでいたことになる。

二大帝の円柱：コンスタンティヌスの円柱とテオドシウスの円柱

コンスタンティヌスの円柱は御前会議所通り沿いに立つひときわ大きな円柱だ。すでに述べたとおり、コンスタンティヌス一世がローマから移築した柱で、往時には柱頭に皇帝自身の彫像が鎮座していた。彫像は失われてしまったが、円柱の表面のイエスのパンの奇跡やノアの方舟を描いた浅浮き彫りはいまでも目にすることができる[129]。しかし、例によってエヴリヤ・チェレビーはこの浅浮き彫りについてまったく異なる見解を書き留めている。なんでもこの円柱はアレクサンドロス大王よりも前の時代に建てられ、のちにコンスタンティヌス大帝が意匠を施したものだというのである。アレクサンドロス大王より前の時代というのは真赤な嘘に違いないけれど、浅浮き彫りについては実際にコンスタンティヌス大帝が彫らせたものなので[130]、彼の記述は一部にせよ歴史的事実を踏まえている。

ではどのような怪異が宿っているのかというと、浅浮き彫りの鳥が年に一度空を舞うという非常が単純な内容が記されるのみである。円柱の規模、特徴的な外見に比して、一羽の鳥のみが取り上げられるのは奇妙にも思える。そこで当時に街並みに目を向けてみると、はたしてこの柱のすぐ北側には家禽市場（Tavukpazarı）が置かれていた。おそらくは家禽を商う市場の存在を念頭に置いて、「鳥」という要素だけが抜き出されて成立した俗信なのではないだろうか。もしそうであれば、コンスタンティヌスの円柱の俗信は同時代の都市の実景を反映していることになる。

一方、コンスタンティヌスの円柱から西に一〇分ほど歩いたところにはテオドシウスの円柱が立っていた。「立っていた」と言うのは、ベヤズィト・モスク建設（一五〇六）の際に取り壊されてしまったからだ[131]。つまり、エヴリヤ・チェレビーの時代には、テオドシウスの円柱は影も形もなかったのである。ところが、彼はこの円柱の存在を確かに認識していて、こんな俗信を伝えている。曰く、テオドシウスの円柱はかつてペスト除けの円柱として建てられ、征服後もそのご利益を保っていたが、ベヤズィト二世が柱を壊して浴場を建ててしまった、そのため王子の一人がエディルネ門の外のダヴト・パシャ庭園でペストによって身罷り、以来、帝都でもペストが猛威を振るうようになった[132]。三つ首蛇の円柱の場合と同じく、このテオドシウスの円柱の俗信にも征服以後の歴史的事実が取りこまれ、遺構が取り壊されてから一世紀余りを経た時代にまでその存在が語り継がれているわけだ。そのうえ、他ならないスルタンがその祟りの引き金を引いたとされるのだから、奇物に宿った超常の力がいかに強力なものと信じられていたかも窺えるだろう。

「異教の気配」、あるいは歴史的重層性の認識

右で見た奇物の多くは、ビザンツ帝国期からオスマン帝国期に至るまで盛り場として機能した御前会議所通り沿いに残存し、日常的に多くの人々の視線にさらされる古代遺構である。その一方で近世には、ムスリムは勿論のこと、ギリシア正教徒もこうした遺構の由来を忘却していたようである。次章でいよいよ主役の一人となる老人文主義者ギリウスは古代遺構調査の苦労をこう綴っている。

> 古代遺物探索は非常に困難であった。わたしは外国人であり援助も少なく、つまり在地の人々の手伝いや、お金も期待できなかったのだ。そして、遺構に対する根強い嫌悪感もあり、彼らはわたしがわざと怯えながら寸法を測るのを邪魔さえしたのだ。もしわたしがそれを敢えて行えばギリシア人たちに呪われたことであろう。
>
> ギリウス『コンスタンティノポリス地誌』[133]

どうやら、種々の古代遺構は帝都住民の大半にとって得体の知れない石の塊であったようだ。しかも、中には人

間には到底立てられるとも思えない巨大な円柱や、表面にハエやら狼やら、コウノトリやら蚊やら、恋人に見える男女やら老夫婦やらが彫られている柱もあるのだから、かなり不気味な存在でもあったことだろう。右記の記述はそうした庶民たちの素朴な恐怖を伝えている。つまり、近世の帝都における古代遺構は、都市の来歴を確かな歴史的事実として伝える記念碑としてではなく、その歴史性を「異教の気配」というべき未知性として日常的に漂わせる異物だったわけだ。そのため奇物という概念は、「異教の気配」を発する理解不能な古代遺構を、碑銘や征服以前の伝承、歴史的事実、都市の実景、イスラーム的解釈といったさまざまな要素を援用しつつ俗信に昇華することで、ある程度は理解可能な対象へと変換、受容した庶民たちの都市体験の所産と言えるだろう。換言すれば、イスタンブルの庶民はビュザンティオンやコンスタンティノポリスと呼ばれたころから連綿と折り重なるイスタンブルの歴史的重層性を、俗信というインフォーマルな領域に取りこむことで認知していたのである。

5　日常生活の裏に潜む俗信の都

本章でわたしたちは、庶民の目に映じた近世の帝都の姿を探し求めて、アヤズマ、エユプ伝説、狂人、そして奇物という帝国の文化的選良たちの視線からは零れ落ちる俗信を中心に検討してきた。無論、俗信にことのほか関心を寄せ、まとまった形で記述を残すのは、当時としては特異な執筆態度と嗜好を備え、庶民の行状に関心を寄せた二人のイスタンブル出身者のみである。ヤフヤー・ベイがアト・メイダヌについて詠んだ詩の中で、三つ首蛇の円柱をはっきりと「奇物」と呼んでいたことを思い出せば（第二章）(134)、文化的選良たちの中にこの種の俗信を知る者がいたのは確かであるが、それについて実際に書き残した者は非常に少ない。選良層による言及が限定的である事実は、帝都社会における俗信の在り方をよく示している。すなわち、俗信という要素が王朝の上層に地位を占める人々にしてみれば、実のところその存在を認知してはいても積極的にテクストに記し、まともに取り合うべき対象ではなかったということだ。いや、それどころか彼らの中には奇物を信ずることを戒める者さえいるのだ(135)。循環論的であることを承知であえて言えば、都市空間に宿る俗信はイスタンブルにあっては主に商工業に従事するムスリム、非ムスリムから成る庶民を中核とする人々によって支持される要素であったわけである。

では、俗信の支持母体は庶民であったという前提を改めて確認した上で、その質について考えてみよう。まず、帝都にまつわる俗信群が建築物や人という対象物の質的、宗教的、成立年代の時間的差異を越えて、都市生活のさまざまな局面に根を下ろし、なおかつ他宗教における聖性の支持や、イスタンブルの都市景観が胚胎する異教性の感知といった、王朝が護持する正統的な信仰や歴史的見解とは必ずしも相容れないインフォーマルな歴史の積層に遡及する点は特筆に値するだろう。なぜなら、かくのごとき俗信群の質的多様さと流布そのものが、近世帝都の庶民に特徴的なある生活基調、すなわち日常生活で出会うさまざまな異常からその都度、不可視の力の働きを感知し、そこに奇跡や祟りを見出そうとする俗信的な生活意識が確かに存在していたことを示唆するからである。

さらに言えば、庶民的な俗信の数々は実際にテクストに記された以上に流布していたようだ。たとえば、一七世紀末のフランス人旅行者モトライユは、幾度も火災に遭っているのに倒壊しないコンスタンティヌスの円柱を現地の住民たちが「不吉なもの」と見做していることを伝えているし(136)、古代遺構――すなわち庶民にとっての奇物――をつぶさに調査した人文主義者のギリウスは、イスタンブルの住民たちが円柱群にまつわる「信じがたく、下らない物語」を信じ、ときには「根強い嫌悪感」を露わにして彼の調査を邪魔したとはっきりと記していた。時代はかなり下るものの、一九世紀末にパリで出版された『コンスタンティノープルの言い伝え』などはそうした西欧人たちが見聞きしたイスタンブルの都市伝承をまとめた一書であるけれど、その劈頭《へきとう》はあの奇物譚の数々が飾っている(137)。西欧人による一連の報告は、イスタンブルの俗信が庶民のローカルな輪を越えて、異邦人にまで口にされる強固さと、そして日常性を備えていたことの証左となるだろう。

二人の特異なイスタンブル人が書き残した記録からは、どうやら近世イスタンブルにおける庶民たちの視線は、日常生活のすぐ裏に広がる「俗信の都」と呼ぶべき不可視の世界へも注がれていたことが窺えるのである。

第六章　異邦人の眼差し、箱庭の中の冒険

その自然は全地上を支配し、指揮下に置くために創られたかのように見えるため、誰しもがコンスタンティノープルについて、この都市が世界において最上の立地を持つことに同意する。ヨーロッパはトラキアに所在するボスフォラス海峡に向けて大地が狭まった突出した地点に位置し、アジアまで半時間の道のりなのだから。

テヴノ『東方旅行』

ほかの都市は死せるさだめにある、ただこの街だけが人が永らえる限り不滅であるように思われる。

ギリウス『コンスタンティノポリス地誌』

1　西欧人とオスマン帝都イスタンブル

外遊の地としての近世イスタンブル

西欧人旅行者という異邦人たちを扱う章を本書の最後に持ってきたのには、一応のわけがある。今日のわたしたち日本人がさまざまな旅行パンフレットやテレビ番組で目にするイスタンブルのイメージに多大な影響を及ぼしたのが、彼らが十字軍と称して東方へ向かった一二世紀以来、テクストの上で連綿と紡がれてきたコンスタンティノープル（Constantinople）の姿に他ならないからだ。わたしたちが刷り込まれてきたイスタンブルの情景——そう、「ペラ地区の奥まったところ、金角湾とトルコ人の町の全景をはるか下方に見下ろす高台」の家の窓辺に立ったロティが、十字軍から七〇〇年後に活写したあの光景だ。

> 糸杉の上方に光る水面が見えるのは、金角湾だ。さらに上方、いちばん高いところに、東洋風の町のシルエットが浮かんでいる。これがイスタンブル。モスクのミナレットや高い丸屋根がくっきりと輪郭を描き、背景の空には星屑がちりばめられて、細い三日月がかかっている。地平線には、塔や尖塔が房飾りのように林立し、ほの暗い夜の色調を背に、青っぽいシルエットを軽やかに描き出している。積み重なる巨大なドームは、淡い色の変化とともに月まで上昇し、その荘厳な印象は見る者の心を打つのだった。
>
> ロティ『アジヤデ』（工藤庸子訳）(1)

啓蒙主義の時代以降、ネルヴァルやロティ、サッカレーのような作家が伝え、あるいはドラクロワやアングル、ジェローム、J・F・ルイスのような画家が描いた都市の姿をオリエンタリズムという名辞のもとに解読する作業は、フランス語、イタリア語、ラテン語に堪能な西欧史研究者に委ねるべきであるし、その優れた先行研究にすべてを投げっぱなしにしてしまっても構わないようにさえ思われる。とはいえ、わたしたちが巡って来た近世のイスタンブルの街角には、バーキーやヤフヤー・ベイ、ファキーリーといったオスマン詩人や、エレミヤ・チェレビー、エヴリヤ・チェレビーのようなイスタンブルっ子に混ざって、西欧からの旅行者たちの姿も確かにあったのだ。だからせめて、定点観測的な形ではあれ、近世期の旅行者たちがイスタンブルへいかなる眼差しを向けたのか瞥見しておきたいと思う。

そもそも西欧人にとってオスマン帝国期のイスタンブルとはどのような都市であったのだろうか。まず地理的に見た場合、イスタンブルは南仏やイタリア半島沿岸の諸都市から海路で比較的に安全に到達できる都市である。そのため、航空機が本格的に運航を開始する二〇世紀まではイェルサレム巡礼の中継地点となっていた。なんでも、東方という太陽の昇る方角への旅はたんなる空間的移動のみならず、「人類の起源に向かって時間を遡行する旅」として形而上的にも捉えられていたというけれど[2]、東方への憧れ、そのエキゾティズムを体感しようとする衝動は、今日なお観光客をイスタンブルに誘う主要な動機となっているのであるから、西欧人にとって東方へ向かうことそのものが、ある種の異界への憧憬を惹起する行為であり続けているのかもしれない。しかし、十字軍運動がひとまず収束し、ビザンツ帝国が滅んだのち巡礼という宗教的な情熱とともに、もっと実利的な目的が旅行者たちの動機の中に紛れ込んでくる時代が訪れる。わたしたちが問題とする一六、一七世紀である。

この時代になると、旅行者たちにとってのイスタンブルは巡礼の通過点である以上に、一定期間滞在し見聞するに足るさまざまな実質を備えた場として認識されるようになっていた。近世のこの都市がキリスト教文化圏からもっとも近い場所にあるイスラーム——あるいはトルコ——という異文化圏の中核都市としての顔と、ギリシア・

ローマからビザンツ帝国にいたる東方キリスト教文化を伝えるコンスタンティノポリスとしての顔との二つを併せ持っていたからである。近世の西欧からの旅人たちにとってのイスタンブルとは、異文化と異教・キリスト教古代という二つの要素を同時に実地検分しうる点で、外遊の地の代表格としても機能していたと言えるだろう。それゆえにこそ、西欧人旅行者たちは詩人のような現地の文化的選良がわざわざ取り上げようとはしない一般兵士や後宮、国家儀礼、あるいは住民たちの習俗といった細々とした対象にまで目を向ける一方で、やはり帝国の人々が無視し、あるいは俗信の憑代たる奇物として受容したギリシア・ローマ、ビザンツ帝国期の建築物にも関心を寄せるという多様な興味関心を見せることとなるのである。

東方旅行の興隆

中世よりフランス王国やイタリア半島、ドイツ諸邦の人々は公務や知的探究心、あるいは商業的な動機によって東方、とくに政治、商業の中心地であったコンスタンティノポリスを目指し、その体験を東地中海旅行記（voyage en / du levant）や東方旅行記（voyage en Orient）の名を冠する旅行記にまとめている。もちろん、「東方旅行記」という呼び名自体は、古くは一二世紀の『ローマの都の驚異』（*Mirabilia Urbis Romae*）のようなイタリア旅行記にはじまり、十字軍時代のシリア遠征記、さらに後代にはインドやシャム、中国への旅行記にも用いられた用語であるため、中東地域に限ったものではない。ただ、一六、一七世紀に「東方」といえば基本的にはオスマン帝国の領域を指すことが多かったのだから、本書ではトルコに関する著作群をとりあえず東方旅行記と総称しておきたい。

さて、オスマン帝国と西欧の交流はかなり古くから行われ、俘虜《ふりょ》となった人々の体験談の類は一四世紀[3]、自発的な東方行の所産としての見聞録的な旅行記はイスタンブル征服以前の一五世紀前半から確認できる[4]。また、帝国の権力者の側から西欧文化へ接近が図られることも度々あった。たとえばメフメト二世はイタリアの画家ベッリーニ（Gentile Bellini, 一四二九－一五〇七）を招いて自らの肖像画を製作させ、あるいはデ・パスティ（Mateo di Andrea de' Pasti,

一四二〇－一四六八）やダ・フェラーラ（Constanzo da Ferrara, 一四五〇年以前－一四八五？）に銀貨を鋳造させたことで知られている。(5) オスマン帝国と行き来する西欧人は常に一定数、存在していたわけである。

ただし、渡航者数が急増するのは一五三六年にフランス王国へいわゆるカピチュレーションが下賜され、(6) 一部の西欧の船舶が帝国領海を安全に航行できるようになってからのことだろう。当然のことながら旅行記の数も増加して、一五世紀半ば以降から一六世紀末にかけて少なくとも三〇〇点にのぼる旅行記が上梓されている。

では東方旅行記にはどんなことが書かれているのだろうか。近代的な「観光旅行」が擡頭した一九世紀の旅行ガイドブックについて研究した的場は、一八世紀以前の旅行書を「旅の準備に関するもの」、「学問的な文化史に関するもの」、「旅の報告」、「紀行文学」という四つに大別した上で、「そのいずれも、統一されることなく、それぞれの関心をもつものの欲求の充足に供するように作成されていた」と概括している。(7) 東方を訪ね彼の地を見聞、記録する機会に恵まれた者が限られていた一六世紀の東方旅行記もまた、右記のような要素が渾然一体となった総花的な著作が大半を占める一方で、イスタンブルの古代遺構やオスマン帝国の習俗、あるいはその宗教事情などにある程度、焦点を絞った特徴的な旅行記も存在する。そして、こうした専門性の高い旅行記を著した当代一級の専門家たちが居合わせた興味深い旅行者の一団が、一五四四年から一五五〇年にかけて渡土している。本書において西欧からイスタンブルへと開かれた覗き窓の役割を果たすことになるフランス王国大使ダラモン男爵（Gabriel de Luitz d'Aramon, 一五〇八－一五五三）一行である。

フランス大使ダラモン男爵一行

まずは大使一行の属した五人の「専門家」の顔ぶれを確認しておこう。そうすれば、おのずと彼らを取りあげる理由も明らかになると思う。

ペトルス・ギリウス（Petrus Gyllius / Pierre Gilles, 一四九〇－一五五五）

これまで幾度も登場したアルビ生まれの老人文主義者ギリウスは、ジョルジュ・ダルマニャック枢機卿（George d'Armagnac, 一五〇〇－一五八五）[8]に仕えた学究である。当初は魚類学など博物学分野に関心を寄せると共に、[9]かねてより東方行を望み、齢五四にしてフランソワ一世の図書館に収めるためのギリシア語、ヘブライ語写本収集の任を授かり、東方行を許される。イスタンブルではギリシア・ローマ、ビザンツ帝国期の遺構の実地調査に情熱を傾け、その成果を『コンスタンティノポリス地誌』、および『トラキアのボスフォラスについての三巻本』[10]にまとめた。とくに前者は、ビザンツ建築の残存状況をまとめつつ、ユスティニアヌス一世期のコンスタンティノポリスの景観を紙面上に復元しようとした著作であり、イスタンブルについての最初期の「学術的」報告に数えられることもある。[11]

ピエール・ブロン（Pierre Belon du Mans, 一五一七－一五六四）

ブロンはロワール県に生まれ、パリで医学を学んだのち数々の自然科学書を残したルネサンス期フランスを代表する博物学者である。彼の東方行は本来、当地の動植物の観察、記録を目的としていたが、その旅行記『東方旅行』には動植物に留まらず、トルコの食事や薬にはじまり、隊商宿の宿泊法や漁の方法、あるいはゴム材の利用法、はては幼児のおまるの形状に至るまでの細々とした習俗が、[12]当時としてはかなり中立的な筆致で記されている。トルコ史研究ではこれまであまり参照されてこなかったが、将来的には近世オスマン帝国の生活文化史を研究する際の基本文献となる可能性を秘めているだろう。

アンドレ・テヴェ（André Thevet d'Angoulême, 一五一六－一五九二）

大使一行のうちもっとも有名なのがこのテヴェかもしれない。ポワトー＝シャラン県生まれのフランシスコ修道会士、地理学者として知られた彼は、長じてはカトリーヌ・ド・メディシス妃の宮廷付き司祭、国王の修史官、地誌官を歴任し、アンリ二世からアンリ三世までの四人のフランス王に仕えた大学者である。[13] 彼の業績の中でもブラジルなどの南米大陸についての調査はつとに有名だけれど、自らの東方行を『東方地誌』、およびダラモン大使の秘書官であるシュスノーとの共著『エジプト旅行』にまとめている。『東方地誌』は幅広い論題を広く浅く扱おうとした点で、一六世紀後半の旅行者パレルヌ（Jean Palerme, 一五六〇－一五九二以降）の『アレクサンドリアからコンスタンティノープルへ』や、一七世紀前半のテヴノ（Jean Thévnot, 一六三三－一六六三）の『東方旅行』のような有名旅行記と並ぶ、見聞録的、あるいは総花的旅行記の代表例となっている。一方、『エジプト旅行』の方は、この時期としては珍しいカイロ、アレクサンドリア近辺の古代遺構についての記録を含み、考古学的に高い重要性を持つと同時に、シュスノーの単著『ダラモン閣下の旅』とともに大使一行の旅程についても詳しく記している。

ギヨーム・ポステル（**Guillaume Postel,** 一五一〇－一五八一）

ポステルはノルマンディー出身の宗教家であり、数学や地誌、医学と多岐にわたる著作を残し、東方の諸言語に通じる東洋学者としても名声を博した。そのうえ神秘主義者、あるいは錬金術師としてオカルト学の分野でも言及が見られるのだから、非常にポリグリットな人物と言えるだろう。[14] ことトルコ語の運用能力に関しては音写の明らかな間違いや、場違いな表現などが少なからず見られるので――本人の言に反して――大いなる疑問符が付くものの、言語学を中心に東洋学の発展に貢献したルネサンス期を代表する人文主義者であることに異論を唱える者は少ないだろう。ただし、本書におけるポステルは博学の万能人としてではなく、むしろフランス王国を旗頭としてオリエント全域をキリスト教化することを夢見た熱狂的カトリック教徒として取り上げられることになるだろう。[15] それというのも、イエズス会から放逐される原因ともなった彼の過激な信仰心は、その著作『東方史』においてトルコ人への強い差別意識となって現れるからである。

ニコラ・ド・ニコライ（**Nicolas de Nicolay,** 一五一七－一五八三）

ドーフィネ県生まれのニコライは、近代風にいえば観戦武官の役割を担ってイギリス、スコットランド、ドイツ等の戦地に派遣された経歴を持つフランス王国の軍人である。彼の著書『トルコへの航海』には、自身のスケッチを元にした近世オスマン帝国のさまざまな職業、宗派の人々の衣装を活写した木版画が多数収められており、本書も含めて今日でもたびたび引用されている。ただ、実のところニコライの渡土はそうした人類学的な探究心に裏付けられたものではなく、あくまで「トルコ帝国」の内情視察を目的としていたようだ(16)。そのためニコライの関心はオスマン帝国の軍事、行政に向けられ、とくに国家制度や宮廷の実状について鋭い観察を行っている。なお、ニコライは右記の四人と同道したわけではなく、一五五一年にアンリ二世の親善大使としてトルコに再派遣されたダラモン大使の随員を務めている。

以上の多彩な顔ぶれから成る一行は、はじめから旅の仲間だったわけではない。一五四四年にフランソワ一世の親善大使に任命されたダラモン大使がマルセイユを発つ際に同行していたのはギリウスとブロンの二人きりだった。彼らはモロッコを経由して金角湾に入り、ペラ地区の王の館――当時のフランス大使館にあたる――に腰を落ち着ける(17)。ここで一行に加わるのが、先に現地入りしていたシュスノーとテヴェである。

一行はこの王の館を拠点に一五四七年、すなわちフランソワ一世の崩御までイスタンブルに滞在している。同年、新たに即位したアンリ二世（在位一五四七－一五五九）の名代としてド・フメイユ（François de Fumeil, ？－一五六二）が着任すると、ダラモン大使はスレイマン一世にイェルサレム巡礼の許可を願い出る。帰国前に聖地を巡礼していこうと考えたのだろう。折しもオスマン帝国はサファヴィー朝征討のための親征軍が整えており、大使一行はこれに同道するという好待遇を与えられる。オスマン軍の護衛のもと、この一〇年前にあの都市図製作者ナスーフが描いたのとほぼ同じ駅屯を繋ぎながら東へ進んだ一行は、東の要衝アレッポでオスマン軍と別れ、シリアを南下してイェルサレムに至る。ちょうど聖地に滞在していたポステルを加えた一行は、そのままカイロへ向かい、エジプト州総督アリー・パシャ（Semiz Alī Paşa, ?－一五六五）――一五六一年には大宰相に任じられる人物[18]――の手厚い歓迎を受け、そのまま三ヵ月間、当地に滞在している。[19] その後、一行はアレクサンドリア経由で一五五〇年一月二八日に冬のイスタンブルへ戻り、マルセイユに帰国している。

では、一行の人間関係はどのようなものだったのだろうか。確かなことはわからないが、少なくともギリウスはテヴェがエジプトで古代遺構を調査する際に惜しみない援助を与えたというし、[20] ブロンもテヴェやシュスノーに対して十分に敬意を払っている。なによりも、優れた外交手腕を備えたダラモン大使の存在が一行の鎹《かすがい》となっていたようだ。テヴェやシュスノーによるとスレイマン一世は離任後も引き続きダラモン大使を重んじ、信任を表明したと述べているのだけれど、[21] イェルサレム巡礼に対する破格の好待遇や、一五五一年にイスタンブルへ再派遣されているところを見ると、たんなるお追従ではないように思われる。実際、新任大使ド・フメイユとダラモンの間に諍いが生じた際、ギリウスやブロン、テヴェ、シュスノーらは「気前がよく」、「決して下々の者を見下さない」という温厚なダラモン大使――ちなみにスフォルツァ美術館所蔵のティツィアーノによる肖像画を見る限り、細面で色白の美丈夫である――に忠誠を誓い続けているのだから、[22] 一行はダラモン大使を中心にしておおむね良好な関係を保っていたようだ。

人文主義者ギリウス、博物学者ブロン、地理学者テヴェ、宗教家ポステル、軍人ニコライ――一六世紀の旅行者たちを見渡しても、ダラモン大使一行ほどに個性豊かな知識人たちが居合わせ、なおかつ当時としては専門性の高い旅行記を残した旅行者集団は他にない。そのうえ異教・キリスト教古代文化への憧憬を胸に「失われたビザンツの都市探し」[23] に邁進したギリウスと、それとは対照的にトルコ、イスラームというフランス人にとっての異文化に強い関心を寄せたブロンのような旅行者が同じ旅程を歩み、共通の対象を観察している点でも、ダラモン大使一行の東方旅行記はその比較検討を通してルネサンス期のフランス人の東方観察の様態を多角的に窺いうる史料群となっている。

従来のトルコ史研究ではトルコ・イスラームについての記述が主に取り上げられてきたのだけれど、東方旅行記という地域横断的な史料を扱うからには、そうした異文化観察のみならず、古代文化探求というもう一つの西欧人に特有の関心についても無視してはならないだろう。なにせ、近世イスタンブルに暮らした人々の中で、庶民たちが俗信という形で漠然と感知していたこの街の歴史的重層性についての「史実」を知っていたのは彼らだけなのだ。よって次節でも、異教・キリスト教古代文化への憧憬と、トルコ、イスラームの異文化への興味というフランス人旅行者たちの関心の双方向性を踏まえつつ、彼らの目を通して見たイスタンブルの――あるいはコンスタンティノポリスの――輪郭を捉えることにしよう。

2　異教・キリスト教古代への眼差し

七つの丘の新ローマ

イスタンブルの地勢を称える際、帝国の詩人たちが海峡都市という特徴を巧みに韻文に落とし込み、黒海と地中海の交錯点に位置する世界の中心として寿いだのはすでに見たとおりである。本章の扉に掲げたテヴノの記述からも窺えるようにフランス人たちもまた大型、小型の船舶が忙しなく行き来するイスタンブルの地政学的な優位性には称賛を惜しまない[24]。しかし、西欧における都市叙述は古来より都市の地理的状況を糸口として語りおこされてきたのであるから[25]、その街の地理的優位性が称えられるのは、なにもイスタンブルに限った話ではない。むしろ、旅行者たちの先入観をよく伝えるのは、ローマの七つの丘を想起させる海の際まで迫る起伏に富んだ山がちな地形の方だったようだ。オスマン帝国人は、七つの丘というギリシア・ローマの伝統的な地理的概念にそれほど関心を払わなかったのだけれど[26]、西欧人たちはその限りではない。

たとえば地誌学者テヴェ。彼は「この町には七つの山が存在する」とした上で、各丘の頂上に聳えたつアヤソフィア・モスクやファーティフ・モスク、当時は建設まっ最中だったスレイマニイェ・モスクなどの帝国のモスク群を、建造者の簡単な来歴と共に紹介している[27]。これに対してギリウスは、『コンスタンティノポリス地誌』第一巻の全てを費やしてユスティニアヌス帝期にこの七つの丘に存在した一四の街区を挙げ、各丘の高さ、広さ、当時そこにあったモニュメント群を列記している。

テヴェとギリウスの二人は、まったくの同時期にイスタンブルに居合わせたのだし、年若いテヴェは老人文主義者ギリウスに敬慕の念を覚えていたようでもあるのだけれど、都市の地勢を描く際には正反対の観察態度を取っている。テヴェはオスマン帝国の建築を、ギリウスは古代からビザンツ帝国期にかけての建築を足掛かりとして、それぞれイスタンブルを概観しているのである。ここで注目すべきは、二人とも「七つの丘」という概念については自明のものとして扱い、とくに説明も付さないまま援用している点である。イスタンブル南西部の第七丘は、もし「七つの丘」という地理的要件を知らなければ丘と見なすのが困難なほどに標高が低いという点も勘案すれば、ダラモン大使一行の観察には、旅行記の劈頭において都市の地勢を把握する段階からしてすでに、イスタンブルをしてローマと同じく七つの丘を持つ「新ローマ」（Nova Roma）[28]と見なそうという先入観が濃厚に見て取れるのである。

ヒッポドロームにて、無視される異教徒の文化

もうお馴染みのアト・メイダヌは、オスマン帝国の政治的公共空間であると同時にオベリスク、コロッスス、三つ首蛇の円柱という三基の円柱が残るギリシア・ローマ的な空間でもある。この場所に立ったギリウスなどは、広場の古代円柱の材質や大きさ、碑文の内容などを書き留め、古代のヒッポドロームの景観を復元するかのように古代に周囲にあったとされる立像や神殿を、文献史料を手がかりに列挙してみせる。[29]流石は大使一行の中でも、古代建築にもっとも関心を寄せた人文主義者らしいが、その記述を見ていくととんでもない漏れがあることに気が付かされる。『コンスタンティノポリス地誌』では広場に集う帝都の人々はもとより、イブラヒム・パシャ宮殿や獅子の家のような眼前にあるはずのトルコ的、イスラーム的建築物がほぼ無視されているのだ。ともすれば不自然な態度に思えるが、ブロンやテヴェなども似たようなもので、獅子の家の珍獣を除けば彼らが多く筆を割くのはあくまで三本の古代円柱を筆頭とする遺構の外見的特徴や由来なのである。どうやら、アト・メイダヌに降り立った旅行者たちは異文化的要素よりも、古代の円柱とそこに表徴する異教・キリスト教古代文化の痕跡を探し、記録することにこそ意を用いていたようなのだ。こうした旅行者たちの態度は、彼らがこの広場をイスタンブル最大の広場である「アト・メイダヌ」ではなく、古代、ビザンツ期コンスタンティノポリスの「ヒッポドローム」と認識していたことを示唆するだろう。

画家グルロ、アヤソフィアに侵入する

当時、アヤソフィアはまぎれもなくモスクであったのだから、フランス人がこの建築物に立ち入るのは容易ではなかったようだ。たとえばギリウスと並んでアヤソフィアを詳しく調査したことで知られる一七世紀の画家グルロは、[30]わざわざぞろりと長いトルコ風の衣装で変装して、ヴェネツィア人の友人とともにこのモスクに忍び込んでい

（31）彼の記述には誇張も多いと思われるものの、少し長めに紹介したい。当時の西欧人がムスリムの目をかいくぐってなおアヤソフィア内部をその目に収めようとした情熱は敬意に値するし、なによりもこの画家は当時のアヤソフィアの在り方をめぐってトルコ人と非常に興味深いやり取りを交わしているからだ。

一六八〇年、イスタンブルに滞在していたグルロはアヤソフィアの近くに住むギリシア人宝石商に幾ばくかの金――七リラ一〇スー相当のヴェネツィアン・ディナールとのこと――を握らせて、アヤソフィア・モスクで働く年老いた蝋燭係に渡りをつけた。差し出した葡萄酒にも一切手を付けなかったという信心深い老人は「礼拝の時間外に見学してくれ」と渋るが、グルロはさらに袖の下をはずみ一日中アヤソフィアを見て回れるよう門の鍵を借りることに成功する。あくる日、グルロはしっかりとトルコ風の衣装で変装し、まんまとアヤソフィア堂内に入り込むとそのまま二階の片隅に陣取って持参のソーセージとパンをつまみ、葡萄酒で一杯やりはじめる。ピクニック気分で見物とスケッチ（図27）をはじめたのはいいものの、やがて一人のトルコ人が近寄ってくるのに気が付く。すわ一大事、イスラームで禁じられた豚肉と酒が見つかっては大変と、グルロは大急ぎでお弁当を柱の陰に隠し、なんと懐に忍ばせていたギリウスの『コンスタンティノポリス地誌』を取り出して鹿爪らしく音読しながら、いままさに礼拝を終えたふりをする。ギリウスもよもやこんな小芝居に自分の著作が使われるとは思わなかったろう。ところが、トルコ人はそんなことにはお構いなしに近づいて来る。色を失うグルロであったが、相手が良かったのか、そのトルコ人はとくに彼を咎めだてもせずに「このアヤソフィアを建てたのがもともとはキリスト教徒であり、いまでもキリスト教徒が敬愛を抱いているのは承知している」と、逆に彼を宥めて去って行ったという。[31]

到底、鵜呑みにできない体験談ではあるけれど、アヤソフィアが教会としていまなおキリスト教徒の崇敬を集めていたらしきことは、グルロがアヤソフィアをローマのサン・ピエトロ教会と比較して論じた際、イスタンブルに暮らすギリシア正教徒たちは「アヤソフィアが規模、壮麗さの点で優る教会だ」と、モスクになっているはずのアヤソフィアを自らの教会として誇り、強弁して譲らなかったという逸話からも窺うことができる。[32] そして右記のトルコ人との会話は、そうしたキリスト教徒側の事情をトルコ人が知っており、なおかつそれを許容していた事実――あるいはそうあってほしいという願望――をわざわざ書き記している点で興味深い。ムスリムの為政者たちがアヤソフィアの教会としての顔に無頓着ではいられなかったのが事実だからである。たとえば一七一一年のこと、ロシア皇帝が大軍を率いてアヤソフィアを奪還しにやって来るという噂がイスタンブルに流れた際、帝国政府はあらゆるキリスト教徒のアヤソフィアへの入来を禁じる措置を取ったという。[33] アヤソフィアの教会としての記憶は、オスマン帝国にあってなお旅行者、住民双方において風化してはいなかったのである。

「古代」の教会としてのアヤソフィア

ではグルロの時代から遡ること一〇〇余年、ダラモン大使一行はどのようにアヤソフィアを観察したのだろうか。ちなみに、トルコ人がアヤソフィアを破壊したと信じる西欧人は少なくないが、実際には聖遺物や扉など、施設の一部がヴェネツィアに持ち去られたのは第四次十字軍のときであったし、今日の堂内に掲げられるアッラー、ムハンマド、アブー・バクル、ウマル、フサイン、アリーという、神や正統カリフ、イマームの御名が描かれた大きな六枚のアラビア文字の銘板も、一九世紀半ばの補修の際に取りつけられたものなので、[34] 近世のアヤソフィアはミンバルやミフラーブといったモスクとしての機能に欠かせない最低限の施設が取りつけられた以外には、建造物自体には大きな損傷もなく、外見上の大きな変化は見られなかった。

しかし、ギリウスを筆頭とするダラモン大使一行が関心を寄せたのは、ビザンツ帝国期の「ギリシア正教徒の教会」としてのアヤソフィアではなかったようだ。ギリウスはユスティニアヌス一世期の著述家カエサリアのプロコピウス（Procopius Casarensis, ?-五六二）の描写と比較して、[35] こう述べている。

（アヤソフィアが破壊されたというのは）大きな間違いであるとわたしは確信する。なぜならば、わたしは一つの柱廊を除いてプロコピウスが言及した通りの古代の教会を目にしたからである。
ギリウス『コンスタンティノポリス地誌』[36]

ギリウスが見たのは「古代の教会」なのである。さらに興味深いのは、博物学者ブロンがアヤソフィアを称える際にローマのパンテオンを引き合いに出している点だ[37]。周知の事実であるが、パンテオンは紀元前二五年に建造されたのち火事で焼失、ハドリアヌス帝期（在位一一七―一三八）の一二八年に再建されたローマ諸神を祭る万神殿であり、サンタ・マリア・アド・マルティレス教会へと転用されたのはボニファティウス四世期（在位六〇八―六一五）のことである[38]。キリスト教古代に強い関心を寄せたギリウスのような人間であるならばともかく、トルコの習俗、習慣を当時としては事細かに観察したブロンのごとき人物が、建築学的な比較の上とはいえパンテオンを引き合いに出すのは、アヤソフィアの堂宇の威容から同じ「古代」の建築技術の驚異を看取したからだろう。ちなみに一八世紀後半にイスタンブルで暮らしたモトライユもパンテオンとアヤソフィアを比較し、両者ともに古代の建築であり、パンテオンがキリスト教化したのに対して、アヤソフィアがイスラーム化したのが唯一の相違点だと主張している[39]。

建築学的な観点から見れば、四辺形の土台の上に石積みのドームを頂くアヤソフィアと、円形の土台上にコンクリート製のドームを載せたパンテオンは大きく異なるのだけれど[40]、ともに巨大な球形の内部空間を持つ点で外観上は一定の共通性が見られる。こうしたパンテオンという古代建築との比較は、西欧人たちがこの巨大建造物から東方キリスト教文化よりも、むしろギリシア・ローマの古代文化を連想していたことを示す好例と言えるのではないだろうか。

人文主義の興隆が著しかった一六世紀半ばにアヤソフィアを訪れたダラモン大使一行は、この建築物をモスクでもなく、ギリシア正教徒の教会としてでもなく、異教・キリスト教古代文化を想起させる「古代の教会」として観察したわけである。

博物学者ブロン、異文化の中に古代文化を発見する

イスタンブルの遺構を熱心に調査したギリウスの態度に顕著なように、旅行者における異教・キリスト教古代文化への関心は、アヤソフィアや市内各所に残存するギリシア・ローマ、ビザンツ帝国期の建築物というランドマークを媒介として表出することがほとんどである。しかし、中には博物学者ブロンのように異文化のあらゆる新奇さ（singularité）[41]への興味と、古代への関心を奇妙な形で混淆させる旅行者もいる。たとえばオスマン帝国のムスリムたちの食事法に言及した際、ブロンは非常にユニークな結論を披露している。

わたしは以下の結論を主張する。トルコ人が食事を摂るとき、彼らは平らな大地に座り、ときに肘の下の枕にもたれかかって地面に食卓を置くか、あるいは地面の上の絨毯に寝転がったりする。これらはトリクリニウムと呼びうるであろう。

ブロン『東方旅行』[42]

トリクリニウム（triclinium）とは食卓の三面を取り巻くローマ期の寝椅子のことであるが、そもそもトルコ人が大盆を前に床で食事を摂るのはアラブ文化か、さもなければ遊牧時代の伝統に則ったものと考える方が自然なのだけれど、ブロンはトルコの習俗の中に古代ローマの残り香を嗅ぎ分けようとしているのである。

こうした事例はほかにも見られる。ブロンは浴場と神殿の重視、宦官の使用、油相撲、綱渡りの曲芸といった帝国の習俗を、すべてローマからの伝統の上に対置しているし[43]、ニコライのような軍人も浴場をコモドゥス帝（在位180–192）の浴場と比較し、油相撲の由来をローマに求めているのだ[44]。

浴場や油相撲、あるいは宦官の使用は、たしかにローマ、ビザンツ帝国の文化から大きな影響を受けた習慣であろうけれど、食事法や神殿の重視などはその限りではない。どことなく、メヴレヴィー教団の旋舞儀式の源流を古代ギリシア、エジプトの古代に求めようとしたネルヴァルを彷彿とさせる態度だけれど、彼がある種のロマンティシズムの延長で悠久の歴史に思いを馳せたのに対して、[45] ブロンやニコライは大真面目にトルコ文化の「古代性」を論じるのである。

このようにダラモン大使一行の旅行者たちは、古代遺構という建築物のみならず、トルコ人の習俗という、本来はギリシア・ローマ・ビザンツ帝国期の文化とは関連性の薄い異文化の中にまで、生きた異教・キリスト教古代文化を見出そうと努めるのである。

古代文化の息づく都市

このようにダラモン大使一行のフランス人旅行者たちには、オスマン帝国の帝都イスタンブルにおいて、ローマ、あるいはビザンツ帝国の都市「コンスタンティノポリス」の痕跡を探し求めようとする態度が顕著に見られると言えるだろう。フランス人たちは、さまざまな古代の遺構が残存し、ときにその習俗の中にまで古代文化が息づく古代の都市としてイスタンブルに接しているのである。

なお、イスタンブル渡航の折に古代文化に触れようという欲求は、ダラモン大使一行の一〇〇年後、一七世紀旅行者たちにも旺盛に見られたということを付け加えておきたい。それをよく示すのは他ならないギリウスの『コンスタンティノポリス地誌』である。それというのも、さきのグルロのみならず、コヴェル（John Covel, 一六三八－一七二二）のような旅行者もまた、ギリウスのこの著書を携えてイスタンブルを見物しているのだ。[46] 彼らが持ち歩いたのは、おそらくは本書で参照したのと同じライデン版『コンスタンティノポリス地誌』（一六三二）か、それに類似の版のはずである。なぜならこのライデン版は、縦一一・八ｃｍ、横六・七ｃｍという明らかに携帯を前提とした造りをしており、おまけに巻末に『街区についての古代記述』が所収されているのだ。『街区についての古代記述』とはコンスタンティノポリスを七つの丘と一四の街区に区分し、各街区の建造物、記念碑を簡潔に――基本的には建築物の名称のみ――列挙する六世紀に著された都市案内書である(47)。七つの丘と一四の街区というその構成を見てもわかるように、ギリウスの『コンスタンティノポリス地誌』の底本となっており、彼自身もイスタンブルを巡る際のガイドブックとして度々参照している。ライデン版『コンスタンティノポリス地誌』では、この『街区についての古代記述』が、あたかも現地に赴いた際の名所早見表よろしく付録的に収められているのである。旅行記的な性格を含むと同時に、ビザンツ帝国期の著作を数多く参照し、元来は『ローマの都の驚異』のような古代都市に主眼を置いた地誌として上梓されたはずの『コンスタンティノポリス地誌』ではあるが、後代には網羅的な古代遺構案内書と呼ぶべき「ポケット版」が再版され、これをイスタンブルの古代遺構ガイドブックとして利用していたのである。この事実は、西欧人たちの間でイスタンブルの古代遺構を見物し記録する行為が連綿と受け継がれたことをよく示すように思われる。一七世紀以降のフランスにおける古典主義の興隆を考慮する必要があるにしても、異教・キリスト教古代を感得しうる「古代文化の息づく都市」としてのイスタンブルは、長らくフランス人旅行者の間で保持された都市像であったようだ。

3 「トルコ帝国」の異文化への眼差し

トルコ兵と群衆

ギリウスの『コンスタンティノポリス地誌』を読んでいると、最初の最盛期を迎えつつあったユスティニアヌス一世期のコンスタンティノポリスにいるような気がしてくるのだけれど、ダラモン大使一行が訪れたのはまぎれもなくオスマン帝国盛期の帝都イスタンブルである。バルカン半島北部に侵攻し、西欧キリスト教文化圏の東の要衝ウィーンを虎視眈々と窺う精強な「トルコ帝国」(L'empire Turc)の「大君」(Grand Signor)の都なのである。となれば、彼らがトルコの建築物のような文物よりもトルコ人というマン・ファクター、それもトルコ帝国を統括するトルコ宮廷にとくに関心を寄せるのはごく自然なことである。中でも彼らが必ずと言ってよいほど多くの墨を費やすのが軍事強国オスマンの常備歩兵軍団イェニ・チェリと、将来のイェニ・チェリ候補生として訓練を受けるアジェミ・オーラン軍団(48)に属する兵士たちの様子である(49)。

五百人程の八歳から二〇歳の子弟は……彼らの王と聖典(Alcoran)に従うようにと教育され、弓の引き方、馬の乗り方、その他の軍事教練を施される。……四、五歳の大量の童貞の男子たちは年若いうちからキリスト教徒としての善良な部分をすべて取り除かれるのである。

テヴェ『東方地誌』(50)

ここでテヴェは、徴発されたキリスト教徒子弟が厳しい訓練を経てイェニ・チェリというトルコの精兵に生まれ変わる過程を記しているのであるが、「キリスト教徒としての善良な部分」の除去という表現は当然ながら「イェニ・チェリには善良な部分が抜け落ちている」という含意を持つので批判的な心情が滲んでいる。こうしたイェニ・チェリの育成に対する批判的な筆致は軍人ニコライや宗教家ポステルの旅行記にも共通する。(51)

そもそも、後ろ盾のない奴隷を養育して君主直属の軍隊とする制度は、別段オスマン帝国に固有のものではなく、古くからイスラーム文化圏に見られたのだが(52)、そうした背景に詳しくない西欧人旅行者たちは、元来はキリスト教徒であった男子がトルコ帝国の脅威を体現するイェニ・チェリに生まれ変わる過程に等しく衝撃を受けているのである。しかし旅行者たちは、いざ「キリスト教徒としての善良さ」を取り除かれトルコ兵として完成した子弟たちを語る段になると、異口同音にその優秀さを認める。

全員が槍と弓矢、三日月刀を持ち、胴着も着けず、鎖帷子を着ける者も非常に少なく、何とも秩序立ち、沈黙を保って進軍していた。

シュスノー『ダラモン閣下の旅行記』(53)

そこには約四千人ほどのトルコ人の部隊がおり……一日中大いなる静けさを保ち……イタイ！とすら決して言わなかった。……かように大人数の部隊がまったく騒音を立てずに出立できるというのは、わたしには特筆に値することのように思われる。

ブロン『東方旅行』(54)

これらは大使一行が一五四七年に巡礼へ出てオスマン軍と行動を共にした際の記述。つまり、典礼ではなく軍事行動中のオスマン軍人の様子である。第二章でビュスベク——彼の渡土はダラモン大使一行の約一〇年後——によるイェニ・チェリについての記述を引いたが、大使一行たちはあのオーストリア大使に先んじてトルコ兵の特色をその秩序と沈黙に求めているわけである。

またテヴェは、アト・メイダヌに集った群衆に言及した際、「大いなる沈黙と共に一万人もの人間が何の騒音も立てずに我々の前にいた」と、大群衆とは思えぬ静けさについての感嘆をひとしきり綴っているのだから、秩序と沈黙のイメージが、ときに兵士から一般民衆にまで敷衍されることもあったようだ(55)。あるいは、言語学の専門家を自負するポステルなどは、トルコ人の口数が少ないのはその言語が西欧の言語よりもより多くの能弁性——la faconde、多義性という意味合いであろう——を備えるがゆえだと真面目に論じている(56)。静謐なトルコ人というイメージは、ルソー（Jean-Jacques Rousseau, 一七一二－一七七八）などにも一部受け継がれているようだ(57)。いずれにせよ、公共空間におけるオスマン帝国の人々の静謐さや秩序だった立ち居振る舞いが、ダラモン大使一行に強烈な印象を残したのは確かである。

セラームルクとバロック小説

兵士と並んで旅行者たちの目を釘付けにしたのは、スルタンの金曜礼拝とそれにつき従う政府関係者たちのパレードであるセラームルクである。セラームルクは宮殿から最寄りのアヤソフィアまで営まれることが多かったが、ファーティフ・モスク、エユプ・スルタン・モスク、ベヤズィト・モスク、スレイマニイェ・モスク、アト・メイダヌなどへ向かうこともあった。パレードに際しては宮殿からモスクまでの道に砂がまかれ、政府要人や軍人から成る行列が繰り出すとともに、書面や口頭で民衆からの請願が行われ、その訴えは大宰相の名の下に決裁された(58)。こうした御幸の行列は君主の礼拝という宗教的側面のみならず、スルタンの公正さや王朝の威光を広く知らしめるためのスペクタクルとしての側面も併せ持っていたから、異邦人たちにトルコ宮廷の様子を間近に見る恰好の機会を提供している。[59]

最前列にはイェニ・チェリが徒歩で行進して来て、他の者を追い越すこともなく、非常に秩序だったままそれが七マイルにもわたって続くのである。手でトルコ弓を捧げ、箙《えびら》は金で装飾され、金銀で象嵌された矢はよく装飾されており、年老いた彼らの隊長に従いつつまったくの沈黙を保って歩いていく。……各高官は金色の礼服や、そのほかヴェルヴェットや白、赤、青のサテン、美しい刺繍を施されたレース、金銀に飾られた服、非常に豪華な品々を身に纏っている。

テヴェ『東方地誌』[60]

テヴェはこの行列をトプカプ宮殿からアヤソフィアへのセラームルクとしているが、隣接するトプカプ宮殿とアヤソフィアの間に七マイルもの行列が組まれるはずはないから――誇張でないとすれば――実際にはエユプかオク・メイダヌあたりへ向かう行列を見物したのではないだろうか。

ここで目を引くのは、さまざまな武具や色とりどりの服飾といった物品を羅列することで視覚的イメージに強く訴えようとする記述が行われている点である。セラームルクがこうしたルネサンス期フランス文学に見られる豊穣さを表す叙法に則って描写される点は[61]、この一大ページェントが東方的な豪奢さのイメージを伝える役割を担っていたことをよく示すように思われる。付言すれば、この豪奢なセラームルクの姿は一七世紀後半から一八世紀を通じて、広く文学作品の中にも認められる。たとえば、ペルシア、ジェノヴァを舞台にする恋愛、冒険散文叙事詩である『イブラヒム』のようなバロック期の小説においては、まさにこの絢爛豪華なセラームルクこそが物語の幕開けを飾る[62]。あるいは、ラシーヌの恋愛悲劇『バジャゼ』しかり[63]、モーツァルトの歌劇『後宮からの誘拐』しかり、である。なによりも「幻覚に囚われたオリエンタリスト」であると自覚していた一九世紀後半のロティでさえ、『アジャデ』においてスルタンの即位式の豪華なパレードの様子を描く誘惑には抗えなかったのであるから[64]、フランス人旅行者たちのセラームルクに対する関心の高さが窺えるだろう。

「オダリスクなきハレム」

東方趣味的とされる文学作品や絵画に触れるとき、必ずと言ってよいほど登場するのがオダリスク、すなわち美しい女奴隷である。さきほど名前を挙げた諸々の作品もその例外ではない。というよりも、『イブラヒム』や『バジャゼ』、『後宮からの誘拐』では、宮殿のハレムに住まうオダリスクたちを取りまくメロドラマこそが主題となっているのである。イスタンブルでハレムといえば、それはもちろんトプカプ宮殿の最奥、西北部の一角を占めるあのハレムをおいてほかにない。

ところが、一六世紀のダラモン大使一行もハレムとオダリスクに興味津々であったかと言えば、実際はそうでもない。いや、むしろハレムに対する彼らの関心は非常に限定的で、バロック小説で語られるような数奇な運命に身を委ねる女奴隷の悲劇や淫靡さを描こうとする筆致は影も形も見られないのである。確かにトプカプ宮殿にハレムが設置されるのは正式には一六世紀後半のことだけれど、かのスレイマン一世の正式な妃に収まったヒュッレム妃がトプカプ宮殿に住いし、権勢を奮っていた時期でもある。そんな時代のイスタンブルに滞在したというのに、ダラモン大使一行はあくまでトルコ宮廷の一部としてのハレムの編成について、ごく手短に述べるのみなのだ[65]。

では、ハレムが国政にも大きな影響力を与えるようになった一六世紀後半から一七世紀の旅行者たちはどうだろう[66]？　テヴノやモトライユのような「セラーリオの探索者たち[67]」の東方旅行記を開いてみると、そこでもやはり女奴隷の美やハレムの政治的動静よりも、螺鈿や黒檀、タイル装飾といった室内の内装や調度への言及が大半を占めていて、セラームルクの記述とも通ずるその贅沢さに言葉が尽くされる[68]。つまるところ一六、一七世紀のフランス人旅行者にとってのハレムは、トルコ宮廷のごく一部の施設という以上の意味を持っていないようなのである。

はたして、旅行者たちはオダリスクにまったく関心がなかったのだろうか？　無論、そんなことはない。西欧の人々が妄想を逞しくしたオダリスクたちの姿はハレムではなく、あのベゼスタンで目撃されていたのである。

悪の取引としての奴隷競売

奴隷は常に逃亡の危険を孕み、なおかつ非常に高額な商品であるため、捕虜を運んできた船舶が投錨するガラタ、カスム・パシャなどの港湾、ファーティフ地区の女奴隷市場（Avrat Pazarı）など限られた場所で販売されたが[(69)]、帝都圏でも最大の奴隷市場はあのベゼスタンのほど近くに置かれていた。まず、オスマン帝国の奴隷実情について簡単に確認しておこう。

帝国の奴隷は戦争捕虜を主要な供給源としていたため、供給地は時代によって変遷が激しいのだけれど、一方でその用途に大きな変化は見られなかったようだ。つまり、農作業や櫂漕ぎ、あるいは庭園の守番や羊番といった肉体労働に従事する「頑強な男性」、洗濯女や乳母、料理人、家事労働者として用いられる「容姿に優れない女」、そして富裕層の屋敷や別荘で小姓、お部屋係《オダルク》——これがオダリスクの語源だ——として奉仕する「見目麗しい男女」という、おおむね三種類に区別されていた[(70)]。

見目麗しい奴隷たちについては後で見るとして、たとえばオルハン・パムクの歴史小説『白い城』の主人公「わたし」のように海賊に襲われて捕虜となった人間を待ち受けるのはどんな生活だったのだろうか。一六世紀後半にそうした不幸に見舞われ、カイロへ連れて行かれたハイデルベルク出身のヘベラー（Michael Heberer, 一五五五?、一五六〇?）がかなり詳しく奴隷生活について記している。彼はまず身ぐるみを剥がされ、小汚い布を一枚与えられて監獄に収監されたのち、ガレー船の櫂奴隷として働かされはじめる。幸いなことにフランス大使が身代金を出してくれたので苦役は三年あまりで済んだようだが、解放三日目の朝、彼は自由を喜ぶとともに、一緒に奴隷になった友人たちの安否を気遣っている。

昔の友人たちの痛ましい状況や、虜囚となる期間が長引けば長引くほど、生き残るのはより難しくなるだろうと思うと心が痛んだ。

ヘーベラー『回想録』(71)

なるほど、やはり厳しい生活である。しかし、彼の回顧録を読んでいると四六時中、櫂を漕がされていたわけでもなく、意外に変化に富んだ生活を送っていたことも窺える。いざ陸地に揚がれば現地に滞在するキリスト教徒たちと密に連絡を取り、手紙を言づけたり、必要なものを差し入れてもらったりしているのである。いや、そもそも奴隷市場が目の前にありながら「古のテオドシウス広場である」と記すのみで、ほぼ無関心を貫くギリウスのような人物が例外で(72)、旅行者の中には同じキリスト教徒の奴隷に声をかけ、水や食料を差し入れる者も多かったし(73)、わざわざ奴隷市場まで出かけていって楽の音で奴隷たちを慰める現地の東方キリスト教徒もいたのである(74)。

なによりも、オスマン帝国の奴隷はイスラーム法によってある程度の保護を約束されている点で、建前上は奴隷の存在を認めない西欧の奴隷や、同じくアフリカからアメリカに供給された黒人奴隷たちの境遇とは天と地ほども差がある。なぜなら、彼らは「権利を制限された人間」であって、法制度上は身代金の額や奉仕期間を主人が定めない場合、法官に訴え出る権利を認められていたし、もし職に就いているならその給金で己を買い戻すことも可能だったのである。ブロンのように「トルコの奴隷は我らヨーロッパの奉公人のようにちゃんと扱われている」(75)と述べる者もいるほどだ。とはいえ、一七世紀にポーランドからイスタンブルを訪れ、オスマン帝国の街の清潔さや生活水準の高さにほぼ手放しといってよい賞賛を送ったスィメオンのような旅行者をして、「わたしは奴隷たちの言語を知っているにもかかわらず、怖くてたまらず、彼らに近付いて質問する勇気が出なかった」と言わしめるように(76)、同じキリスト教徒が売り買いされる奴隷市場の光景が西方からの旅人たちに与えた衝撃の大きさは想像に難くない。そして彼らが、ときにキリスト教徒の同朋を買い戻すという実際的な目的以上の関心を寄せた対象こそが見目麗しい女奴隷たちだったのである。
ではオダリスクの原型たるイスタンブルの女奴隷たちについて見てみよう。古今東西、美しい男女はそれだけで高い価値を持つけれど、オスマン帝国では見かけが美しいだけでは優れた商品とはなりえなかった。まず、彼女が処女か否かという点が一つの基準となっていた。なにせ、処女であれば値段が通常の二倍近くに跳ね上がるからだ。そのため、市場には乙女の純潔を見極めるための老婆がおり、処女と偽って奴隷を売却した商人には重い罰が課されたという。(77)だが、純潔であれば万事こともなしというものでもなく、奴隷商人たちは自分の所有する家で舞踊、楽器の演奏にはじまり、礼儀作法を教え込んで、目玉商品の練磨に余念がなかった。美しい女奴隷は奴隷商人が扱う最高級品だったわけである。ダラモン大使一行の関心もこうした超高級品である女奴隷に集中している。

値切る者、誰か一人を買いたい者は、彼らの眼、歯、そして身体のあらゆる部分を検める。ついには、彼らの持つ生来の欠陥や人間としての不完全さがよりよくわかるようにと裸に剝かれた彼女は痛ましく、まったくもって哀れである。

ニコライ『トルコへの航海』(78)

もしそれが少女か若い女であれば、彼女は顔に薄布をつけていて、それを値切る者はみな乳房や歯、手を検め、彼女の年齢や処女かどうかを、馬（を買うとき）とまったく同じように尋ねるのである。

シュスノー『ダラモン閣下の旅行』(79)

このようにニコライとシュスノーはともに女奴隷が裸に剝かれ、くまなく調べられる様子をかなり写実的に伝えている。ここでシュスノーが使用する「馬とまったく同じように」という表現は、一七世紀のイタリア人旅行者ボンの『大君のセラーリオ』などにも見えるから一種の定型表現と言ってよい[80]。当時は人も馬も、ともに非常に高価な商品であったことを忘れてはいけないが、フランス人たちが馬を引き合いに出すのはその値段の高さゆえではなく、奴隷たちの悲惨な境遇を強調するためだろう。すでに一六世紀の西欧の港湾でも奴隷売買は行われていたのだから、マルセイユから出航したニコライやシュスノーもこの手の光景をある程度、見知っていたであろうことを考え合わせれば[81]、彼らが奴隷売買の記述において美男美女を獣同然に扱う様子を敢えて記すのは、トルコ人の残酷さを訴えたいがためであろう。

よく知られているように、オダリスクという存在は一九世紀ともなればロマン主義と妖艶なエキゾティズムが融合する中で謎めいた悲劇のヒロインへと変じながら[82]、ロマンスを期待する人々の憧憬の対象ともなっていく。たとえばサッカレーは、パリで伊達男として名を馳せた古くからの友人J某こと東洋趣味画家ルイス（John Frederick Lewis, 一八〇四－一八七六）をカイロに訪ねた際に、数多くの従僕とともに、どうやら女奴隷と暮らしているらしき友人の生活に羨望の眼差しを向けている[83]。しかし、一六世紀半ばのダラモン大使一行における彼女たちは、あくまで同じキリスト教徒の老若男女が売り買いするトルコ人の悪の取引（trafficqz）[84]の象徴であり、ロマンティシズムも憧れも、入り込むような余地を持ち合わせてはいなかったようだ。

さて、近代の話になってしまうけれど、ここで一点だけ「馬とまったく同じように」売り買いされる美女の姿を描いた絵画を取りあげたい。東方趣味画家の代表者ジャン＝レオン・ジェローム（Jean-Léon Gérôme, 一八二四－一九〇四）が一八六六年に発表した、その名も『奴隷市場』という作品である[85]。舞台は閉塞感が漂う奴隷市場、画面の中央には眉に化粧を施した全裸の女奴隷が佇み、アラビア風の衣装を着た買い手が彼女の口を持ち上げて品定めをしている。買い手の男が鼻を覆っているから悪臭も相当のものなのだろう。あるいは顔を見られたくないのだろうか。たとえば、古代ローマの奴隷競売を描くのであれば、ジェロームは顔を隠して羞恥心に身をよじる白人奴隷の無垢な柔肌を際立たせたことだろうし、オリエントを写したほかの多くの絵でも同様なのだけれど[86]、この『奴隷市場』の女奴隷は目も虚ろで、その身体つきもジェロームが描くほかの女性に比べてやや貧相である。緑色のターバンを巻いた白人の従者の胡乱な目つきは、交渉に苛立っているようにも見えるし、主の寵愛を奪いかねない女奴隷に嫉妬しているようにも見える。早く商談をまとめて欲しいという焦りゆえか、あるいは歯を調べられて健康上の問題が露呈してしまうのを心配しているのか、売主である奴隷商人もまたしかめ面を浮かべている。画面の右上から射しこむ光線、買い手の注意深く商品を検分する冷静な視線、面立ちの整った白人の従者の視線、ひげを蓄えた奴隷商人の不安そうな面持ち、それらすべてが集中する先は、女奴隷の口に添えられた男の手である。ということは、この作品の主題はオリエントの奴隷市場の実景を、作者なりの「リアリズム」で描くところにあり、その中核を為すのが「馬とまったく同じように」売り買いされる様子だと言えるのではないだろうか。

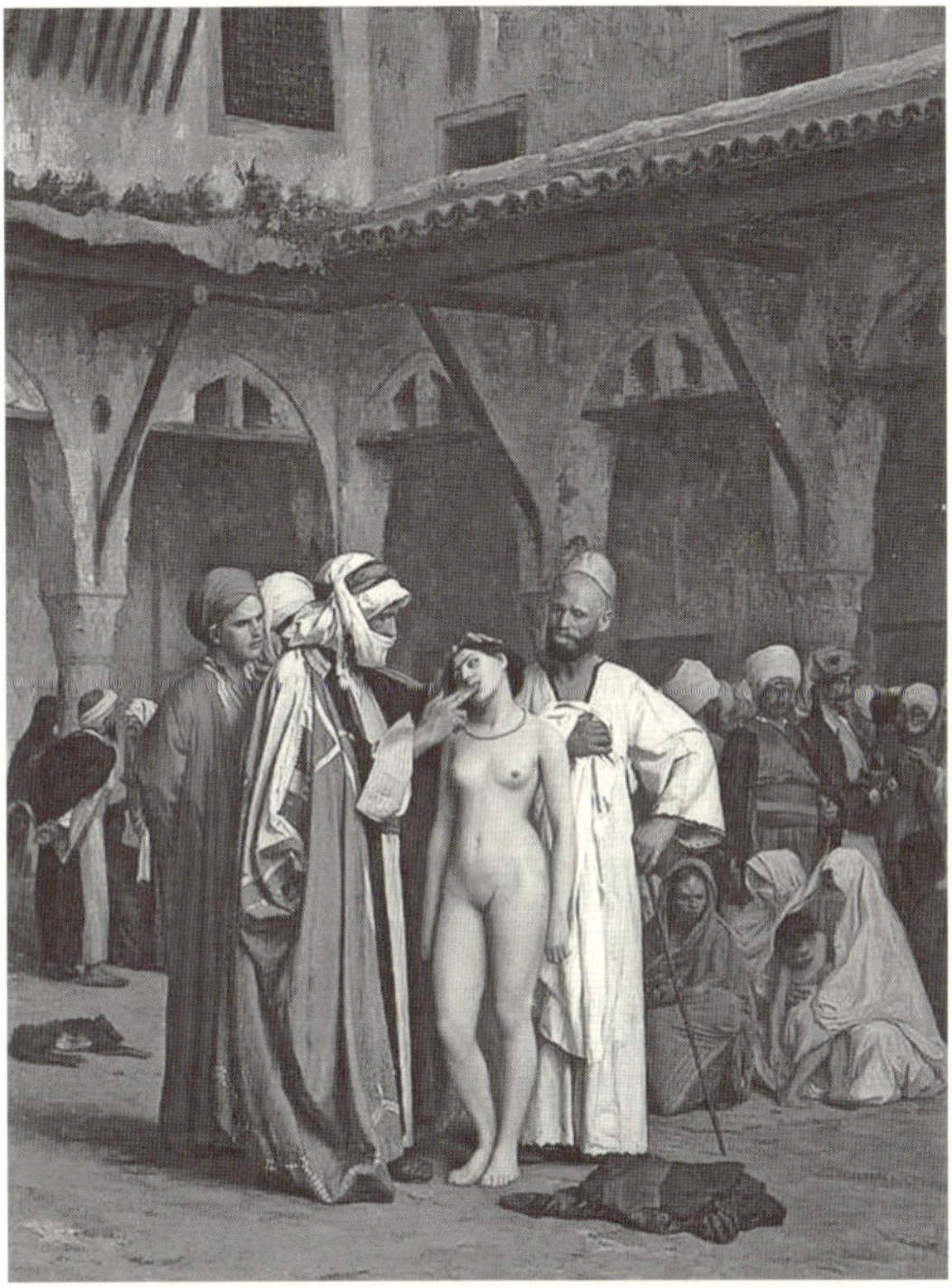

図 28：ジェローム『奴隷市場』。Ackerman 1994, p. 67 所収。

　この『奴隷市場』は「悪の取引」を糾弾するために描かれた作品ではないけれど、少なくともダラモン大使一行が報告した奴隷売買の具体的描写が一九世紀に至るまでその痕跡を留めていたことを物語っている。

差別的先入観と個人的体験の狭間で

西欧諸語において「トルコ人」という言葉が「野蛮人」のニュアンスを併せ持つに足る西欧人たちなりのしかるべき理由は、どうやら奴隷売買以外にもあったようだ。一六世紀の旅行者たちが目をつけたのは、啓典の民の中で唯一キリスト教徒だけが行わない割礼や、あるいは複数婚などのイスラームに特有の習俗である。一行の中でもとくに強い差別意識を持っていたポステルの記述をさらってみよう。

ポステルは『東方史』の冒頭において、アラビア語を知らずに東方世界について書き立てる作家を知ったかぶりの書き手(le docte écrivain)と誇り、現地の言語に通じることの重要性を説きながら、「いかなる野蛮人であろうとも完全に悪ということはない」と高らかに宣言している。[87] しかし、いざトルコ人の行状を詳述する段になると手のひらを返したように得意のアラビア語知識を披瀝しながらトルコ人の来歴を解説する。すなわち、トルコ人をユダヤ人の末裔と位置付け、その自称 türk の由来を、terk iledim(正しくは terk eyledüm、「わたしは棄却した」の意)なる表現に求めるのである。そのうえでポステルは、これこそがトルコ人がトルコ語の名前を名乗ることを忌み嫌う理由とする。[88] おそらく、アラビア語の「トルコ人が手を出さない限り、彼らを放っておけ」という警句からの連想とも思われるが、[89] トルコ人(Turki)と「放っておけ」(taraka)に語源的関連性はなく、また確かにイスラーム化によってトルコ語の名前は減少したものの、トルコ語起源の名前を持つ貴顕もいたし、渾名等には引き続きトルコ語由来の単語が使われ続けた。このようにかなり強引な推論と思い込みに依拠しながら、トルコ人が呪われた人々であるという前提を打ち立てたポステルは、続けてイスラーム文化圏で見られるさまざまな習俗に言及していく。

まずは割礼について見てみよう。男子の割礼と、それに関連して行われる割礼式(sür)はイスラーム文化圏においては重要な慣行(スンナ)とされ、オスマン帝国でも王子の割礼式の際には大規模な祝祭が催されるなど、男子にとっての晴れの舞台と認識されていた。その一方で、非ムスリムの人々は人頭税を納めるかわりに生命、財産、そして信仰の自由を保障されていたので、当然ギリシア正教徒やアルメニア正教徒は割礼を行わなかった。たとえば、ブロンのような旅行者から見れば、トルコ人がキリスト教徒に割礼を強要しない点こそがその寛容さの表れということになるのだけれど[90]、ポステルの意見は正反対である。彼によれば、割礼式というものは大勢の貴顕が監視するなかで男子に「強要」される「禍々しい悪習」にほかならず、女たちや友人たちがそれを見守るのも「強要」されてのことなのだという。こう決めつけた上でポステルは、幼児に対する蛮行から異教徒たちを救済する必要性を説くわけである[91]。

続けて、今日でもたびたび取り沙汰されるイスラームの結婚制度について見てみよう。そもそもムハンマド——というよりは神——が複数婚を許容したのは、部族抗争によって発生した寡婦の救済措置という社会的背景があったとも言われている。さらに言えば、妻たちを等しく愛せないのであれば、結婚などせず「お前たちの右手が所有しているもの」で満足せよ、と預言者言行録にははっきり記されている[92]。つまり、慈しみの心も持たずに、ただ性行為を望むのであれば自慰でもしておれ、と預言者様は戒めておられるのである。こうした歴史的、宗教的背景についてある程度は聞き及んでいたらしいブロンは、かなり正確なコーランからの引用を交えてムハンマドの教えを解説しつつ、女性からの離婚の自由に触れるなど、極力バランスの取れた記述を心掛けている[93]。しかし、ポステルはここでもわたしたちの期待を裏切らない。つまり、トルコ人の結婚はこれすべて、婚資金や離縁金といった金銭、そして性交を目的とした行為と断言するのだ。

わたしは、トルコがいまだに未開の国に留まっていると考えている。夫は（女性の）他のものに触る前にヴィーナスの帯を解くのだから。

ポステル『東方史』[94]

性交時、男が最初にするのは女性の帯を解くことだと述べる彼が言外に仄めかすのは、トルコにおける性行為は神前での聖なる結婚契約の履行としては行われていないということだろう。彼が問題視する婚資金や離婚についての事細かな婚前契約はイスラーム法における結婚制度の大きな特徴であり、これは女性の権利を守る側面も含む。性交そのものが目的という批判にしても、家門の存続という観点から見れば十分に反論が可能なのだけれど、おそらくポステルは聞き入れないだろう。なぜなら、彼によれば複数婚の原因は、金銭と性行為という二つの悪徳の所産であるからだ。

右記のごとき詳細な事例を、体験談を交えながら紹介した末にポステルは、トルコ人をこう概括している。

好戦的な国民である野蛮人どもが人間愛（humanité）の対極に位置し、この地にはより多くの悪意がはびこり善人が少ないことを、わたしは知っている。

ポステル『東方史』(95)

ポステルが他の旅行者たちに比して東方の言語、とくにアラビア語に通じ、また聖書をはじめ宗教的な知識にも通じていたことは論を俟たないが、彼の専門知識と体験はともすればトルコ人の習慣や行状を「悪意」の実例とするために積極的に用いられているように見受けられ、異教徒にして蛮人であるオスマン帝国のムスリムに対する強い蔑視的先入観の存在を窺わせるのである。

無論、ダラモン大使一行の全員がトルコ人を野蛮人と決めつけ、否定的な筆致で記しているわけではない。とくにブロンやテヴェのような年若い旅行者たちにはむしろ礼賛的な態度も散見される。曰く、トルコ人が平時には武器を携行せず穏やかに暮らしている、トルコ人たちはガラタに着くや否や一行を下心なくもてなし、宿を取る必要もないほどのホスピタリティを発揮した(96)、エザーンに耳を傾けていると親切なトルコ人がわざわざその内容を訳してくれた、ダマスカスで「温厚でお人好しのトルコ人の男」が無償で家に泊めてくれた等々[97]――ブロンやテヴェは自らの体験をかなり好意的な筆致で記している。ただし、トルコ人に迎合的なこの種の記述は、そのほとんどが旅行者たちの「個人的体験」の枠内において記されている点に留意が必要である。ポステルがこき下ろした奴隷売買や割礼、あるいは複数婚や女性の外出制限、神秘主義教団の修道僧の荒行[98]という特定の論題についての戸惑いや批判は、他の各旅行者にも程度の差こそはあれ、必ず見られるものだからだ[99]。

なお、右記のような個人的体験を重視する態度はとくに一七世紀以降の旅行記に顕著である。『千夜一夜物語』の紹介者として名高いガラン（Antoine Galland, 一六四六－一七一五）[100]などは日々の出来事を旅行記ではなく日記の形で上梓したし[101]、一八世紀の旅行者たちもトルコでの体験を綴った書簡集を次々と公刊するようになっていくからだ。そして一九世紀ともなれば、東方世界の日常生活とそこで覚えた個人的旅情を主軸に据えたネルヴァルの『東方紀行』のような旅情文学的な旅行記も登場するだろう。サイードの言葉を借りれば、「個人的体験にもとづいて書かれたオリエント様式《スタイル》のヨーロッパ文学[102]」の興隆ということになる。

以上のように、個人的体験を重視する態度の萌芽は、すでに一六世紀半ばのダラモン大使一行の中にも散見されるのだけれど、あくまで宮廷や商業地区、あるいはよく知られた異国の習慣といった特定の論題とその報告が異文化観察の要諦を為す彼らにあっては、それはいまだに散発的に表明される水準に留まってもいる。換言すれば、ダラモン大使一行の観察態度は個人的な感興よりも、強大なトルコ帝国やイスラームについての「実地検分」を優先するものだったと捉えうる側面を多々、含んでいるのである。

「現代的」異文化の都市としてのイスタンブル

沈黙と秩序を旨とする強壮な兵士、同じく静謐な民衆、物品の羅列によって視覚的に裏付けられる東方的豪奢さに彩られた壮麗な宮廷絵巻、あるいは悪の取り引きである奴隷売買やさまざまな蛮習の蔓延――ダラモン大使一行はさまざまな角度からイスタンブルを観察しているのだけれど、そこで彼らが目にしたのは、精強かつ豊かでありながらも、残酷かつ恐るべきトルコ帝国の帝都の姿であったと、とりあえず概括できるだろう。そして、彼らの記述に映じたイメージが、やがては絢爛豪華な宮廷スペクタクルや、オダリスクというヒロインへと変じていく点についても幾つか例を挙げた。筆者にはオリエンタリズムそのものの功罪を論じる能力も資格もないが、少なくとも一八世紀以降のイスタンブルが、エキゾティシズムに彩られた幻想を追い求める作者たちの態度から発し、「幻想的異文化の都市」とでも呼ぶべきイメージを伴って、各種の紀行文学や文学作品、あるいは絵画の中で描き出されたという点には同意する。

では、あらかじめ幻想的異文化の都市という後世の帰着点を確認したうえで、ダラモン大使一行の観察に視線を戻してみよう。当然のことながら、近世のイスタンブルには西欧人旅行者以外にギリシア・ローマの古代文化を積極的に探し求めようとする人間が皆無だったのであるから、大使一行の旅行記の中で幻想的異文化の都市の地位を占めるのは、トルコ・イスラームの異文化ではなく、むしろ「古代が息づく都市」としてのイスタンブルの方であるように思われる。その逆にトルコ的、イスラーム的要素と対峙したときの彼らは、さまざまな誤解や差別、批判的な態度を伴いながらも、それを「実地検分」し報告すべき対象と見なしている。トルコ帝国の脅威が現実のものであった一六世紀に渡土したダラモン大使一行におけるイスタンブルは、ほとんど幻想の入り込む余地のない、現実的かつ現代的な異文化の都市として観察されたと言えるのではないだろうか。

4　voyage と tour の狭間、箱庭の中の冒険

こうしてわたしたちは、オスマン帝国の詩人、イスタンブルの庶民に次いで、一六世紀半ばのフランス人旅行者の一団の目を通してイスタンブルの姿を探ってきた。古代を夢見たギリウスと、異国情緒の新奇さにこだわったブロンの鏡合わせのごとき態度を思い出すまでもなく、ダラモン大使一行にはさまざまな専門、職業、興味関心を持つ識者たちが居合わせている。そのためにこそ、彼らは同一対象を観察しながらもまったく異なった態度を見せるのだけれど、ここでより巨視的な視点から彼らの旅行記で扱われた論題を眺め直してみたい。

ギリシア・ローマ、ビザンツ帝国期の古代遺構、トルコ宮廷の人々、ベゼスタンの奴隷売買、割礼、結婚のような特徴的な習俗——各観察対象に対する旅行者たちの反応こそさまざまではあるけれど、その一方で彼らが特定の論題のみを取り上げていることに気が付かされる。つまり、ダラモン大使一行の著した東方旅行記の背後には、その論題選択において高い定型性が隠されてもいるのである。

では、彼らの観察対象を都市空間の中に対置してみよう。トプカプ宮殿、アヤソフィア、アト・メイダヌ、ベゼスタン、古代遺構——ナスーフの都市図を開く必要もなく、これらがあの御前会議所通り沿いに立ち並ぶランドマーク群であったことが思い出される。実のところ三年もの間、帝都に滞在しながら、ダラモン大使一行の多くは滞在先であったペラ地区から金角湾を渡ってほんの一〇分ほどの距離にあり、ビザンツ建築、オスマン建築が所狭しと並ぶあの旧市街東部のメイン・ストリートのことばかり書き記しているのである。ということは、ダラモン大使一行の視線は多くの場合は、名所旧跡が集中する「箱庭」と呼ぶべき狭隘な都市空間にのみ向けられていたことになる。

もちろん、現地人に比べて予備知識も現地感覚も乏しい異邦人が他国を訪れる際、名所旧跡を中心に巡るのは当然のことである。ただし、イスタンブルに関する限り東方旅行記群における叙述対象の定型化は、大使一行の行動範囲の狭さとも無関係ではないだろう。先述のとおり、一向の旅行はトルコ帝国の「実地検分」を主眼とするところも少なくなかったのであり、その意味では voyage（冒険的旅）の名のもとに営まれた東方行であったはずである。しかしながら、彼らの狭い活動範囲に目を向けたとき、そこにはのちの一九世紀には明確に観光地として旅行ガイドブックの中で固定化、定番化されることとなるイスタンブルのお定まりの名所群を巡ろうという tour（安全な旅）としての側面もすでに含まれているのである。[103] たとえばベゼスタンという限定された空間を介してのみ言及されていたはずの奴隷売買の様子が、のちにはオダリスクそのもののイメージに内包され、文学作品や絵画へと受け継がれていく点や、同じく東洋趣味絵画で描かれたモスクの姿が一九世紀に至るまでイスタンブルのそれを参照し続けた点などを考慮すれば、[104] 西ヨーロッパにおける東方のイメージがダラモン大使一行のようなルネサンス期の旅行者たちの箱庭の中の冒険にいかに多くを負うていたかが窺えるだろう。[105]

では、ダラモン大使一行が「箱庭」の中で目撃した都市の姿とはいかなるものだったのか。そこで描かれたのは二つの都市の姿である。すなわち、ギリシア・ローマ、ビザンツ帝国期の建築物についての記述が主軸をなし、キリスト教徒としての源流を探る人文主義的旅行の中で形成された「古代が息づく都市」としてのイスタンブルと、強大なトルコ帝国についての敵情視察や、新奇さの発見を目的とする博物学的な旅の中で培われた「現代的異文化の都市」としてのイスタンブルの姿である。

大要において、この二つの都市像——あるいは異教・キリスト教古代文化への憧憬と異文化への関心という二つの観察潮流——が混ざり合うことは稀だが、二律背反的な要素とも言えきれない。すでに見たとおり、ブロンやニコライ、あるいはより後代の旅行者たちは細々とはいえ、トルコ、イスラーム文化の中に古代の残滓を見いだそうとしたのだから、むしろ「古代が息づく都市」と「現代的異文化の都市」は相補的な関係を保ちながら併存していると見做すべきだろう。オスマン帝国の帝都イスタンブルの異邦人であるダラモン大使一行は、現地人とは比べるべくもない狭い範囲内で活動した反面、その中を十全に冒険し、そこに古代文化と現代的異文化が重なり合う濃密な箱庭の姿を見出したと言えるのではないだろうか。

終章　多元性の都市イスタンブル

ある日ふと、たまらなくイスタンブルが懐かしくなって
隅々まで歩き回った
知らない人ばかり、知らない物ばかり
昔とは違う顔ばかり、昔とは違う人間たちばかり

暗い顔、
充血した目の嘘つき。
イスタンブルはもう
わたしたちの見知らぬところになってしまった

昔もこうだっただろうか？
イスタンブルへ繰り出せば、その道は果てることなく続き
みなが互いを思いやり
挨拶を交わし、笑っていたはずなのに

嘘になってしまった、何もかもが嘘偽りになってしまった
私のイスタンブルは奪われてしまった
いまのイスタンブルは苦渋に満ちて
その身を焼かれるばかり。
わたしたちはもう、イスタンブルのことを知らない。

ハリーデ・エディプ・アドゥヴァル「イスタンブル」

1　歴史的重層性に拠った多元的言説空間

本書ではオスマン帝国の文化的選良たる詩人、彼らエリートとは生活基調を異にするイスタンブルの庶民、そして異邦人である一六世紀半ばのフランス人旅行者一行という観察者・記録者たちの記した史料をひも解きながら、同時代の言説空間内で育まれた都市の姿を追ってきた。近世イスタンブルに言及するとき、わたしたちの前には決して避けて通ることのできないある社会的条件が立ちはだかる。この街が当時としては世界的にも類例の少ない多彩な宗教、文化に属する人々によって生きられた多言語・多宗教都市であったという事実である。宗教的に見ればムスリム、ギリシア正教徒、アルメニア正教徒、ユダヤ教徒、言語的に見ればトルコ人、ギリシア人、アルメニア人、ユダヤ人、カラマン人、クルド人、それにアラブ人やボスニア人、アルバニア人、マケドニア人やアブハジア人、チェルケス人等々。これほど多様な啓典の民がひしめき合い、長期間にわたって大人口を保持したまま、ともに暮らした都市は世界的に見てもそう多くはない。

これまでもさまざまな研究で述べられてきたとおり、かくのごとき多文化状況が存続しえたのはオスマン帝国の支配体制に拠るところが大きい。つまり、この都市を支配したオスマン帝国が納税者としての義務が履行される限り、異なる文化的出自を持つ人々を駆逐せず、また積極的にその精神的領野に踏みこむこともしなかったからである。わたしたちは多くの場合、一九世紀に民族主義を大義として行われた諸々の戦争や、今日まで続く国境紛争、民族紛争を対比項として念頭におきながら、この支配原理――というよりはイスラーム的統治の伝統――に言及し、その今日的意味を探ってきた。オスマンの平和（pax Ottomanica）、柔らかな専制――さまざまな正鵠を射る呼び名が提唱されているが、つまるところそこでわたしたちが思い描くのは、異民族同士が「それほど憎みあうこともなく」暮らしているとネルヴァルが証言した多文化主義的な理想郷の姿である。無論、実際の近世イスタンブルは理想郷などではない。相対的に見れば今日よりも苛烈な差別が存在し、ときに公然と他者への迫害が行われた空間である。ただし、オスマンの平和を実現した帝国の柔軟性がそのお膝元イスタンブルにおいて十二分に発揮され、人間社会のみならず、その都市景観にも影響を与え、結果として異質な隣人とその文化に対する寛容——あるいは無頓着——がたゆたう都市の空気を醸成していたろうことは想像に難くない。

わたしたちが巡った近世のイスタンブルの景色を思い出すのが一番、わかりやすいだろう。歴代のスルタンたちが都市建設に際して既存の異教の建築物をことさらに排除せずモスクに転用し、あるいはワクフ寄進の形で別の目的で再利用したればこそ、イスタンブルの都市景観の中には征服以前の記憶が保存され、文化的背景の異なる観察者おのおのに対してその興味関心に応じた観察の選択性を保証しうる建築学的歴史性、多様性が胚胎される結果となった。本書の冒頭で述べたように、わたしたちが周遊した近世という時代にこそ、ある意味では不均一かつ混沌としたこの街の景観が形作られたのである。畢竟、その多様性に富む都市空間、住民と対峙した観察者・叙述者の目に映じた都市の姿が、一様とは言い難い姿を見せていたのも、これまで見てきたとおりである。

オスマン詩人が天の園になぞらえた「楽土の都」にはじまり、礼儀作法をわきまえず、都市の治安を脅かす下郎が跋扈する「下郎の巷」、あるいは庶民たちがその津々浦々に超常的な力を感じ取った「俗信の都」、そして、フランス人旅行者たちのささやかな冒険の舞台となった古代文化と現代的異文化が重なり合う箱庭としてのイスタンブル。本書で取りあげたごく一部の史料に写し取られたそれらの都市像でさえ、観察・叙述対象として多面体の様相を呈するイスタンブルの姿を窺わせるのに余りあるものである。

では、テクストの外の世界に目を向けてみよう。そこでも、イスタンブルという都市の表象を追う営為は必ずしも文学史研究者の自己満足を満たす趣味的な行為と言い切れない側面を含んでいる。なぜなら、この都市では征服直後の急激な人口増加を経て、恒常的な人口流入が継続したため、たとえば居住地の明確な差別化のような、目に見える形での社会集団ごとの住み分けが重視されなかったからだ。もちろん、異教徒が固まって暮らし、特徴的な人口分布を持つ地域――ガラタ、ハスキョイ、クムカプなど――は存在したけれど、そこはゲットーのような閉ざされた空間ではない。日常生活においては住民たちが互いにとっての異教徒の多く暮らす地域や、その転入に嫌悪感を覚えた例も散見されるものの[1]、モスク近辺への転居などを除けば、基本的に居住や往来に厳しい制限が設けられていたわけでもない[2]。ということは、イスタンブルと対峙した帝国内外のさまざまな観察者たちにおける都市の空間的差異化は、居住地の差別化という現実の空間における住み分けよりも、むしろ同一の都市景観をその目に収めながらも、まったく異なった都市像を抱くという精神的な領域でこそ起こっていたと考えられるのである。だから、もしさまざまな都市像を成り立たしむる言表の総体としてのイスタンブルというある一つの言説空間を仮定するならば、そこは多様な都市の表象が併存する多元的言説空間を形成しているのである。

そして、その多元性のなかでほぼ唯一、さまざまな観察者が着目したこの都市の特徴がある。いまでもイスタンブル市の紋章となっているあのアヤソフィアのことを思い出してみよう。オスマン帝国のモスクやギリシア正教会の聖堂としての側面をほぼ無視しながら、大伽藍の向こうにギリシア・ローマ文化をいまに伝える古代建築物の姿を見出したフランス人旅行者や、日常的にイスラームの礼拝の場となっている現実を穿って堂内の各所に「異教の気配」を嗅ぎとり、理解不能の力が宿る霊場として受容した帝都庶民はもとより、そうした異教、異端を無視すべき帝国の文化的選良たちまでもが、アヤソフィアが異教徒によって建造された歴史的経緯を忘れず、くり返し国産モスクと対比することで自王朝の優位性を再確認してはいなかったろうか。

あえて比喩的に言うならば、彼らはおおむね同じ時期に、しかも同一の対象を実見しながらも、この建築物の大理石の内側に隠された歴史の積層の縞模様を感知し、おのおのにまったく異なった塁層に目を向けているのである。かくのごとき視線の分散は、文化的背景の相違という観察者に由来する要因だけでは説明しきれない。そもそも観察対象としてのアヤソフィアそのものが含み持つ歴史的多元性がなければ、けっして起こりえない現象であるからだ。

近世のイスタンブルに居合わせた観察者たちは、イスタンブルという都市を形作る建築物や人的対象――それがまったく異なった対象であれ、同一対象の異なった部位であれ――と相対した際、確かにその観察行為をおのおのの文化的背景に応じて行ったのだけれども、その一方で都市の内面に不可視の状態で胚胎された歴史的重層性によっても、その観察を方向づけられているのである。イスタンブルという言説空間に見られる多元性は、文化的背景やそこから生じた特有の叙法という観察者本人に由来する要素のみならず、観察対象、つまりは都市そのものに胚胎された歴史的重層性の能動的かつ積極的な影響性にも依拠しているわけである。

とはいえ、ローマ帝国とその文化的影響を残した後継国家群が長らく存在した地中海沿岸地域にあっては、ギリシア・ローマ文化が――主に建造物を介して――都市空間の中に取り残された例は少なくない。従って、建築学的見地から見れば、こうした歴史的重層性を胚胎する都市はイスタンブルだけではないのではないか。確かにその通りである。しかし、イスタンブルという観察対象において、征服後一〇〇年、二〇〇年を経てなお、学究や知識人のみならず、ムスリム、非ムスリム、あるいは詩人、庶民、異邦人という、身分や言語、宗教を問わない広範な同時代人によってその歴史的重層性が感知され得る特異点が夥しく残存し、なおかつ同時代的な影響力を行使している点は軽んじられるべきではない。それというのも、多様な人々による歴史的重層性の感知は、必然的にイスタンブルのそれが他の地中海諸都市を圧する強い影響力を保持していたことを示すからだ。

近世のイスタンブルの都市空間とは、そこに生きる者が意識するか否かにかかわらず、常に都市の歴史性を感知し、また感知せざるを得ない際立った歴史的重層性に依拠した都市景観の多様性を苗床として成立した多元的な言説空間内に表象した点を特徴とすると、ひとまず結論づけられるように思われる。

2　多元的言説空間の終焉

本書の劈頭に引いたパムクの言葉を見る限り、近世イスタンブルの多元性が、後代には消失とはいかないまでも減退したのもまた確かである。近代化が本格化する一八三九年以降、二一世紀の現在に至るまでイスタンブルがトルコの文化的中心地としての地位を保持しているのはまぎれもない事実だけれども、それは都市の核をあの三角形の岬に築かれた「イスタンブル」から、西欧文明の出先機関として再編されていくガラタ城壁外の山の手のペラに譲り渡すことで、ようやく得られた力であったからだ。一八五六年、トプカプ宮殿から西洋の建築様式をふんだんに取り入れたガラタ岸のドルマバフチェ宮殿へ移動したことが、それを端的に示している。

そして、オスマン帝国人が「トルコ国民」へと変身し、「トルコ人の国」を守ろうと独立戦争に身を投じる二〇世紀となれば、イスタンブルは西欧列強にへつらい、帝政の存続しか頭にないスルタンと、その周囲に巣食う既得権益集団の巣窟という固定的なイメージの餌食になっていくはずだ。帝国末期から共和国初期にかけて、いかに多くの文学者たちがイスタンブルを金満家のただれた巣窟として描いたことか。いかに多くの独立戦争の闘士たちが、愛国心に満ちたアナトリア農民たちを称賛したことか[3]。

誉れあるタンズィーマートの最大の成果とは、あのオスマン式フロックコート《イスタンブリン》を羽織った「イスタンブルの紳士」にほかならない。……しかし、古式ゆかしい生活様式や思想、服装は失われ、万事が伝統から外れていった。みな味気のないぽっと出のアール・ヌーヴォーやらロココ様式やらのことばかり気にかけるようになって、建物や調度品、衣服と同じく、わたしたちの道徳や教養までもがロココ化してしまったのだ。……あの重厚かつ優雅にして、思慮深い、古き良きオスマン人らしさの遺産は、ついに残らなかったのである。

カラオスマンオール『貸邸宅』（一九二二）

共和国初期の大作家カラオスマンオールがこう慨嘆した翌年、つまり一九二三年に「オスマン家の崇高なる国家」は滅亡する。オスマン人に代わって支配者となったのは、『珍事考』の作者やエヴリヤ・チェレビーによって野蛮人、田舎者と蔑まれていたはずのあのアナトリアの農民、遊牧民たちを中核とする「トルコ人」たちだった。爛熟を極めたイスタンブルは、ついに帝国という大樹の頂からもげ落ち、荒削りながらも瑞々しいトルコ共和国の首都アンカラという新た果実が、アナトリアとトラキアを残して幹だけになったこの木に実をつけるのである。当然、人々の眼差しもそれまで鄙と見做されていたアナトリアへと向けられるようになる。

その面前に佇めば、ほかの芸術など知らずともよい。
僕たちのアナトリアは、紙に書き記されなかった叙事詩のようだから。
友よ、僕らはトルコ語の民謡を歌いながらこの路を行くとするよ。
さらば、君に幸あれ。僕らの道は別れてしまったのだ。

チャムルベル（Faruk Nafiz Çamlıbel, 一八九八－一九七三）「芸術」（一九二六）

詩人チャムルベルが無視せよと歌った「ほかの芸術」の中には当然、わたしたちがこれまで読んできた古典詩が含まれている。いまこの詩は、わたしたちが耳を傾けた定型韻律詩にあらず、トルコ民族が古来から伝えてきた音節詩として詠まれているのだから、詩人たちの根源的な音声的感性のレベルに至るまでの美意識の一大変革が意図されているのである。いまや、尊ぶべき芸術はオスマン帝国の選良たちが愛した古典詩にあらず、紙に書き記されないままアナトリアのトルコ人たちが口承で伝えてきた叙事詩や民謡、俗謡であると、共和国の詩人は宣言する。汎トルコ主義に比して小トルコ主義と呼ぶべきこのアナトリア主義が、(4)以降の文壇を支配することとなるだろう。ただし、ひたむきな愛国心に突き動かされた国民文学期（一九一一―一九二三）(5)の作家たちが夢見たはずのアナトリアは、英雄的で、それでいて牧歌的なトルコ人の故地では、必ずしもなかった。そこには貧困や伝染病、無教養、地主の圧政、さまざまな因習が蔓延していたのである。いや、第二次世界大戦が終わるまでは貧しくとも牧歌的な農村はアナトリアの所々に残っていたという。しかし、大戦後にマーシャル・プランによる多額の援助金がアナトリア農村の機械化に投資されるに至って人口流出は加速し、伝統的な農村の崩壊は加速度的に進むだろう。以降、農村からの余剰労働力の流出は増加の一途を辿り、都市には出稼ぎ労働者たちが溢れるようになる。一九五〇年に出版され一大センセーションを巻き起こしたマフムト・マカルの『トルコの村から』を嚆矢《こうし》として、(6)オルハン・ケマル（Orhan Kemal, 一九一四―一九七〇）やケマル・ターヒル（Kemal Tahir, 一九一〇―一九七三）のような五〇年代以降の農村小説（Köy Romanları）の大家たちや、ギュネイ（Yılmaz Güney, 一九三七―一九八四）やエルクサン（Metin Erksan, 一九二九―二〇一二）のような左派系の映画監督が、農民を飲みこみずたずたにしてしまう科学技術文明と資本主義の坩堝であるトルコの大都市をこそ描いたのも、そのためである。(7)トルコ現代文学の淵源とも言うべき農村文学が隆盛を極めた五〇年代から七〇年代、イスタンブルはいつの間にか文学的場としての地位を失ってしまったかに見える。

社会主義が興隆した六〇年代以降には都市のプロレタリアートには関心が払われたし、もちろんイスタンブルにも左派作家たちの筆は及んでいた。しかし、彼らはわたしたちが巡った御前会議所通り界隈にも、あるいはモダンなガラタにも一顧だにくれず、みすぼらしく打ち捨てられたテオドシウス帝の城壁のたもとに不法に居住した労働者たちのスラムを介してこの街を描くことだろう。(8)あるいは、パムクと並ぶモダニズム作家テキン（Latife Tekin, 一九五七―）は、このスラムを農村的伝統と都市の物質文明が混淆した閉ざされた異界として描いた。(9)農村小説とトルコ・ポストモダニズム文学の橋渡し役を演じたのも、まさにこの都市内農村である。

つまるところ、農村と対比されるにせよ、プロレタリアートのスラムとして描かれるにせよ、あるいはマジック・リアリズムの手法で異化された都市内農村という別世界が創出されるにせよ、文学テクストの中のイスタンブルはその輝きを失い、農民や労働者たちの怨嗟の声がイスタンブル人たちの声を奪ってしまったのである。

西欧化改革、帝国の滅亡、そして国民国家の誕生という大変動を経験してなおトルコ最大の都市であり続けるイスタンブルと、そこに生きる人々に目が向けられるのは――タンプナル（Ahmed Hamdi Tanpınar, 一九〇一－一九六二）のような先駆的な例を除けば[10]――ようやく一九八二年になってからのことである。つまり、パムクが処女作『ジェヴデト氏と息子たち』[11]を出版した年だ。ただし、彼が描いたのは、世界を股にかけた帝国のムスリム商人一家が西欧的なブルジョワへと変容していく家族史小説だった。そう、「ただ人々が暮らしているにすぎない」イスタンブルをこそ、彼は処女作の舞台に選んだのだ。

かくして、話は振り出しに戻ったわけだ。なるほど、オルハン・パムクがイスタンブルを独特の文学的時空間に昇華した功をもってノーベル文学賞に輝いたことを思い出せば、帝国末期から一〇〇年ものあいだ不遇な地位に甘んじてきたこの都市は、二一世紀になってようやく文学的に「復権」したと喜べるのかもしれない。あるいは、東洋と西洋の狭間の都市というロマンティシズムが剥され、等身大のトルコ人が暮らす街に変じたのであれば、それは永らくこの街が囚われてきたオリエンタリズムの檻からの脱出口ともなり得るのやもしれない。

でも、世界の中心から堕落した魔都へ、そして農民と労働者を飲みこむスラムへと、姿を変える度に疲弊していった都市の記憶を辿るとき、近世の帝都を巡ってきたわたしたちの胸には本書の冒頭で覚えた郷愁の念が、いまや明らかな喪失感となって迫って来るのではないだろうか。もう一度だけパムクの郷愁の向こう側を省みてみれば、近世を生きたさまざまな人々が決して安くはない紙の上にわざわざ書き留めた「楽土の都」や「下郎の巷」、「俗信の都」、あるいは古代と現代が息づく箱庭の都市の姿が透かし見えるはずだ。人とその言動の多様性を既知のものとして寛恕し、他者への嫌悪感からそれを根絶しようという苛烈さを抱かせえず、マイノリティが必ずしもマジョリティにならなければならないという義務感を強いることのなかったあの都市の姿が。帝国中、いや世界中の人々がさまざまな言語で記した種々《くさぐさ》の壮麗な都市の姿が。

——いまでも耳を欹てれば、パムクの郷愁の背後にかすかに流れる古の都市の声の多重奏が聞こえるかもしれない。ほら、いまなおトルコ人が誰でも知っているあの不世出の詩人ヴェリ（Orhan Veli Kanık, 一九一四－一九五〇）の名詩に詠まれているように。

わたしは瞳を閉じて、イスタンブルに耳を傾けている。
わたしの頭は 古《いにしえ》 の宴の陶酔に浸り、
薄暗い舟小屋のある避暑屋敷《ヤ ル》は、
凪いだ南風のうめき声のなかに佇んでいる。
わたしは瞳を閉じて、イスタンブルに耳を傾けている。

オルハン・ヴェリ・カヌク「わたしはイスタンブルに耳を傾ける」第四連

注

序章

（1）筆者訳、Pamuk 2006, p. 100. なお邦訳にパムク 二〇〇七がある。
（2）ネルヴァル 一九九七、三八四頁。
（3）ロティ 二〇〇〇、五三頁。
（4）「イスタンブル」İstanbul という名称はギリシア語「エイス・テーン・ポリン」（「街の中へ」）に由来し、ビザンツ帝国期に流入した人々が使っていた呼び名が源流であるとも、コンスタンティノポリスの略称スタンブルに発するとも言われ、呼称の起源についての議論は一八世紀以来決着を見ていない。*İi*, pp. 1-2.
（5）本書における人文主義者は、「異教古代、キリスト教古代文化の研究に力を注ぎ、人間とは何か、人間はいかに生きるべきか、という問いにたいする手がかりをそこに求めた知識人」という二宮敬の仮定義に準じる。二宮 二〇〇〇、二五頁。

第一章

（1）工藤はアルゴナウタイたちの道行きとロティの旅を重ね、ヨーロッパ文明が受け継いできた原初的な旅の地理学と評する。工藤庸子「解説：エキゾチズムをめぐる試論」ロティ 二〇〇〇所収、二七六－二七七頁。
（2）メガラ人の首長ではなく、海神ポセイドンとケロエッサの子ビュザスを創健者とする伝説も伝わる。橋口 一九九五、一〇五－一〇七頁。
（3）フリーリ 二〇〇五、二七－三〇頁；長場 二〇〇五、六－八頁。
（4）本書ではもっとも一般的なビザンツ帝国という名称を採用する。ビザンツ帝国の呼称を用いるべき時代区分は古来より議論が絶えない。たとえば、アルカディウス帝（在位三九五－四〇八）による分割統治がはじまり、制度的に東西ローマ帝国が分割された三九五年から一四五三年の滅亡までをビザンツ帝国と呼称することで古代ローマと区別する分類も存在するが、本書ではもっとも一般的かつ、都市史にも深く関連する区別として、コンスタンティヌス大帝がこの年に遷都した三三〇年以降を、とりあえずはビザンツ帝国と呼ぶこととする。尚樹 一九九九、六頁。
（5）*AD*, p. 28.

（6）Babinger 1978, p. 88.

（7）「喜ばしい城市」（بلدت طیبه, Beldetü'n-Tayyibe）。この単語に含まれる各文字の数価はそれぞれ、ب＝二、ل＝三〇、د＝四、ت＝四〇〇、ط＝九、ی＝一〇、ب＝二、ه＝五。最後のهは、ター・マルブータであるため、テー（ت）として読み、四〇〇の数価と取る。これらの数字を足せば八五七となる。なおイスタンブルにまつわる記年詩については Ünver 1953b に詳しい。

（8）多くの過誤や不正確さを指摘されつつも、ランシマン　一九六九などの古典的著作がいまだに版を重ねていることがその証左となるだろう。

（9）イナルジュクはこの変化を「コンスタンティノープルがイスラームボル《イスラームに満ちた都》になる」と評した。İnalcık 1998, p. 253.

（10）İnalcık 1998, pp. 255–264.

（11）Barkan 1958, p. 20.

（12）林　二〇〇二、二四〇－二四四頁。

（13）林　二〇〇八、二〇九－二一六頁。

（14）詳細についてはとりあえず、小山　一九七一に詳しい。

（15）永田は誇張的な数字と断りつつ、一八世紀後半に最盛期を迎えた地方有力者層の一つカラオスマンオール家が二万の軍勢を率いた例を挙げる。永田　二〇〇九、六三頁。

（16）Nagata 1976, pp. 140–144.

（17）新井　二〇〇一、七－一一頁。

（18）鈴木　一九九三 a、二〇九－二二二頁。

（19）林はオスマン朝の支配原則を①外交と戦争を使い分け、あくまで国際関係の中で行われる領土維持、②メッカ、メディナ両聖地の守護者、非ムスリム臣民の権利の擁護者としての支配の正当性、③官僚機構の整備を背景に、帝国全土を一元的に支配する精緻な中央集権制という三点に求め、帝国の後退は国内地方名士層の擡頭やロシアの南下、キリスト教諸国による帝国内東方教会組織への介入といった複合的な要因によって起こり、ついには多宗教、多言語国家という古い衣をはぎとられ、国民国家となるというイメージを提示している。林　二〇〇八、三〇一－三二八頁。

（20）*HC*.

（21）*MT*.

（22）Arseven 1989a（初版は 1329/1911）; 1989b（初版は 1910）。筆者が参照したのは現代語訳版である。林は他の草分け的な業績として Gabriel 1926, pp. 353–419; Öz（ed.）1935 を挙げる。林佳世子「トルコ」羽田正、三浦徹（編）一九九一、二〇一頁。

（23）Ayverdi 1953; 1976.

(24) 泉亭 (çeşme) 建設を軸として展開した都市開発と文化事業の融合について論じた鈴木の研究や、征服当初のイスタンブルにおいて再建の核となった宗教的複合施設 (külliye) の建設や移住政策 (sürgün) についての都市形成史研究である林の研究など。鈴木 一九九一、二三五-二五二頁;山本 (林) 一九八二、一-一八頁。

(25) Saner 1998; Tümertekin 1997など。前者は社会学的な視座からイスタンブルの都市構造を解読しようとする研究であり、後者はオスマン帝国に逆輸入された「オリエンタリズム」の流れを汲む建築様式を研究対象とした美術史的研究である。

(26) トプカプ宮殿周辺の考古学調査をまとめたテズジャン、イスタンブルに現存するビザンツ教会から改変されたモスクを整理し見取り図、図版を付したクルムタユフ、ビザンツ帝国期建築に対する西欧人のイメージ研究を行ったバッセトなど。Basset 2004; Kırımtayıf 2001; Tezcan 1989.

(27) İnalcık 1978, pp. 69–96.

(28) Baer 1970a; 1970b.

(29) エスナーフに関連する一六世紀の法令集を施設、事業形態、職業ごとに整理し、各エスナーフを都市の生活空間の中に対置しようと試みたオズジャン、法廷文書を活用して政府との折衝におけるエスナーフ組織の姿を追い、その柔軟性を明らかにしたイの研究など。Özcan 2003; Yi 2004. また、イスタンブルに関しての研究ではないが、オスマン帝国期イェルサレムの同業者団体をその商品、業務、成員数などとともに整理したコーエンの業績も特筆すべき成果に数えられる。Cohen 2001.

(30) オスマン帝国における地誌的著作、翻訳、地図についてはİhsanoğlu and Şeşen (eds.) 2000が簡単な内容を付記した目録として有用であり、本書でも参照した。

(31) 一六、一七世紀イスタンブルに関してはRefik 1988a; 1988b; Mantran 1962; 1984; 1994. マントランの研究の現代トルコ語訳はMantran 1986; 1991; 1996をそれぞれ参照した。

(32) 奇譚集を主要史料に、伝説や俗信という観点からイスタンブルの地域、建造物の成り立ちを再考したイェラシモス、図像史料を多く活用し当時の日常生活を視覚的にも裏付けようとしたアンドとルイスの紹介的な著作など。And 1993 (英訳本はAnd 1994); Lewis 1971; Yerasimos 1990 (トルコ語訳本はYerasimos 1993).

(33) Berchet 2005; Borromeo 2007; Saint-Martin 1852; Yerasimos 1991. ベルシュの研究は一九世紀、啓蒙主義時代以降の旅行記に関するアンソロジーである　なお、トルコでは近年Arslantaş 2001; Önalp 1990; Özbaran 1984; 2007のように英語、フランス語、ドイツ語以外の言語で書かれた旅行記の翻訳も見られるようになっている。

(34) オスマン帝国の建築物や人間集団についての西欧人のイメージを詳細な項目に分類しつつ検討したChew 1937が古典的な名研究に位置づけられるだろう。また、一六世紀半ばの東方旅行記の比較考察を通じてルネサンス期フランス人文主義者の叙法を研究したTinguely 2000が挙げられる。

（35）オスマン帝国に対して好意的な観察者であったビュスベク（Ogier Ghiselin de Busbecq, 一五二二－一五九二）の『トルコ書簡』、一七世紀の権勢家キョプリュリュ（Köprülü）一門や当時の政治情勢に詳しいノワンテル（Marquis de Nointel, 一六三五－一六八五）『ノワンテル侯爵の旅行』など。*TLB*; *VMN*, pp. 22–30, 32–68.

（36）標準的な詩集は、頌詩（kasîde）、記年詩（târîh）、抒情詩（gazel）、諸詩（kıta）を順に並べ、その他の詩形や記年詩なども所収する。そのため詩集の編纂そのものが、一定分量の定型韻律詩を創作しうる詩作能力を備えた詩人の証とされた。Pala 2004, pp. 119–120.

（37）濱田正美「オスマン語とチャガタイ語」小松（編）二〇一六、九六頁。

（38）Kuru 2013a, pp. 558–560; 鈴木 一九九三a、一二五頁。

（39）文学的な「古典期」と政治史から見たオスマン帝国の「古典期」が完全に一致するわけではない点を踏まえ、イペキテンなどはトルコ語の形容詞 eski「古い」を用い「古いトルコ文学」を意味する Eski Türk Edebiyatı の語を用いた。昨今では後者の「古トルコ文学」の用語が広まりつつあるようである。İpekten 2006, p. 6.

（40）『トルコ文学史』（初版一九二〇）はトルコ文学通史として、『サズ詩人』（初版一九三〇－一九四〇）は民衆文学研究の嚆矢として、そして『文学研究』（初版一九六六）は後述のレヴェンド『ディーワーン文学』（初版一九四一）と並び、いまなお参照される。刊本はそれぞれ Köprülü 1999; 2004a; 2004b。なお、トルコの国文学史を総括したキョプリュリュが共和国を代表する古典文学研究者であることは論を俟たないものの、近年ではそのトルコ民族主義の傾向の強い叙述を再考する Dressler 2015 のような研究が行われている。

（41）前記の Köprülü 2004a はその典型である。

（42）Kuru 2013a, p. 556–558.

（43）この議論は二〇〇四年に『ザマン』紙上で交わされた。詩作によって生活の糧を得る社会生活者としての詩人像を提示しつつ、歴史学における文学史料の活用を訴えたイナルジュクは二〇〇三年に『詩人とパトロン：家産国家と芸術についての社会学的研究』を上梓したが、トルコ文学（史）を専門とするパラは、詩人たちは確かに富と名声を得ようと努力したが、その目的がただ金銭を得ることであったなら古典文学の最良の作品群が金銭で売買される商品に成り下がってしまうとして反発し、イナルジュクの提言を問題視した。対するイナルジュクは、すべての詩が純粋に金銭目的で書かれたのではない、という点には賛同を示したが、パトロンの理解を得られない詩人たちの間には詩を自身の才覚を示すためではなく、金銭目的で「売る」者も存在したと反論した上で、オスマン帝国におけるメセナ、パトロネージの実態を社会経済史的手法によって解明する必要性を訴えた Pala 2004（4 Haziran）.

（44）Levend 1984, p. 640.

（45）近年ではイナルジュクのような社会経済史家の側から文学史料の歴史学、とりわけ社会史への応用の可能性が指摘されている。İnalcık 2003, pp. 25–26; 宮下 二〇〇五、六頁。同様の主張は本邦では林によって行われ、一六世紀イスタンブルにおけるマスメディアの一媒体として詩を位置づけている。林 二〇〇八、一五一－一六八頁；二〇一二、九五－一二三頁；林、桝屋（編）二〇〇五、二五－二六頁；宮下 二〇一〇、三六〇－三六三頁。

（46）リュシアン・フェーヴル「感性と歴史」大久保康明（訳）、フェーヴル、デュビィ、コルバン 一九九七、六四－六九頁。

（47）本書では「イメージ」を、テクスト上にインクで綴られた文章の連なりという物質的実体を伴い、その反復によって一定の人々に支持され、「ある程度の」共通性を獲得するに至った心象と定義しておきたい。これは文学的言説空間におけるイメージがもっとも定型化した状態である「トポス」を上位概念として念頭においてのことである。ある実在の対象が複数の筆者によって言語化され、反復されるうちにそこに生じたイメージが物を書く行為に従事する人々の言説空間の中で固定化され、現実との整合性いかんにかかわらず定型表現として定着していった単語や文章を「歴史的トポス」と称するのが、おおむねクルツィウスの定義であり、本書における「イメージ」の語はそうしたトポスの前段階と位置付けられる心象である。クルツィウス 一九八二、二六七－二九三頁。

（48）前田愛「『江戸繁昌記』の世界」、前田 一九六五、一一五－一二九頁；「開化のパノラマ」、前田 一九八二、九六－一一七頁など。

（49）今橋 二〇〇一。

第二章

（1）Yurdaydın 1975, p. 179.

（2）*BM*, pp. 1–2. タンニーはナスーフ自身が徴発を受け、ガラタ宮殿で教育を受けたと推測するが、誤りであろう。Tanny 1993, p. 13.

（3）中央アジア発祥のカラクジャク相撲（Karakucak Güreşi）に起源を持つとされ、アナトリアに移入したトルコ系の人々がオリーヴ油を身体に塗布して行うようになったものが油相撲（Yağlı Güreş）となり、オスマン帝国では弓技と並んで盛んに行われたという通説が一般に支持されている。Güven 1992, pp. 12–13, 15–16; Kunter 1938, pp. 44–46.

（4）Güven, "Matrak," *ML*, Vol. 8, 1985, p. 457; 1992 pp. 40–43.

（5）Yurdaydın 1963, pp. 10–11.

（6）*ESN*, pp. 582–583; *SN*, p. 278; *SNGT*, pp. 586–587; *SNT*, f. 190a; Güven 1992, pp. 40–45.

（7）数学書 *Cemâl'ül-Küttâb ve Kemâl'ül-Hüssâb*（一五一七）、タバリー（Abū Ja'far Muhammad ibn Jarīr al-Ṭabarī、838–923）『歴史』の初のトルコ語訳本 *Mecmua'ül Tevârih*（一五二〇）、刀剣、馬術、大砲の運用、人の構え方などについて記した *Tuhfet'ül-Guzât*（一五三二）など、二〇作品を著した。*BM*, pp.2–23; Yurdaydın 1963, pp.4–10, 17–20, 23.

（8）*BM*, p.29; *MŞ*, f.158a.

（9）伝統的に世界は、ペルシア、インド、アラビア、中国、アフリカ、中央アジア、ローマ／ビザンツ帝国の七地域から成る。M. Ak, "İklim," *TDVİA*, Vol.22, 2000, pp.28–30.

（10）*BM*, p.34.

（11）Johnston 1971, p.160.

（12）矢守 一九七五、四九–六〇頁。

（13）Pamuk 1998. 邦訳はパムク 二〇〇四：二〇一二。

（14）Tanny 1993, p.16.

（15）*Eİ*, p.61; *HN*, 168.

（16）メヴレヴィイェト（mevleviyyet）と呼ばれる。帝国の司法制度の基本体位である法官区（kadı）のうち、大規模かつ重要度の高い地域を指す。ガラタには征服当初からメヴレヴィイェトが置かれ、エユプ、ウスキュダルにはあとから加えられた。F. Unan, "Mevleviyet," *TDVİA*, Vol.29, 2004, pp.467–468.

（17）Kütükoğlu 1978, pp.46–50.

（18）Kubilay 2009, pp.42–43.

（19）本書では便宜上「御前会議所通り」と呼ぶが、この呼び名が定着したのはようやく一八世紀になってからと言われ、残念ながら近世期の名称は伝わっていない。Cerasi 2006, pp.85–86; Mantran 1994, p.37.

（20）林 二〇〇八、一五一–一五二頁。

（21）*ESN*, p.412; *SN*, p.175; *SNGT*, pp.373–374; *SNT*, f.123b.

（22）Penzer 1936, pp.38–41; ペンザー 一九九二、三八–四五頁。

（23）D. Kuban, "Topkapı Sarayı," *DBİA*, Vol.7, 1994, pp.280–291.

（24）Pamuk 1985. 邦訳はパムク 二〇〇九。

（25）M. T. Gökbilgin, "Edirne," *TDVİA*, Vol.10, 1994, pp.426–427.

（26）Halet Çelebi, p.52. なお、校訂本 *SYD* には未所収。

（27）*İT*, p.18.

(28) エヴリヤ・チェレビーによれば一七世紀当時のこの宮殿には四万人が奉仕し、政庁、厨房、兵器庫、種々の貯蔵庫といった建造物が七〇棟余り立ち並び、庭園には合計二万本の樹木が植えられ、一六の門が存在したとする。*ESN*, p.116; *SN*, 46; *SNGT*, p.78; *SNT*, f. 32a. また、一八世紀のフランス人モトライユによれば、年に三万頭の牛、二万頭の子牛、一万六〇〇〇頭の羊、一万頭の山羊、一〇万羽以上の雉《きじ》や家鴨《あひる》、駝鳥《だちょう》、二〇万羽の鶏《にわとり》、一五万羽以上の鳩や鶉《うずら》、そのほか、狩りで獲れた獣や魚がその都度、消費されたという。*MSN*, p.106.ただし、いずれも誇張含みの記述であろうことも付記しておく。

(29) *CT*, p.21; *CTE*, p.44.

(30) *CT*, p.121; *CTE*, 76.

(31) *İT*, p.10.

(32) *İS*, p.210; *RNVC*, 267.

(33) 橋口 一九九五、一一二一一一六頁。

(34) T. Cantay, "Atmeydanı," *TDVİA*, Vol.4, 1991, pp. 82–83.

(35) 渡辺 一九八五、八一一一〇二頁。

(36) 浅野 二〇〇三、一七三一一七四頁。

(37) *TEŞ*, pp.105–106.

(38) たとえば、ヤフヤー・ベイの『詩集』には祝祭時のアト・メイダヌの様子を詠んだ別の抒情詩が収められる。*YD*, p.47–49.

(39) *CT*, pp.127–129; *CTE*, pp.80–81; *İi*, pp.64–65.

(40) *CT*, pp.130–131; *CTE*, pp.82–83; *İi*, pp.65–66.

(41) *İi*, p.65; Sumner-Boyd and Freely 2000, p.123.

(42) *CT*, p.127; *CTE*, p.80.

(43) *CT*, p.128; *CTE*, p.81.

(44) *İS*, pp.68–69; *RNVC*, pp.81-81; *VLT*, p.56.

(45) *İT*, p.5.

(46) *CT*, pp.120–122; *CTE*, pp.76–77.

(47) Cerasi 2006, p.20.

(48) *İT*, p.5.

(49) *CL*, pp.64–66; *MSN*, pp.183–184; *VL*, pp.222–223; *VMA*, p.35.

(50) *ESN*, p.660; *SN*, p.313; *SNGT*, p.658; *SNT*, f. 213a.

(51) *ESN*, pp. 560, 580; *İT*, p. 28; *SN*, pp. 244, 277–278; *SNGT*, pp. 518–519, 584; *SNT*, ff. 168a, 189b.
(52) *VLB*, p. 209. 一八世紀にイスタンブルに暮らしたモトライユは、トルコ人が平時に武器を帯びないので、ヨーロッパ人が剣を帯びていればいつものように馬鹿にされずに済むと記している。*MSN*, pp. 103–104.
(53) Devşirme. 主にアナトリア、バルカン半島のキリスト教徒の少年を強制的に徴発する制度であり、一五世紀以降、一八世紀初頭まで続いた。徴発を受けた少年たちはスルタン個人の奴隷となり、イスラームへの改宗、トルコ語の学習、軍事教練などを経てオスマン軍、のちにはオスマン帝国の官僚機構にも編入されていった。Setoğlu 1986, pp. 84–85；新井政美「デヴシルメ」『岩波イスラーム辞典』、六五二頁；三橋富治男「デヴシルメ」『新イスラム事典』、三四八－三四九頁。
(54) *TLB*, pp. 61–62.
(55) ビュスベクの『トルコ書簡集』は度々、参照される有名旅行記であり、とくにオスマン帝国の実力主義的（メリトクラティック）な社会について礼賛する部分が引用されてきた。三倉 二〇一〇、四一－四三頁。
(56) 永田雄三「イェニチェリ」『新イスラム事典』八七頁；三沢伸生「イェニチェリ」『岩波イスラーム辞典』一〇五－一〇六頁。イェニチェリ軍団の概要について体系的に記すのは Uzunçarşılı 1988a, pp. 144–620.
(57) İşli 2006, p. 14.
(58) *RTAP*, -; *RTİÜ*, f. 3b.
(59) *İT*, p. 28.
(60) *YD*, pp. 319–320.
(61) *ESN*, p. 239; *SN*, p. 97; *SNGT*, p. 198; *SNT*, p. 67b.
(62) 日本の娯楽小説、漫画等にも登場している。塩野 一九九三；篠原 二〇一〇－；夢枕 二〇〇四等。
(63) ネルヴァル 一九九七、三八五頁。
(64) 林 一九九七、一五七－一五八頁。
(65) *EiP*, p. 26.
(66) S. Eyice, “İbrahim Paşa Sarayı,” *TDVİA*, Vol. 21, 2000, pp. 345–347; Sinanlar 2005, p. 55.
(67) *HD*, pp. 47–48.
(68) Yurdaydın 1963, pp. 3–4.
(69) 一七八六年迄に建設されたイスタンブルのモスクとメスジド（小規模な礼拝所）、八二一堂についての総覧を著したアイヴァンサライーは、その理由を帝都でもっとも早くモスクとされた点に求めている。*HC*, pp. 42–45.
(70) 蜂起したコンスタンティノポリスの民衆が宮殿等の諸施設を破壊した。ヒッポドロームで行われていた戦車競技中にニカ

（「勝利」の意）というかけ声とともに蜂起がはじまったためこの名が付けられたという。反乱の推移については尚樹　一九九九、一七七－一八〇頁。

(71) 浅野　二〇〇三、三四－四五：橋口　一九九五、一二二頁。

(72) *BT*, p.184; *TEF*, pp.63–64.

(73) *İS*, pp.81–83; *RNVC*, pp.96–98; S. Eyice, "Ayasofya," *TDVİA*, Vol.4, 1991, pp.206–210.

(74) ミフラーブはモスク内でメッカの方角（キブラ）を示すために設置される門の形状を持つ施設。ミンバルは金曜礼拝時に説教が行われる階段状の説教壇であり、大抵はミフラーブの右横に置かれ、階段の昇り口には扉状の入り口が設けられることが多い。嶋田襄平「キブラ」『新イスラム事典』、一九五頁：杉村棟「ミフラーブ」『新イスラム事典』、四七三頁：「ミンバル」『岩波イスラーム辞典』、四七四頁：羽田正「ミフラーブ」『岩波イスラーム辞典』、九四八頁：「ミンバル」『新イスラム事典』、九五七頁：松谷浩尚「キブラ」『岩波イスラーム辞典』、三〇七頁。

(75) *İS*, pp.186–187; *RNVC*, p.229.

(76) *ESN*, pp.215–216; *SN*, p.87; *SNGT*, p.173; *SNT*, f. 59b.

(77) *İS*, p.209; *İT*, p.36; *RNVC*, p.265.

(78) *İS*, pp.211–212; *RNVC*, pp.268–269.

(79) *BT*, pp.178–179.

(80) *BD*, pp.393.

(81) İpekten 1996, pp.238–239.

(82) *MŞ*, f. 282a.

(83) *BD*, p.156.

(84) はじめてバーキーの詩を見たザーティーは、そのあまりの見事さに無名の若者の作とは信じなかったという。そのためバーキーは新たにこの詩を贈ったと伝えられる。Kurnaz 2007, pp.23–24.

(85) *ESN*, p.118; *SN*, p.47; *SNGT*, p.879.

(86) 川本はナスーフの都市図に拠って旧宮殿とトプカプ宮殿の描写を比較し、作者およびその周辺の人々において旧宮殿が「それほど大きな意味を持たない空間であった」可能性を指摘する。川本　二〇一六、一八五頁。

(87) S. Eyice, "Bedesten," *TDVİA*, Vol.5, 1992, pp.302–303.

(88) Gürelsoy 1979, pp.45–50.

(89) *MSN*, p.184.

(90) *Eİ*, p.43.
(91) *ESN*, pp.613–617; *SN*, pp.293–295; *SNGT*, pp.574–583; *SNT*, ff. 200a–201a.
(92) Ayverdi 1953, pp.398–407.
(93) *Iİ*, pp.35–36.
(94) 三沢 二〇一〇、五一二–五一三頁。
(95) Erünsal 2013, pp.9–10.
(96) Barroux, M. “Gilles (Pierre),” *DdLF*, pp. 70–71; *FRHD*, p.1196; *GDU*, Vol.1, p.546.
(97) ブースマ 二〇一〇、三七頁。今日では『ヤコブ擬福音書』と呼ばれる外典。
(98) *ESN*, p.617; *SN*, p.293; *SNGT*, p.617–618; *SNT*, f. 200a.
(99) *MS*, p.185.
(100) Pamukciyan 2002, pp.89–106.
(101) *ESN*, p.617; *SN*, p.293; *SNGT*, p.618; *SNT*, f. 200a.
(102) *MS*, p.185.
(103) 火災は一五四六年、一五八九年、一六一八年、一六五二年、一六六〇年、一六九五年、一七〇一年、一七三八年、一七五〇年、一七九一年、一八二六年に発生。また、一七六六年と一八九四年には地震にも見舞われている。Gürelsoy 1979, pp.10–12.
(104) *CT*, pp.56–57; *CTE*, p.30.
(105) 一六世紀半ば以降、イスタンブル、エユプ、ガラタ、ウスキュダルの四大法官区の法官職はこのメドレセ出身の者で占められるようになっていく。D. Kuban, “Süleymaniye Külliyesi,” *DBİA*, Vol.7, 1994, pp.96–104; F. Unan, “Mevleviyet,” *TDVİA*, Vol.29, 2004; Uzunçarşılı 1988c, pp.37–38.
(106) 羽田 一九九四、一九九–二〇〇頁。
(107) Cantay 1989, pp.46–47; *İS*, p.217; *RNVC*, p.274; *VLT*, p.58.
(108) Ünver 1953a, p.14.
(109) オーラー 一九八九、二二〇、二二二、二二三頁。
(110) *İS*, p.218; *RNVC*, pp.275–276.
(111) *ESN*, p.150; *SN*, p.62; *SNGT*, p.112; *SNT*, f. 43b.
(112) *ESN*, pp.156–157; *SN*, p.65; *SNGT*, p.117; *SNT*, f. 45a.
(113) 羽田 一九九四、一八八頁。

(114) ネルヴァル 一九九七、三二二－三二三頁。

(115) たとえばテヴェはスレイマニイェ・モスク建設の様子を記している。*CL*, p.59.

(116) *ESN*, p.148; *SN*, p.62; *SNGT*, p.112; *SNT*, f. 43b.

(117) *ESN*, p.324; *SN*, pp.133–134; *SNGT*, p.279; *SNT*, f. 94a.

(118) *Eİ*, pp.51, 53–54.

(119) イスタンブルを中心とする「イスタンブル交易圏」の概要については坂本 二〇一五、一三－一五頁。

(120) *İT*, p.18.

(121) *ESN*, p.100; *SN*, p.38; *SNGT*, p.61; *SNT*, f. 26b.

(122) Buğday bahâya çıksa. *RG*, p.22.

(123) *İT*, p.18.

(124) *İT*, p.18.

(125) *İi*, p.41.

(126) エヴリヤ・チェレビーの夢については、フリーリ 二〇〇五、二七五－二七九頁に詳しい。

(127) *ESN*, p.31; *SN*, pp.10–11; *SNGT*, p.5, *SNT*, f. 7b.

(128) *ESN*, p.32; *SN*, p.11; *SNGT*, p.5, *SNT*, ff. 7b–8a. 「我々の愛すべきイスタンブル」= İslâmbolcığazımız

(129) この七冊の書誌は記されていないが、少なくともイスラーム史についてはタバリーの『歴史』を、帝都の名士についての伝記部はゲリボルル・ムスタファ・アーリーの『諸情報の精髄』*KA* を参照した可能性が高い。Eren 1960, pp.58–63.

(130) *ESN*, pp.540–541, 551; *SN*, pp.232, 237; *SNGT*, pp.495, 506; *SNT*, ff. 160b–161a, 164a.

(131) "Mısır Çarşısı," *DBİA*, Vol.5, 1994, pp.449–450.

(132) Bostan, İ. "Kahve," *TDVİA*, Vol.24, 2001, 202–205.

(133) *İT*, pp.3, 21, 44, 54.

(134) *İT*, p.3.

(135) Denny 1970, p.61.

(136) *İi*, p.42.

(137) *ESN*, pp.114–115, -; *SN*, pp.45, 136–137; *SNGT*, pp.76, 287; *SNT*, ff. 31b, 96b. ただし *ESN* にはサマトゥヤ地区のアルメニア正教徒専用の浴場についての記述が欠けている。

(138) ただし、アルメニア正教徒の人口を正しく算出するのは困難である。ポーランド系アルメニア正教徒スィメオンは、一六世紀初頭のイスタンブル、ガラタ、ウスキュダルのアルメニア人口を四万戸、そのうち一万戸がイスタンブル市内に暮らすと記し、一七世紀半ばのエレミヤ・チェレビーはイスタンブル市内のサマトゥヤに一〇〇〇戸、バラトに八〇〇戸が暮らすとする。一八世紀のインジジャン（第六章注10）は、アルメニア人の人口を三〇万人と見積もるなど、かなりの開きがある。*Iİ*, pp.20, 21.; *İT*, pp.3, 21; *PSS*, pp.4, 12.

（139）*RG*, pp.23, 84.

（140）*RG*, pp.23, 84.

（141）*İT*, p.4.

（142）*HN*, p.179.

（143）*İT*, p.2.

（144）*ESN*, p.391; *SN*, p.166; *SNGT*, pp.352–353; *SNT*, f. 117a.

（145）イェディクレ界隈の皮なめし業者についての実態は、藤木二〇一二に詳しい。

（146）*İT*, p.24.

（147）*RG*, p.23.

（148）短編「パナユル」（初出は一九六〇）、「城壁」（一九六三）など。ともにÖzyalçıner 1992所収。

（149）*CT*, pp. 250–251, 254–255; *CTE*, pp.162–163, 165; Çeçen 1984, p.1.

（150）Çeçen 1984, p.P. 25.

（151）Çeçen 1984, p.8.

（152）*İT*, p.22.

（153）詳細はÇeçen 1984.

（154）ギリウスは『街区についての古代記述』にヴァレンス水道橋が記載されていないことに驚きつつ、その理由を他にも多くのランドマークを省略している作者の不注意に求めている。*CT*, p.254; *CTE*, 164–165.

（155）*FD*, pp.31–32.

（156）*DAI*, p.254; *MSN*, p.121; *İS*, pp.209–210; *RNVC*, pp.265–266; *VLT*, pp.59, 61.

（157）*CT*, pp. 244–245; *CTE*, p.173.

（158）聖使徒教会は征服直後にギリシア正教会総主教座が置かれたが、教会自体は時とともに荒廃し、放棄されたとも言われ、実際にオスマン帝国によって破壊されたか否かについては定かではない。Ünver, A.S. "İstanbul Üniversitesi Tarihine Başlangıç: Fatih Külliyesi ve Zamanı İlim Hayatı," in Ünver 1995, Vol.1, pp.221–222.

(159) *HN*, p.181.
(160) *Eİ*, p.32.
(161) *ESN*, p 139; *SN*, p.58; *SNGT*, p.102; *SNT*, f. 40a.
(162) *ESN*, pp.321; *SN*, p.132; *SNGT*, p.276; *SNT*, f. 93a.
(163) Unan, F. "Sahn-ı Semân," *TDVİA*, Vol.35, 2008, pp.532–534.
(164) Unan, F. "Sahn-ı Semân," *TDVİA*, Vol.35, 2008, pp.532–534.
(165) *ESN*, pp.314–315; *SN*, p.129; *SNGT*, p.270; *SNT*, f. 91a.
(166) *HN*, pp.185–186.
(167) *Eİ*, p.34.
(168) もとはウレマーに対する尊称であったが、スレイマン一世期以降、イスタンブルのムフティーを指すようになった。ムフティーは法令（fetvâ）を発する権利を有するウレマーの上位者であるが、オスマン帝国では戦争やスルタン位の改廃のような政府の決定をイスラーム的見地から正当化する役割をも担い、帝国内のウレマーの最高位として官職的な地位となっていた。小杉泰「ムフティー」『岩波イスラーム辞典』、九八七－九八八頁；松尾有里子「シェイヒュルイスラム」「ムフティー」『新イスラム事典』、二五三、四八九頁；「シェイヒュル・イスラーム」『岩波イスラーム辞典』、四二九頁。
(169) *RG*, p.21.
(170) *RG*, pp.80–81.
(171) 林 二〇〇八、一四七－一四八頁。
(172) *RG*, p.21.
(173) *CT*, pp.309–311; *CTE*, pp.202–203.
(174) *İi*, p.69.
(175) *CT*, pp.314–315; *CTE*, p.206.
(176) *ESN*, pp.64–65; *SN*, pp.24–25; *SNGT*, pp.33–34; *SNT*, ff. 16b–17a.
(177) *VLT*, p.91.
(178) Uzun, M. and Albayrak, K. N. "Hammam: II. Kültür ve Edebiyat," *TDVİA*, Vol.15, 1997, pp.430–431; 杉田英明「ハンマーム（公衆浴場）」板垣&後藤（編）一九九二、四一五－四一七頁。とくに外出に制限のあった女性たちにとって、浴場は他者と触れあう社交場であった。Davis 2006, pp.149–151.
(179) *ZDEKT*, Vol.1, p.87.

(180) Denny 1970, p. 61.

(181) Eyice S. "Çukur Hamam," *TDVİA*, Vol. 8, 1993, pp. 385–387; Haskan 1995, pp. 123–125.

(182) *ESN*, pp. 332–333; *SN*, p. 137; *SNGT*, p. 290; *SNT*, f. 97a.

(183) 実際にはイスタンブル市内七七カ所、市外五八カ所の計一三五箇所を挙げるのみである。*ESN*, pp. 330–332; *SN*, pp. 136–137; *SNGT*, pp. 286–290; *SNT*, f. 96b.

(184) *CT*, p. 272; *CTE*, p. 176.

(185) *DES*, p. 135.

(186) 杉田 一九九三、一一六－一八六頁；一九九九、三八－五四頁。

(187) Kaplan 2010, p. 151.

(188) *DES*, pp. 135–136.

(189) *DES*, p. 135.

(190) *HN*, pp. 172–176; *TEŞ*, pp. 73–75.

(191) 概要については Levend 1998, p. 165.

(192) *HMN*, ff. 73b–74a.

(193) Kaya 2005, pp. 233–235.

(194) Özcan 2003, p. 217–221.

(195) *RG*, p. 24.

(196) *RTAP*, ff. 80b–90a; *RTİÜ*, f. 21b.

(197) *RTAP*, f. 90a; *RTİÜ*, f. 21b.

(198) Uzun, M. and Albayrak, K. N. "Hammam: II. Kültür ve Edebiyat," *TDVİA*, Vol. 15, 1997, p. 431.

(199) 男性用下着の一種。Koçu 1967, p. 230.

(200) Özcan 2003, pp. 219–221.

(201) Koçu 2001, p. 85.

(202) *DES*, p. 135.

(203) *RTAP*, f. 90a; *RTİÜ*, f. 21b.

(204) Ünver 1953a, pp. 7–8; A. S. Ümver, "Fatih Devri Yemeklerini ve Gıda Tarihimizi İlgilendiren Bahisler," in Ünver 1995, Vol. 3, pp. 221–222; 赤堀雅幸「歓待」『岩波イスラーム辞典』二九八－二九九頁。

(205) *HN*, pp.187–188.
(206) *Eİ*, p.36.
(207) Işın 2010, p.412.
(208) Ünver 1953a, p.14.
(209) Yarasimos 2002, p.42.
(210) Ünver 1953, p.8.
(211) *ESN*, p.394; *SN*, p.167; *SNGT*, pp.355–356; *SNT*, f. 118a.
(212) *SNGT*, p.302; *ESN*, p.344 は cüz'hân、*SN*, p.143; *SNT*, f. 101a は devirhân ve na'thân とする。いずれもコーランの詠唱に携わる職業である。
(213) *TLB*, p.38.
(214) *HN*, p.194.
(215) *İT*, p.33.
(216) *İB*, p.71.
(217) *ESN*, p.400; *SN*, p.170; *SNGT*, p.362; *SNT*, f. 120b.
(218) *Eİ*, p.63.
(219) Yerasimos 1990, pp.164–174.
(220) *HB*, p.311; Sevgi, A. "Latîfî," *TDVİA*, Vol.27, 2003, pp.111–112; *TŞK*, p.734; *TŞLO*, pp.297–298.
(221) Vakf-ı Ebû Eyyûb ma'şer-i şevair. 海難事故ではなく、イスタンブルにもどって没したとする列伝作家もいる。Canım, R. "Latîfî'nin Hayatı, Edebî Kişiliği, Eserleri," *TŞL*, p.7–13; Suner, N. P. "Risâle-i Evsâf-ı İstanbul," *İT*, p.X; *OM*, Vol.II, p.134.
(222) *ESN*, p.397; *SN*, p.168; *SNGT*, p.359; *SNT*, p.119a.
(223) H. Algül, "Ebû Eyyûb el-Ensârî," *TDVİA*, Vol.10, 1994, pp.123–125; Yerasimos 1990, pp.160–182.
(224) ただし、この儀式の聖性が強く意識されるようになるのは一六世紀以降のことであるという。Vatin 1995, p.92.
(225) *TEŞ*, p.99.
(226) Erdoğan 2007, p.36.
(227) *VLB*, p.469.
(228) *İT*, p.34.
(229) *İB*, p.50.

(230) *Eİ*, pp. 59–60.
(231) *İT*, p. 34.; Mantran 1962, p. 381; 1994, p. 26.
(232) *RG*, p. 24.
(233) *İB*, p. 75.
(234) *ESN*, p. 483; *SN*, p. 207; *SNGT*, p. 441; *SNT*, ff. 145a–145b.
(235) *İB*, p. 80.
(236) *VLT*, p. 75.
(237) *İB*, p. 62.
(238) *YD*, p. 291.
(239) *ESN*, p. 427; *SN*, p. 181; *SNGT*, p. 387; *SNT*, f. 128a.
(240) Ertuğ 2001, pp. 181–182.
(241) Ertuğ 2001, pp. 199–200.
(242) *VLT*, p. 75.
(243) *VLB*, p. 224.
(244) Ertuğ 2001, pp. 150–151, 154–155; Kütükoğlu 1978, pp. 46–50.
(245) Kütükoğlu 1978, p. 22.
(246) ネルヴァル　一九九七、三八二頁。
(247) Halet Çelebi 1953, p. 38.
(248) *ESN*, pp. 54–55, 426–427; *CT*, p. 323; *CTE*; p. 212; *SN*, pp. 20–21, 181; *SNGT*, pp. 25, 387; *SNT*, ff. 14a, 128a.
(249) İ. Ortaylı, "Galata," *TDVİA*, Vol. 13, 1995, pp. 303–307.
(250) Aeseven 1989a, pp. 27–28.
(251) Pamuk 2008. 邦訳は、パムク 二〇一〇。
(252) Pérotes Franque、Peratins Franques。ペラ生まれの西欧人ということであろう。*DES*, p. 144; *VLT*, pp. 74–77.
(253) ペラの近代化についてはYücel 1991に詳しい。
(254) ネルヴァル　一九九八、三七七頁。
(255) *VLT*, p. 75; *DAI*, p. 268; *DES*, p. 144.
(256) *CT*, p. 323; *CTE*; p. 212.

(257) *Iİ*, p.101.

(258) *ESN*, p.430; *SN*, p.183; *SNGT*, p.390; *SNT*, f. 128b.

(259) 天文台は一五七四年から五年の間ガラタ塔に置かれたと言われるが、創設者である筆頭占星官タキユッディン・エフェンディ（Takiyüddin Mehmet Efendi, 一五二五－一五八五）は、大がかりな機材を置くのに適さないこの塔を離れ、トプハーネ地区に天文台を造った。そのため、ほんの一時期、臨時に使用されただけと思われる。Eyice, S. "Galata Kulesi," *TDVİA*, Vol.13, 1996, pp.313–316; Ünver 1969, pp.3–6.

(260) *ESN*, p.670; *SN*, p.318; *SNGT*, p.669; *SNT*, f. 216b.

(261) *VLT*, p.76.

(262) *CT*, pp.325–326; *CTE*, p.214.

(263) テヴノは「修道フランシスコ会」（cordeliers conventuels）と呼ぶ。*VLT*, p.76.

(264) *VLT*, p.76.

(265) ブースマ 二〇一〇、一三一－一五頁。

(266) エヴリヤ・チェレビーは、ムスリムの街区が一八、ギリシア人の街区が七〇、西欧人の街区が三、ユダヤ教徒の街区が一、アルメニア人の街区が三あると記しており、ムスリムと非ムスリムの人口比はおおよそ一：四ということになる。*ESN*, p.431; *SN*, p.183; *SNGT*, p.391; *SNT*, f. 129a. なお、エヴリヤ・チェレビーはイスタンブル、ガラタ、エユプ、ウスキュダルの全住民について以下のような数字も挙げているが、数の多さから見て戸数（hâne）と街区数が入り乱れていると思われる。

　ムスリム：ギリシア人：ユダヤ教徒：西欧人：アルメニア人＝9973：354：257：17：27（*SN*, p.219; *SNGT*, p.468; *SNT*, f. 152b–153a）＝9990：304：457：17：27（*ESN*, p.510）。また、ガラタの人口構成を非ムスリム二〇万人、ムスリム六万四〇〇〇人とする記述も見受けられる。*ESN*, p.431; *SN*, p.183; *SNGT*, p.391; *SNT*, f. 129a.

(267) *İT*, p.39.

(268) *ESN*, p.618; *SN*, p.295; *SNGT*, p.622; *SNT*, f. 201b.

(269) *CT*, p.325; *CTE*, p.215.

(270) *VLB*, p.69.

(271) *VLB*, p.509; *DES*, p.148.

(272) *VLT*, p.76.

(273) *ESN*, p.430; *SN*, p.183; *SNGT*, p.390; *SNT*, f. 128b.

(274) Bacqué-Grammont 2013, pp.241–242.

(275) 当時の人々はHamdullahと唱えてから食事に取りかかったという。*VLT*, p. 93.
(276) Anar 1995; アナル「霧の大陸の世界地図（抄訳）」宮下遼（訳）中東現代文学研究会（編）二〇一三、七三－九一頁所収。
(277) *ESN*, p. 434; *SN*, p. 184; *SNGT*, pp. 393–394; *SNT*, f. 130a.
(278) mahalle-i ʻayş ü ʻişret *Eİ*, p. 57.
(279) *Eİ*, p. 58.
(280) *ESN*, pp. 663–663; *İT*, pp. 19, 38; *SN*, p. 314; *SNGT*, p. 660; *SNT*, ff. 213b–214a.
(281) *RG*, pp. 23–24.
(282) *ESN*, p. 434; *SN*, p. 185; *SNGT*, p. 394; *SNT*, f. 130a.
(283) *VLT*, p. 76.
(284) *ESN*, p. 434; *SN*, p. 184; *SNGT*, p. 392; *SNT*, f. 129b.
(285) *ESN*, p. 434; *SN*, p. 184; *SNGT*, p. 394; *SNT*, f. 130a. *ESN*では第一対句以外は略されている。
(286) *İB*, p. 81; *VLT*, p. 74.
(287) *VLT*, p. 74.
(288) *İT*, pp. 37–38.
(289) *ESN*, pp. 423, 434; *SN*, pp. 180, 184; *SNGT*, pp. 383–384, 393–394; *SNT*, ff. 127a, 130a.
(290) *ESN*, p. 412; *SN*, p. 175; *SNGT*, pp. 373–374; *SNT*, f. 123b.
(291) Karmi 1992, p. 13.
(292) *ESN*, pp. 413–415; *SN*, pp. 175–177; *SNGT*, pp. 374–376; *SNT*, ff. 124a–124b.
(293) *İT*, p. 36; *VLT*, p. 74.
(294) *İT*, pp. 37–38.
(295) *ESN*, p. 476; *SN*, p. 209; *SNGT*, p. 446; *SNT*, f. 146b.
(296) *ROM*, f. 1a.
(297) Hüseyin b. Ahmet el-Erzurumî 2003, pp. 159–164.
(298) *ESN*, p. 572; *SN*, pp. 277–278; *SNGT*, p. 586; *SNT*, ff. 189b–190a.
(299) *NBD*, p. 130.
(300) Bulut 2001, pp. 103–104.
(301) *İT*, pp. 42–43.

(302) Sertoğlu 1986, p.341; Tunç 2004, pp.17–27.
(303) *ESN*, p.440; *SN*, p.187; *SNGT*, p.400; *SNT*, f. 132a.
(304) *İT*, p.43.
(305) *ESN*, p.442; *SN*, p.189; *SNGT*, p.403; *SNT*, f. 132b. *ESN* には簡略化された話のみが掲載。
(306) *ESN*, p.466; *SN*, p.199; *SNGT*, p.426; *SNT*, f. 140a.
(307) *TD*, p.12.
(308) *İİ*, p.83.
(309) チューリップ時代（一七一八－一七三〇）を代表する詩人ネディームは、ウスキュダルの美景に詩を捧げている。*ND*, pp. 79–84.
(310) Halet Çelebi 1953, pp.99–105.
(311) パムク 二〇一〇。
(312) *İB*, p.44; *İBS*, pp.51, 54.
(313) *ESN*, p.472; *SN*, p.202; *SNGT*, p.431; *SNT*, f. 141b.
(314) *İT*, p.8.
(315) *İB*, pp.223–224.
(316) 八世紀の伝説的な英雄。アラブの史書にも登場し、主にビザンツ帝国との戦で功があったとされる。アナトリアのトルコ人の間では、アラブ人の主導したイスラーム初期にあって活躍したトルコ系の英雄、聖者として崇敬を集める。Osak, A. Y. "Battal Gazi," *TDVİA*, Vol.5, 1992, pp.204–205.
(317) *ESN*, p.430; *SN*, p.183; *SNGT*, p.390; *SNT*, f. 128b.
(318) *CT*, p.349; *CTE*, p.221.
(319) 当時、トルコ人を「野蛮な」スキタイ人の末裔と考える者は少なくなかったようである。たとえば一五世紀のシエナ司教は、彼らをスキタイ人の末裔と考え、淫らで、娼家を崇め、身の毛のよだつような食物を口にし、葡萄酒も穀物も知らない野蛮人であると書簡に書き残している。ボルスト 一九八七、下巻、三五七頁。
(320) *ESN*, p.469; *SN*, p.201; *SNGT*, pp.428–429; *SNT*, f. 141a.
(321) *ESN*, pp.472–473; *SN*, p.202; *SNGT*, p.431; *SNT*, ff. 141b–142a.
(322) *ESN*, p.476; *SN*, p.204; *SNGT*, p.435; *SNT*, f. 143b.
(323) Gökbilgin, T. "Edirne," *TDVİA*, Vol.10, 1994, pp.426–427.

(324) Halet Çelebi 1953, pp. 106–107.
(325) *ESN*, pp. 475–476; *SN*, p. 204; *SNGT*, p. 435; *SNT*, f. 143b.
(326) エヴリヤ・チェレビーによれば、ウスキュダルにはフランク人はまったくいなかったという。*ESN*, p. 472; *SN*, p. 202; *SNGT*, p. 431; *SNT*, f. 141b.
(327) 影絵芝居に登場する表現。Varyon は帝都方言では Varıyorum や geliyorum、Bana bah は Bana bak、Ne va, gozum は Ne var, gözüm となるところだろう。Kudret 2013, vol. 1, pp. 179, 336.
(328) *ESN*, p. 478; *SN*, p. 204; *SNGT*, p. 437; *SNT*, f. 144a.
(329) *NVAD*, p. 981.
(330) Kudret 2013, pp. 335–336. イスタンブル方言ではそれぞれ、「たれがゆった」Kım suyladı → Kim söyledi、「なんのためぬゆったゥ」Ne içun suyladı → Ne içün/için söyledi といったところ。
(331) Kudret 2013, pp. 77–78. イスタンブル方言ではそれぞれ、「お邪魔致しまそうろう、ご機嫌になりまそうろう」Hoş bulumuşam, safâ bulmuşam → Hoş bulumuşum, safâ bulmuşum、あるいはたんに Hoş bulduk。
(332) Kudret 2013, vol. 2, p. 623. イスタンブル方言ではそれぞれ、「さんどー《船頭》」yalahçu → yalakçı、「せんだぐ」çamaşur → çamaşır。
(333) Sami 1964, p. 2.
(334) この演目では「ペルシア人」とはっきり断られているので、一人称単数として men（現代アゼルバイジャン語では mən）を用いるアゼリー人を指すわけではないだろう。
(335) Yalçın（ed.）2001, Vol. 2, pp. 1075–1079

第三章

(1) *TŞL*, p. 79.
(2) İnalcık 2003, pp. 36–40; Pala 1997, pp. 16–19.
(3) Erünsal 1984, p. 8.
(4) Erünsal 1981, pp. 10–11.
(5) *MEŞN*, f. 368b.
(6) ciddi bir gelir. Kuru 2013b, p. 25.
(7) *YD*, p. 275.

（8）Çavuşoğlu, "Bâkî," *TDVİA*, Vol. 4, 1991, pp. 537–540; 林 二〇〇八、二〇六－二〇九頁。
（9）İnalcık 1985, pp. 4–11.
（10）ルネサンス期イタリアの庶民文化研究の泰斗バークは、社会史全般において庶民をどのように扱うべきか、またその範囲をどう定義するべきかという問い掛けにたいして、エリート文化と民衆文化を二項対立的に扱わずより大きな枠組みの中で捉えるべきだと控え目に提言する。バーク 二〇〇八、四一－四五頁。
（11）詩人の養育については Kurnaz 2007; Tanpınar 2003, pp. 11–19.
（12）Şişman and Kuzubaş 2007, pp. 81–85.
（13）*NBD*, p. 148.
（14）ザヴォトチュはこの詩から戒めのみならず、宴の席で剽窃が露呈した若い詩人への同情をも読み取る。Zavotçu 2011, p. 230.
（15）*YD*, p. 301.
（16）パトロネージに関連するオスマン語用語に関してはİsen-Durmuş 2011, pp. 136 に詳しい。
（17）*BD*, pp. 108–109.
（18）*FD*, pp. 258–259.
（19）フズーリーについてはİpekten 2003.
（20）*FD*, pp. 50–55 所収。献呈の経緯と結果についてはİnalcık, 2003, pp. 54–71.
（21）Pala 4 Haziran 2004.
（22）頌歌の社会的機能について論じたクルは献呈の目的の一つとして、詩によって自らの名を永遠に残そうという詩人たちの強い欲求の影響を指摘する。Kuru 2013b, p. 21.
（23）とくに新年歌は、春頌歌（Bahâriyye）などと共に春の訪れを寿ぐためオスマン帝国時代に多く詠まれた。Sarıçiçek 2007, pp. 229–230; Köse 2012, p. 94.
（24）İnalcık 2003, pp. 36–40; Pala 1997, pp. 16–19.
（25）一六世紀に著された詩人列伝についてはTolasa 2002、一七世紀に著された詩人列伝についてはKılıç 1998 がそれぞれ体系的な研究である。また一八世紀初頭については一部、鈴木 一九九二が扱う。とくにTolasa 2002 は社会生活者としての詩人についてもある程度の考察を行った先駆的な研究である。宮下 二〇〇七、一二一－一二八頁。
（26）*TŞB*, p. 71; *TŞK*, Vol. 2, p. 734.
（27）近年では、クレタ島の詩人のみを扱った*TŞCG* のような地方詩人列伝も発見されつつあるが、いずれも小規模な作品である。
（28）ファーイズィー（Kâf-zâde Faizî, ?－一六二一）の『詩人列伝』の追補として編まれたユムニー（Yümnî）の『詩人列伝』（一六二一）などには、他の詩人列伝に見られない知名度の低いイスタンブルの詩人たちが多く記載される。*TŞY*, pp. 85–112.

(29) *HNİM*, pp. 64–65.

(30) 都市頌歌でイスタンブルに次ぐ点数の都市頌歌が詠まれた都市はブルサとエディルネである。

〈ブルサの事例〉

　ラミー・チェレビー（Lâmi'î Çelebi, 1472–1532）はスルタン行幸に際して『ブルサ都市頌歌』を詠み、牧草地（yayla, 夏営地）、緑地（çemen）、アヤズマ等をそれぞれ一〇対句程度で称える。一方、イスハク・チェレビー（İshak Çelebi, 1465–1537）は水の豊かさと緑の美しさを称えたのち、八人の名士の称揚を行う。ベリーは、ブルサを水と温泉を有する「楽園のセルセビール」（Selsebîl-i İrem, セルセビールは楽園にあるとされる湧水の名前。楽園の名称 İrem ついては本文に説明を記した）になぞらえたのち、二十人の地元名士や友人を称えている。*BBŞ*, pp. 138–139; *BŞL*, pp. 71–86; Mermer 2000, p. 285; *ŞB*, pp. 7–15; *ÜİÇD*, pp. 87–92. 端的に言えばブルサは美しいウル山の山懐に戴かれた水の豊かな都市として描かれていたと総括できるだろう。Aksoy 1999, p. 119.

〈エディルネの事例〉

　メスィーヒー（Priştineli Mesîhî, 一五世紀末–一五一三以降）『エディルネ都市頌歌』がエディルネを神に祝福された街とし、都市の季節毎の美、モスクやメドレセを称揚するが、各施設の名前は挙げられず、その主眼はあくまで名士層の礼賛に置かれている。またザーティーは『エディルネ都市頌歌』の中で、エディルネを繰り返し「駅屯」（menzil）と呼ぶが、これはベヤズィト二世のエディルネ行幸に際して詠まれた作品であるためと考えられる。そこでは、曙光の美しさと預言者が称えられたのち、四二人の名士についての二対句ずつ詩が捧げられている。*ZD*, ff. 161b–163a. 他方でネシャーティー（Edirneli Neşâtî, ?–一六七四）『エディルネ都市頌歌』は一四四対句の小品であり、樹木等についての短い称揚の後、エディルネ全体を優れた人物の集う酒宴になぞらえ、一三名の名士を称えている。全体的にエディルネ都市頌歌には名士層の礼賛が行われる傾向が見て取れるだろう。*MD*, ff. 15a–24b; *NŞD*, pp. 170–180; *ZD*, ff. 161b–168a.

　以上のようにエディルネ、ブルサのような他のオスマン都市について詠まれた都市頌歌は、水や温泉、緑に恵まれたブルサ、優れた人物を輩出するエディルネといった共通点が散見されるものの、イスタンブル都市頌歌に比べて作品数も少なく、また称揚対象の定型化も進んでいない。

(31) Ferîdü'd-dehr ve bî-mânend. *Eİ*, p. 10; *HN*, p. 166; *ŞG*, p. 18.

(32) 中世西欧文化圏における都市は、教父アウグスティヌス（三五四–四三〇）の説くところに従って神の愛に基づくとされ、イェルサレムを念頭に置いた「天上の都市」と、人間の悪が行われる「地上の都市」という二元論的な捉えられ方をされていたという。西欧における都市頌歌の最初期の作品は八世紀の『ミラノ讃歌』とされ、これ以降『ヴェローナ讃歌』など、イタリアの都市について数々の作品が詠まれた。そこでは円形闘技場や舗装された街路、広場のような建築物によって「豊かで栄える都市」が表現され、また聖人による奇跡、聖遺物について詠むことで聖人に守られた「聖なる都市」というイメージも固定化されたという。こうした定型的なイメージは、のちにはイタリアの都市のみならず、一二世紀までにイングランド、フランス、ドイツなどの司教座や修道院都市へ敷衍され、同様の都市礼賛が見られるようになった。そして一二世紀のヨーロッパ諸都市について詠まれた都市頌歌では、気候条件の良好さ、市壁、塔、教会、聖人、司教・聖職者、学芸、財貨、都市建設者などが定型的な称揚対象として機能し、繁栄の象徴とされる一方、都市の聖性がローマ、あるいはイェルサレムにたびたび比される点や、都市頌歌に都市図が添えられ、強固な市壁や城楼などが視覚的にも強調される点など、多くの共通性が見いだされるという。河原 二〇〇九、四〇－四三、四五－五五頁。

(33) 本書で扱ったのと同時代のパリなどは、王権の住まう地として称揚され、ときに批判される対象であったし、詩人による都市空間の定型的称揚は唐代長安においても顕著であったという。Saulnier 1951；フェーヴル 一九八一、九頁；李 二〇〇四、五一－一八頁。

(34) Danişmend 1941, pp. 9–21.

(35) いまのところ最古のオスマン語都市頌歌として知られているのは、一五世紀後半から一六世紀初頭にかけて活躍した詩人メスィーヒーの『エディルネ都市頌歌』である。*HYŞ*, pp. 81–82；*TEŞ*, p. 16.

(36) ここではレヴェンドに従い dilber の訳語に「美点」を当てた。「詩人によって称えられるべきモチーフ」程度の意味合いを持つ用語である。なお、パラのように定型韻律詩における類似のモチーフを「愛でるべきもの」（mahbûb）の用語で統一する研究者も存在する。*ADŞS*, pp. 425–427；*NŞİ*, pp. 2–3；*TEŞ*, p. 13.

(37) *BBŞ*, p. 130.

(38) 複数の都市頌歌を参照したのはレヴェンドとメルメルの研究である。前者はテクスト収集を主目的とする研究であり、後者はブルサ都市頌歌五点を整理した概観的研究である。Mermer 2000, pp. 279–288. 他に、宮下 二〇〇八a、一－三四頁。

(39) *BBŞ*, p. 131；*BŞL*, p. 57；Gibb 1909, Vol. 4, pp. 237–238.

(40) 描写詩の形式にのっとった都市描写は八世紀から一二世紀のアラブ文学に見られる。また都市名士層を詩題に取るペルシア都市詩もティムール朝、サファヴィー朝、ムガル朝などに広く見られる。Bayyud 1988, pp. 43–58；Browne 1969, p. 232；Grunebaum 1944, pp. 61–65；Losensky 2006（March 11）；*SŞ*, pp. 133–139；久保 二〇〇一、五四－八三；杉田英明「アラブ・ペルシア詩にみる都市」板垣、後藤（編）一九九二、五六－五八頁。なおムガル帝国末期の都市詩は都市の崩壊を嘆く哀悼詩の様相を見せ、ペルシア伝来の都市詩（Shahr Āshob）と、デリーという都市が人格化された人物礼賛詩（medhiye）が合流するかのような興味深い展開を見せるとのこと。詳しくは Yamane 2000, p. 64；山根 二〇〇〇、二八七頁。

（41）散文文学の発展については、Bombaci 1969, pp. 390–399; Banarlı 2004, p. 604.

（42）パラ、チェレビオールらは「翻訳と模倣詩の時代」（tercümeler ve nazîreler çağı）である一五世紀を経た一六世紀から一七世紀を発展期、一八世紀をその成熟期と見倣す。Â. Çelebioğlu, "Tukish Literature of the Period of Sultan Süleyman the Magnificent," in Duran（ed.）1988, Vol. 2, pp. 84, 153; Pala 1997, p. 13.

（43）それぞれ kân-ı 'irfân olan semt-i cennet-simât Rûm（*TŞS*, p. 535）, Âsitâne-yi 'liyye（*AZ*, p. 236）。

（44）イスファハーン出身のハミーディー（Hamîdî İsfahânî, 一四〇七–一四七七年以降）は、自身が訪ね歩いたオスマン帝国各地について記した『歓談の書』（*Hasbıhâl-nâme*）の中で一五世紀半ばのイスタンブルについても触れている。*KMH*, pp. 21–27; Gökyay 1992, pp. 137–140.

（45）Levend 1984, pp. 608–614; *ADŞS*, pp. 425–426.

（46）宮下 二〇〇八 a。

（47）M. Ak, "İklim," *TDVİA*, Vol. 22, 2000, pp. 28.

（48）*BŞL*, p. 57.

（49）*Eİ*, pp. 8–9.

（50）*TEŞ*, p. 97.

（51）*TEŞ*, p. 106.

（52）*ŞG*, p. 18; *TEŞ*, p. 101.

（53）*Eİ*, p. 9.

（54）「両海の集合点」はコーラン「洞窟」章六〇–六一節、「天啓」章五三節、「蟻」章六一節、「天使」章一二節、「お情ぶかい御神」章一九–二三節などに見える語。甘く、渇きを癒す真水と、塩辛く苦い海水を分けた神の創造の妙を称える形で登場する表現である。井筒 一九九九、中巻、一二〇、二一〇、二三五頁；下巻二二、一六四頁。なお、章題は井筒 一九九九に拠り、節数はカイロ版（エジプト版）に依拠した。また、「洞窟」章においてはムーサーがたどり着いた特定地域を示すものの、中田に拠れば紅海とインド洋、地中海と大西洋、アカバ湾と紅海など諸説があるとのことである。なお、この語は神秘主義詩においては神と人が交わる場所を指すので、少なくとも神に近しい都という含意も持つだろう。Pakalın 1993, p. 431; 中田（監修）二〇一四、三二九頁。

（55）一七世紀のオスマン帝国の地誌的旅行記二点には、いずれも「一つの都市のように巨大だ」という表現が見られる。*ESN*, p. 115; *İT*, pp. 10–11; *SN*, p. 46; *SNGT*, p. 77; *SNT*, ff. 31b–32a.

（56）*İS*, p. 76; *RNVC*, pp. 90–91.

(57) 深見はこの理由を、眺めるのみならず散策を楽しむための庭としての機能に求めている。深見 二〇〇五、一二八頁。

(58) *BES*, pp. 4–5; *TSS*, pp. 25–26.

(59) *BES*, pp. 4–5; *TSS*, pp. 25–26.

(60) ボンはヴェネツィア人の外交官、商人として一六〇一年から一六〇七年までイスタンブルに滞在した。その報告書はイギリス人ウィザーズの英訳、グリーヴスによる加筆、修正を経て一七世紀半ばに『大君のセラーリオ、あるいはトルコ帝国の宮廷についての記述』として出版されたが、本書では元の観察者であるボンの旅行記として扱う。*BES*, pp. I–V; *TSS*, pp. 17–18.

(61) *HN*, p. 175.

(62) *Ei*, p. 25–26.

(63) 井筒 一九九九、下巻、二八〇頁。

(64) 庭園詩はアラブ文学では無明時代にもすでに見られ、のちにはアッバース朝期シリアの詩人たちによって盛んに詠まれた。また、ペルシア文学においても、たとえばニザーミー（一一四〇－一二〇九）の恋愛叙事詩『ホスローとシーリーン』などでは緑野での野遊びの様子が語られる。ニザーミー 一九七七、二五、八〇－八一頁：杉田英明「アラブ・ペルシア詩にみる都市」板垣、後藤（編）一九九二、五六－五八頁。

(65) *HR*, ff. 2a–69a; *MEC*, ff. 11a–16a.

(66) *HN*, pp. 225–226.

(67) *Ei*, pp. 59–60.

(68) *ESN*, p. 484; *SN*, p. 207; *SNGT*, p. 441; *SNT*, ff. 145a–145b.

(69) *SŞ*, p. 143; *YBŞ*, p. 98; *YD*, pp. 139–142.

(70) *Ei*, p. 63.

(71) *HN*, pp. 191–194.

(72) *Ei*, p. 84.

(73) *ŞG*, p. 23; *TEŞ*, p. 102.

(74) 唯一、アヤソフィア堂内の大理石の美しさについて幾らかの記述が見える。なお、アヤソフィアの大理石建材は、ビザンツ帝国期から称賛の対象とされた。*HN*, pp. 177–179; *ŞG*, p. 33; *SŞ*, p. 143; *TEŞ*, pp. 77, 102–103; 浅野 二〇〇三、五〇－五三頁。

(75) *HN*, pp. 177–190.

(76) *Ei*, pp. 31, 32; *HN*, pp. 181–185.

(77) *Ei*, p. 34; *HN*, pp. 185–186.

(78) *Eİ*, p.37; *HN*, pp.188–189.
(79) *TEŞ*, p.94.
(80) Özen 1985, p.25.
(81) *Eİ*, p.32.
(82) *ESN*, pp.138–139; *SN*, pp.57–58; *SNGT*, p.101; *SNT*, f. 40a.
(83) Kabaklı 1990, Vol.2, p.528.
(84) *YD*, pp.29–30.
(85) *İS*, pp.214–215; *MSN*, pp.92–92; *RNVC*, p.272; *VLT*, p.58.
(86) *ESN*, p.158; *SN*, pp.65–66; *SNGT*, pp.118–119; *SNT*, f.45b.
(87) *ESN*, p.158; *SN*, p.66; *SNGT*, p.119; *SNT*, f. 45b.
(88) 原文は土星（keyvân）。土星はzühalとも呼ばれ、七階層に分かたれる天国の第七天を支配するとされるため、天国の宝物庫の番人と見なされる。İ. Pala, "Keyvân," *ADŞS*, pp.268–269; "Zühâl," *ADŞS*, p.494.
(89) *HN*, pp.168–169.
(90) *Eİ*, p.58.
(91) *TEŞ*, p.110.
(92) *YD*, 270.
(93) *YBŞ*, p.87.
(94) *ADŞS*, p.43.
(95) *ZDEKT*, Vol.1, p.45.
(96) Serdaroğlu 2000, pp.362–363.
(97) *ESN*, p.434; *SN*, p.184; *SNGT*, p.394; *SNT*, f. 130a.
(98) *Eİ*, p.58.
(99) Canım 1998, pp.13–20, 42–51; 宮下 二〇〇八c、一二八－一五二頁。
(100) セルジューク朝の詩人ニザーミーの『五部作』に所収された『アレクサンドロスの書』第一部に見出される詩群を起源とし、オスマン帝国ではムラト一世期（一五一二－一五二〇）にハーリズミー（Hârizmî, 生没不詳）やダーイー（Ahmed-i Dâî、生没年不詳）が、それぞれ模倣詩の形を取った「酌人の書」を詠んだ。いまのところ、一六世紀中に七点、一七世紀には一八点の「酌人の書」が伝存する。もっとも、筆者は一六世紀の詩人ラティーフィーの「酌人の書」を発見しており（*Mecmua*,

Süleymaniye Ktp., Hacı Selim Ağa No. 977, ff. 28–30.)、小作の目立つこのジャンルの作品はこれから発見されることだろう。
Canım 1998, pp.33, 51–52, 113.

(101) クルツィウス 一九八二、一一六頁。

(102) *Eİ*, p.10; *TEŞ*, pp.97–98, 100; *YBŞ*, p.69.

(103) *ND*, pp.89–90.

第四章

(1) それぞれ *Eİ*, pp.10, 11.

(2) *Eİ*, pp.14–15.

(3) *HB*, p.252.

(4) 『イスタンブル礼賛』の仏語訳版 *ÉdI* において訳者イェラシモスは、盛り場や民衆についての記述を批判ではなく市の喧騒を表現するための記述だとする。一部の商業地域の人々についてはそうした見方も可能と思われるが、作品全体に関しては当世批判という時流を踏まえた傾向が勝つであろう。

(5) *MN*, pp.273, 287, 293, 307, 313, 316, 317, 335, 350, 352, 363, 373, 380; *MNB*, 21, 53, 65, 91–92, 103, 108, 110, 143, 166, 170, 188, 219.

(6) 鈴木 一九九三、六六頁。

(7) 鈴木 一九九七、一六七－一六九頁。

(8) İnalcık 1985, pp.4–11.

(9) Faroqhi 2000, p.147.

(10) 鈴木 一九九三a、一八九－一九九頁；鈴木董「イスラーム的世界帝国の登場」鈴木（編）一九九三、一二五－一二八頁；林二〇〇八、二三五－二四一。ズィンミーは「保護された者」を意味し、イスラーム統治下における非ムスリムを指す。ズィンミー制度は非ムスリムから人頭税（ジズヤ）を徴収する代わりに、その信仰、生命、財産を保証するシステム。鈴木董「ジンミー」『新イスラム事典』、二九四頁；高野大輔「ズィンミー」『岩波イスラーム辞典』、五二九頁。

(11) Kal'a A. "Esnaf," *TDVİA*, Vol.11, 1995, pp.423–424.

(12) Baer 1970a; 1970b; Yi 2004 に詳しい。

(13) Cohen 2001, p.184.

(14) Faroqhi 2000, p.147.

(15) *İi*, pp.35–36; *İT*, p.53.
(16) M.S. Kütükoğlu, "Narh: Osmanlılar'da," *TDVİA*, Vol.32, 2006, pp.390–391. 澤井 二〇〇二。
(17) M. Sertoğlu, "Şehremini," *OTL*, p.322; Uzunçarşılı 1988, pp.375–378.
(18) Özcan 2003, pp.51–60.
(19) 林 二〇〇八、二五〇－二五一頁。
(20) *Eİ*, p.58.
(21) 永田 二〇一五、二八頁。
(22) 一八世紀の著作であるが帝都の修道場についてはその総覧と呼ぶべき*MT*に詳しい。
(23) 林はイスタンブルの「口コミ社会」において、「宮廷とそれに直結する支配層の動向を、首都の人々が遠巻きに見守り噂しあう、都市型の政治」が展開した場としてサロンや、珈琲店、酒場の重要性を指摘している。林 二〇〇八、二六一－二六三頁、二八七－二八九頁。
(24) アーリーは前半生を『諸スルタンへの助言』の中にある程度、記している。シェケル、ティーツェの作品研究と並んで、歴史家としてのアーリーの位置づけについては以下の研究を参照した。Banarlı 2004, p.611; İsen 1988a, pp.1–11; 1988b, pp.1–6; Şeker 1983, pp.159–172; Fleischer 1986, pp.13–187, 235–307; A. Tietze, "Introduction," *MADC*, pp.7–21; *MN*, pp.1–60; B. Kütükoğlu, "Alî Mustafa Efendi," *TDVİA*, vol. 2, 1989, pp.416; Ö. F. Akün, "Alî Mustafa Efendi: Edebî Yönü, Eserleri," *TDVİA*, vol. 2, 1989, pp.416–421.
(25) オスマン帝国における飲酒については、Faroqhi 2000, pp.215–218が概観する。
(26) *ZDEKT*, Vol.2, p.90.
(27) Ortaylı 1995, p.191; Serdaroğlu 2006, p.375.
(28) *ESN*, p.434; *SN*, p.185; *SNGT*, p.394; *SNT*, f. 130a.
(29) *İT*, p.3.
(30) *İT*, pp.57, 58.
(31) Kadı-zâdeli と呼ばれた。その動静は*Mİ*, pp.92–94, 220–221; Zilfi 1986, pp.251–269に、彼らの思想的背景については山本 二〇一五；二〇一六に詳しい。
(32) *İT*, p.2.
(33) *MN*, p.309; *MNB*, p.95.
(34) 前嶋 一九六五、一六四－一六八頁。

（35）*MN*, p.365; *MNB*, p.191.

（36）*RTAP*, f. 83b; *RTİÜ*, f. 13a.

（37）*BD*, p.273; Danişmend 1941, p.15. 結句の第二ムスラーは、*BD*ではinsânın、Danişmend 1941ではdünyânınと異同がある。ここでは前者に従った。

（38）流入時期には一五四三年、一五五三年、一五五五年と諸説あるが、一六世紀半ばという点では一致している。Bostan, İ. "Kahve," *TDVİA*, Vol.24, 2001, pp.202–205.

（39）とくに一五一一年のメッカ事件が知られる。臼井 二〇一六、二六–三一頁。

（40）寺田寅彦「コーヒー哲学序説」清水哲男（編）一九九一、一六頁；宮下 二〇一五b、一〇八–一一〇頁。

（41）Hattox 1991；ハトックス 一九九三に詳しい。

（42）いずれもAçıkgöz 1999, p.7.

（43）A. Saraçgil, "Kahve'nin İstanbul'a Girişi: 16. ve 17. Yüzyıllar," in Dosmet-Grégoire and Georgeon 1999, pp.27–41; E. Işın, "Coffeehouse as Places of Conversation," in Faroqhi and Neumann（eds.）2003, pp.199–208; Faroqhi 2000, pp.215–218; Hattox 1991, pp.46–52.

（44）*Mİ*, pp.45–46.

（45）*BKN*, pp.24–27.

（46）古典詩における珈琲についてはAçıkgöz 1999が優れた研究である。

（47）ネルヴァル 一九九七、三八七頁。

（48）*MN*, p.363; *MNB*, p.188.

（49）*RTAP*, f. 82a; *RTİÜ*, f. 11b.

（50）*Mİ*, pp.45–46.

（51）Değirmenci 2011, pp.23–25.

（52）Çetelik 2007, p.138.

（53）N. Bozkurt, "Meclis," *TDVİA*, Vol.28, 2003, pp.241–242. またアーシュク・チェレビー『詩人たちの諸感覚』（*MŞ*, 一五六八）は、メジリスを介して結びついた詩人たちの逸話、失敗談を一定量、伝える貴重な史料である。

（54）İpekten 1996, pp.229–251; Pala 1999, pp.72–76.

（55）*TŞK*, Vol.2, p.735.

（56）*NVD*, p.316.

(57) *MN*, pp. 347–348; *MNB*, p. 164.
(58) ジャムシードはペルシア最古の王朝とも言われるベーシュダード朝の王であり、彼の宮殿で最初の葡萄酒が出来たと伝えられる。İ. Pala, “Câm-ı Cem,” *ADŞS*, p. 83; “Cem,” *ADŞS*, pp. 86–87.
(59) *MN*, p. 283; *MNB*, p. 45.
(60) Schmidt 2011, pp. 109–110.
(61) *MN*, pp. 349–350; *MNB*, pp. 166–167.
(62) *MN*, p. 350; *MNB*, p. 167.
(63) 一六世紀の詩人ジナーニー（Mustafa Cinânî, ?–一五九五）は、教訓物語詩『諸心の光沢』において貴顕や富裕層が酒宴の場で情欲に流されることを戒める。*CK*, pp. 217–218.
(64) Levend 1998, p. 16.
(65) 詳しくは宮下 二〇一二c。
(66) Özgül 1990に一部所収。
(67) *TŞL*, p. 441; *RŞ*, f. 110b.
(68) *TŞL*, p. 441. 他に*KA*, p. 182にも類似の記述が見られる。
(69) *RTAP*, f. 81b; *RTİÜ*, f. 11a.
(70) *RTAP*, f. 80b; *RTİÜ*, ff. 9b–10a.
(71) *TŞL*, p. 441.
(72) *TŞK*, Vol. 2, p. 768.
(73) 『酌人の書』はSohrweide 1981、『イスタンブル都市頌歌』は*RTAP*, 1a–10a、『描写の書』は*RTAP*; *RTİÜ*にそれぞれ所収される。『冗談集』に関しては所在不明である。
(74) *RTİÜ*, f. 1b.
(75) 『描写の書』の校訂を行ったNersin 1939、および同研究に拠りつつ部分的な現代トルコ語訳と解題を行った卒業論文Ulçügür 1947は、いずれも一二二項目を擁するスレイマニエ図書館所蔵の写本*RTAP*に依拠する。本書では*RTAP*とともに、イスタンブル大学貴重書図書館所蔵の一五八項目からなる別写本*RTİÜ*を併せて参照し、互いに欠けている項目や詩行を補完した。ファキーリーが記載する項目はネスィブを除いて掲載順に以下の通り。並び順は*RTİÜ*に依拠した。スレイマン一世、宰相たち、軍人法官、財務長官、尚書長官、軍司令官・隊長、ソラック兵、スィラーフダール、伝令兵、イェニ・チェリ、シェイヒュル・イスラーム、ムフティー、法官、イスラーム学院教授、弁護人、優等生、神学生、法官代理、公職保持者、年金取得者、法学免状取得者、円熟の宗教指導者、不徳な宗教指導者、神秘主義僧、説法師、説教師、ミュエッズィン、モスクの導師、クルアーン朗誦者、ムアッリフ、寺子屋の教師、書記、会計、詩人、識者、雅人、美人、恋人、女たらし、男色家、恋敵、恋の邪魔者、乳母、悪口屋、告げ口屋、偽善者、正直者、嘘つき、追従屋、群衆、人殺し、狂人、禁欲者、既婚者、娘婿、愚者、老人、若者、子供、孤児、貧者、金満家、変人、同郷人、サイード、偽サイード、アラブ人、ペルシア人、ギリシア人、トルコ人、旅人、田舎者、巡礼者、バルカンの農民、ならず者、街っ子、奴隷、遊び友達、子供のない者、飛脚、ロマ人、山賊、神秘主義修道場の徒弟、カレンデリー、シーア派説法師、シーア派信者、不信心者、偽信徒、酒場の店主、（宗教的な）不届き者、酔漢*、ワイン中毒者、阿片中毒者、酌人、ヒヨス中毒者、在地騎兵、非正規歩兵、郡長、シェフル・エミーニ、市場の夜警、門番、市場監督官**、徴税人、ワクフ保持者、ケトヒュダー、ワクフ管財人、年金受給者、占星術師、土占師、内科医、蛇使い、左官、内装職人、床屋、小鳥売り、綱渡り師、曲芸師、歌手、ネイ吹き、カーヌーン弾き、レイハン弾き、琴弾き、荷運び人、触れ役、仲介交渉役、親方、店舗商人、仕立屋、帽子職人、靴職人、サンダル職人、馬具職人、刃物職人、織物職人、甘味職人、雑貨商、軽食屋、肉屋、石鹸職人、釜職人、塗装職人、蹄鉄職人、浴場主、三助、見張り番、缶焚き、粉引き職人、鷹匠。＊*RTAP*, *f.* 85a にのみ記載　＊＊市場監督官は *RTAP*, f. 83a にのみ記載。

(76) Pala 1997, p. 13.

(77) *HH*, p. 183; *TŞK*, Vol. 2, pp. 546–548; *TŞL*, pp. 349–350.

(78) *HH*, pp. 113–116, 118–120, 127–128.

(79) 各項目の発句も類似する。アーリーは…tutalum「……を取り上げてみよう」、サーフィーは Tut ki…「……を取り上げてみると」というように同じ tutmak「摑む、取り上げる」という動詞を用いる。これに対してファキーリーは Nedür bildün mü ʻâlemde …「この世において……が何か君は知っているか」という表現を筆頭に、Sorarsan sen …「……について君が尋ねるなら」、Nedürür … itsen tefekkür「……が何か君が思いを馳せるなら」などの表現を併用する。いずれの作品でも各項目の発句が同一、または類似の表現で始まる点は共通している。ただし、三作品ともに韻律の関係上、語順や使用される変化形などは各項目間である程度、変化する。

(80) Levend 1998, pp. 162–163. なお、これまで幾度も引用してきた『イスタンブル礼賛』（Latîfî 1977）も一八二五年に書写された写本も『イスタンブルの描写の書』の名を冠するが、これは当世批判の性格の強い論考作品であるため「描写の書」ジャンルの作品とは見なしえない。*Tİ*, f. 1b.

(81) *HA*, p. 131.

(82) *HH*, pp. 130, 131–132.

(83) *RTAP*, –; *RTİÜ*, f. 4a.

(84) Tuğcu 2006, pp. 190–191.
(85) *HA*, p. 131; *HH*, pp. 130–132; *RTAP*, –; *RTİÜ*, f. 4a.
(86) *RTAP*, –; *RTİÜ*, ff. 2b–3a.
(87) *RTAP*, –; *RTİÜ*, f. 10b.
(88) *RTAP*, f. 85a ;*RTİÜ*, f. 16a。最終行は*RTİÜ*では欠けている。
(89) *HH*, p. 115.
(90) *RTAP*, ff. 87b–88a; *RTİÜ*, f. 19a.
(91) *HH*, p. 153.
(92) *RTAP*, f. 88a; *RTİÜ*, f. 19a.
(93) *RTAP*, f. 85b; *RTİÜ*, f. 17a.
(94) M. Canatar, "Kethüdâ," *TDVİA*, Vol. 25, 2002, p. 333; Yi 2005, pp. 58.
(95) *HA*, p. 143.
(96) *HH*, p. 152.
(97) *RTAP*, f. 88a; *RTİÜ*, f. 19b.
(98) *HA*, p. 143.
(99) *RTAP*, f. 88a; *RTİÜ*, f. 19b.
(100) *HA*, p. 141.
(101) *HH*, p. 148.
(102) 同時代のヨーロッパにおける商人観については、大黒 二〇〇六。
(103) ネルヴァル 一九九八、四一一頁。
(104) Göktaş, U. "Hammallar," *DBİA*, Vol. 3, pp. 535–536.
(105) それぞれ'Âh uşaklar, dadılar! Savul yoldan!' Varda! U. Göktaş, "Hammallar," *DBİA*, Vol. 3, pp. 535–536.
(106) *RTAP*, f. 87b; *RTİÜ*, f. 19a.
(107) *HA*, p. 143.
(108) *RD*, p. 196.
(109) Aydemir 2007, p. 102.
(110) *RTAP*, f. 89a; *RTİÜ*, f. 20b.

(111) *RTAP*, f. 89a; *RTİÜ*, f. 20b.
(112) 水でスープのかさを増す代わりに塩を加える給食所の料理人たちが称えられている。*Eİ*, p.36.
(113) *RTAP*, f. 89a; *RTİÜ*, f. 20b.
(114) *RTAP*, –; *RTİÜ*, f. 20b.
(115) 『エディンジキ都市頌歌』とも称されるムサンマー詩にみられる表現である。*RD*, p.201.
(116) Aksu 1996 が床屋にまつわる歌や小噺、諺や用語をある程度、網羅している。ただし古典詩に関してはその限りではない。
(117) ここでは *BN2* を参照した。九三対句から成る *BN1* に対して、一一〇対句から成る *BN2* には、前者には見られない酌人を称揚する対句が追加されている。*BN1* は九九対句以内に収まるため頌歌の体裁を取るので、献呈の際に *BN2* 縮約した可能性がある。
(118) イスラーム文化圏の歌謡における旋律の一種。上り調子の旋律であり、原義は「愛」（aşk）に由来するので、ここでは「床屋の徒弟たちが情熱的に歌ってくれる」という含意を持つだろう。
(119) *RTAP*, f. 86b; *RTİÜ*, f. 18a.
(120) Gürbüz 2012, pp.234–235.
(121) Gürbüz 2012, pp.238–240.
(122) *RTAP*, f. 88a; *RTİÜ*, f. 19b.
(123) *BBŞ*, pp.153–154.
(124) この鈴が実際の装身具であったのか、それとも身体の一部などの暗喩となっているのかは、残念ながらわからない。
(125) *RTAP*, f. 82b; *RTİÜ*, f. 12a.
(126) *İASG*, p.91.
(127) Serdaroğlu 2006, pp.184–186.
(128) 鈴木 一九九三、五〇–五二頁。
(129) *CK*, pp.207–216; *HNİM*, pp.231–234, 282–287, 291–299.
(130) 久保 二〇〇一に詳しい。
(131) ニシャープール出身の神秘主義者アッタール（Farīd al-dīn Attār, 本名 Abū Hamīd bin Abū Bakr Ibrāhīm, ペルシア語では Farīd al-dīn ʻAṭṭar, Abū Hāmid ibn Abī Bakr Ibrāhīm, 1145–1221）の同名作品を起源とし、一六世紀前半のオスマン語訳以降、オスマン帝国でも同種の作品が多く上梓されている。Atlansoy 2005, pp.33–39. また、「助言の書」ジャンルの内容については Kaplan 2001 が簡にして要を得る。

（132）典型的な韻文形式の「助言の書」としては他に、ギュヴァーヒー（Güvâhî、一五世紀前半から一六世紀初頭）『助言の書』、ザリーフィー（Ahmed Zarîfî Baba, ?–一七九五）『助言の書』など。*GPN*, pp. 7–13; *PNZ*, pp. 5–8. また物語形式で「助言の書」と同様の道徳的論題を扱う韻文詩にジナーニー『諸心の光沢』［*CK*］のような作品も見られる。

（133）A. F. Bilkan, "Hayriyye," *TDVİA*, Vol. 17, 1998, pp. 65–66; Bilkan 2002, pp. 51–55; İ. Pala, "Önsöz," Pala（ed.）2003, p. 13.

（134）*RTAP*, ff. 72a–76a.

第五章

（1）カルパトは読む能力と書く能力を区別しない識字率を一八世紀の段階で人口の一パーセント、それが一九世紀末に一割弱まで上昇した可能性を指摘する。Karpat 1981–1982, p. 95.

（2）Değirmenci 2011, pp. 22–25, 43.

（3）ここで言う「プラティック」は社会生活を営む際の実践的行動を指す。ロジェ・シャルチエ「歴史のプラティックと認識論的省察」フランドロワ（編）二〇〇三、三三七頁。

（4）エレミヤ・チェレビー、エヴリヤ・チェレビーは、ともにイスタンブルを「我らの故郷」、「我らが愛しきイスラーム溢れる街」と呼んでいる。*ESN*, p. 32; *İT*, p. 30; *SN*, p. 11; *SNGT*, p. 5; *SNT*, ff. 7b–8a.

（5）Sanjian and Tietze（eds.）1981, pp. 9–37; H. D. Andreasyan "Hayat," *İT*, pp. VIII–XXVIII; Pamukciyan 2003, pp. 1–8.

（6）Z. Yılmazer, "Eremya Çelebi," *TDVİA*, Vol. 11, 1995, pp. 293–294.

（7）H. D. Andreasyan, "Hayat," *İT*, p. IX; Sanjian and Tietze（eds.）1981, p. 17–18.

（8）このうち、『イスタンブル火災史』にはトルコ語訳が存在し、Pamukciyan 2002, pp. 89–106 に所収される。

（9）Sanjian and Tietze（eds.）1981, p. 12.

（10）Pamukciyan 2003, pp. 9–18.

（11）*İT*, p. 63. なお、エレミヤ・チェレビー自身も民衆の言葉を使用したことを作中で詫びている。

（12）*İT*, pp. 63–64.

（13）*İT*, p. 64.

（14）エレミヤ・チェレビーはムヒタル（Vardapet Mıkhitar, ?–）なる聖職者に『イスタンブル史』を言付けたが、その依頼は実行されなかった。*İT*, p. 63.

（15）*İT*, p. 61.

(16) *İT*, p.59.

(17) たとえばトルコ宗務省が出版した子供向け漫画『エヴリヤ・チェレビー：アゾフ海の海底』など。Cebeci, O. & E. Dündar 2004.

(18) 呼び名はかつて師事したウレマーに由来する。M. İlgürel, "Evliya Çelebi," *TDVİA*, Vol.11, 1995, p.529.

(19) *ESN*, pp.94, 311, 358–359; *SN*, pp.36, 128, 312; *SNGT*, pp.56–57, 267, 657; *SNT*, ff. 25a, 89b, 212b.

(20) ダンコフは母親をメレク・アフメト・パシャの従姉妹と比定し、アフメト一世期に父アフメトへ下賜されたとする。Dankoff 1991b, p.9.

(21) M. İlgürel, "Evliya Çelebi," *TDVİA*, Vol.11, 1995, pp.529–533; N. Tezcan, "Seyahatname," *TDVİA*, Vol.37, 2009, p.16.

(22) *ESN*, p.344; *SNGT*, p.302; *SN*, p.143; *SNT*, f. 101a.

(23) *ESN*, pp.243–253; *SN*, pp.99–103; *SNGT*, pp.202–213; *SNT*, ff. 68b–71b.

(24) エヴリヤ・チェレビーは自身の守護聖人を、エチオピア出身のムハンマドの教友であり、はじめて礼拝の呼びかけを行ったビラール・ハベシー（Bilāl bin Rabāḥ Habashī, ?–六四一）とする。*ESN*, p.523; M. Fayda, "Bilâl-i Habeşî," *TDVİA*, Vol.6, 1992, pp.152–153; *SN*, p.224; *SNGT*, p.480; *SNT*, f. 156a. また、楽士や声楽に通じる教団員の多かったメヴレヴィー教団との交流についても記す。*ESN*, pp.376, 407, 634, 645–646; *SN*, pp. 159, 173, 302, 307; *SNGT*, pp. 339, 369, 635–636, 646; *SNT*, ff. 111b–112a, 122b, 206a, 208b.

(25) 『旅行記』には彼の詠んだ記年詩がわずかに所収される。

　ああエヴリヤは山のように大きな東屋へ記年銘を詠んだ。

　我が陛下の屋敷に神の祝福あれ。*ESN*, p.477; *SN*, p.204; *SNGT*, p.436; *SNT*, f. 143b.

　祈りと共にこの屋敷の記年銘をエヴリヤ・チェレビーが詠んだ。

　祝福したまえ、主よ、この高貴で貴い屋敷を。*ESN*, –; *SN*, p.133; *SNGT*, p.279; *SNT*, f. 93b.

前者はウスキュダルのチャムルジャの丘にある、おそらくはムラト四世の建てた屋敷（köşk）について、後者はカスム・パシャの造船所監督官イブラヒム・エフェンディの屋敷について、それぞれ詠んだ作品である。

(26) *ESN*, p.656; *SN*, p.311; *SNT*, f. 211b.

(27) And 1967, pp.237–238.

(28) Nutku 1975b, pp.124–130.

(29) Nutku 1975a, p. 702.

(30) 近世の事例ではないが、トルコ最後の噺家と呼ばれたマーヒルの噺を所収した講談集成（Sakaoglu（ed.）1997）には主として笑い話と風刺話が収められる。

(31) *ESN*, pp. 385, 386, 656; *SN*, pp. 163, 164, 311; *SNGT*, pp. 347, 350, 654; *SNT*, ff. 114b, 115b, 221b.

(32) 『旅行記』に記載される庶民的遊戯についてはとりあえず、Göktaş 1997 がまとめる。

(33) Dankoff, 2004, p. 3.

(34) 執筆当時に四七歳（一六五八年）だったという記述（*ESN*, p. 656; *SN*, p. 311; *SNGT*, p. 654; *SNT*, f. 221b）、王朝史がメフメト四世期（一六四二－一六九三）の中途で途切れている点、一六六三年に完成したイェニ・ヴァーリデ・モスク門への言及が見られる点などを勘案した。*ESN*, pp. 59–60; *SN*, p. 23, 124–125; *SNGT*, p. 30, 259–260; *SNT*, ff. 15b, 87b–88a.

(35) オスマン語刊本 *Müntehabat-ı Evliya Çelebi*, İstanbul, Takvim-hâne-i Âmire, 1259; Bulak, 1262; İstanbul, Tabıhâne-âmire, 1278、および写本 *Müntehabat-ı Evliya Çelebi Sahife*, Süleymaniye Kütüphanesi, Yazma Bağışları No. 4467, ff. 1a–174bha は、本書で筆者が施した分類に従えば「地誌部」、「導入部」のみを抄録する。

(36) 主な研究は Dankoff 1991a; 1991b; 2004; Demircanlı 1989 等多数。

(37) 三浦 一九九七、一八－一九頁。

(38) Eren 1960, pp. 30–36, 58–63, 75–92.

(39) 林 二〇〇八、二四三頁。

(40) Summer-Boyd and Freely 2000, p. 123.

(41) *ESN*, pp. 399; *SN*, pp. 169–170; *SNGT*, pp. 362.

(42) *ESN*, pp. 381–382; *SN*, p. 162; *SNGT*, pp. 344–345; *SNT*, f. 113b.

(43) *İT*, p. 6.

(44) 桜井 一九六八、九－一四頁；ブルヴァン 一九九七、一四、二一頁。

(45) S. Eyice, "Ayazma," *TDVİA*, Vol. 4, 1991, pp. 229–230.

(46) Dutemple 1883, pp. 45–46.

(47) *ESN*, p. 414; *SN*, p. 176; *SNGT*, pp. 373–374; *SNT*, f. 124a.

(48) ホデゲトリアとも呼ばれ、元来は「ホデゴン派の絵画」を意味し、「聖母像」と同義。ビザンツ帝国期コンスタンティノポリスの民衆はこうした聖母像を描いたのが絵画と医術を司る聖人ルカであると信じ、病の快癒などを祈願したという。なお、「ホデゴン」の語は、九世紀頃に帝宮付近に建てられたホデゴン修道院に由来するとのことである。Carr 2004, p. 95; 橋口 一

九九五、二四－二五頁。

(49) *İT*, pp.5–6.

(50) *İT*, p.29.

(51) *İT*, pp.35–36.

(52) *ESN*, p.414; *SN*, p.176; *SNGT*, pp.373–374; *SNT*, ff. 124a–124b.

(53) とくにペルシアなどの東方イスラーム文化圏ではサッカー・ハーネ（saqqâ-khâne）と呼ばれる水場への信仰などが広く見られる。Öz, M. "İmâmzâde," *TDVİA*, Vol.22, 2000, pp. 209–210; 清水&上岡 二〇〇九、一一九頁。

(54) Lâmi'î Çelebî 1871, p.15.

(55) Dutemple 1883, pp.45–46.

(56) たとえば *HN*, p.191; *Eİ*, pp.61–62 など。

(57) O.F. Köprülü and M. Uzun, "Akşemseddin," *TDVİA*, Vol.2, 1989, pp. 299–302; 林 二〇〇八、八九頁。

(58) 伝説の概要については、Yerasimos 1990 に詳しい。
エヴリヤ・チェレビーによれば、イスタンブルを攻めたエユプは二回目の攻撃でガラタを陥落させる。ここでキリスト教徒側からの和平の申し出を受け、イスタンブル城内に入りアヤソフィアで祈りを捧げるが、その帰途エディルネ門付近で住民から石を投げられ落命したという。時代が下ってメフメト二世はイスタンブルに入城すると早速エユプの墓を探させる。はたして師アク・シェムセッティンが古式ゆかしいクーフィー体のアラビア語で「この墓はエユプ・エンサールのものである」（hâzâ kabli Eyyûb Ensârî）と書かれた墓石を発見した。また、ジャフェル・チェレビー『切望の書』もアク・シェムセッティンを埋葬地の発見者とする。一方、詩人ラティーフィーの記す伝説では、埋葬地の発見者が異なる。すなわち、エユプは攻城戦のさなかアヤソフィアに忍びこんだという。ちょうど説法を行っていたキリスト教の聖職者が聴衆の反応の薄さからムスリムが紛れていることに勘付き、「ムハンマドの宗教に誓いを立てた真のムハンマドの徒ならば名乗り出よ」と挑発する。正々堂々と名乗り出たエユプは民衆によって殺されてしまう。そして八百年後、メフメト二世がイスタンブルに入城するや否や、エユプの大地が血と泥の中に沈み埋葬地はおのずと明らかになったという。*ESN*, pp. 400–402; *Eİ*, pp.61–62; *SN*, pp. 170–171; *SNGT*, pp. 362–363; *SNT*, ff. 120b–121a; *HN*, p.191.

(59) *İT*, pp.31–33.

(60) Gyllius 2000, p.71.

(61) 密かにイスラームを信仰するニハーリー（Nihâlî）という名のイスタンブル近郊に住む修道院長が、メフメト二世がエディルネで二度目の戴冠を終えた聞き、「イスタンブルを征服するのはあなた様です」と書き送ったという。*ESN*, p.453; *SN*, p.194;

SNGT, pp.414–415; *SNT*, f. 136b.

（62）*ESN*, pp.373–374, 384, –, 458; *İT*, pp.20 23–24 54, 55; *SN*, pp.157–158, 163, 164, 196; *SNGT*, pp.335–336, 346, 348–350, 419; *SNT*, ff. 110b–111a, 114b, 115b, 137b.

（63）私市 一九九六、六二頁。

（64）S. Uludâğ, "Abdal," *TDVİA*, Vol.1, 1988, pp.59–61.

（65）Dols 1992, pp.388–389; S. Uludağ, "Meczup" *TDVİA*, Vol.28, 2003, pp.285–286.

（66）Şahin, H. "Menâkıbnâme," *TDVİA*, Vol.29, pp.112–114.

（67）エーリ遠征が一六世紀末、オスマン銀貨がアクチェからクルシュへ改鋳されたのが一七世紀末と時期的にかなり開きがあるため、この狂人の活動年代は定かでない。

（68）*ESN*, p.382; *SN*, p.162; *SNGT*, p.345; *SNT*, ff. 113b–114a.

（69）*ESN*, p.381; *SN*, pp.161–162; *SNGT*, p.344; *SNT*, f. 113b.

（70）*ESN*, pp.382–383; *SN*, p.162; *SNGT*, p.345; *SNT*, f. 114a.

（71）*ESN*, p.381; *SN*, p.162; *SNGT*, p.344; *SNT*, 1f. 13b.

（72）*ESN*, p.559; *SN*, pp.236–237; *SNGT*, pp.504–505; *SNT*, pp.163b–164a.

（73）*ESN*, pp.373–374; *SN*, pp.157–158; *SNGT*, pp.335–337; *SNT*, ff. 110b–111a.

（74）*İT*, p.3.

（75）*ESN*, pp.381–382; *SN*, p.162; *SNGT*, pp.344–345; *SNT*, f. 113b.

（76）*ESN*, p.383; *SN*, p.163; *SNGT*, p.346; *SNT*, f. 114a.

（77）*ESN*, p.383; *SN*, p.162; *SNGT*, p.346; *SNT*, f. 114a.

（78）*ESN*, p.384; *SN*, p.163; *SNGT*, p.346; *SNT*, f. 114a.

（79）ここでは*SNT*に拠った。*ESN*, p.384; *SNGT*, p.346ではTabak、*SN*, p.163; *SNT*, 114bではDayakと記される。Dayakであれば「打撃」、Tabakならば「皿」を指すが、ここではトプカプ宮殿所蔵の*SN*に拠った。

（80）*TM*, p.125.

（81）*ESN*, pp.378–381; *SN*, pp.160–161; *SNGT*, pp.341–343; *SNT*, ff. 112b–113a.

（82）逸話に登場する大宰相レジェプ・パシャの在職期間は一六三二年の二月から五月にかけて。

（83）*MN*, p.365; *MNB*, p.191.

（84）コーラン「食卓章」四九節であろう。ここで神は「目には目を」の復讐の権利に触れている。もっとも、そのすぐ後で被害者が報復の権利を放棄した場合、その行いは自らがそれ迄に犯した罪の贖いとなることが述べられ、許しの心の尊さが説かれる。井筒 一九九九、下巻、一四三頁。

(85) たとえばファキーリーは詩歌と学芸に秀でる反面、過った信仰を持つ異端者として非難する。*RTAP*, -; *RTİÜ*, f. 10b.

(86) 煙草が全面的に禁じられたのはムラト四世の治世中、一六三三年のイスタンブル大火ののちのことである。そのため、上記のカラ・ムスタファ・パシャはメルズィフォンル・カラ・ムスタファ・パシャ（Merzifonlu Kara Mustafa Paşa、一六三四／一六三五－一六八三）ではなく、ケマンケシュ・カラ・ムスタファ・パシャ（Kemankeş Lara Mustafa Paşa、一五九二－一六四四、在職期間一六三八－一六四四）であろう。

(87) *ESN*, p.387; *SN*, p.164; *SNGT*, p.349; *SNT*, f. 115b.

(88) 『弧の書』（*Kavis-nâme*）。概要についてはとりあえず Kunter 1938, pp.43-44.

(89) Fani and Farina（ed.）2012, p.144.

(90) *ESN*, -; *SN*, p.164; *SNGT*, p.349; *SNT*, f. 115b.

(91) *ENS*, -; *SN*, p.164; *SNGT*, pp.349-350; *SNT*, f. 115a.

(92) *ENS*, -; *SN*, p.164; *SNGT*, pp.349-350; *SNT*, f. 115b.

(93) スルタン、大宰相が登場する逸話は五編ある。*ESN*, pp.382-383; *SN*, p.164; *SNGT*, p.345; *SNT*, f. 114a.

(94) Akhisarî 2015, pp.52, 57.

(95) Dols 1992, pp.389-390.

(96) *ESN*, p.386; *SN*, p.163; *SNGT*, p.346; *SNT*, f. 115a.

(97) *ESN*, pp.387-388; *SN*, p.164; *SNGT*, pp.347; *SNT*, f. 115b.

(98) Pamukciyan 2002, Vol.II, pp.99-100.

(99) *ENS*, -; *SN*, p.164; *SNGT*, pp.349-350; *SNT*, f. 115b.

(100) *ESN*, p.385; *SN*, p.163; *SNGT*, p.347; *SNT*, f. 114b.

(101) 原語は elek で木製の篩をも指すが、エヴリヤ・チェレビーによればこれを「罪人に飲みこませ」、紐で口から繰り返し引き出しては嘔吐《えず》かさせる拷問にも用いられたそうなので、布状の漉し布であろう。*ESN*, pp.385-386; *SN*, p.163; *SNGT*, pp.347-348; *SNT*, ff. 114b-115a.

(102) エレミヤ・チェレビーはこの出来事があった年を一六五三年と記録するが、メレク・アフメト・パシャが大宰相位にあったのは一六五〇年から一六五一年の間である。*IT*, p.25.

(103) *ESN*, pp.385-386; *SN*, p.163; *SNGT*, pp.347-348; *SNT*, f. 114b.

（104）*İT*, p.24.

（105）*İT*, p.25.

（106）今松泰「ベクタシー教団」『岩波イスラーム辞典』八六九－八七〇頁；小山皓一郎「ベクターシュ教団」『新イスラム事典』四三七頁；矢島洋一「カランダル」『岩波イスラーム辞典』二一六頁。

（107）Halvetî 2007, p.126. なお、ここでは篩翁は絹布と羊毛を食したとされる。

（108）濱田正美「スーフィー教団：宗教権威から政治権力へ」板垣雄三（監）、後藤明（編）一九九四、二六四頁。

（109）護符としてtılsımについてはTarı 2014に詳しい。

（110）奇物に関しては宮下二〇一五aにおいて中心的に扱った。

（111）エヴリヤ・チェレビーはカイロを訪れた際、アラブの地理学者マクリーズィー（Taqī al-Dīn Aḥmad ibn ʿAlī al-Maqrīzī, 一三六四－一四四二）の『地誌』のような代表的なカイロ地誌に記載されていない古代遺構に触れ、その俗信を記している。『地誌』は都市の形成史、地誌、祝祭について記し、『旅行記』とも多くの共通点を有する構成を取るが、マクリーズィーがピラミッドやスフィンクスのような古代遺構を『地誌』第一巻で扱い、基本的にはカイロとは別項目で扱っているのに対して、エヴリヤ・チェレビーは俗信の宿る遺構をカイロの都市空間内に対置し、今日的な影響力を行使する存在として扱っている。A. R. Guest 1992, p.8; *DHTE*, pp.2–144; M. İpşirli, "el-Hıtatü'l-Makrîziyye," *TDVİA*, Vol.17, 1998, pp.402–404; E. F. Sayyid, "Makrîzî," *TDVİA*, Vol.27, 2003, pp.448–451; *SN10*, pp.165–166.

（112）*ESN*, pp.–, 125–128; *SN*, pp.15–16, 49; *SNGT*, pp.13–14, 83; *SNT*, f. 11a.

（113）Yerasimos 1990にフランス語訳所収。ただし本書ではオスマン語版を収録するトルコ語訳本Yerasimos 1993, pp.13–47に拠った。

（114）エヴリヤ・チェレビーはソフィアとゲリボルの街を訪ねた際に、ビージャーン所縁の地を巡っている。*SN3*, p.226; *SNGT3*, p.523; *SN5*, p.163; *SNGT5*, p.427.

（115）Bîcân 1999, pp.78–80. ビージャーン本人がこれに先立ってオスマン語に訳したガズウィーニー『創造物の驚異』に倣って著した地理書である。İhsanoğlu and Şeşen (eds.) 2000, Vol.1, pp.4–11; N. Sakaoğlu, "Dürr-i Meknûn'un Yazarı Yazıcıoğlu Ahmed Bîcan Efendi," Bîcân 1999, pp.10–14.

（116）Majeska 2007, pp.32–33; 浅野二〇〇二、一五七－一五八頁。

（117）*CT*, pp.127–129; *CTE*, pp.70–72; *İT*, p.12.

（118）浅野二〇〇三、一七七－一七九頁。アヤソフィアの聖遺物についてはド・クラリ一九九五が詳しい。

（119）*İS*, pp.100–101; *RNVC*, p.122.

(120) アヤソフィア伝説については Yerasimos 1990 が詳しい。
(121) 筆者は現代トルコ語から重訳した。Sinanlar 2005, p.16.
(122) *CT*, p.130; *CTE*, p.82.
(123) 預言者言行録には繰り返し蛇への忌避が現れるが、オスマン詩においては宝物庫――往々にして佳人や想い人の心をも指す――を守る魔物としての蛇や竜が詠まれ、それを「奇物」と呼ぶ例が少なくない。また、一五世紀にオスマン帝国の虜囚となって帝国各地を検分したシルトベルガー（Johannes Schiltberger, 一三八一－一四四〇）は、黒海沿岸の街を攻囲したベヤズィト一世が、折しも街を十日もの間、包囲していた蛇の群れの助力を得て陥落させたという不思議譚を記して、暗にムスリムと悪魔の繋がりを想起させている。*TTA*, p.50.
(124) *İT*, p.4; *ESN*, pp.65–66; *SN*, pp.25–26; *SNGT*, pp.35–36; Yerasimos 1990, p.24.
(125) *ESN*, pp.65–66; *İT*, pp.4, 6–7; *SN*, pp.25–26; *SNGT*, pp.35–36; Yerasimos 1990, p.24.
(126) *ESN*, pp.65–66; *SN*, pp.25–26; *SNGT*, pp.35–36; *SNT*, f. 17b.
(127) *İi*, p.65; Sinanlar 2005, pp.51–52.
(128) Sumner-Boyd and Freely 2000, p.122.
(129) *İi*, pp.67–68.
(130) *CT*, pp.202–203; *CTE*, p.132.
(131) *CT*, p.231; *CTE*, p.150.
(132) *ESN*; p.65; *SN*, p.25; *SNGT*; p.34; *SNT*, f. 17a.
(133) *CT*, p.349; *CTE*, p.221.
(134) *TEŞ*, pp.105–106.
(135) *LV*, p.74.
(136) *MSN*, p.122.
(137) Carnoy and Nicolaïdès 1894, pp.1–11.

第六章

(1) ロティ 二〇〇〇、四九－五〇頁。
(2) 関 二〇〇九、八－一〇頁。

（3）ニコポリスの戦い（一三九六）において虜囚となったシルトベルガーの *TTA* は最初期のオスマン帝国観察記に数えられる。

（4）その嚆矢と言えるのは一五世紀前半に当時の帝都ブルサを訪ねたド・ラ・ブロクイエール（Bertlandon de la Broquière, ?–一四五九）の『海外旅行』（*DS*; *VOBB*）である。

（5）Babinger 1978, pp. 337–381; Refik 2006, p. 42; 宮本 一九九三、一〇三頁。

（6）一五六九年にセリム二世からフランソワ二世へ与えられたとする異説もある。

（7）的場昭弘「十九世紀の旅行ガイドブック：ドイツ人から見た旅行ガイドブック」宮崎（編）二〇〇一、三〇七頁。

（8）アルマニャック伯爵家の出身で、フランソワ一世の名代としてヴェネツィア、ローマに派遣されるとともに、フランス各地の修道院長職を歴任しながら文芸保護にも精を出し、とくに南フランスのカタリ派鎮圧に熱心に取り組んだ。一五四四年にその功をもって枢機卿に叙せられる。*FRHD*, p. 1196; *GDU*, Vol. 1, p. 546.; M. Reulos, "George d'Armagnac," *COE*, Vol. 1, p. 72; R. Musto, "Pierre Gilles," *CTE*, p. XVI.

（9）『フランスとイタリアの魚の名称についての書』（Petrus Gyllius, *Liber unus de Galicis et Latinis nominibus piscium*, Lyon, S. Gryphius, 1533）をリヨンの出版業者グリフィウス一世（Sebastian Griphius、一四九三–一五五六）の工房から出版している。M. Reulos, "George d'Armagnac," *COE*, Vol. 2, p. 98.

（10）*DBT*.イスタンブル生まれのアルメニア人歴史家、地誌作家インジジヤン（Gugos V. İnciciyan、一七五八–一八三三）が一七九四年にベネツィアで出版した地誌『ボスフォラスの避暑地』の底本ともなっている。*İBS*, pp. 14–15.

（11）Basset 2004, pp. 5–6.

（12）*VLB*, pp. 190–191, 212–217, 460, 522.

（13）F. Lefort, "Thevet（André）, *DdLF*, pp. 1121–1122; カルチエ・テヴェ 一九八二、一五九、五三四頁。

（14）F-L. R. Gorris, "Postel（Guillaume）," *DdLF*, pp. 957–961.

（15）ブースマ 二〇一〇、二一一–二四四頁。

（16）*DES*, pp. 24–27.

（17）*VLB*, P. 107.

（18）Mantran, R. "Ali Paşa, Semis," *EİN*, p. 398; 鈴木 一九八六、三八；一九八七、四五–四七頁。

（19）*VB*, p. 5; *VLB*, p. 106.

（20）テヴェはその著作 *Vrais Portraits et Vies des Homme Illustres*（一五八四）において、ギリウスを「科学の楽しみを享受するのに熟達した人」、「ピエール・ジル師殿、いと寛大なるお方」と評しているという。*CL*, p. 279.

（21）*FRHD*, pp. 130, 1203; F. Lestrigant, "Introduction," *VE*, pp. 3–6; *VMA*, 19–22.

（22）*DES*, p. 100; *VLB*, p. 210.
（23）R. Musto, "Pierre Gilles," *CTE*, p. XX.
（24）ブロンとテヴェ、ポステル、ニコライ、ギリウスのほか、一七世紀のテヴノにも、イスタンブルの海上交通における優位性についての称賛が見られる。*CT*, pp. 24–27; *CTE*, pp. 8–11; *DES*, pp. 121–122; *HO*, p. 164; *VLB*, p. 221; *VLT*, p. 51.
（25）クルツィウス 一九八二、二二六、二八六–二八八、二六七–二九三頁。
（26）ラティーフィー『イスタンブル礼賛』に「七つの丘の都市」（Şehr-i heft-cebel）という表現が見える。またエヴリヤ・チェレビーはウスキュダルについて、イスタンブルと同じく七つの丘があるとも説明する。*ESN*, p. 471; *İT*, p. 12; *SN*, p. 202; *SNGT*, p. 431; *SNT*, f. 141b.
（27）*CL*, p. 58.
（28）ビザンツ帝国においてコンスタンティノポリスが第二のローマとして明確に意識されはじめるのは四世紀末以降、とくに六世紀のことだという。井上 二〇〇八、七五–八〇頁。たとえば、五世紀に著された都市案内書は、『コンスタンティノポリス市、新ローマ』（*Urbis Constantinopolitana, Nova Roma*）の名を冠する。*NDANUC*, p. 229.
（29）*CT*, pp. 192–196; *CTE*, pp. 125–128.
（30）グルロはフランス人宝石商シャルダン（Jean-Baptiste Siméon Chardin, 一六九九–一七七九）が、自身の旅行記の挿絵を描かせるために雇い入れた画家であるが、かなり詳細なアヤソフィアの調査を行い、その成果は後代の旅行者も参照するところとなった。*MSN*, p. 88.; 羽田 一九九九、五二、六七、六九–七二頁; 佐々木康之「解説1：シャルダン、その生涯とパリからイスファハーンへの旅」シャルダン 一九九三、六〇四–六〇六頁。
（31）*İS*, pp. 111–117, 131; *RNVC*, pp. 134–142, 156.
（32）*İS*, p. 84; *RNVC*, p. 98.
（33）*MSN*, p. 90.
（34）浅野 二〇〇三、八二–八五頁。
（35）ギリウスが参照したのは *BP*, pp. 11–33 と思われる。プロコピウスの『建築について』は建築当初のアヤソフィアの姿を伝える史料として西欧人旅行者たちも度々参照しているが、本来はユスティニアヌス帝の建築事績と帝国領内の各都市、街について、建築学的、および軍事防衛的観点からの報告を纏めた書物である。篠野 一九九〇、四一頁。
（36）*CT*, pp. 108–109; *CTE*, p. 67.
（37）*VLB*, p. 222.
（38）ヒバート 一九九一、八四、一一〇頁。

(39) *MSN*, p.87.
(40) 浅野 二〇〇三、六二－六四頁。
(41) *VLB*, p.59.
(42) *VLB*, p.495.
(43) *VLB*, pp.496–497, 506, 510, 511.
(44) *DES*, pp.137, 172–177.
(45) 田口 二〇一一、一三六頁。
(46) *DMTD*, pp.172–173.
(47) *CT*, pp.352–422; *NDANUC*, pp.229–243 に所収。管見の及ぶ限り両史料に大きな差異は認められないが、前者は『街区についての古代の記述』（*Antiqua descriptio regionum*）、後者は『コンスタンティノポリス市、新ローマ』の題名を冠する。橋口は『都市白書』と訳出しているが、本書ではギリウスの『コンスタンティノポリス地誌』ライデン版（*CT*）に拠り、『街区についての古代の記述』に統一した。橋口 一九九五、一二一頁。
(48) ニコライ、テヴェは Azmioglan と音写する。詳しくは Uzunçarşılı 1988a, pp.86–141.
(49) 同様のトルコ兵への関心は同時代のスペイン語旅行記にも見られるとのことである。三倉 二〇一〇、三七－四〇、六一－六二頁。
(50) *CL*, p.63.
(51) *DES*, pp.151–172; *HO*, pp.176–184.
(52) 軍人奴隷（マムルーク）はアッバース朝に起源を持ち、とくにサーマーン朝の時代に盛んに移入された。S. Kiziltoprak, "Memlük," *TDVİA*, Vol.29, 2004, pp.87–90. 概要については佐藤 一九九一、九－四七頁。
(53) *VMA*, p.108.
(54) *VLB*, p.208.
(55) *CL*, pp.61, 63.
(56) *HO*, p.103.
(57) 「あるフランク人がたくさんの言葉をいうために、身をねじ曲げて奮闘しているのに、相手のトルコ人は、口からちょっとパイプを離して、低い声で二言三言いい、警句ひとつで相手をうち負かしてしまう。」ルソー 一九八〇、三二〇頁。
(58) M. İpşirli, "Cuma Selâmlığı," *TDVİA*, Vol.8, 1993, pp.92–94.
(59) たとえば、行列が通過するアト・メイダヌにはほとんど触れず、ひたすらスレイマン一世のパレードの様子を描写するフレーヌ＝カナエ（Phillippe du Fresne-Canaye, 一五三四？－一六〇七）のような旅行者もいる。*VLFC*, pp. 72–73.

（60） *CL*, p. 60.

（61） Cave 1979, pp. 171–222.

（62） 倉田 一九九四、一四四－一五七、三三〇－三三三頁。

（63） ラシーヌ 一九六五、二六三－三〇六頁。

（64） ロティ 二〇〇〇、五七－五八頁。

（65） ブロンは宮殿のハレムについてまとまった記述を行わない。ただし、「トルコの女性」や「宦官」といった個別項目の中で、主に富裕層のハレムについては記している。*VLB*, pp. 495–497, 504–507. ポステルは王子の養育に関連して、皇后（Sultana）に若干触れる。*HO*, pp. 99–100. テヴェやギリウスは、ハレムの概要をごく簡潔に説明するのみである。*CL*, p. 63; *CT*, pp. 45–46; *CTE*, pp. 23–24. ダラモン大使一行の中でもっとも詳しい記述を残すのはニコライであるが、彼はハレムの女性が戦争、または商人によって供給され、カプ・アアス（capiangassi、トルコ語 Kapı Ağası）と呼ばれる宦官が管理を行うという組織構造面に着目している。*DES*, pp. 129–133. カプ・アアスは「御門の長」を意味し白人宦官の長として、内廷へと通じる幸福の門より奥の管理、運営を担った「幸福の門の長たち」（Bâbü's-saâde Ağası）を統括した。なお、実際に後宮の女性の管理に当たったのは、カプ・アアスの統括下にある「娘たちの長」と呼ばれたクズラル・アアス（Kızlar Ağası）であるため、ニコライの記述は正確ではない。Setoğlu 1986, pp. 10–11, 28; Ü. Altındağ, "Dârüssaâde," *TDVİA*, Vol. 9, 1994, pp. 1–3.

（66） ハレムの政治的地位は、スレイマン一世の後宮で大きな権勢をふるい、大宰相イブラヒム・パシャを処刑に追い込んだヒュッレム妃（Hürrem Sultan, ？－一五五八、西欧ではロクセラーナとして知られる）や、アフメト一世との間にムラト四世とイブラヒムという二人のスルタンをもうけ、長らく権勢をふるったキョセム妃のような一六世紀半ば以降のハレムの女性たちの登場によって段階的に増大する。C. Baltacı, "Hürrem Sultan," *TDVİA*, Vol. 18, 1998, pp. 498–500; M. İlgürel, "Kösem Sultan," *TDVİA*, Vol. 26, 2002, pp. 273–275.

（67） Penzer 1936, pp. 28–52; ペンザー 一九九二、二三－六〇頁。

（68） *MSN*, pp. 334–352; *VLT*, pp. 57–62.

（69） *İT*, pp. 37, 38.

（70） *İT*, p. 61.

（71） *OBK*, p. 277.

（72） *CT*, pp. 239–240; *CTE*, p. 154.

（73） *OBK*, pp. 99–100.

(74) *İT*, p.37.
(75) *VLB*, p.492.
(76) *PPS*, p.28.
(77) *BES*, pp.142–143; *İT*, pp.61–62; *MSN*, pp.188–189; *TSS*, p.121.
(78) *DES*, p.143.
(79) *VMA*, p.34.
(80) *BES*, pp.142–143; *TSS*, pp.120–121.
(81) 一六世紀にはカナリア諸島やアメリカの植民地に向けて、マグレブ地域、トルコ、アフリカ深部からの奴隷供給がはじまっていた。パターソン 二〇〇一、二六〇頁；関哲行「一六世紀カナリア諸島における奴隷現象：「奴隷包摂社会論」、「差別的奴隷論」を中心に」藤井美男、田北弘道（編）二〇〇四、五八九–五九一頁。
(82) たとえば『アジヤデ』のような「東洋的恋愛小説」に顕著な傾向である。ケラ＝ヴィレジェ 二〇一〇、九三頁。
(83) Thackeray 1877, pp.697–699; クルーティエ 一九九一、一八二頁。サッカレーも実際に女奴隷の姿を確認したわけではないので、真偽のほどは知れない。一八三三年に奴隷制度廃止法がイギリスで成立し、ルイスのカイロ滞在が一八四一年から一八五〇年にかけてであることを考えれば、ルイスが実際に女奴隷を所有していたとは考えにくい。
(84) *VMA*, p.34.
(85) なお、ジェロームはほぼ同じ構図を採用した『ある奴隷の売買』という作品も描いている。G. and M. Ackerman, 1997, pp.56, 67.
(86) 野崎 二〇一〇、一六三頁。
(87) *HO*, p.79.
(88) Arikan 1984, pp.68–69; *HO*, p.40.
(89) 清水宏祐「トルコ人の登場」佐藤、鈴木（編）、一九九三、一一五頁。
(90) *VLB*, p.499.
(91) *HO*, pp.103–104, 106.
(92) 牧野（訳）二〇〇一、五巻、一一頁。
(93) *VLB*, pp.459–460.
(94) *HO*, p.96.
(95) *HO*, p.118.

（96）*VLB*, 209, 477.

（97）*CL*, pp.144, 183.

（98）おおむね、服を着ず野生の獣のような風貌をした詐欺師か、焼き鏝を身体にさした悪魔のような人々として記述されている。*DES*, 192; *VLB*, p.187.

（99）*CL*, pp.144, 183; *DES*, p.129.

（100）彼がはじめてイスタンブルを訪ねた一六七〇－一六七五年以降、一六七七－一六七八年、一六七九年－一六八八年にかけて、たびたび東方を訪ねて各地を巡り、歴史書を中心とする文献を収集した。T. Akpınar, "Galland, Antoine," *TDVİA*, Vol.13, 1996, pp.337–338.

（101）*İAGH*; *VC*.

（102）サイード 一九九九、三六〇頁。

（103）『トルコ旅行者のためのハンドブック』（一八五四）では、一六世紀の旅行者たちが取り上げた市内のランドマークが観光名所として羅列される。*HTT*, pp.53–126.

（104）Voyage と tour の定義は的場 二〇〇一に拠った。的場に拠れば、冒険的旅から安全な旅への移行は、旅行者の意識が尋ねた先で新たな発見をするという目的から、既知の名所を実見することで同じ地を訪ねた他の旅行者との話題共有を本旨とする過程で起こるとされる。的場 二〇〇一、三〇二頁。

（105）Gürçağlar 2005, pp.269–270.

終章

（1）一七世紀イスタンブル旧市街北岸のウンカパヌの住人は、家屋を買い上げ、転入してきたユダヤ教徒を歓迎しなかったという。*ESN*, pp.373–374; *SN*, pp.157–158; *SNGT*, pp.335–337; *SNT*, ff. 110b–111a. またエレミヤ・チェレビーは、ロマ人の多く暮らすイスタンブル南西部を猥雑なスラムとして蔑む。*İT*, pp.4, 24.

（2）非ムスリムにはモスクの新築に際して退去の義務、モスク近辺への居住の禁止などの制限が見られた。鈴木 一九九三a、一九五頁。

（3）たとえば女流作家アドゥヴァル（Halide Edip Adıvar, 一八八四－一九六四）の『試練』Adıvar 1922. カラオスマンオール（Yakup Kadri Karaosmanoğlu, 一八八九－一九七四）の『貸し邸宅』、『ソドムとゴモラ』など。Karaosmanoğlu 1922; 1928.

（4）伊藤寛了「第二章：ポスト・アタテュルク時代のイスラム派知識人」新井（編）二〇一三、一〇四－一〇五頁。

（5）ここで言う国民文学（Millî Edebiyat）は、西欧化と国民の啓蒙を企図して活動した「諸科学の富派」（Servet-i Fünûn, 1896–1901）のような帝国末期の文学グループに反発し、欧化主義的傾向の強いイスタンブルのエリート層とは一定の距離を置きつつ、西欧諸語への過度の傾倒を拒み、アラビア語、ペルシア語、西欧語を排除した純粋トルコ語（öztürkçe）を用いて創作を行おうとした愛国的な作家たちによって進められた一連の文学運動を指すと、とりあえず定義しておく。Mutluay 1988, pp.164–165, 209–217; 新井 一九八四、四五–八七頁；二〇〇九、二四五–二四六頁。

（6）和訳はマカル 一九八一。

（7）宮下 二〇一二a。とくにオルハン・ケマルの『豊饒の大地の上で』、ターヒルが五〇年代に著した作品群が都市における農民を活写する代表例。Kemal 1954; Tahir 1955; 1957.

（8）オズヤルチュネルが一九六〇年代に発表した「パナユル」、「城壁」、「石ころ」など。ともにÖzyalçıner 1992 所収。

（9）Tekin 1983; 1984. 和訳はテキン 二〇一四；宮下 二〇一二b。

（10）Tanpınar 1949.

（11）Pamuk 2003.（1 ed. 1982.）

後記

オルハン・ヴェリの名詩が掉尾を飾ったいま、これ以上イスタンブルについてなにを記しても蛙鳴蝉噪の誹りを免れない。本書が成立した経緯についてのみ記しておきたい。

同時代人の叙述を紐解きながら彼らの世界観に即した都市像を炙り出し、あわよくば紙面上に復元してみたいという本書の企みは、東京外国語大学での指導教官であった林佳世子先生が「オスマン帝国の生活文化史がやりたい！」と放言する無知な学生にエレミヤ・チェレビーの『イスタンブル史』を紹介して下さった十数年前に遡る。この古典アルメニア語の韻文地誌を現代トルコ語訳で読んだに過ぎない癖に、すっかり同時代人の「生の声」に触れた気でいた私は、運よく東京大学総合文化研究科へ進学した。東大で長く教えを賜った鈴木董先生は筆者の無知と高慢を辛抱強く叱り糺し、ラティーフィー『イスタンブル礼賛』や都市頌歌といったオスマン文学作品を研究の道標として示して下さった。これが初めてのオスマン語文学との出会いであった。唐突に差し挟まれる自然描写、耽美の極致である佳人・貴顕礼賛、美麗さに比例して難解さがいや増す散文美文、そしてはじめのうちは千篇一律としか見えなかった詩歌の数々——近代的合理主義に世界が覆い尽くされる以前の異質な叙法や構成、修辞法に頭を抱えるうちに、「生の声」などというものがそのままテクストに記されることは決してなく、いかなる作者の言説もそれが根差す言語・社会文化への深い理解なしには読解され得ないという文学研究の大前提を遅まきながら学ぶこととなった。自然、関心は婉麗にして窈窕たる詩文を詠む作者たちと、彼らが創作と叙述に際して恃んだオスマン帝国の文学的知識体系そのものへ向かった。当時、オスマン詩を扱っている日本人研究者は僅少であり、折しもトルコ史の長老イナルジュクが文学と歴史の接続を訴えて『詩人とパトロン』（二〇〇三）を上梓していたこともこの関心を後押しし、留学時には歴史学より古典文学の授業に多く参加することとなった。

とくにユルドゥズ工科大学のAli Emre Özyıldırım先生から賜った古典詩の手解きは忘れがたく、日本では解きようのなかった疑問が氷解していく快感を毎時間のように味わった。しかし元来が卑陋な性向に由来するものか、学べば学ぶほどに作者の心の内を押し包んで容易に詳らかにしない美々しい言の葉の連なりが果てのない葎にも思えた。そうした折、写本図書館で出会ったのがファキーリー『描写の書』である。まったく上品ではない意地悪な嗤い、スレイマニイェ写本図書館で写本の読み方を個人的に指導して下さった信仰篤いNedim Yüksel氏が恥じ入って口に出すのも憚る卑語の数々、それらが写実する一六世紀帝都の生き生きとした町方の世界。留学から半年を経て高踏的な詩歌にやや食傷していた私は、この嘲笑文学にのめり込んだ。尤もこうした詩の本道からやや外れた卑しい韻律詩を、典雅な詩歌や、同時進行で読み進めていたオスマン語地誌、あるいはフランス語の東方旅行記とどう関連付けるべきかは分からないままであった。ひょんなことからトルコ現代作家の小説を翻訳する機会を得たのは帰国後のことだ。翻訳家への道を開いて下さった藤原書店の藤原良雄氏と、翻訳のいろはを教えて下さった刈屋琢氏をはじめ、早川書房の山口晶氏、永野渓子氏、河出書房新社（当時）の木村由美子氏、小野正嗣氏には深く感謝している。こうして翻訳に携わりトルコ現代文学についても幾らか論考を捻るようになると、今度は一九世紀に欧化し、やがて帝都の地位を失ったイスタンブルの文学的な毀誉褒貶を知り、近現代文学についての新鮮な知見の数々が博士論文に行き詰っていた私には大いなる慰めとなった。その反面、研究机の上に広げた史料は法則もへったくれもなく積み上がり、いよいよ収拾がつかなくなった。

その混沌を救ったのが、本書の劈頭に引いたオルハン・パムクの一文であった。平明な言葉遣いで記された「ただ人々が暮らしているに過ぎない」イスタンブルの姿に留学時に実見した肩ひじ張らない旧都の様子が重なり、近世帝都のひとまずの到達点を見た気がしたのだ。そうすると複数言語・宗教・文化に跨る史料を無理やり圧搾機にかけて独りよがりな一つきりの都市像を絞り出そうという重圧は失せ、複数種の観察者の目を通して見た並行的な都市の姿を、描くとも複数同時に描出してみようと考えるようになった。そうして出来たのが本書というわけである。かくのごとき場当たり的な史料・文献遍歴によって為されてきた諸々の蕪雑な研究が、いま曲がりなりにも仮綴じされて書物と為され得たのは、ひとえに文学的言説空間におけるイスタンブルという都市の比類なき豊饒さのお陰と言えるかもしれない。

もちろん、本書が完成までこぎつけたのは様々な方々の導きに負うている。本書のもととなった博士論文執筆に際して鈴木董先生、林佳世子先生と並び、分野違いでありながら指導教官を引き継ぎ細やかにご指導下さった杉田英明先生、書誌学的な側面からご指導を下さった羽田正先生、急なお願いを引き受けて下さった黛秋津先輩に、まずお礼を申し上げたい。また外大卒業後もなにくれとご助言を下さった新井政美先生、東大に入ってご指導を賜った山内昌之先生、ユルドゥズ工科大学にあって近現代文学のご指導下さった Bahriye Çeri Alemdar 先生、初めてトルコ語を習ってこの方いまでも親しくお付き合いして下さる Mehmet Ölmez 先生、日本文学とトルコ文学の交錯点から常に貴重なご意見を下さる Oğuz Baykara 先生、その深い知識と謙虚さにいつも助けて頂く Esin Esen 先生に心からの謝意を呈する。そして、およそ善意の何たるかをその身で体現するイラン史の小澤一郎氏とイスラーム宗教学の高尾賢一郎氏、同門の山下真吾氏、駒東美術部の面々、妻、父と弟、誰より母に、尽きせぬ感謝を。

本書で語られた近世イスタンブルの姿は、あくまで私のごく限られた能力で収集、読解し得た史料から瞥見されたつぎはぎだらけの写像に過ぎない。またその写像にしたところで、生来の貧乏性によっていま日本語にせねば二度と紹介されぬであろうという危惧に急かされるまま為された不要の引用と、そこに付された冗長な拙文との立てる漣によって絶え間なく揺らぐ頼りのない代物である。本来であれば捨象されてしかるべきその漣を、あたら滅せずに見逃して下さった大阪大学出版会の川上展代さんの寛容さに深く感謝したい。

平成二九年夏　大阪にて　　宮下　遼

本書は日本学術振興会科学研究費助成事業若手研究（B）「オスマン帝国における文化的選良層の社会生活と美意識の変遷についての社会史研究」の研究成果であり、また、科学研究費助成事業（科学研究費補助金）の交付を受けて出版された（JSPS KAKENHI Grant Number JP17HP5101）。同会にもまた深く謝す。

山根聡（2000）.「デリーへの哀悼詩」『世界文学 5』大阪外国語大学，pp. 279-358.
山本（林）佳世子（1982）.「15 世紀後半のイスタンブル：メフメト 2 世の復興策を中心に」『お茶の水史学』第 26 号，pp. 1-18.
山本直輝（2015）.「イマーム・ビルギヴィーのスーフィズム観」『イスラーム世界研究』第 8 巻，pp. 225-235.
——（2016）.「イマーム・ビルギヴィーにおける倫理の学としてのタサウウフ」『オリエント』第 59 巻 1 号.
矢守一彦（1975）.『都市図の歴史：世界編』講談社.
夢枕獏（2004）.『シナン』上下巻，中央公論新社.
ラシーヌ（1965）.『ラシーヌ』安堂信也（訳），世界古典文学全集，筑摩書房，第 48 巻.
ランシマン，S.（1969）.『コンスタンティノープル陥落す』護雅夫（訳），みすず書房.
李健超「唐代の長安」山田智（訳）『アジア遊学：長安の都市空間と詩人たち』第 60 号，2004，pp. 5-18.
ルソー（1980）.『言語起源論』竹内成明（訳），白水社.
ロティ（2000）.『アジヤデ』工藤庸子（訳），新書館.
渡辺金一（1985）.『コンスタンティノープル千年：革命劇場』岩波新書.

マンデヴィル，サー・ジョン（1964）『東方旅行記』大場正史（抄訳），東洋文庫，平凡社.
三浦徹（1997）.『イスラームの都市世界』山川出版社.
三倉康博（2010）.「初期近代スペインにおけるオスマン帝国の表象：16 世紀半ばから 17 世紀半ばにかけて」東京大学総合文化研究科地域文化研究専攻博士論文，2010 年 7 月 22 日に博士号授与.
三沢伸生（2010）.「プラクティカル研究情報：トルコの書籍・書店事情（2009 年度）」『イスラーム世界研究』第 3 巻 2 号，pp. 509-535.
宮崎揚弘（編）（2001）.『続・ヨーロッパ世界と旅』法政大学出版局.
宮下遼（2004）.「17 世紀イスタンブル人の心性：アルメニア人文筆家エレミヤ・チェレビー・キョミュルジュヤンを中心に」『アジア地域文化研究』東京大学大学院総合文化研究科，第 1 号，pp. 114-131.
——（2005）.「〈書評〉ハリル・イナルジュク著『詩人とパトロン——家産国家と芸術についての社会学的研究』」『東洋学報』第 87 巻，第 1 号，pp. 1-7.
——（2007）.「〈書評〉ハルン・トラサ『セヒー，ラティーフィー，アーシュク・チェレビーの詩人列伝に見る 16 世紀の文学研究と文学批評』」『イスラム世界』第 68 号，pp. 121-128.
——（2008a）.「トルコ古典文学における都市と詩人：都市トポスの誕生と 16 世紀イスタンブル」『イスラム世界』日本イスラム協会，第 70 号，pp. 1-34.
——（2008b）.「〈研究ノート〉東方旅行記における二つの観察潮流とそのトポス：フランス大使ダラモン一行におけるキリスト教古代文化と異文化の取り扱い」『地中海学研究』地中海学会，第 31 号，pp. 75-95.
——（2008c）.「トルコ古典文学における酌人：17 世紀オスマン朝「酌人の書」についての一考察」『アジア地域文化研究』東京大学大学院総合文化研究科，第 4 号，pp. 128-152.
——（2010）.「〈書評〉林佳世子『オスマン帝国 500 年の平和』（興亡の世界史第 10 巻）」『環』第 41 巻，pp. 360-363.
——（2012a）.「トルコ農村小説の時代：多層的農村世界の構築」『世界文学』第 116 号，pp. 47-59.
——（2012b）.「現代トルコの貧困を描く：ラティフェ・テキン『愛すべき恥知らずの死』『乳搾りのクリスティンのゴミのおとぎ話』」中東現代文学研究会，2012/1/12（於京都大学）.
——（2012c）.「16 世紀「描写の書」に見るオスマン朝古典詩人の商工業者像」『イスラム世界』，pp. 1-27.
——（2013）.「トルコのポスト・モダニズム文学：オルハン・パムクとその周辺」『イスラーム世界研究』第 6 巻，pp. 173-185.
——（2015a）.「イスタンブルの民衆と奇物：驚異から日常の中の異常へ」『＜驚異＞の文化史：中東とヨーロッパを中心に』山中由里子（編），名古屋大学出版会，pp. 416-432.
——（2015b）.「珈琲とカフヴェ：トルコ古典文学と日本文学の中の珈琲」『ことだまイスタンブル』İstanbul, Arkeoloji ve Sanat Yayınları, pp. 106-114.
宮本恵子（1993）.「16 世紀オスマン朝装飾写本『スレイマン・ナーメ』：挿絵様式と工房制作の問題について」『地中海学研究』Vol. XVI, pp. 81-113.

パムク，オルハン（2004）．『私の名は紅』和久井路子（訳），藤原書店．

——（2007）．『イスタンブール：思い出とこの町』和久井路子（訳），藤原書店．

——（2009）．『白い城』宮下遼（訳），藤原書店．

——（2010）．『無垢の博物館』上下巻，宮下遼（訳），早川書房．

——（2012）．『わたしの名は赤』上下巻，宮下遼（訳），早川 Epi 文庫．

林佳世子（1997）．『オスマン帝国の時代』山川出版，世界史リブレット 19 巻．

——（2008）．『オスマン帝国 500 年の平和』講談社．

——（2012）「文学・歴史研究：オスマン詩を用いた社会史研究の可能性」東長靖（編）『オスマン朝思想文化研究：思想家と著作』京都大学大学院アジア・アフリカ地域研究研究科附属イスラーム地域研究センター，pp. 95–123．

林佳世子，桝屋友子（編）（2005）．『記録と表象：史料が語るイスラーム世界』イスラーム地域研究叢書，第 8 巻，東京大学出版会．

ヒバート，クリストファー（1991）．『ローマ：ある都市の伝記』横山徳爾（訳），朝日新聞社．

フェーヴル（1981）．『フランス・ルネサンスの文明：人間と社会の基本像』二宮敬（訳），創文社．

フェーヴル，L., G. デュビィ，A. コルバン（2004）．『感性の歴史』小倉孝誠（編），藤原書店，1997．

深見奈緒子（2005）．『世界のイスラーム建築』講談社現代新書．

藤井美男，田北弘道（編）（2004）．『ヨーロッパ中世世界の動態論：史料と理論の対話』九州大学出版会．

藤木健二（2012）．「オスマン朝下イスタンブルにおけるイェディクレ周辺の皮鞣工と皮鞣工房群」『史學』81 巻 1 号，pp. 151–168．

ブースマ（2010）．『ギヨーム・ポステル：異貌のルネサンス人の生涯と思想』長谷川光明（訳），法政大学出版局．

フランドロワ（編）（2003）．『アナールとは何か：進化しつづける「アナール」の 100 年』尾河直哉（訳），藤原書店．

フリーリ（2005）．『イスタンブール：三つの顔をもつ帝都』鈴木董（監修），長縄忠（訳），NTT 出版．

ブルヴァン（1997）．『消えるヒッチハイカー：都市の想像力のアメリカ』新宿書房．

ペンザー（1992）．『トプカプ宮殿の光と影』岩永博訳，法政大学出版局．

ボルスト，アルノ（1987）『中世の巷にて：環境・共同体・生活様式』上下巻，永野藤夫，井本向二，青木誠之（訳），平凡社．

前嶋信次（1965）．『アラビアの医術』中公新書．

前田愛（1965）．『幕末，維新期の文学：成島柳北』筑摩書房．

——（1982）．『都市空間の中の文学』筑摩書房．

マカル，マフムト（1981）．『トルコの村から：マフムト先生のルポ』尾高晋己，勝田茂（訳），社会思想社．

牧野修（訳）（2001）．『ハディース：イスラーム伝承集成』全 6 巻，中公文庫．

鈴木董（1978）.「オスマン・トルコ社会思想の一側面：有機体的社会観の展開」『イスラム世界』14 号，pp. 1–21.
——（1986）.「スレイマン大帝時代オスマン朝の大宰相と宰相たち（1）」『東洋文化研究所紀要』Vol. 101，pp. 1–71.
——（1987）.「スレイマン大帝時代オスマン朝の大宰相と宰相たち（2）」『東洋文化研究所紀要』Vol. 103，pp. 1–79.
——（1992）.「チューリップ時代のイスタンブルにおける詩人と泉：十八世紀初頭オスマン朝の都市文化の一側面」『東洋文化』72 号，pp. 235–252.
——（1993a）.『イスラムの家からバベルの塔へ：オスマン帝国における諸民族の統合と共存』リブロポート.（新装版は『ナショナリズムとイスラム的共存』千倉書房，2007）.
——（1993b）.『オスマン帝国の権力とエリート』東京大学出版会.
——（1995）.『食はイスタンブルにあり：君府名物考』NTT 出版.
——（1997）.『オスマン帝国とイスラム世界』東京大学出版会.
——（2000）.『オスマン帝国の解体：文化世界と国民国家』ちくま新書.
——（2003）.『世界の食文化 9：トルコ』農山漁村文化協会.
鈴木董（編）（1993）.『新書イスラームの世界史 2：パクス・イスラミカの世紀』講談社現代新書.
関哲行（2009）.『旅する人々』河原温，池上俊一（編），ヨーロッパの中世第 4 巻，岩波書店.
田口亜紀（2011）.「ネルヴァル『東方紀行』におけるデルヴィーシュの表象」『フランス語フランス文学研究』No. 98，pp. 133–144.
テキン，ラティフェ（2014）.『乳搾りのクリスティン』宮下遼（訳），河出書房新社，2014.
中田考（監修），中田香織，下村佳州紀（訳）『日亜対訳クルアーン』作品社，2014，p. 329.
永田雄三（2009）.『前近代トルコの地方名士：カラオスマンオウル家の研究』刀水書房.
永田雄三（編）（2002）.『西アジア史Ⅱ』山川出版社.
長場紘（2005）.『イスタンブル：歴史と現代の光と影』慶應義塾大学出版会.
ニザーミー（1977）.『ホスローとシーリーン』東洋文庫，平凡社.
二宮敬（2000）.『フランス・ルネサンスの世界』筑摩書房.
ネルヴァル（1997）.『東方紀行』野崎歓，橋本綱（訳），筑摩書房.
野崎歓（2010）.『異邦の香り：ネルヴァル『東方紀行』論』講談社.
バーク，ピーター（2008）.『文化史とは何か』法政大学出版会.
橋口倫介（1995）.『中世のコンスタンティノープル』講談社学術文庫.
パターソン（2001）.『世界の奴隷制の歴史』世界人権問題叢書第 41 巻，明石書店.
ハトックス（1993）.『コーヒーとコーヒーハウス：中世中東における社交飲料の起源』斎藤富美子，田村愛理（訳），同文舘出版.
羽田正（1994）.『モスクが語るイスラム史』中公新書.
——（1999）.『勲爵士シャルダンの生涯：十七世紀のヨーロッパとイスラーム世界』中央公論新社.
羽田正，三浦徹（編）（1991）.『イスラム都市研究：歴史と展望』東京大学出版会.

文学：15 世紀末ヘラートのシャフル・アーシューブを中心に」『西南アジア研究』第 54 号，pp. 54–83.
倉田信子（1994）.『フランス・バロック小説の世界』平凡社.
ド・クラリ，ロベール（1995）.『コンスタンチノープル遠征記：第四次十字軍』伊藤敏樹（訳），筑摩書房.
クルツィウス，E. R.（1982）.『ヨーロッパ文学とラテン中世』みすず書房（初版 1971，ドイツ語原典の出版は 1948）.
クルーティエ，アレヴ（1991）.『ハーレム：ヴェールに隠された世界』篠原勝（訳），河出書房新社.
黒木英充（1988）.「都市騒乱に見る社会関係：アレッポ，1819–20 年」『日本中東学会年報』第 3 号第 1 巻，pp. 1–59.
——（1995）.「ギリシア正教＝カトリック衝突事件：アレッポ，1818 年」『アジア・アフリカ言語文化研究』第 48・49 号，pp. 137–154.
ケラ＝ヴィレジェ，アラン（2010）.『ピエール・ロチ伝』遠藤文彦訳，水声社.
小松久男（編集）（2016）.『テュルクを知るための 60 章』明石書店.
小山皓一郎（1971）.「17 世紀オスマン朝史料 “Vekayi–i Beç”（ウィーン遠征日誌）について」『オリエント』14(2)，pp. 125–141.
The Society for Near Eastern Studies in Japan
サイード（1999）.『オリエンタリズム』上下巻，板垣雄三，杉田英明（監修），今沢紀子（訳），平凡社ライブラリー（英語版初版は 1978）.
坂本勉（2015）.『イスタンブル交易圏とイラン：世界経済における近代中東の交易ネットワーク』慶應義塾大学出版会.
桜井徳太郎（1968）.『民間信仰』塙書房（第 2 版）.
佐藤次高（1991）.『マムルーク：異教の世界からきたイスラムの支配者たち』東京大学出版会.
佐藤次高，鈴木董（編）（1993）.『新書イスラームの世界史①：都市の文明イスラーム』講談社現代新書.
澤井一彰（2002）.「16，17 世紀イスタンブルにおける公定価格制度」『オリエント』第 45–2 号，pp. 75–92.
塩野七海（1993）.『緋色のヴェネツィア：聖マルコ殺人事件』朝日文芸文庫.
篠野志郎（1990）.「6 世紀ビザンツ帝国東方領における都市概念：プロコピウス『建設について』に現れる戦略拠点としての都市」『地中海学研究』Vol. XIII，pp. 33–58.
篠原千絵『夢の滴，黄金の鳥籠』1–4 巻（以下続刊），小学館，2010–.
清水哲男（編）（1991）.『珈琲』日本の名随筆，別巻 3.
清水直美，上岡弘二（2009）.『テヘラン州の聖所』東京外国語大学アジア・アフリカ言語文化研究所.
シャルダン（1993）.『ペルシア紀行』佐々木康之，佐々木澄子（訳），岩波書店.
杉田英明（1993）.『事物の声絵画の詩：アラブ・ペルシア文学とイスラム美術』平凡社.
——（1999）.『浴場から見たイスラーム文化』山川出版社.

Brill.
—— (2005). "Guilds Membership in Seventeenth Century Istanbul: Fluidity in Organization," in *Crafts and Craftsman of the Middle East: Fashioning the Individual in the Muslim Mediterranean*, S. Faroqhi and R. Deguilhem (eds), London and New York, I. B.Tauris, pp. 55-83.
Yurdaydın, H. G. (1975). "An Ottoman Historian of the XVIth Century: Nasûh al-Matrâkî and His *Beyân-ı Menâzil-i Sefer-i 'Irakeyn* and Its Importance for Some 'Iraqî Cities," *Turcica*, Vol. VII, pp. 179-187.
Yücel, A. (1991). "Galata-Péra: notes préliminaires sur les processus urbanistiques et le visage architectural au XIXe siècle," Edhem Eldem (ed.), *Première rencontre internatiomalesur l'Empire Ottoman et la Turqui moderne*, İstanbul, Institut Français d'études Anatoliennes, pp. 193-199.
Zilfi, M. C. (1986). "The Kadızadelis: Discordant Revivalism in Seventeenth-Century Istanbul," *Journal of Near Eastern Studies*, Vol. 45, pp. 251-269.

日本語
浅野和生（2003）．『イスタンブールの大聖堂』中公新書.
中東現代文学研究会（編）（2013）．『中東現代文学選』中東文学研究会.
新井政美（1984）．「『ゲンチ・カレムレル』と青年トルコ人：ナショナリズム研究の観点から」『史學雜誌』第 93 編第 4 号，pp. 45-87.
——（2001）．『トルコ近現代史』みすず書房.
——（2009）．『オスマン帝国はなぜ崩壊したのか』青土社.
新井政美（編）（2013）．『イスラムと近代：共和国トルコの苦闘』講談社選書メチエ.
板垣雄三，後藤明（編）（1992）．『事典イスラームの都市性』亜紀書房.
板垣雄三（監），後藤明（編）（1994）．『講座イスラーム世界』第 2 巻，栄光教育文化研究所.
井筒俊彦（訳）（1999）．『コーラン』岩波文庫，全三巻（初版 1957）.
井上浩一（2008）．『生き残った帝国ビザンティン』講談社学術文庫.
今橋映子（2001）．『異都憧憬：日本人のパリ』平凡社（初版，柏書房，1993）.
臼井隆一郎（2016）．『コーヒーが廻り世界史が廻る』中公申書（初版 1997）.
大黒俊二（2006）．『嘘と貪欲：西欧中世の商業・商人観』名古屋大学出版会.
小笠原弘幸（2014）『イスラーム世界における王朝起源論の生成と変容：古典期オスマン帝国の系譜伝承をめぐって』刀水書房.
オーラー，ノルベルト（1989）．『中世の旅』（叢書・ウニベルシタス 274）藤代幸一（訳），法性大学出版.
カルチエ，テヴェ（1982）．『フランスとアメリカ大陸（一）』西本晃二・山本顕一（訳註），二宮敬（解説），大航海時代叢書，岩波書店，第 19 巻.
河原温（2009）．『都市の想像力』河原温，池上俊一（編），ヨーロッパの中世第 2 巻，岩波書店.
川本智史（2016）．『オスマン朝宮殿の建築史』東京大学出版会.
私市正年（1996）．『イスラム聖者：奇跡・予言・癒しの世界』講談社現代新書.
久保一之（2001）．「いわゆるティムール朝ルネサンス期のイラン語文化圏における都市と韻

—— (1984). *L'empire Ottoman du XVIe au XVIIIe siècle*, London, Variorum Reprints.

—— (1994). *Istanbul au siècle de Soliman le Magnifique*, Paris, Hachette (1. ed., *La vie quotidienne à Constantinople au temps de Soliman le Magnifique et de ses successeurs : XVIe et XVIIe siècle*, Paris, Hachette, 1965).

Meisami, J. S. (1988). *Persian Historiography to the End of the Twelfth Century*, Edinburgh, Edinburgh University Press.

Öz, T. (ed.) (1935). *Zwei Stiftungsurkunden des Sultans Mehmed II. Fatih*, İstanbul, Istanbuler Mitteilungen.

Penzer, N. M. (1936). *The Harem : An Account of the Institution as It Existed in the Palaces of the Turkish Sultans with a History of the Grand Seraglio from Its Foundation to the Present Time*, London, Bombay and Sydney, George G. Harrap and Co. Ltd.

Raymond, A. and Wiet G., (1979). *Les marché du Caire : traduction annotée du texte de Maqrîzî*, Caire, Institut Français d'archéologie orientale du Caire.

Sanjian A. K. and A. Tietze (eds.) (1981). *Eremya Chelebi Kömürjian, Armeno-Turkish Poem "The Jewish Bride*," Wiesbaden, Harrassowitz Verlag.

Saint-Martin, M. V. (1852). *Description historique et géographique de l'Asie Mineure*, 2 vols., Paris, A. Bertrand.

Saulnier, V. L. (1951). *Paris devant la Renaissance des lettres*, Paris, Société d'édition d'enseignement supérieur.

Sohrweide, H. (1981). *Türkisch Handschriften*, Wiesbaden, Vol. XIII-5, No. 283.

Sumner-Boyd, H. and Freely, J. (2000). *Strolling through Istanbul : a Guide to the City*, İstanbul, SEV Matbaacılık (1. ed., İstanbul, Redhouse Press, 1972).

Taher, M. (ed.) (1997). *Medieval Muslim Historiography*, New Delhi, Anmol Publications.

Tanny, D. H. (1993). *Istanbul vu par Matrakcı et les miniaturistes du XVIe siècle*, İstanbul, Dost Yayınları.

Thackeray, W. M. (1877). *The Paris Sketch Book, The Irish Sketch Book and Notes of a Journey from Cornhill to Grand Cairo*, London, Smith-Elder.

Tinguely, F. (2000). *L'écriture du Levant à la Renaissance : enquête sur les voyageurs français dans l'Empire de Soliman le Mangnifique*, Genève, Librairie Droz.

Vatin, N. (1995). "Aux origines du pèlerinage à Eyüp des Sultans Ottomans," *Turcica*, Vol. XVII, pp. 91-99.

Yamane, S. (2000). "Lamentation Dedicated to the Declining Capital : Urdu Poetry on Delhi düring the Late Mughal Period," 『南アジア研究』 12 号, pp. 50-72.

Yerasimos, S. (1990). *Légendes d'empire : la fondation de Constantinople et de Sainte-Sophie dans les traditions turque*, Paris, l'Institut français d'études anatoliennes d'Istanbul.

—— (1991). *Les voyageurs dans l'empire Ottoman (XIVe-XVIe siècle) : bibliographie, itinéraries et inventaire des lieux habités*, Ankara, Imprimerie de la société Turque d'histoire.

Yi, E. (2004). *Guild Dynamics in Seventeenth-Century Istanbul : Fluidity and Leverage*, Leiden, E. J.

Firenze, Mandragora.

Faroqhi, S. (2000). *Subjects of the Sultan: Culture and Daily Life in the Ottoman Empire*, London, I. B. Tauris (1. ed., 1995).

Faroqhi S. and Neumann C. K. (eds.) (2003). *The Illminated Table, the Prosperous House*, Würzburg, Ergon Verlag.

Fleischer, C. H. (1986). *Buraucrat and Intelectuelle in the Ottoman Empire: the Historian Mustafa Ali (1541–1600)*, Princeton, Princeton University Press.

Gabriel, A. (1926). "Les mosqueés de Constantinople," *Syria*, Vol. 7, pp. 353–419.

Gibb, E. J. W. (1905). *A History of Ottoman Poetry*, Vol. 4, E. G. Browne (ed.), London, Luzac.

Von Grunebaum, G. E. (1944). "Observations on City Panegyrics in Arabic Prose," *Journal of the American Oriental Society*, Vol. XXII, pp. 61–65.

Guest, A. R. (1992). "A List of Writers, Books, and Other Authorities Mentioned by El Maqrîzî in his Khitat, " in *Studies on Taqîyaddîn al-Maqrîzî (d. 1442)*, Vol. 2 (1. ed., *Journal of the Royal Asiatic Society*, London, 1902).

Hattox, R. S. (1991). *Coffee and Coffeehouse: the Origins of a Social Beverage in the Medieval Near East*, Seattle; London, University of Washington Press.

İnalcık, H. (1978). "Impact of *Annales* School on Ottoman Studies and New Findings," *Review*, Vol. 1, No. 3–4, pp. 69–96.

―― (1985). "The Hub of the City: the Bedestan of Istanbul," in *Studies in Ottoman Social and Economic History*, London, Variorum Reprints, pp. 1–17.

Johnston, N. J. (1971). "The Urban World of the Matraki Manuscript," *Journal of Near Eastern Studies*, Vol. 30, No. 3, pp. 159–176.

Karmi, İ. (1992). *The Jewish Sites of Istanbul*, İstanbul, The Isis Press, 1992.

Karpat, K. M. (1981–1982) "Reinterpreting Ottoman History: a note on the Condition of Education in 1874," International Journal of Turkish Studies, Vol. 2, No. 1 pp. 93–100.

Kırımtayıf, S. (2001). *Converted Byzantine Churches in Istanbul: Their Transformation into Mosques and Majids*, Istanbul, Ege Yayınları.

Kuru, S. (2013a). "The Literature of Rum: The Making of Literary Tradition (1450–1600)," in *The Cambridge History of Turkey Vol. 2: The Ottoman Empire as a World Power, 1453–1603*, S. N. Faroqhi and K. Fleet (eds.), Cambridge, Cambridge University Press.

Lewis, R. (1971). *Everyday Life in Ottoman Turkey*, London; New York, B. T. Batsford and G. P. Putnam's Sons.

Losensky, P. E. (2006, March 11). "Palaces, Cities, and Landscape: Topographical Themes in Early Modern Persian Poetry," A Presentation in Hongo Satellite of Tokyo University of Foreign Studies.

Majeska, G. P. (2007). *Russian Travelers to Constantinople in the Fourteenth and Fifteenth Centuries*, Washington, Dumbarton Oaks Trustees for Harvard University.

Mantran, R. (1962). *Istanbul dans la seconde moitié du XVIIe siècle: essai d'histoire institutionnelle, économique et sociale*, Paris, Adrien Maisonneuve.

Journal of Middle East Studies, Vol. 1, No. 1, pp. 28–50.
Barkan, Ö. L. (1958). "Essai sur les données statistiques des registres de recensement dans l'Empire ottoman aux XVe et XVIe siècles," *Journal of The Economic and Social History of the Orient*, Vol. I, No. 1, pp. 7–36.
Basset, S. (2004). *The Urban Image of Late Antique Constantinople*, Cambridge, Cambridge University Press.
Bayyud, H. (1988). *Die Stadt in der arabischen Poesie, bis 1258 n. Chr.*, Berlin, Klaus Schwart Verlag.
Berchet, J-C. (2005). *Le voyage en Orient; Anthologie des voyageurs français dans le Levant au XIXe siècle*, Paris, Robert Laffont (1. ed., 1985).
Bombaci, A. (1969). *La letteratura turca con un profilo della letteratura mogola*, Milano, Sansoni.
Borromeo, E. (2007). *Voyageurs occidentaux dans l'Empire Ottoman (1600–1644)*, 2 vols., Paris, Maisonneuve and Larose.
Browne, E. G. (1969). *A Literary History of Persia*, Vol. 2, Cambridge, Cambridge University Press (1. ed., *A Literary History of Persia: from Firdawsî to Sa'dî*, 1906).
Carnoy, H. and Nicolaïdès, J. (1894). *Folklore de Constantinople*, Paris, Aux bureaux de la Tradition.
Carr, A. W. (2004). "Court Culture and Cult Icons in Middle Byzatine Constantinople," in H. Maguire (ed.), *Byzantin Court Culture from 829 to 1204*, Washington, Dumbarton Oaks Trustees for Harvard University, 2004, pp. 81–100 (1. ed., 1997).
Cave, T. (1979). *The Cornucopian Text: Problems of Writing in the French Renaissance*, New York, Oxford University Press.
Chew, S. C. (1937). *The Cressent and Roses: Islam and England during the Renaissance*, New York, Oxford University Press.
Cohen, A. (2001). *The Guilds of Ottoman Jerusalem*, Leiden, E. J. Brill.
Dankoff, R. (1991a). *An Evliya Çelebi Glossary: Unusual, Dialectal and Foreign Words in the Seyahat-name*, Ş. and G. A. Tekin (eds.), Cambridge, The Department of Near Eastern Languages and Civilization of Harvard University.
—— (1991b). *The Intimate Life of an Ottoman Statesman: Melek Ahmed Pasha (1588–1662) as Portrayed in Evliya Çelebi's Book of Travels*, Albany, State University of New York Press.
—— (2004). *An Ottoman Mentality: the World of Evliya Çelebi*, Leiden; Boston, E. J. Brill.
Denny, W. B. (1970). "A Sixteenth-Century Architectural Plan of Istanbul," *Ars Orientalis*, Vol. VIII, pp. 49–63.
Dols, D. E. (1992). *Majnūn: The Madman in Medieval Islamic Society*, Oxford, Clarendon Press.
Dressler, M. (2015). *Writing Religionİ The Making of Turkish Alevi İslam*, Oxford, Oxford Universşty Press.
Duran, T. (ed.) (1988). *The Ottoman Empire in the Reign of Süleyman the Magnificeint*, 2 vols., Ministry of Culture and Tourism of the Turkish Republic.
Erdoğan, S. N. (2007). *Sexual Life in Ottoman Society*, Istanbul, Dönence (1. ed., 2000).
Fani, S. and Farina, M. (ed) (2012). *Le vie delle lettere: la tipografia Medicea tra Roma e l'Oriente*,

—— (1984). *Berci Kristin Çöp Masalları*, İstanbul, Adam Yayınları.

Tezcan, H. (1989). *Topkapı Sarayı ve Çevresinin Bizans Devri Arkeolojisi*, İstanbul, Türkiye Turing ve Otomobil Kurumu.

Tolasa, H. (2002). *Sehî, Lâtifî ve Âşık Çelebi Tezkirelerine Göre 16. Yüzyılda Edebiyat Araştırma ve Eleştirisi*, Ankara, Akçağ Yayınları (1. ed., Ege Üniversitesi Yayınları, İzmir, 1983).

Tuğcu, E. (2006). "Sâfî'nin Hasbıhâl'indeki Rüşvet," *Erdem*, Vol.15, No.45-46-47, pp.183-194.

Tunç, Ş. (2004). *Tophâne-i Âmire ve Osmanlı Devletinde Top Döküm Faaliyetleri*, İstanbul, Başak Kitap.

Tümertekin, E. (1997). *İstanbul: İnsan ve Mekân*, İstanbul, Tarih Vakfı Yurt Yayınları.

Ulçügür, İ. (1947). *Fakîrî ve Risâle-i Ta'rifat'ı* (*Mezniyet Tezi*), İstanbul Üniversitesi Türkiyat Araştırmaları Enstitüsü Kütüphanesi, Tez. No.220 (未刊行).

Uzunçarşılı, İ. H. (1988a). *Osmanlı Devleti Teşikilâtından Kapıkulu Ocakları I: Acemi Ocağı ve Yeniçeri Ocağı*, Ankara, Türk Tarih Kurumu Basımevi.

—— (1988b). *Osmanlı Devletinin Saray Teşikilâtı*, Ankara, Türk Tarih Kurumu Basımevi.

—— (1988c). *Osmanlı Devletinin İlmiye Teşkilatı*, Ankara, Türk Tarih Kurmu Basımevi.

Ünver, A. S. (1953a). *Fâtih Aşhânesi Tevzî'nâmmesi*, İstanbul, İstanbul Fethi Derneği.

—— (1953b) *İstabul Kalelerinin Tarih İbareleri*, İstanbul, İstanbul Fethi Derneği Neşriyatı.

—— (1969). *İstanbul Rasathanesi*, Ankara, Türk Tarih Kurumu Basımevi.

—— (1995). *İstanbul Risaleleri*, 5 vols., İstanbul, İstanbul Büyük Şehir Belediyesi Kültür İşleri Daire Başkanlığı Yayınları.

Yalçın, M. (ed.) (2001). *Tanzimat'tan Bugüne Edebiyatçılar Ansiklopedisi*, 2 vols., İstanbul, Yapı Kredi Yayınları.

Yerasimos, S. (1993). *Kostantiniye ve Ayasofya Efsaneleri*, Ş. Tekeli (trans.), İstanbul, İretişim Yayınları.

Yerasimos, S. (ed.), (2002). *Albertus Bobovius ya da Santuri Ali Ufki Bey'in Anıları: Topkapı Sarayı'nda Yaşam*, A. Berktay (trans.), İstanbul, Kitap Yayınevi.

Yurdaydın, H. G. (1963). *Matrakçı Nasûh*, Ankara, Ankara Üniversitesi Basımevi.

Zavotçu, G. (2011). "Necâtî'nin İntihal Konulu Bir Hicviyye," in *Ölümünden 500 Yılında Necâtî Bey'e Armağan*, İ. Ç. Dediyok and M. Y. Özezen (eds.), Ankara, Türk Dil Kurumu, pp.221-231.

西欧諸語

Ackerman, G. and M. (1994). *Jean-Léon Gérome*, Paris, ACR Edition İnternationale, 1997.

And, M. (1994). *Istanbul in the 16th Century: the City, the Palace, Daily Life*, Istanbul, Akbank.

Babinger, F. (1978). *Mehmed the Conquer and His Age*, R. Manheim (trans.), W. Hickman (ed.), Princeton, Princeton University Press.

Baer, G. (1970a). *The Structure of Turkish Guilds and Its Significance for Ottoman Social History*, Jerusalem, Israel Academy of Sciences and Humanities.

—— (1970b). "The Administrative, Economic and Sociel Functions of Turkish Guilds," *International*

—— (2003). *Ermeni Kaynaklarından Tarihe Katkılar, Vol. III: Zamanlar, Mekânlar, İnsânlar*, O. Köken (ed.), İstanbul, Aras Yayıncılık.

Refik, A. (1988a). *Onuncu Asr-ı Hicrî'de İstanbul Hayatı: 1495-1591*, İstanbul, Enderun (1. ed., İstanbul, Matbaa-yı Orhaniyye, 1917).

—— (1988b). *Onbirinci Asr-ı Hicrî'de İstanbul Hayatı: 1592-1688*, İstanbul, Enderun (1. ed., İstanbul, Devlet Matbaası, 1930).

—— (2006). *Fatih ve Bellini*, Ö. Kaya (ed.), İstanbul, Yeditepe Yayınları (1. ed., *Fatih Sultan Mehmed ve Ressâm Bellini*, İstanbul, Ahmet İhsan ve Şürekası, 1325).

Sakaoğlu, S. (ed.) (1997). *Meddâh Behçet Mâhir'in Bütün Hikâyeleri*, 2 Vols.Atatürk Kültür ve Dili Yüksek Kurumu, Ankara.

Sami, S. (1964). *Taaşşuk-ı Tal'at ve Fitnat*, S. Yüksel (ed.), Ankara, Ankara Üniversitesi Basımevi.

Saner, T. (1998). *19. Yüzyıl İstanbul Mimarlığında Oryantalizm*, İstanbul, Pera Turizm ve Ticaret.

Sarıçiçek, R. (2007). "Eski Türk Edebiyatında Nevruz ve Nevruziye," *Türk Dili*, Vol.93, No.663, pp. 229-239.

Schmidt, J. (2011). "Aşk, Âşıklar ve Maşûklar: Meşâi'rü'ş-şu'arâda Aşk İlişikileri," B. Açıl (trans.), in *Âşık Çelebi ve Şairler Tezkiresi Üzerine Yazılar*, H. Aynur and A. Niyazoğlu (eds.), İstanbul, Koç Üniversitesi Yayınları, pp.103-113.

Serdaroğlu, V. (2006). *Sosyal Hayat Işığında Zati Divanı*, İstanbul, Türkiye Diyanet Vakfı İslam Araştırmaları Merkezi Yayınları.

Sertoğlu, M. (1986). *Osmanlı Tarih Lûgatı*, İstanbul, Enderun Kitabevi.

Sezer S. and Özyalçıner, A. (2005). *Bir Zamanların İstanbul'u: Eski İstanbul Yaşayışı ve Folkloru*, İnkılâp Kitabevi, İstanbul.

Sinanlar, S. (2005). *Atmeydanı: Bizans Araba Yarışlarından Osmanlı Şenliklerine*, İstanbul, Kitap Yayınevi.

Şeker, M. (1983). "Gelibolulu Mustafa Alî'nin Hayatı ve Şahsiyeti," *Dokuz Eylül Üniversitesi İlâhiyat Fakültesi Dergisi*, No.1, pp.159-172.

Şişman, B. and Kuzubaş, M. (2007). *Mitik, Destanî, Masalsı, Efsanevî ve Tarihî Unsurlar Açısından Şehnâme'nin Türk kültür ve Edebiyatına Etkileri*, Ankara, Ötüken Neşiriyat.

Tahir, K. (1955). *Sağırdere*, İstanbul, Remzi Kitabevi.

—— (1957). *Körduman*, İstanbul, Remzi Kitabevi.

Tanpınar, A. H. (1949). *Huzur*, İstanbul, Remzi Kitabevi.

—— (2003). *19. Asır Türk Edebiyatı Tarihi*, İstabul, Çağlayan Kitabevi. (1.ed., 1949, 1966, 1967).

Tari, Ş. "Giresun Müzesi'nde Bulunan Osmanlı Dönemine Ait Bir Gurup Tılsım Mühür," *Turkish Studies: International Periodical For The Languages, Literature and History of Turkish or Turkic*, Vol.9/1, 2014, p.537-554.

T. C. Kültür Bakanlığı (ed.) (2002). *Gravürlerle Türkiye*, 7 vols., Ankara, T. C. Kültür Bakanlığı. (1. ed., 1997).

Tekin, L. (1983). *Sevgili Arsız Ölüm*, İstanbul, Adam Yayınları.

Nagata, Y.（1976）. *Muhsin-zâde Mehmed Paşa ve Âyânlık Müessesi*, Tokyo, Institute for the Study of Languages and Cultures of Asia and Africa.

Nersin, P.（1939）. *Fakîrî'nin Risâle-i Ta'rifat'ının Edisyon Kritiği*（*Mezniyet Tezi*）, İstanbul Üniversitesi Türkiyat Araştırmaları Enstitüsü Kütüphanesi, Tez. No.41（未刊行）.

Nutku, Ö.（1975a）. "Eski Bir Yazmadaki Meddâh Hikayeleri," *Belleten*, Vol.39, No.153-156, pp. 697-724.

——（1975b）. "XVIII. Yüzyıla Ait Bir Meddah Senaryosu," *Tiyatro Araştırmaları Dergisi: Dramatik Köylü Oyunları Özel Sayısı*, No.6, pp.123-130.

Ortaylı, İ.（1995）. *İstanbul'dan Sayfalar*, İstanbul, İletişim.

Ökte, E. Z. and Duran, T.（eds.）（1999）. *Minyatür ve Gravürlerle Osmanlı İmparatorluğu*, İstanbul, Tarihi Araştırmalar ve Dökümantasyon Merkezleri Kuruma ve Geliştirme Vakıfı.

Önalp, E.（1990）. "Bir İspanyol Esiri Gözüyle 1552-1556 Yılları Arasında İstanbul," *Osmanlı Tarihi Araştırma ve Uygulama Merkezi Dergisi*, Vol.1, pp.313-320.

Özbaran, S.（1984）. "Antonio Tenreiro'nun Osmanlı Topraklarında Yaptığı Gezi Notları（1523-1529）," *Tarih İncelemeleri Dergisi*, Vol.2, pp.55-67.

——（2007）. *Portekizli Seyyahlar: İran, Türkiye, Irak, Suriye ve Mısır Yollarında*, İstanbul, Kitap Yayınevi.

Özcan, A.（1984）. "Hassa Ordusunun Temeli: Mu'allem Bostaniyân-ı Hâssa Ocağı Kuruluşu ve Teşikilâtı," *Tarih Dergisi*, İstanbul Üniversitesi Edebiyat Fakültesi Matbaası, pp.347-355.

Özcan, T.（2003）. *Fetvalar Işığında Osmanlı Esnafı*, İstanbul, Kitabevi.

Özen, M. N.（1985）. *Yazma Kitap Sanatları Sözlüğü*, İstanbul, İstanbul Üniversitesi Döner Sermaye İşletmesi Prof. Dr. Nâzım Terzioğlu Basım Atölyesi.

Özgül, M. K.（ed.）（1990）. *Yenişehirli Avni*, Ankara, Kültür Bakanlığı.

Öztekin, Ö.（2006）. *XVIII. Yüzyıl Divan Şiirinde Toplumsal Hayatın İzleri: Divanlardan Yansıyan Görüntüler*, Ankara, Ürün Yayınları.

Özyalçıner, A.（1992）. *Taş*, İstabul, Gendaş Yayınları.

Pakalın, M. Z.（1993）. *Osmanlı Tarih Deyimlari ve Terimleri Sözlüğü*, 3 vols, İstanbul, Millî Eğitim Basımevi.

Pala, İ.（1997）. *Şiirler, Şairler ve Meclisler*, İstanbul, Ötüken Neşiriyat.

——（1999）. *Âh Mine'l-Aşk*, İstanbul, Kapı Yayınları.

——（2004, 4 Haziran）. "Divan Şairleri, Şiirlerini Para İçin Mi Yazıyordu?" *Zaman*.

Pala, İ.（ed.）（2003）. *Yusuf Nabî Hayriyye*, İstanbul, L and M Kitaplığı.（1. ed., 1989）.

Pamuk, O.（1985）. *Beyaz Kale*, İstanbul, İletişim Yayınları.

——（1998）. *Benim Adım Kırımızı*, İstanbul, İletişim Yayınları.

——（2003）. *Cevdet Bey ve Oğulları*, İstanbul, İletişim Yayınları.（1. ed., 1982）.

——（2008）. *Masumiyet Müzesi*, İstanbul, İletişim Yayınları.

Pamukciyan, K.（2002）. *Ermeni Kaynaklarından Tarihe Katkılar, Vol. I: İstanbul Yazıları*, O. Köken（ed.）, İstanbul, Aras Yayıncılık.

Araştırmaları Enstitüsü Dergisi, No. 27, pp. 227–235.

Kemal, O. (1954). *Bereketli Topraklar Üzerinde*, İstanbul, Remzi Kitabevi, 1954 (改訂増補版は Remzi Kitabevi, 1964)

Kılıç, F. (1998). *XVII. Yüzyıl Tezkirelerinde Şair ve Eser Üzerine Değerlendirmeler*, Ankara, Akçağ Yayınları.

Koçu, R.E. (1967). *Türk Giyim, Kumaş ve Süslenme Sözlüğü*, Ankara, Başnur Matbaası.

—— (2004). *Tarihimizde Garip Vakalar*, İstanbul, Doğan Kitapçılığı. (1. ed., 1958).

Kortantamer, T. (1983). "17. Yüzyıl Şâiri Atâyî'nin Hamse'sinde Osmanlı İmparatorluğu'nun Görüntüsü," *Tarih İncelemeleri Dergisi*, Vol. 1, pp. 61–105.

—— (1984). "Nâbî'nin Osmanlı İmparatorluğunu Eleştirisi," *Tarih İncelemeleri Dergisi*, No. 2, pp. 83–116.

—— (1985). "Nedîm'in Şiirlerinde İstanbul Hayatından Sahneler," *Türk Dili ve Edebiyat Araştırmaları Dergisi*, Vol. IV–3, pp. 20–59.

Köprülü, M.F. (1999) *Edebiyat Araştırmaları*, Ankara, Türk Tarih Kurumu Basımevi. (1. ed., 1966).

—— (2004a) *Türk Edebiyatı Tarihi*, O.F. Köprülü (ed.), Ankara, Akçağ Yayınları. (1. ed., 1920).

—— (2004b) *Saz Şairleri I–IV*, O.F. Köprülü (ed.), Ankara, Akçağ Yayınları. (1. ed., 1930–1940).

Köse, F. (2012). "Osmanlılarda Nevrûziyye Geleneklerine Tarihsel Açısan Bakış," *EKEV Akademi Dergisi(Sosyal Bilimler)*, Vol. 16, No. 51, pp93–102.

Kubilay, A. Y. (2009). *İstanbul Haritaları 1422–1922*, Denizler Kitabevi, İstabul.

Kudret, C. (2013). *Karagöz*, 3 vols., İstanbul, Yapı Kredi Yayınları. (1. ed., 1968).

Kunter, H.B. (1938). *Eski Türk Sporları Üzerine Araştırmalar*, İstanbul, Cumhuriyet Matbaası.

Kurnaz, C. (2007). *Osmanlı Şair Okulu*, Ankara, Birleşik Yayınevi.

Kuru, S. (2013b). "Kasîdeden Kasıt Nedir?" in *Kasîdeye Medhiye: Biçime, işleve ve Muhtevaya Dair Tespitler*, H. Aynur, M. Çakır, H. Koncu, S. Kuru, A. E. Özyıldırım (eds.), İstanbul, Klasik.

Kütükoğlu, M. S. (1978). "1009 (1600) Tarihli Narh Defterine Göre İstanbul'da Çeşidli Eşya ve Hizmet Fiatları," *İstanbul Üniversitesi Edebiyat Fakültesi Enstitüsü Dergisi*, No. 9, pp. 1–85.

Levend, A.S. (1984). *Divân Edebiyatı: Kelimeler ve Remizler, Mazmunlar ve Mefhumlar*, İstanbul, Enderun Kitabevi (1. ed., 1941).

—— (1998). *Türk Edebiyatı Tarihi*, Ankara, Türk Tarih Kurumu Basımevi (1. ed., 1973).

Mantran, R. (1986). *17. Yüzyılın İkinci Yarısında İstanbul*, 2 vols., M. A. Kılıçbay and E. Özcan (trans.), Ankara, V Yayınları.

—— (1991). *XVI. ve XVII. Yüzyılda İstanbul'da Gündelik Hayat*, M. A. Kılıçbay (trans.), İstanbul, Eren.

—— (1996). *İstanbul Tarihi*, T. Tunçdoğan (trans.), İstanbul, İretişim.

Mermer, A. (2000). "Bursa Şehrengizleri Üzerinde Bir Karşılaştırma," in *Memoriam Agâh Sırrı Levend Hâtıra Sayısı*, Vol. 3, Cambridge, Harvard University Press, pp. 279–288.

Mutluay, R. (1988). *100 Soruda Tanzimat ve Servetifünün Edebiyatı: XIX. Yüzyıl Türk Edebiyatı*, İstanbul, Gerçek Yayınevi.

—— (1997). *Osmanlı Kültürü ve Gündelik Yaşamı: Ortaçağdan Yirminci Yüzyıla*, E. Kılıç (trans.), İstanbul, Tarih Vakfı Yurt Yayınları.

Freely, J. (2007). *Evliya Çelebi'nin İstanbul'u*, M. Günay (trans.), İstanbul, Yapı Kredi Yayınları (1. ed., 2003).

Göktaş, E. "Evliya Çelebi *Seyahatname*' sindeki Mukallit, Mudhik, Kıssahân ve Meddâhlar," *Güzel Sanatlar Enstitüsü Dergisi*, No. 5, pp. 37–52.

Gökyay, O. Ş. (1992). "Divan Edebiyatında Şehirler I," *Tarih ve Toplum*, No. 105, pp. 137–140.

Gölpınarlı, A. (1983). *Mevlânâ'dan Sonra Mevlevîlik*, İstanbul, İnkılâp ve Aka Kitabevleri (2. ed.).

Gürbüz, A. İ. (2012). "Divan Şiirinde Sevimli Yüzleri: Osmanlı Şiirinde Berberler," *Turkish Studies*, Vol. 7/3, pp. 233–255.

Gürçağlar, A. (2005). *Hayali İstanbul Manzaraları*, İstanbul, Yapı Kredi Yayınları.

Gürelsoy, Ç. (1979). *Kapalı Çarşının Romanı*, İstanbul, İstanbul Kitaplığı.

Güven, Ö. (1992). *Türklerde Spor Kültürü*, Ankara, Atatürk Kültür Merkezi Yayınları.

Halet Çelebi, A. (1953) *Divan Şiirinde İstanbul(Antoloji)*, İstanbul, İstanbul Fethi Derneğı Neşriyatı.

Haskan, M. N. (1995). *İstanbul Hamamları*, İstanbul, Türkiye Turing ve Otomobil Kurumu Yayınları.

Hüseyin b. Ahmet el-Erzurumî (2003). *Hulasa: Okçuluk ve Atçılık(Kitâb fî-İlmi' n-nişşâb, Kitâb fî-Riyâzâti' l-hayl, Kitâb fî' -İlm' l-musâbaka)*, H. İ. Delice (transscription and ed.), İstanbul, Kitabevi.

Işın, P. M. (2010). *Osmanlı Mutfak Sözlüğü*, İstanbul, Kitap Yayınevi.

İhsanoğlu, E. and R. Şeşen and others (eds.) (2000). *Osmanlı Coğrafya Literatürü Tarihi*, 2 vols., İstanbul, İRCİCA Yayınları.

İnalcık, H. (1998). *Essays in Ottoman History*, İstanbul, Eren.

—— (2003). *Şair ve Patron: Patrimonyal Devlet ve Sanat Üzerınde Sosyolojik Bir İnceleme*, Ankara, Doğu Batı Yayınları.

İpekten, H. (1996). *Divan Edebiyatında Edebi Muhitleri*, İstanbul, Milli Eğitim Bakanlığı Yayınları.

—— (2003). *Fuzûlî: Hayatı, Edebî Kişliği ve Bazı Şiirlerinin Açıklamaları*, Ankara, Akçağ Yayınları, 2003. (1. ed., 1999).

—— (2006). *Eski Türk Edebiyatı: Nazım Şekilleri ve Aruz*, İstanbul, Dergâh Yayınları. (1. ed., 1989).

İsen, M. (1988a). *Gelibolulu Mustafa Alî*, Ankara, Mas Matbaacılık.

—— (1988b). *Gelibolulu Mustafa Alî*, Ankara, Kültür ve Turizm Bakanlığı.

İşli, N. (2006). *Yeniçeri Mezartaşları*, İstanbul, Turkaz Yayınları.

Kaplan, M. (2001). "Manzûm Nasîhat-nâmelerde Yer Alan Konular," *Türkiyât Araştırmaları Dergisi*, No. 9, pp. 133–185.

Kaplan, Y. (2010). "Türk Hamam Kültürünün Divan Şiirine Yansımaları," *Atatürk Üniversitesi Türkiyat Araştırmaları Enstitüsü Dergisi*, No. 44, pp. 131–155.

Karaosmanoğul, Y. K. (1922). *Kiralık Konak*, İstanbul, Dergah Mecmuası.

—— (1928). *Sodom ve Gomore*, İstanbul, Hamit Matbaası.

Kaya, İ. G. (2005). "Taşlıcalı Yahya Bey' in Hammâmiyeleri," *Atatürk Üniversitesi Türkiyat*

Bulut, A. (2001). "Rasîh' in Okçulukla İlgili Bir Manzumesi," *Atatürk Üniversitesi Türkiyat Araştırmaları Dergisi*, No. 17, pp. 95-104.

Canatak, A. M. (2005). "Türk Şiirinde İstanbul'un Fethi ve Fatih," K. Yetiş (ed.), *Türk Edebiyatında İstanbul'un Fethi ve Fatih*, İstanbul, Kitabevi, pp. 201-204.

Canım, R. (1998). *Türk Edebiyatında Sâkînâmeler ve İşretnâme*, Ankara, Akçağ Yayınları,.

Cantay, T. (1989). *XVI.-XVII. Yüzyıllarda Süleymaniye Camii ve Bağlı Yapıları*, İstanbul, Eren.

Cebeci, D. (2004). *Evliya Çelebi : Azak'ın Denizaltıları*, O. & E. Dündar (çizen), Ankara, Diyanet İşleri Bakanlığı.

—— (2009). *Evliyâ Çelebi ve 17. Yüzyıl Osmanlı Toplumu*, İstanbul, Bilgeoğuz Yayınları.

Cerasi, M. (2006). *Divanyolu*, A. Özdemir (trans.), İstanbul, Kitap Yayınevi.

Çeçen, K. (1984). *İstanbul'da Osmanlı Devrindeki Su Tesisleri*, İstanbul, İstanbul Teknik Üniversitesi İnşsaat Fakültesi Matbaası.

Çetelik, H. (2007). "Halep'te Kınalızâde Hasan Çelebi'nin Şairler Meclisi," *Gazi Türkiyat / Türklük Bilimi Araştırmaları Dergisi*, Vol. 1, pp. 137-147.

Danişmend, İ. H. (1941). *Destan ve Divan Edebiyatlarında İstanbul Sevgisi*, İstanbul, Türkiye Turing ve Otomobil Kurumu.

Davis, F. (2006). *Osmanlı Hanımı: 1718'den 1918'e Bir Toplumsal Tarihi*, B. Tırnakcı (trans.), İstanbul, Yapı Kredi Yayınları (1. ed., 1982).

Değirmenci, T. (2011). "Bir Kitap Kaç Kişi Okur?: Osmanlı'da Okurlar ve Okuma Biçimleri Üzerine Bazı Gözlemler," *Tarih ve Toplum (Yeni Yakılaşım)*, No. 13, pp. 7-43.

Demircanlı, Y. Y. (1989). *İstanbul'un Mimarisi İçin Kaynak Olarak Evliya Çelebi Seyahat-nâmesi*, İstanbul, Vakıflar Genel Müdürlüğü Yayınları.

Dosmet-Grégoire, H. and Georgeon, F. (eds.) (1999). *Doğuda Kahve ve Kahvehanelar*, A. Atik and E. Özdoğan (trans.), İstanbul, Yapı Kredi Yayınları.

Eren, M. (1960). *Evliya Çelebi Seyahtnâmesi Birinci Cildinin Kaynakları Üzerinde Bir Araştırma*, İstanbul, İstanbul Üniversitesi Edebiyat Fakültesi Yayınları.

Ertuğ, N. (2001). *Osmanlı Döneminde İstanbul Deniz Ulaşımı ve Kayıkçılar*, Ankara, Kültür Bakanlığı.

Erüsal, İ. (1981). "Türk Edebiyatı Tarihinin Arşiv Kaynakları I: II. Bâyezit Devrine Ait Bir İn'âmât Defteri," *Tarih Enstitüsü Dergisi*, No. 10-11, pp. 303-341.

—— (1984). "Türk Edebiyatı Tarihinin Arşiv Kaynakları II: Kanunî Sultan Süleyman Devrine Ait Bir İn'âmât Defteri," *Osmanlı Araştırmaları*, Vol. IV, pp. 1-17.

—— (2013). "Osmanlı Sahhaflık Tarihine Dair Notla: I Sahhaflık Gediği," in *Osmanlı'nın İzinde Prof Dr. Mehmet İpşirli Armağanı*, F. M. Emecen, İ. Keskin, A. Ahmetbeyoğlu (eds.), Vol. 2, İstanbul, Timaş Yayınları, pp. 7-21.

Esir, H. A. (2006). "Geleneksel Türk Mutfağı ve Lami'î Çelebi'nin *Ferhâd ile Şîrîn* Mesnevîsinde Bahsettiği Yiyecek ve İçecekler," *İlmî Araştırmaları*, No. 21, pp. 121-134.

Faroqhi, S. (1993). *Osmanlı'da Kent ve Kentiler; Kent Mekanında Ticaret, Zanaat ve Gıda Üretimi 1550-1650*, N. Kalaycıoğlu (trans.), İstanbul, Tarih Vakfı Yurt Yayınları.

Ağarı, M. (2009). *Kazvînî'nin Âsâru'l-Bilâd ve Ahbâru'l-İbâd'ı: İnceleme ve Değerlendirme*, İstanbul, Kitabevi.

Ahmed er-Rûmî el-Akhisârî (2015). *Tütün İçmek Haram mıdır?: Bir Osmanlı Risalesi*, Y. Michot (Introductio and Notes), M. Yavuz (Trans.), İstanbul, Kitap Yayınevi.

Aksoy, A. (1999). "Şehrengiz ve Miyâhiye'lerde 'Uludağ' ve 'Bursa Suları'," *Bursa Defteri*, No. 3, pp 105-120.

Aksu, F. A. (1996). *Geleneksel Erkek Berberliği*, Kültür Bakalığı, Ankara.

Alada, A.B. (2008). *Osmanlı Şehrinde Mahalle*, İstanbul, Sümer Kitabevi.

Anar, İ. O. (1995). *Puslu Kıtalar Atlası*, İstanbul, İletişim.

And, M. (1967). "Meddâh, Meddâhlık, Meddâhlar," *Türk Dili*, Vol. 17, No. 195, pp. 236-247.

—— (1993). *16. Yüzyılda İstanbul: Kent, Saray, Günlük Yaşam*, İstanbul, Akbank Kültür ve Sanat Baş Danışmanlığı.

Arıkan, Z. (1984). "Guillaume Postel ve *De La Republique de Turcs*," *Tarih İncelemeleri Dergisi*, Vol. 2, pp. 54-82.

Arseven, C. E. (1989a). *Eski Galata ve Binâları*, İstanbul, Şefik Matbaası (1st ed., İstanbul, 1329).

—— (1989b). *Eski İstanbul: Âbidât ve Mebânisi*, İstanbul, Şefik Matbaası (1st ed., İstanbul, 1910).

Arslantaş, N. (2001). *Ortaçağ'da (12. yy.) İki Yahudi Seyyahın Avrupa, Asya ve Afrika Gözlemleri*, İstanbul, Kaknüs Yayınları.

Atlansoy, K. (2005). "*Pend-i Attâr*' ın Türkçe İlk Manzum Çevirisi: Sabâyî'nin *Sırât-ı Müstakîm* Mesnevîsi," *İlmî Araştırmalar*, No. 20, pp. 33-39.

Atsız, N. (1991). *Evliya Çelebi Seyahatnamesinden Seçmeler*, Ankara, Kültür Bakanlığı.

Aydemie, Y. (2007). "Ravzî' nin Edincik Şehrengizi," *Gazi Türkiyat Türklük Bilimi Araştırmaları Dergisi*, No. 1, pp. 97-126.

İsen-Durmuş, T. (2011). "Edebî Hâmîlik İlişkileri: Kaynak Olarak Âşık Çelebi Tezkiresi," in *Âşık Çelebi ve Şairler Tezkiresi Üzerine Yazılar*, H. Aynur and A. Niyazoğlu (eds.), İstanbul, Koç Üniversitesi Yayınları, pp. 133-145.

Ayverdi, E. H. (1953). *Fatih Devri Mimari Eserleri*, İstanbul, İstanbul Fetih Derneği.

—— (1976). *İlk 250 Senenin Osmanlı Mimarisi*, İstanbul, İstanbul Fetih Derneği.

Bacqué-Grammont, J. (2013). "Evliya Çelebi' nin *Seyahatname*' sinde İstanbul İstiridyeleri ve İstiridyecileri, "' in *Osmanlı'nın İzinde Prof Dr. Mehmet İpşirli Armağanı*, F. M. Emecen, İ. Keskin, A. Ahmetbeyoğlu (eds.), Vol. 1, İstanbul, Timaş Yayınları, pp. 241-245.

Banarlı, N. S. (2004). *Resimli Türk Edebiyatı Tarihi*, 2 vols., İstanbul, Milli Eğitim Bakanlığı Yayınları (1. ed., 1987).

Baykal, B. S. (ed.) (1999). *Peçevî İbrahim Efendi Peçevî Tarihi*, Vol. 1, Ankara, Kültür Bakanlığı, (1. ed., 1981).

Bayrı, M. H. (1947). *İstanbul Folkloru*, İstanbul, Türk Yayınevi.

Bilkan, A. F. (2002). *Hayrî-nâme'ye Göre XVII. Yüzyılılda Osmanlı Düşünce Hayatı; Edebî Eserlerin Tarihçi Açısından Değeri Üzerine bir Tahlil Denemesi*, Ankara, Akçağ Yayınları.

[事典、図像史料等の略号]

ASHV : Taeschner, F. *Alt-Stambuler Hof-und Volksleben: ein türkisches Miniaturenalbum aus dem 17. Jahrhundert*, Bissendorf, Biblio Verlag, 1978.

ADŞS : Pala, İ. *Ansiklopedik Divan Şiiri Sözlüğü*, İstanbul, Kapı Yayınları, 2004 (1. ed., Kültür Bakanlığı, 1989).

COE : *Contemporaries of Erasmus: a Biographical Register of the Renaissance and Reformation*, P. Bietenholz and T. Deutscher (eds.), 3 vols., Toronto; Buffalo; London, Toronto University Press, 1986.

DBİA : *Dünden Bugüne İstanbul Ansiklopedisi*, 8 vols., İstanbul, Kültür Bakanlığı; Tarih Bakanlığı, 1995.

DdLF : *Dictionnaire des lettres françaises: XVIe siècle*, Michel Simonin (ed.), Paris, Fayard, 2000 (1. ed., 1951).

EİR : *Eski İstanbul Resimleri*, Süleymaniye Kütüphanesi, Özel No. 768. (アルバム)

EIN : *Encyclopaedia of Islam*, *New Edition*, C. E. Bosworth and others (eds.), Leiden, Brill, 1960-2007.

FRHD : *La France de la Renaissance histoire dictionnaire*, A. Jouanna and P. Hamon and D. Biloghi, G. Le Thiec (eds.), Paris, Robert Laffont, 2001.

GDU : *Grand dictionnaire universel du XIXe siècle*, P. Larousse (ed.), Paris, Admini-stration du Grande Dictionnaire Universel, 17 vols., 1867.

CO: Gatine, G. J. (1813). *Costumes orientaux inédits, dessinés d'après nature en 1796, 1797, 1798, 1802 et 1808*, Paris, L'auteur.

ML : *Meydan-Larousse*, 12 vols., İstanbul, Meydan Yayınevi, 1985.

RCT : Nicolay, N. *Recueil de costumes turcs*, Bibliotheque nationale de france.

TDVİA : *Türkiye Diyanet Vakfı İslâm Ansiklopedisi*, Vols. 1-37, İstanbul, Türkiye Diyanet Vakfı İslâm Ansiklopedisi Genel Müdürlüğü, 1988-. (続刊)

『岩波イスラーム辞典』: 大塚和夫他（編）『岩波イスラーム辞典』岩波書店, 2002.

『新イスラム事典』: 日本イスラム協会他（編）『新イスラム事典』平凡社, 2002.

[参照文献]

トルコ語

Acar, M. Ş. (2007). *İstanbul'un Son Nişan Taşları*, İstabul, Arkeoloji ve Sanat Yayınları. (1. ed., 2006).

Açıkgöz, N. (1999). *Kahve-nâme*, Ankara, Akçağ Yayınevi.

Adıvar, H. E. (1922). *Ateşten Gömlek*, İstanbul, Teşebbüs Matmaası.

西欧諸語、アルメニア語史料の現代トルコ語訳本

BES : Withers, R. *Büyük Efendi'nin Sarayı*, C. Kayra (trans.), İsanbul, Pera Turizm ve Ticaret A. Ş., 1996.

BT : Dukas, *Bizans Tarihi*, V. L. Mirmiroğlu (trans.), İstanbul, İstanbul Fetih Derneği, 1956.

DS : Broquiere, B. *Denizaşırı Seyahatı*, İ. Arda (trans.), İstanbul, Eren Yayıncılık, 2000.

İASG : Dernschwam, H. *İstanbul ve Anadolu'ya Seyahat Günlüğü*, Y. Ören (trans.), Ankara, Kültür Bakanlığı, 1992.

İAGH : Galland, A. *İstanbul'a Ait Günlük Hâtıralar : 1672-1673*, C. Schefer (ed.), N. S. Örik (trans.), 2. vols., Ankara, Türk Tarih Kurumu Basımevi, 1987.

İİ: İnciciyan, G. V. *XVIII. Asırda İstanbul*, H. D. Andreasyan (trans. and ed.), İstanbul, Baha Matbaası, 1976. (1. ed., 1956).

İBS: İnciciyan, G. V. *Boğaziçi Sayfiyeler*, O. Duru (trans. and ed.), İstanbul, Eren, 2000.

İS : Grelot, G. J. *İstanbul Seyahatnamesi*, M. Selen (trans.), İstanbul, Pera Turizm ve Ticaret, 1998.

İT : Eremya Çelebi Kömürcüyan, *İstanbul tarihi : XVII. Asırda İstanbul*, H. D. Andreasyan (trans.), İstanbul, Kutulmuş Basımevi, 1952.

İTE : Gyllius, P. *İstanbul'un Tarihi Eserleri*, M. S. Eren (ed.), E. Özbayoğlu (trans.), İstanbul, Eren Yayıncılık, 1997.

MSN : Motraye, *La Motraye Seyahatnamesi*, N. Demirtaş (trans.), İstanbul, İstiklal Kitabevi, 2007.

OBK : Heberer, M. *Osmanlıda Bir Köle : Brettenli Michael Heberer'in Anıları 1585-1588*, İstanbul, Kitap Yayınevi, 2003.

PSS : Polonyalı Simeon, *Polonyalı Simeon'un Seyahatnamesi : 1608-1619*, H. D. Andreasyan trans., İstanbul, Baha Matbaası, 1964 (再版 *Tarihte Ermeniler*, H. D. Andreasyan trans., İstanbul, Çiviyazıları, 1999).

TTA : Schiltberger, J. *Türkler ve Tatarlar Arasında*, T. Akpınar (trans.), İstanbul, İletişim Yayınları, 1995.

アラビア語、ギリシア語からの翻訳刊本

BP : Procopius, *Buildings*, H. B. Dewing (trans.), London, Harvard University Press, 1940.

DHTE : Ahmad ibn Maqrīzī, *Description topographique et historique de l'Égypte*, Vol. 4, F. Sezgin (ed.), Frankfurt am Main, Institute for the History of Arabic-Islamic Science at the Johann Wolfgang Goethe University, 1992.

HBN : al-Narshakhī, *The History of Bukhara : Translated from the Persian Abridgement of Arabic Original by Narshakhī*, R. N. Rrye (trans.), Princeton, Markus Wiener Publishers, 2007.

NQ : Hamd Allāh Mustawfī al-Qazwīnī, *The Geographical Part of the Nuzhat al-Qulūb Composed by Ḥamd-Allah Mustawfī of Qazwīn in 740 (1340)*, G. Le Strange (ed.), Leiden; Brill; London, Luzac, 1919.

NDANUC : Seeck, O. (ed.), *Notitia dignitatum accedunt notitia urbis Constantinopolitanae et laterculi prouinciarum*, Berlin, Weidman, 1876.

RNVC : Grelot, G.J. *Relation nouvelle d'un voyage de Constantinople*, Paris, la Boutique de Pierre Rocolet, 1680.

TLB : Busbecq, O. G. *The Tukish Letter of Ogier Ghiselin Busbecq: Imperial Ambassador at Constantinople 1554–1562*, E. S. Forster (trans.), Batoo Rouge, Louisiana State University Press, 2005 (1st ed., Oxford, Clarendon Press, 1927).

TSS : Bon, O. *The Sultan's Seraglio: An Intimate Portrait of Life at the Ottoman Court (from the Seventeenth-Century Edition of John Withers)*, G. Goodwin (Introduction and endnotes), London, Saqi Books, 1996.

VC : Schefer, C. H. A. and Galland, A. *Voyage à Constantinople, 1672–1673*, Paris, Maisonneuve et Larose, 2002.

VE : Thevet A. and Chesneau, J. *Voyages en Egypte: 1549–1552*, F. Lestrigant (ed.), Paris, Institut Français d'Archéologie Oriental, 1981.

VLB : Belon, P. *Voyage au Levant (1553) : les observations de Pierre Belon du Mans*, A. Marle (ed.), Paris, Chandeigne, 2001.

VLFC : Fresne-Canaye, P. *Le voyage du Levant*, H. Hauser and F. Sezgin (eds.), Frankfurt, Institut für Geschichte der Arabisch-Islamischen Wissenschaften, 1995.

VLT : Thévenot, J. *Voyage du Levant*, S. Yerasimos and P. Simonet (ed.), Paris, François Maspero, 1980.

VMA : Chesneau, J. *Le voyage de Monsieur d'Aramon: ambassadeur pour le roy en Levant*, Paris, Ernest Leroux, 1887.

VMN : Nointel, M. *Les voyages du Marquis de Nointel (1670–1680)*, Paris, Librairie Plon, 1900.

VOBB : Broquiere, B. *Le voyage d'outremer de Bertrandon de la Broquiere*, F. Sezgin (ed.), Frankfurt, Institut für Geschichte der Arabisch-Islamischen Wissenschaften, 1994.

オスマン語史料の現代トルコ語・西欧語訳本

ÉdI : Latîfî, *Éloge d'Istanbul suivi du traité de l'invective*, S. Yarasimos (trans.), Paris, Sindbad, 2001.

GTKÜZS : Gelibolulu Mustafa Ali, *Görgü ve Toplum Kuralları Üzerine Ziyâfet Sofraları (Mevâidü'n-nefâis fi Kavâidi'l mecâlis)*, O. Ş. Gökyay (trans. and ed.), 2 vols., İstanbul, Tercüman Gazetesi 1001 Temel Eser, 1978.

İB : Gyllius, P. *İstanbul Boğazı*, E. Özbayoğlu (trans.), İstanbul, Eren, 2000.

OGSC : Mustafa Ali, *The Ottoman Gentleman of the Sixteenth Century: Mustafa Ali's Mevā'idü'n-Nefā'is fī Kavā'idi'l-Mecālis: Tables of Delicacies Concerning the Rules of Social Gatherings*, D. S. Brookes (trans.), Cambridge, Department of Near Eastern Languages and Civilizations, Harvard University, 2003.

TŞY : Sadık, E. "Mehmet Sâlih Yümnî : Tezkire-i Şu'arâ-i Yümnî," *Türk Dünyası Araştırmaları*, No. 54, 1988.

ÜİÇD :Üsküblü İshâk Çelebî, *Dîvan : Tenkidli Basım*, M. Çavuşoğlu and M. A. Tanyeri (eds.), İstanbul, İstanbul Üniversitesi Fen-Edebiyat Fakültesi Yayınları, 1989.

YBŞ : M. Çavuşoğlu, "Taşlıcalı Dukakinzâde Yahyâ Bey'in İstanbul Şehr-engizi," *Türk Dili ve Edebiyatı Dergisi*, 1969, Vol. 17, pp. 73-108.

YD : Yahyâ Bey, *Dîvân : Tenkidli Basım*, M. Çavuşoğlu (ed.), İstanbul, İstanbul Üniversitesi Edebiyat Fakültesi, 1977.

ZDEKT : Zâtî İvaz Efendi, *Zatî Divanı : Edisyon Kritik ve Transkripsiyon*, 2 vols., A. N. Tarlan (ed.), İstanbul, İstanbul Üniversitesi Edebiyat Fakültesi Yayınları, 1970.

ペルシア語刊本

SNZS : Zarkūb Shīrāzī, *Shīrāz-nāmah*, E. Vā'iẓ Javādī (ed.), Tehran, Intishārāt-i Bunyād-i Farhang-i Īrān, 1971.

西欧諸語刊本

CL : Thevet, A. *Cosmographie de Levant*, F. Lestrigant (ed.), Genève, Librairie Droz, 1985.

CT : Gylli, P. *De Constantinopoleos topographia lib. IV*, Lvgdvni Batavorvm, EX Officina Elzeviriana, 1632. (一橋大学社会科学古典史料センター所蔵)

COT : Braun, G. and Hogenberg, F. *Civitates orbis terrarum : Cities of the World, Europe-Africa-Asia*, L. Pagani (Intro.), S. Knight (Trans.), Leicester, Magna Books, 1990.

CTE : Gilles, P. *The Antiquities of Constantinople : Based on the Translation by John Ball*, E. Gardiner (trans.), New York, Italica, 1988.

DAI : Palerne, J. *D'Alexandrie á Istanbul ; pérégrinations dans l'Empire ottoman 1581-1583*, Paris, Editions l'Harmattan, 1991.

DBT : Gyllii, P. *De Bosporo Thracio lib. III*, Lvgdvni Batavorvm, Apud Elzevirios, 1632. (一橋大学社会科学古典史料センター所蔵 , 1. ed., 1561)

DES : Nicolay, N. *Dans l'empire de Soliman le Magnifique*, M. Gomez-Géraud and S. Yerasimos (ed.), Paris, Presses du CNRS, 1989.

DMTD : T. Dallam, and J. Covel, *Voyages and Travels in the Levant, I. The Diary of Master Thomas Dallam 1599-1600, II. Extracts from the Diaries of DR. John Covel 1670-1679 with Some Account of the Levant Company of Turkey Merchants*, J. T. Bent (ed.), New York, Burt Franklin, 1893.

ETdA : Dutemple, E. *En Turquie d'Asie, notes de voyage en Anatolie*, Paris, G. Charpentier, 1883.

HTT : Murray, J. *A Handbook for Travellers in Turkey : Describing Constantinople, European Turkey Asia Minor, Armenia and Mesopotamia*, Biblio Bazaar, London, 2010 (1. ed., London, 1854).

HO : Postel, G. *Des histories orientales*, Istanbul, Les Éditions Isis, 1999.

MUR : Anonym, *The Marvels of Rome : Mirabilia Urbis Romae*, F. M. Nicholas and E. Gardiner (ed.), New York, Italica Press, 1986.

SN2 : Evliya Çelebi, *Evliya Çelebi Seyahatnâmesi 2.Kitap*, Z. Kurşun and S. A. Kahraman and Y. Dağlı (eds.), İstanbul, Yapı Kredi Yayınları, 1998.

SN5 : Evliya Çelebi, *Evliya Çelebi Seyahatnâmesi 5. Kitap*, S. A. Kahraman, Y. Dağlı and İ. Sezgin (eds.), İstanbul, Yapı Kredi Yayınları, 2001.

SN10 : Evliya Çelebi, *Evliya Çelebi Seyahatnâmesi 10. Kitap*, S. A. Kahraman and Y. Dağlı and R. Dankoff (eds.), İstanbul, Yapı Kredi Yayınları, 2007.

SNGT : Evliya Çelebi, *Günümüz Türkçesiyle Evliyâ Çelebi Seyahatnâmesi 1. Kitap*, 2 vols., S. A. Kahraman and Y. Dağlı (eds.), İstanbul, Yapı Kredi Yayınları, 2003.

SNGT2 : Evliya Çelebi, *Günümüz Türkçesiyle Evliyâ Çelebi Seyahatnâmesi 2. Kitap*, 2 vols., S.A. Kahraman and Y. Dağlı (eds.), İstanbul, Yapı Kredi Yayınları, 2005.

SNGT5 : Evliya Çelebi, *Günümüz Türkçesiyle Evliyâ Çelebi Seyahatnâmesi 5. Kitap*, S. A. Kahraman (ed.), İstanbul, Yapı Kredi Yayınları, 2010.

SNT : Evliya Çelebi, *Evliya Çelebi Seyahatname: Topkapı Sarayı Bağdat 304 Yazmasının Tıpkıbasımı*, F. İz (introduction), Cambridge, Harvard Üninersitesi Basımevi, 1989.

SŞ : Michael Glünz, "Sâfîs Šahrangîz: Ein Persisches Masnawî über die schönen Berufsleute von Istanbul," *Asiatische Studien*, Vol.XL-2, 1986, pp.133-139.

ŞB : Lâmi'î Çelebî, *Şehrengîz-i Burûsâ*, Bursa, Hüdavendigar Vilayet Matbaası, 1871.

ŞG : Yahyâ Bey, *Manzûme-i Şâh ü Gedâ*, İstanbul, Matbaa-ı Tatyos Dividciyan, 1867.

ŞH : Germiyânlı Şeyhî, *Şeyhî'nin Harnâme'si*, F. T. Timurtaş (ed.), İstanbul, İstanbul Üniversitesi Edebiyat Fakültesi Yayınları, 1971.

ŞYD, Şeyhü' l-islâm Yahyâ Efendi, *Şeyhülislâm Yahya Divanı*, R. Ertem (ed.), İstanbul, Akçağ Yayınalrı, 1995.

TD : Tecellî, *Tecellî ve Dîvânı*, S. Deniz (ed.), İstanbul, Veli Yayınları, 2005.

TEF : Dursun Bey, *Tarih-i Ebu'l-feth Sultan Mehmet Han*, M. Tulum (ed.), İstabul, İstanbul Fetih Derneği, 1977.

TEŞ : A. S. Levend, *Türk Edebiyatında Şehr-engizler ve Şehr-engizlerde İstanbul*, İstanbul, Baha Matbaası, 1958.

TM : Enfî Hasan Hulûs Halvetî, *Tezkiretü'l-Müteahhirîn: XVI.-XVIII. Asırda İstanbul Velîler ve Delileri*, M. Tatcı and M. Yıldız (eds.), İstanbul, MVT Yayıncılık, 2007.

TŞB : Beyânî, *Tezkiretü'ş-şuarâ*, İbrahim Kutluk (ed.), Ankara, Türk Tarih Kurumu Basımevi, 1997.

TŞS : Sâlim, *Tezkiretü'ş-Şu'arâ Sâlim Efendi*, A. İnce (Ed.), Ankara, Atatürk Yüksek Kurumu, 2005.

TŞCG : Hanyevî, N. O. *Girit Şairleri: Tezkire-i Şu'arâ-yı Cezîre-i Girit*, O. Kurtoğlu (ed.), Ankara, Akçağ Yayınları, 2006.

TŞK : Kınalı-zâde Hasan Çelebi, *Tezkiretü'ş-şuarâ*, 2 vols., İ. Kutluk (ed.), Ankara, Türk Tarih Kurumu Basımevi, 1989.

TŞL : Latîfî, *Tezkiretü'ş-şu'arâ ve Tabsıratü'n-nuzamâ: İnceleme-Metin*, R. Canım (ed.), Ankara, Atatürk Kültür Merkezi Başkanlığı, 2000.

TŞLO : Latîfî, *Tezkîre-i Latîfî*, İstanbul, Akdâm Matbaası, 1896.

Yayınları, 1995.

HYŞ : Çavuşoğlu, M. "Hayretî'nin Yenice Şehr-engîzi,"*Güneydoğu Avrupa Araştırmaları Dergisi*, No. 4-5, 1976, pp. 81-100.

KA : Mustafa 'Alî, *Künhü'l-ahbâr'ın Tezkire Kısmı*, M. İsen (ed.), Ankara, Atatürk Kültür, Dil ve Tarih Yüksek Kurumu, 1994.

KMH : Hamîdî İsfahânî, *Külliyât-ı Mevlânâ Hamîdî*, İ. H. Ertaylan (ed.), İstanbul, İstanbul Üniversitesi Edebiyatı Fakültesi Yayınları, 1949.

LV : Sünbül-zâde Vehbî, *Lutfiyye-yi Vehbî: Çeviri Yazı, Günümüz Türkçesi, Tıpkıbasımı*, G. T. Alıcı (ed.), Kahramanmaraş, Ukde Kitaplığı, 2011.

MADC : Gelibollu Mustafa Ali, *Mustafâ 'Alî's Description of Cairo of 1599: Text, Transliteration, Translation, Notes*, A. Tietz (ed.), Wien, Verlag der Österreichischen Akademie der Wissenchaften, 1975.

MEÇ2 : Evliya Çelebi, *Müntehabat-ı Evliya Çelebi*, İstanbul, Takvim-hâne-i Âmire, 1259 (1843).

Mİ : Kâtip Çelebi, *Mîzânü'l-hakk fî İhtiyâri'l-hakk*, O. Ş. Gökyay and S. Uldağ (eds.), İstanbul, Kabalcı Yayınevi, 2008.

MN : Gelibolulu Mustafa 'Alî, *Gelibolulu Mustafa 'Alî ve Mevâ'ıdü'n-nefâis fî-Kavâ'idi'l-mecâlis*, M. Şeker (ed.), Ankara, Türk Tarih Kurumu Basımevi, 1997.

MNB : Gelibolulu Mustafa Alî, *Mevâ'ıdü'n-nefâis fî-Kavâ'idi'l-mecâlis*, İstanbul, Osman Yalçın Matbaası, 1956.

MŞ : 'Âşık Çelebi, *Meşâ'ir üş-Şu'arâ or Tezkere of 'Âşık Çelebi*, M. Owens (ed.), London, Luzac, 1971.

MT : Zâkir Şükrî Efendi, *Die Istanbuler Dervischkonvennte und ihre Scheiche: Mecmu'a-i Tekaya*, M. S. Tayşı and K. Kreiser (eds.), Freiburg, Klaus Schwarz Verlag, 1980.

NAVD : Urfalı Yûsuf Nâbî, *Nâbî Dîvânı*, A. F. Bilkan (ed.), 2. vols., İstanbul, Milli Eğitim Bakanlığı Yayınları, 1997.

NBD : Necatî Beg, *Necatî Beg Dinanı*, A. N. Tarlan (ed.), Ankara, Akçağ Yayınları, 1992.

ND : Nedîm, *Nedîm Divanı*, A. Gölpınarlı (ed.), İstanbul, İnkılâp ve Aka Kitabevileri, 1972.

NVD : Nev'î, *Divan: Tenkidli Basım*, M. Tulum and M. A. Tanyeri (eds.), İstanbul, İstanbul Üniversitesi Edebiyat Fakültesi Matbaası, 1977.

NŞD : Neşâtî, *Neşâtî Divanı*, M. Kaplan (ed.), İzmir, Akademi Kitabevi, 1996.

NŞİ : Karasoy, Y. and Yavuz, O. "Nüvîsî've Şehrengîz-i İstanbul'u," *Türkiyat Araştırmaları Dergisi*, No. 20, 2006, pp. 1-20.

OM : Bursalı Mehmed Tâhir, Ahmed Remzî Akyürek, *Osmanlı Müellifleri I-II-III*; *Mihtâhu'l-kütüb ve Esâmî-i Müellifîn Fihristi*, Ankara, Bizim Büro Basımevi Yayın Dağıtım, 2000,

PNZ : Zarîfî, *Pendnâme-i Zarîfî*, M. Arslan (ed.), Sivas, Dilek Matbaacılık, 1994.

RD : Ravzî, *Ravzî Divanı*, Y. Aydemir (ed.), Ankara, Birleşik Kitabevi, 2007.

RG : Anonym, *XVIII. Yüzyıl İstanbul'a Dair Risâle-i Garîbe*, H. Develi (ed.), İstanbul, Kitabevi, 1998.

SN : Evliya Çelebi, *Evliya Çelebi Seyahatnâmesi 1. Kitap*, O. Ş. Gökyay (ed.), İstanbul, Yapı Kredi Yayınları, 1996.

ZD : Zâtî, *Dîvân*, Süleymaniye Kütüphanesi, Lala İsmail No. 443.

オスマン語、トルコ語刊本

AD : Avnî, *Fâtih Divanı*, S. F. Sıktı (ed.), İstanbul, Ahmet Halik Kitabevi, 1944.

AZ : Râmiz, *Râmiz ve Âdâb-ı Zurafâ'sı: İnceleme, Tenkidi Metin, İndeks, Sözlük*, S. Erdem (Ed.), Ankara, Atatürk Kültür Merkezi, 1944.

BBŞ : Abdulkadiroğlu, A. "Şehrengizler Üzerine Düşünceler ve Beliğ'in Bursa Şehr-engizi," *Türk Kültürü Araştırmaları: Prof. Dr. Şerif Baştav'a Armağan*, 1988, pp. 129-167.

BD : Bâkî, *Bâkî Dîvânı*, S. Küçük (ed.), Ankara, Türk Dil Kurumu Yayınları, 1994.

BKN : Açıkgöz, N. (1990). "16. Asır Kültür Hayatından Manzaralar I: Beliği'nin Kahve Gazeli," *Türk Dünyası Tarih Dergisi*, Vol. 4, No. 41, pp. 24-27.

BM : Nasûh Silâhî, *Beyân-ı Menâzil-i Sefer-i 'Irakeyn-i Sultân Süleymân Hân*, H. G. Yurdaydın (ed.), Ankara, Türk Tarih Kurumu Basımevi, 1976.

BŞL : İsen, M. and Burmaoğlu, H. B. "Bursa Şehr-engizi: Lami'î Çelebi," *Türklük Araştırmaları Dergisi*, Vol. 3, 1988, pp. 57-105.

CK : Cinânî, *Cilâü'l-kulûb: Giriş, İnceleme, Metin, Sözlük*, M. Özkan (ed.), İstanbul, İstanbul Üniversitesi Basımevi ve Film Merkezi, 1990.

DM : Yazıcıoğlu Ahmed Bîcân, *Dürr-i Meknun: Saklı İnciler*, N. Sakaoğlu (trans. and note) İstanbul, Türkiye Ekonomik ve Toplumsal Tarih Vakfı, 1999.

DN : Sabit, *Dername ya da Hâce Fesâd ve Söz Ebesi*, T. Karacan (ed.), Sivas, Dilek Basımevi, 1990.

Eİ : Latîfî, *Evsaf-ı İstanbul*, N. P. Suner (ed.), İstanbul, Baha Matbaası, 1977.

EİP : Latîfî, *Latîfî'nin İki Risâlesi: Enîsü'l-fusahâ ve Evsâf-ı İbrâhim Pâşâ*, A. Sevgi (ed.), Konya, Selçuk Ünivesitesi Basımevi, 1986.

ESN : Evliya Çelebi, *Evliya Çelebi Seyahatnamesi*, 1.-2. Cilt, İstanbul, İkdam Matbaası, 1314 (1896/97).

FD : Fuzûlî, *Fuzûlî Divanı*, Ankara, Akçağ Yyaınları, 1990.

GPN : Güvâhî, *Pend-nâme*, M. Hengirmen (ed.), Ankara, Kültür ve Turizm Bakanlığı Yayınları, 1983.

HA : *Hulâsatü'l-ahvâl* in Tietze, A. "The Poet as Critique of Society: A 16th Century Ottoman Poem," *Turcica*, Vol. IX-1, 1977, pp. 120-160.

HB : Sehî Bey, *Heşt bihişt: The Tezkire by Sehî Beg*, G. Kut (ed.), Harvard, Harvard University Printing Office, 1978.

HC : Ayvansarayî and others, *Hadîkatü'l-cevâmi': İstanbul Camileri ve Diğer Dînî-Sivil Mi'mârî Yapılar*, A. N. Galtekin (ed.), İstanbul, İşaret Yayınları, 2001.

HD : Hayâlî, *Hayâlî Divanı*, A. N. Tarlan (ed.), Ankara, Akçağ Yayınları, 1992.

HH : Sâfî, *Hasbıhâl-i Sâfî: İnceleme, Metin, Tpkıbasım*, H. D. Batislam (ed.), İstanbul, Kitabevi, 2003.

HN : Tâci-zâde Cafer Çelebi, *Heves-nâme: İnceleme, Tenkitli Metin*, N. Sungur (ed.), Ankara, Türk Dil Kurum, 2006.

HNİM : Nâbî, *Hayriyye-i Nâbî: İnceleme-Metin*, M. Kaplan (ed.), Ankara, Atatürk Kültür Merkezi

[文献目録]

[凡例]

・史料は史料略号の順に、西欧語史料・文献はアルファベット順に、日本語文献はアイウエオ順に記す。オスマン語史料、トルコ語文献の配列については現代トルコ語のアルファベット順（a, b, c, ç, d, e, f, g, ğ, h, ı, i, j, k, l, m, n, o, ö, p, r, s, ş, t, u, ü, v, y, z）に従う。
・初版、あるいは再版をとくに記す必要のある文献については書誌のあとに（ ）で括って記載し、（ ）の重複を避けるため、(trans.)（ed.）などの括弧は外して記載した。
・同一著者の文献に関しては出版年の順に記載した。
・オスマン語写本に関しては、ハムザを「 ' 」、アインを「 ‘ 」で転写したが、現代トルコ語表記によって出版された刊本に関しては各史料、文献の題名の通りに記載した。

[史料]

オスマン語写本

BHR : Latîfî, *Bahâriyye*, Süleymaniye Kütüphanesi, Lala İsmail No. 444.

BNS1 : Alaeddîn Sâbit, *Berber-nâme*, Süleymaniye Kütüphanesi, Zuhud Bey No. 451.

BNS2 : Alaeddîn Sâbit, *Berber-nâme*, Süleymaniye Kütüphanesi, Hüsrev Paşa No. 575.

HMN : Beliğ（Yenişehirli Muhammed Emîn）, *"Hammâm-nâme-yi 'İbret-nümâ,"* in *Dîvân-ı Beliğ*, Süleymaniye Kütüphanesi, Hüsrev Paşa, No. 520, ff. 73b-74a.

KB : Pîrî Reis, *Kitâb-ı Bahriye*, Süleymaniye Kütüphanesi, Nuruosmaniye No. 2997.

MD : Mesîhî, *Dîvân*, Süleymaniye Kütüphanesi, Lala İsmail No. 483.

MEC : *Mecmu'a*, Süleymaniye Kütüphanesi, Bağdatlı Vehbi Efendi No. 1616.

MEÇ : Evliya Çelebi, *Müntehabat-ı Evliya Çelebi Sahîfe*, Süleymaniye Kütüphanesi, Yazma Bağışları No. 4467, ff. 1a-174b.

MEŞN : ‘Âşık Çelebi, *Meşâ'ir üş-Şu‘arâ*, Fatih Millet Kütüphanesi, Ali Emiri Tarih, No. 772,

ROM : Anonym, *Risâle-yi Ok Meydânı*, Süleymaniye Kütüphanesi, H. Hüsnü Paşa No. 846.

RŞ : Riyâzî, *Riyâzü'ş-şu‘arâ*, Süleymaniye Kütüphanesi, Lala İsmail, No. 314.

RTAP : Fakîrî, *Risâle-i Ta‘rifat*, Süleymaniye Kütüphanesi, Ahmed Paşa, No. 279, ff. 76b-91a.

RTİÜ : Fakîrî, *Risâle-i Ta‘rifat*, İstanbul Üniversitesi Nadir Eserler Kütüphanesi, Türkçe Yazmaları, No. 3051.

ŞdŞİ : Sâfîs, *Şehr-engîz der Şehr-i İstânbûl*, Nuruosmaniye Kütüphanesi, Nurosmaniye No. 3383, ff. 7-56.

Tİ : Latîfî, *Tâ‘rifnâme-i İstanbul*, Süleymaniye Kütüphanesi, Esad Efendi No. 2272.

た行

な行

は行

ま行

や行

ら行

わ行

文献名索引

あ行

か行

さ行

た行

な行

は行

ま行

や行

ら行

わ行

事項索引

あ行

か行

さ行

や行

ら行

た行

な行

は行

ま行

か行

さ行

地名・建造物・施設索引

あ行

ま行

や行

ら行

さ行

た行

な行

は行

人名索引

あ行

か行

宮下　遼（みやした・りょう）

1981年、東京生まれ。東京外国語大学外国語学部卒業、東京大学大学院総合文化研究科博士課程修了。現在は大阪大学言語文化研究科准教授。専門はトルコ文学(史)。著書に『無名亭の夜』(講談社)、訳書にオルハン・パムク『私の名は赤』、『僕の違和感』、『雪』、『無垢の博物館』（いずれも早川書房）、ラティフェ・テキン『乳しぼり娘とゴミの丘のおとぎ噺』（河出書房新社）などがある。

多元性の都市イスタンブル

近世オスマン帝都の都市空間と詩人、庶民、異邦人

2018年2月28日　初版第1刷発行　［検印廃止］

著　者　宮下　遼

発行所　大阪大学出版会
代表者　三成　賢次

〒565-0871　大阪府吹田市山田丘2-7
大阪大学ウエストフロント
TEL　06-6877-1614
FAX　06-6877-1617
URL：http://www.osaka-up.or.jp

印刷・製本　尼崎印刷株式会社

ISBN 978-4-87259-593-2　C3022